牟宗三先生全集③

佛性與般若（上）

牟宗三　著

《佛性與般若》全集本編校說明

尤惠貞

　　牟宗三先生於1969年開始撰寫《佛性與般若》，1975年完稿，1977年6月由臺灣學生書局出版。在撰寫此書期間，牟先生已先後發表下列的論文：

　　〈龍樹辯破「數」與「時」〉，《新亞書院學術年刊》第13期（1971年9月）。

　　〈智者大師之位居五品〉，《新亞書院學術年刊》第16期（1974年9月）。

　　〈關於《大乘止觀法門》〉，《成功大學學報・人文篇》第10期（1975年5月）。

　　〈涅槃經的佛性義〉，《清華學報》第11卷第1/2合（1975年12月）。

　　〈如來禪與祖師禪〉，《鵝湖月刊》第1卷第8/9期（1976年2/3月）。

　　〈天臺宗之衰微與中興〉，《佛光學報》第1期（1976年3月）。

　　〈分別說與非分別說〉，《鵝湖月刊》第1卷第11/12期（1976

⑵ ⊙ 佛性與般若（上）

年5/6月）。

　　這些論文後均收入《佛性與般若》書中。其中，〈如來禪與祖師禪〉一文相當於該書第三部第二分第一章第二節〈判攝禪宗〉。其餘諸文的標題在書中大體保持不變，讀者不難自行找出與之相當的章節。

序

　　《才性與玄理》主要地是詮表魏晉一階段的道家玄理，《心體與性體》是詮表宋明的儒學，而本書則是詮表南北朝隋唐一階段的佛學。

　　從中國哲學史底立場上說，這三階段主流的思想內容都是極不容易把握的，而佛教一階段尤難。魏晉一階段難在零碎，無集中的文獻。宋明一階段已有集中的文獻矣，而內容繁富，各家義理系統底性格不易領會。佛教一階段難在文獻太多，又是外來的獨立一套，名言熏習爲難。即使已習慣于名言矣，而宗派繁多，義理系統之性格以及其旣系統不同而又互相關聯之關節亦極難把握。

　　一部《大藏經》浩若煙海，眞是令人望洋興歎。假使令一人獨立地直接地看《大藏經》，他幾時能看出一個眉目，整理出一個頭緒？即使略有眉目，略得頭緒，他又幾時能達到往賢所見所達之程度？是以吾人必須間接有所憑藉，憑藉往賢層層累積的稱述以悟入。廣言之，自佛而後，除經爲佛所說外，大小乘底義理都是往賢層層累積的稱述。（一切大小乘經是否皆爲佛所說，吾人不討論這個問題。）在印度已有累積，如部派佛教，大乘宗空，大乘有宗，皆是。經過翻譯，傳到中國來，又繼續有累積稱述與新的發展。

即，除印度原有者外，復有天臺宗，華嚴宗，以及禪宗。（其他敎派不論，講佛敎史者可以論之。講佛敎史與講佛家哲學史不同。往賢的義理闡發，順佛所說的敎義而發展者，正合乎哲學史之論題。）

佛所說之經與諸菩薩所造之論傳到中國來，中國和尙有其消化。這種消化工作當然不容易，必須對于重要的相干的經論有廣博的學識與眞切的了解方能說消化。第一個作綜和的消化者便是天臺智者大師。後來的消化如華嚴宗的消化以及所謂「敎外別傳」的禪宗的消化皆不能超出其範圍。諦觀《天臺四敎儀》開頭即云：「天臺智者大師以五時八敎判釋東流一代聖敎，罄無不盡。」這種判敎即是吾所謂綜和的消化。這種判敎，態度很客觀，對于大小乘經論皆予以承認，予以客觀而公平的安排與判別。我們不能只停于印度原有的空宗與有宗爲已足。因爲顯然空宗只是般若學，有宗只是唯識學。般若學宗《般若經》，唯識學宗《解深密經》。其他的經敎怎麼辦呢？如果其他的經敎亦是佛敎，不是虛妄，即當有一個安排與判釋。般若當然有其根本處，唯識亦當然有其根本處。但我們不能說般若與唯識即盡了一切。如是，吾人須了解般若與唯識（空宗與有宗）底限度。吾人藉著天臺的判敎，再回來看看那些有關的經論，確乎見出其中實有不同的分際與關節。因爲佛本有各方面與各程度的敎說。佛不能一時說盡，而所對之機亦各有不同，理應有各方面與各程度，甚至各方式的不同敎說。當然有其相出入處，但亦有其所著重處。此即旣有不同而又互相關聯。然則其不同而又互相關聯底關節何在呢？吾人將如何了解呢？了解了此等關節便是了解了中國吸收佛敎底發展，此便是此一期的哲學史。判敎是靜態地

說，發展底關節是動態地說，其義一也。

智者大師已說教相難判。若非精察與通識，決難語此。當然有可商量處，然大體亦不甚差。若讓吾人自己去讀，決難達到此種程度。就吾個人言，吾只順其判釋而期能了解之，亦覺不易。我看後來許多專家亦很少能達到此程度。開宗者如華嚴宗之賢首尙不能超過之，而何況近時之專家？吾順其判釋之眉目而了解此一期佛教義理之發展，將其既不同而又互相關聯底關節展示出來，此即是本書之旨趣。

本書以天臺圓教爲最後的消化。華嚴宗雖在時間上後于天臺，然從義理上言，它不是最後的。它是順唯識學而發展底最高峰，但它不是最後的消化，眞正的圓教。本書于天臺圓教篇幅最多，以難了悟故，講之者少故，故須詳展。又以爲此是眞正圓教之所在，故以之爲殿後。

本書以般若與佛性兩觀念爲綱領。後來各種義理系統之發展皆從此綱領出。吾人通過此綱領說明大小乘各系之性格——既不同而又互相關聯之關節。般若是共法；系統之不同關鍵只在佛性一問題。系統而至無諍是在天臺圓教。故天臺圓教是般若之無諍與系統之無諍之融一。徒般若之無諍不能決定系統之不同也。

本書重在集中論點，詳明各系統差異之關節，不重在細大不捐，漫盡一切駢枝。是故三論宗，成實宗，甚至僧肇，皆不曾述及。僧肇是鳩摩羅什門下解空第一，然亦只是般若學，屬空宗，故不專述。《肇論》文字美麗，初學者可由之悟入空宗，然亦不能盡般若學之詳也。三論宗既宗龍樹三論（《中論》、《百論》、《十二門論》），則亦空宗而已矣。如不止于空宗而有進于空宗者，則

不得曰三論宗。如不止于空宗而曰三論宗，則是氾溢；氾溢而不能達至天臺圓教之程度，則只是一過渡。爲此之故，故不述及。如有詳之者，當然有價值。本書則略。南北朝時，有一個時期，《成實論》流行。此亦只是有過渡的歷史價值，無所取詳焉。累積太多，須簡化也。

　　中國吸收佛教，順印度已有之空有兩宗繼續發展，發展至天臺、華嚴、禪，已至其極，故中國已往之吸收亦盡于此。吾人以此頂點爲標準，返溯東流一代聖教，展示其教義發展之關節，即爲南北朝隋唐一階段佛教哲學史之主要課題。史跡與版本文獻之考據無甚關重要也。重要者是在義理之了解。

　　近時佛學專家多喜習梵文，從頭來。我很希望他們能對于以往的傳譯有所糾正，並希望他們能有新發現，無論是文獻，或是教義。如若讀了梵文，只是將已往的翻譯重新綴上梵文字，則無多大的意義。以往的翻譯是經過了幾百年的傳統，都已成了定本，而且他們的翻譯都是純粹的翻譯，不雜以任何梵文字，即使不是意譯，亦是音譯過來。這樣的翻譯才可以獨立發展。故講述者，無論在當時，或在後時，翻譯家或非翻譯家，都是以譯文爲憑。小出入，小疵病，或不能免，然大體或不至于太差。翻譯工作直到賢首成立華嚴宗時還在進行。賢首即曾參與八十《華嚴》之譯事，而其引述經文卻大體仍據晉譯六十《華嚴》。他們都是行家，其梵文程度決不亞于今人。吾不是佛學專家，亦無力學梵文，故只憑東流的經論講述中國吸收佛教過程中義理發展之綱脈與關節。如若今人之學梵文，重頭來，能有新發見，能超過中國前賢所已吸收者，或能成立一面目不同之新佛教，則當然是大佳事。然這已超出了中國南北朝

隋唐一階段之所吸收者,而這一階段,如非全虛妄,仍當有講述之
價值。

　　近人常說中國佛教如何如何,印度佛教如何如何,好像有兩個
佛教似的。其實只是一個佛教之繼續發展。這一發展是中國和尚解
除了印度社會歷史習氣之制約,全憑經論義理而立言。彼等雖處在
中國社會中,因而有所謂中國化,然而從義理上說,他們仍然是純
粹的佛教,中國的傳統文化生命與智慧之方向對于他們並無多大的
影響,他們亦並不契解,他們亦不想會通,亦不取而判釋其同異,
他們只是站在宗教底立場上,爾為爾,我為我。因而我可說,嚴格
講,佛教並未中國化而有所變質,只是中國人講純粹的佛教,直稱
經論義理而發展,發展至圓滿之境界。若謂有不同于印度原有者,
那是因為印度原有者如空有兩宗並不是佛教經論義理之最後階段。
這不同是繼續發展的不同,不是對立的不同;而且雖有發展,亦不
背于印度原有者之本質;而且其發展皆有經論作根據,並非憑空杜
撰。如是,焉有所謂中國化?即使如禪宗之教外別傳,不立文字,
好像是中國人所獨創,然這亦是經論所已含之境界,不過中國人心
思靈活,獨能盛發之而已。其盛發之也,是依發展之軌道,步步逼
至者,亦非偶然而來也。何嘗中國化?須知最高智慧都有普遍性。
順其理路,印度人能發之,中國人亦能發之,任何人亦能發之。何
嘗有如普通所說之中國化?一般人說禪中國化而迎之,而朱子又說
象山是禪而拒之。這種無謂的迎拒都是心思不廣,情識用事,未得
其實。禪仍是佛教,象山仍是儒家。若謂有相同相似者,那是因為
最高智慧本有相同相似者。有相同相似處,何　其本質之異耶?人
莫不飲食也。不能因佛教徒亦飲食,我須不飲食以異之。

　　我非佛敎徒。然如講中國哲學史，依學術的立場，則不能不客觀。我平視各大敎，通觀其同異，覺得它們是人類最高的智慧，皆足以決定生命之方向。過分貶視儒家、道家，我們覺得不對，過分貶斥佛敎亦同樣是不對的。若從歷史文化底立場上說，都有其高度的價值，亦都有其流弊。我依此立場，曾經批評過佛敎在中國之作用，人們以爲我闢佛。然而我亦曾嚴厲地批評過儒家與道家，這將如何說？「知我者謂我心憂，不知我者謂我何求？」今純從義理上說，則亦可以心平氣和矣。

　　西方哲學主要地是在訓練我們如何把握實有（存有、存在之存在性）；而佛敎則在訓練我們如何觀空，去掉這個實有。儒家訓練我們如何省察道德意識，通過道德意識來把握實有，把握心體、性體、道體之創造性。道家則處於實有與非實有之間，道德與非道德之間，亦如莊子處于材不材之間；它只有「如何」之問題，而無「是什麼」（存在）之問題。它不原則上否定實有，亦不原則上肯定實有；它不原則上肯定道德，亦不原則上否定道德。就前一問題言，它開藝術境界；就後一問題言，它是作用地保存道德。它的「如何」之作用亦可通佛家之般若。此所以以魏晉玄學爲橋樑而可接近佛家之般若學也。此在初步吸收佛敎上是一大極大之方便，皆有其故也。故吾亦常說道家是哲學的意味重，敎底意味輕。它所說的「無」亦可以是個共法。

　　我之熏習佛敎由來已久，然初只是道聽塗說，並未著力。初講中國哲學史，對于佛敎一階段，亦只是甚淺、甚簡、甚枝末的一般知識。如緣起性空，僧肇、竺道生，以及唯識宗，亦都知道一些；對于華嚴宗只知道事理無礙，事事無礙；對于天臺宗根本一無所

知，只朦朧地知道個「一心三觀」。這都是一般人口頭上所常說的。然簡單地講一點「諸行無常，諸法無我，涅槃寂靜」，亦不大差。近二十年來，漸漸著力，然亦未能專注，只是隨時留意，隨時熏習，慢慢蘊蓄。先寫成《才性與玄理》，弄清魏晉一階段。後寫成《心體與性體》，弄清宋明一階段。中間復寫成兩書一是《智的直覺與中國哲學》，一是《現象與物自身》，以明中西哲學會通之道。最後始正式寫此《佛性與般若》。吾人以為若南北朝隋唐一階段弄不清楚，即無健全像樣的中國哲學史。我既非佛教徒，故亦無佛教內部宗派上的偏見。內學院的態度，我自始即不喜。歐陽竟無先生說藏密、禪、淨、天臺、華嚴，絕口不談；又說自臺、賢宗興，佛法之光益晦。藏密、淨土，不談可以。天臺、華嚴、禪，如何可不談？若謂人力有限，不能全談，則可。若有貶視，則不可。臺、賢宗興，如何便使佛法之光益晦？而呂秋逸寫信給熊先生竟謂天臺、華嚴、禪是俗學。此皆是宗派作祟，不能見中國吸收佛教發展之全程矣。他們說這是力復印度原有之舊。然而佛之教義豈只停于印度原有之唯識宗耶？此亦是淺心狹志之過也。

　　我既依講中國哲學史之立場，我不能有此宗派之偏見。我既非佛弟子，我根本亦無任何宗派之偏見。然當我著力浸潤時，我即覺得天臺不錯，遂漸漸特別欣賞天臺宗。這雖非偏見，然亦可說是一種主觀的感受。主觀的感受不能不與個人的生命氣質有關。然其機是主觀的感受，而浸潤久之，亦見其有客觀義理之必然。吾人以為若不通過天臺之判教，我們很難把握中國吸收佛教之發展中各義理系統（所謂教相）之差異而又相關聯之關節。當然一個人可以獨自地去摸索，然不必真能達到天臺智者大師之程度。即使真能達到，

亦不必定能證明天臺之非。義理現成，乃有目者所共睹也。有眞學
力與識見者自能決之。此非可純以主觀主義論之也。吾在浸潤過程
中稍作比較，覺得智者大師眞有學力、功力與識見。此非聰明人如
蠹食木，偶然成字也。經論熟，義理通，心思活，出語警策。慧思
預記其爲「說法第一」，誠不虛也。其相應《法華》開權顯實，發
跡顯本，以立性具圓教，荊溪、知禮而後，吾未見有眞能了徹之者
也。而吾人今日略用一點新詞語表達之，當更能使其眉目清楚。其
與空宗之別，與唯識宗之別，與眞常心宗之別，與華嚴宗之別，甚
至由之判攝禪宗，皆可由對此圓教之了徹而了解之。此非隨意高下
說也。吾自問經論不熟，自愧若獨自摸索決難達至此程度。即使可
以達到，不知何年何月始可有如彼之恰當。故只好通過彼之判釋以
及其所自立之圓教以爲橋樑。然即對其判釋以及其所立之性具圓教
本身，了解亦非易也。

　　人之生命有限，積思至今，已不覺垂垂老矣。吾之學思時下亦
只能達至此而止。將來恐亦不會有多大進步。望教內外方家隨時予
以匡正，以增益其所不能。時在中華民國六十四年十二月作者自序
于九龍。

目　次

上冊

下册

第一部　綱領

第一章
《大智度論》與《大般若經》

第一節
《大般若經》之性格以及其中之法數

中國吸收佛教是從吸收般若學開始。而正式將般若學介紹進來者是始自鳩摩羅什之來華。當然,在鳩摩羅什來華以前,已有部分般若經流行,如《道行般若》,《放光般若》等是。東晉之六家七宗大體是環繞般若學而了解佛教者。六家七宗以前尚有自東漢末年開始之吸收佛教,如安世高與支婁迦讖等之傳譯是。凡此皆屬於歷史部分,湯用彤先生的《漢魏兩晉南北朝佛教史》考核甚詳,讀者一查便知。本書重在教義之陳述,故對此歷史部分略而不述。

般若學之真精神自鳩摩羅什來華始大白於世。般若學的經論大體都是他傳譯進來的。本章先就他譯的龍樹的《大智度論》而說。《大智度論》是解釋《大般若經》的,因此,亦名曰《釋論》;簡稱則曰《大論》,空宗之大論也,亦如《瑜伽師地論》之為有宗之大論。《大智度論》既是釋論,故經文亦在內,順經文逐句解釋也。但本章是以經旨為主,不以釋論為主。

　　《大般若經》主要地是講般若智之妙用。般若是無諍法。般若智之妙用即是蕩相遣執。「一切法皆不合不散，無色無形，無對一相，所謂無相。」經只就諸法表示此意。它並無所建立，它亦未分解地說明任何法相。經中當然有許多法數，但這些只是它所提到的法數，並不是它所要正面解釋的法數。它提到這些法數是要就著這些法數而表示「實相一相，所謂無相」，即表示般若智之妙用。它所提到的法數是既成的，已有的，是假定你已經知道了的。所以它不負責說明，亦不負責建立。它所負責闡明的是般若無諍法。但讀者不一定皆能知道它所提到的法數，因此，需要有論釋。龍樹即作此種工作。經旨甚簡單，而論釋則繁富。但吾人以經爲主，不以論爲主。吾人亦不想於論中整理出一個頭緒，因本是釋論，非標宗之作也。

　　《論‧卷第四十四》釋經〈句義品第十二〉。經文如下：

　　　爾時，須菩提白佛言：世尊！云何爲菩薩句義？佛告須菩提，無句義是菩薩句義。何以故？阿耨多羅三藐三菩提中，無有義處，亦無我。以是故，無句義是菩薩句義。須菩提！譬如鳥飛虛空，無有足跡。菩薩句義無所有，亦如是。須菩提！譬如夢中所見，無處所。菩薩句義無所有，亦如是。須菩提！譬如幻，無有實義；如焰，如響，如影，如佛所化，無有實義。菩薩句義無所有，亦如是。須菩提！譬如如、法性、法相、法位、實際，無有義。菩薩句義無所有，亦如是。……〔此下就各種法數說此義，略。〕何以故？是阿耨多羅三藐三菩提菩薩，菩薩義是一切法皆不合不散，無色無

形，無對一相，所謂無相。如是，須菩提！菩薩摩訶薩一切法無礙相中，應當學，亦應當知。

案：此是就菩薩（菩提薩埵）這一個語句而明其無有義。此所謂語句與我們現在所說的語句不很相同。菩提薩埵實是一個整詞，不是一個語句。但依論的解釋，合字成語，如菩提；合語成句，如菩提薩埵。此依廣義，籠統言之，亦得曰句。若依今日，名之曰整詞，亦無不可。此菩提薩埵之句或詞，依字面解釋之，當然有義。今說其無義，是依般若蕩相遣執之妙用說之，依實相般若，一切法無所有，說之。此亦如「般若非般若，斯之為般若」。「菩薩句義無所有，亦如是。」「以是故，無句義是菩薩句義。」是故總結云：「菩薩摩訶薩一切法無礙相中，應當學，亦應當知。」

既言「一切法」，何等是一切法？經承上文云：

> 須菩提白佛言：世尊！何等是一切法？云何一切法中無礙相應學應知？佛告須菩提：一切法者，善法，不善法；記法，無記法；世間法，出世間法；有漏法，無漏法；有為法，無為法；共法，不共法。須菩提！是名為一切法。菩薩摩訶薩是一切法無礙相中應學應知。

> 須菩提白佛言：世尊！何等名世間善法？佛告須菩提：世間善法者，孝順父母，供養沙門、婆羅門，敬事尊長，布施福處，持戒福處，修定福處，勤導福事，方便生福德，世間十善道，九相：脹相、血相、壞相、膿爛相、青相、噉相、散相、骨相、燒相，四禪，四無量心，四無色定，〔十念〕：

念佛、念法、念僧、念戒、念捨、念天、念善、念安般、念身、念死，是名世間善法。

何等不善法？奪他命，不與〔而〕取，邪淫，妄語，兩舌，惡口，非時語，貪欲，惱害，邪見，是十不善道等，是名不善法。

何等記法？若善法，若不善法，是名記法。

何等無記法？無記身業、口業、意業、無記四大，無記五衆〔五陰〕、十二入、十八界，無記報，是名無記法。

何等名世間法？世間法者，五衆，十二入，十八界，十善道，四禪，四無量心，四無色定，是名世間法。

何等名出世間法？四念處，四正勤，四如意足，五根，五力，七覺分，八聖道分；空解脫門，無相解脫門，無作解脫門；三無漏根：未知欲知根，知根，知已根；三三昧：有覺有觀三昧，無覺有觀三昧，無覺無觀三昧；明〔三明〕，解脫〔有爲解脫、無爲解脫〕，念〔十念〕，慧〔十一智慧〕，正憶〔隨諸法實相觀，如隨身法觀一切善法之本〕；八背捨，何等八？色觀色是初背捨，内無色相外觀色是二背捨，淨背捨身作證是三背捨，過一切色相故、滅有對相故、一切異相不念故、入無邊虛空處、是四背捨，過一切無邊虛空處、入一切無邊識處、是五背捨，過一切無邊識處、入無所有處、是六背捨，過一切無所有處、入非有想非無想處、是七背捨，過一切非有想非無想處、入滅受想定、是八背捨；九次第定，何等九？離欲、離惡不善、有覺有觀、離生喜樂、入初禪，滅諸覺觀、内清淨故一心、無覺無觀、定生

喜樂、入第二禪，離喜故行捨、受身樂、聖人能脫能捨、念
行樂、入第三禪，斷苦樂故、先滅憂喜故、不苦不樂、捨念
淨、入第四禪，過一切色相故、滅有對相故、一切異相不念
故、入無邊虛空處，過一切無邊虛空處、入一切無邊識處，
過一切無邊識處、入無所有處，過一切無所有處、入非有想
非無想處，過一切非有想非無想處、入滅受想定。復有出世
間法：內空，乃至無法有法空，佛十力、四無所畏、四無礙
智、十八不共法、一切智，是名出世間法。

何等為有漏法？五受眾，十二入，十八界，六種，六觸，六
受，四禪，乃至四無色定，是名有漏法。

何等為無漏法？四念處，乃至十八不共法，及一切種智，是
名無漏法。

何等為有為法？若法生住滅，欲界，色界，無色界，五眾，
乃至意觸因緣生受，四念處，乃至十八不共法，及一切智，
是名有為法。

何等為無為法？不生不住不滅，若染盡，瞋盡，癡盡，如不
異法相、法性、法住、實際，是名無為法。

何等為共法？四禪，四無量心，四無色定，如是等是名共
法。

何等為不共法？四念處，乃至十八不共法，是名不共法。

菩薩摩訶薩於是自相空法中，不應著，不動故。菩薩亦應知
一切法不二相，不動故。是名菩薩義。

案：此即《般若經·句義品》對於一切法之綜括。此等法數在初品

中俱曾一一提過，而龍樹之論亦曾一一釋過。吾在此不煩再事列舉，一一錄釋。讀者如肯稍費工夫，即可一一把它們排列出來。當然此甚煩瑣，但並非無意義。惟須知經只是提到這些法數，其目的是在就這些法數明「一切法皆不合不散，無色無形，無對一相，所謂無相」，以及「無礙相」，「無二相」等，並明「不壞假名而說諸法實相」（〈散華品第二十九〉、《論・卷第五十五》）。而且其明之也，是就這些法數一一列舉地重複明之。重複而又重複，是經體之特色。例如〈散華品第二十九〉云：

> 爾時釋提桓因作是念：是慧命須菩提其智甚深，不壞假名而說諸法實相。佛知釋提桓因心所念，語釋提桓因言：如是如是，憍尸迦！須菩提其智甚深，不壞假名而說諸法實相。釋提桓因白佛言：大德須菩提云何不壞名而說諸法實相？佛告釋提桓因：色但假名，須菩提不壞假名而說諸法實相。受想行識但假名，須菩提亦不壞假名而說諸法實相。所以者何？是諸法實相無壞不壞故，須菩提所說亦無壞不壞。眼乃至意觸因緣生諸受亦如是。檀波羅蜜乃至般若波羅蜜，內空乃至無法有法空，四念處乃至十八不共法亦如是。須陀洹果乃至阿羅漢果、辟支佛道、菩薩道、佛道、一切智、一切種智，亦如是。須陀洹乃至阿羅漢、辟支佛、佛，是但假名，須菩提不壞假名而說諸法實相。何以故？是諸法實相無壞不壞故，須菩提所說亦無壞不壞。如是，憍尸迦！須菩提不壞假名而說諸法實相。
>
> 須菩提語釋提桓因：如是如是，憍尸迦！如佛所說，諸法但

假名。菩薩摩訶薩當作是知，諸法但假名。應如是學般若波羅蜜。憍尸迦！菩薩摩訶薩如是學，爲不學色，不學受想行識。何以故？不見色當可學者，不見受想行識當可學者。菩薩摩訶薩如是學，爲不學檀波羅蜜。何以故？不見檀波羅蜜當可學者。乃至不學般若波羅蜜。何以故？不見般若波羅蜜當可學者。如是學，爲不學內空乃至無法有法空。何以故？不見內空乃至無法有法空當可學者。如是學，爲不學四念處乃至十八不共法。何以故？不見四念處乃至十八不共法當可學者。如是學，爲不學須陀洹果乃至一切種智。何以故？不見須陀洹果乃至一切種智當可學者。

爾時釋提桓因語須菩提言：菩薩摩訶薩何因緣故不見色乃至不見一切種智？

須菩提言：色、色空，乃至一切種智、一切種智空。憍尸迦！色空，不學色空。乃至一切種智空，不學一切種智空。憍尸迦！若如是不學空，是名學空，以不二故。是菩薩摩訶薩學色空，以不二故，乃至學一切種智空，不二故。若學色空、不二故，乃至學一切種智空、不二故，是菩薩摩訶薩能學檀波羅蜜、不二故，乃至能學般若波羅蜜、不二故；能學四念處、不二故，乃至能學十八不共法、不二故；能學須陀洹果、不二故，乃至能學一切種智、不二故。是菩薩能學無量無邊阿僧祇佛法。若能學無量無邊阿僧祇佛法，是菩薩不爲色增學，不爲色減學，乃至不爲一切種智增學，不爲一切種智減學。若不爲色增減學，乃至不爲一切種智增學，不爲一切種智減學。若不爲色增減學，乃至不爲一切種智增減

學，是菩薩不為色受學，不為色滅學，亦不為受想行識受學，亦不為滅學，乃至一切種智亦不為受學，亦不為滅學。舍利弗語須菩提：……何因緣故，菩薩摩訶薩不為受色學，不為滅色學，乃至一切種智亦不為受學，亦不為滅學？

須菩提言：是色不可受，亦無受色者，乃至一切種智不可受，亦無受者，內外空故。如是舍利弗！菩薩摩訶薩一切法不受故，能到一切種智。

……

須菩提言：菩薩摩訶薩行般若波羅蜜，不見色生，不見色滅；不見色受，不見色不受；不見色垢，不見色淨；不見色增，不見色減。何以故？舍利弗！色、色性空故。受想行識亦不見生，亦不見滅；亦不見受，亦不見不受；亦不見垢，亦不見淨；亦不見增，亦不見減。何以故？識、識性空故。乃至一切種智亦不見生，亦不見滅；亦不見受，亦不見不受；亦不見垢，亦不見淨；亦不見增，亦不見減。何以故？一切種智、一切種智性空故。如是，舍利弗！菩薩摩訶薩為一切法不生不滅，不受不捨，不垢不淨，不合不散，不增不減故，學般若波羅蜜能到一切種智，無所學無所到故。

案：此即是般若智不捨不著之妙用。不壞假名而說諸法實相。一切諸法性空，但假名，無所有，不可得，不見有一法可學者。以不學學，是之為學。「若如是不學空，是名學空。」亦例云：若如是不學般若，是名學般若。如是學，則能學一切佛法。不如是學，則一切佛法皆死，任一佛法皆學不到。如是學，能到一切種智（佛

智），亦「無所學，無所到」。如此旨趣，不但此〈散華品〉如此說，經共九十品，重重複複，到處皆不過說此旨趣。此即是蕩相遣執實相般若之妙用。依天台宗五時判教，佛於第一時說《華嚴》，小乘如聾如啞。因此，遂降而說小乘法，此爲第二時。爲令不滯於小乘，遂進而說方等大乘經，彈斥小乘，此爲第三時。三時教相紛歧，參差不齊，爲免生着，遂於第四時說《般若》。《般若》中無所建立，只是一融通淘汰之精神，一蕩相遣執之妙用。融通淘汰已，於第五時說《法華》、《涅槃》。此種五時之安排且不管，《般若》部只是融通淘汰，蕩相遣執，則是事實。此見《般若經》之獨特性格。此一性格即是不分解地說法立教義，但只就所已有之法而蕩相遣執，皆歸實相。實相一相，所謂無相，即是如相，即使佛、一切種智、涅槃，亦復如此。故云色、色性空，識、識性空，乃至一切種智性空。如有一法勝過涅槃，亦是如幻如化。此即示《般若》部無有任何系統，無有任何教相。它不負系統教相之責任，它只負蕩相遣執之責任。它可提到系統教相，即其所就之法以明實相者。但其本身不是系統教相，亦不足以決定某某是何系統，是何教相。因此，它是共法。無論大小乘法，皆以般若融通淘汰之，令歸實相。經中所提到之法數藉以明實相一相者大體皆是小乘所已有。天台宗說《般若》部中有共般若，有不共般若。共般若是通小乘而與小乘共之，因此，成爲通教。不共般若，則不與小乘共，但限於大乘，因此，只有通別圓三教。其實，般若皆是共，共小乘是共，共大乘亦是共。共小乘是其在小乘法中表現，而其本身非小乘，亦不足以決定小乘之所以爲小乘，亦不足以決定通教之所以爲通教。因此，說共般若是通教，乃未審之辭也。共大乘是其在

大乘中表現，而其本身非大乘，亦不足以決定大乘之所以為大，尤其不足以決定大乘中之別教之所以為別，圓教之所以為圓。因此，說不共般若中有通別圓三教，亦是未審之辭。有某某教者，只可說其隨某某教而表現其蕩相遣執之作用令一切法皆歸實相耳。即使它未提到，亦未隨到，亦無礙。《般若》中並無天台所說之圓教，般若之圓非天台圓教之圓。但實相般若，般若之圓，仍可與之共，而適用於其上。《般若》中亦無「如來藏恆沙佛法佛性」一觀念。因此，它亦無阿賴耶系統與如來藏真心系統之教相。但般若之妙用仍可與之共，而適用於其上。因此，共小乘，共大乘，皆是共。此即示其是共法。既是共法，即非一特定之系統。由於是共法，所以亦是「無諍法」。龍樹已表明此意。

　　《大智度論·卷第一緣起品》中以種種理由說明佛何以說此《摩訶般若波羅蜜經》，最後說云：

> 復次，有二種說法：一者諍處，二者不諍處。諍處，如餘經中已說。今欲說無諍處故，說《般若波羅蜜經》。有相無相，有物無物，有依無依，有對無對，有上無上，世界非世界，如是等二種法門亦如是。問曰：佛大慈悲心，但應說無諍法，何以說諍法？答曰：無諍法皆是無相，常寂滅，不可說。今說布施等，及無常苦空等諸法，皆為寂滅，無戲論故。利根者知佛意，不起諍。鈍根者不知佛意，取相著心起諍，故名諍。此《般若波羅蜜》，諸法畢竟空故，無諍處。若畢竟空可得可諍者，不名畢竟空。畢竟空，有無二事皆滅故。是故《般若波羅蜜》名無諍處。

復次，餘經中多以三種門說諸法，所謂善門，不善門，無記門。今欲說非善門、非不善門、非無記門諸法相故，說《摩訶般若波羅蜜經》。學法、無學法、非學非無學法，見諦斷法、思惟斷法、無斷法，可見有對、不可見有對、不可見無對，上、中、下法，小、大、無量法，如是等三法門亦如是。

復次，餘經中隨聲聞法說四念處。於是，比丘觀內身三十六物，除欲貪病。如是觀外身，觀內外身。今欲以異法門說四念處故，說《般若波羅蜜經》。如所說菩薩觀內身，於身不生覺觀，不得身，以無所得故。如是觀外身，觀內外身，於身不生覺觀，不得身，以無所得故。於身念處中觀身而不生覺觀，是事甚難。三念處亦如是。四正勤，四如意足，四禪，四諦，如是等種種四法門亦如是。

復次，餘經中佛說五眾無常苦空無我相。今欲以異法門說五眾故，說《般若波羅蜜經》。如佛告須菩提：「菩薩色是常行，不行般若波羅蜜。受想行識是常行，不行般若波羅蜜。色無常行，不行般若波羅蜜。受想行識無常行，不行般若波羅蜜。」五受眾，五道，如是等種種五法亦如是。餘六七八等，乃至無量門等種種法門亦如是。

案：龍樹此四段文表示餘經中說諍法，今經說無諍法；餘經中以三門、四門、五門，乃至六七八等門，甚至無量門，說諸法，今經則以「異法門」說諸法。何謂諍法？龍樹未有界定，只說「鈍根者不知佛意，取相著心起諍，故名諍。」此是就執著說諍。但餘經中說

諍法（諍處如餘經中已說），我們不能說餘經中所說的皆是「取相著心起諍」，因而爲諍處，爲可諍法。法是說了，執著不執著是另一回事。我們似不能只就執著界定諍法。然則「諍處如餘經中已說」，其爲「諍處」可藉與《般若經》之無諍處相對比而顯。吾人可如此說：凡依分解的方式而有所建立者，皆是「諍處」，因而皆是可諍法。今般若經無所建立，它不依分解的方式建立諸法。它亦提到許多法數，但只就之而明實相無相，常寂滅相，不可說相，無所得相。「今說布施及無常苦空等諸法皆爲寂滅，無戲論故。」因此，《般若經》之融通淘汰，蕩相遣執，是無諍處；其依此蕩相遣執而示顯的諸法實相，畢竟空，亦是無諍法。因爲它根本無所說故。諸法實相是依般若蕩相遣執而示顯（遮顯），不是依分解方式而建立，且實相甚至根本亦不是一個法。說它是「無諍法」，這「法」字是第二序上的虛說，只有名言意義，無實法意，「諸法」之法才是實法，雖然亦是假名。

依此，餘經中以三門說法，以四門五門說法，乃至以六七八等門說法，甚至以無量門說法，皆是依分解的方式說法，而有所建立。依分解的方式說者皆是有限定的。因有限定，即可諍論。因有所建立，亦可諍論。可諍論者，換一種說法亦未嘗不可，皆無必然性。此尚不在執著不執著也。它客觀地本質上就是可諍法。若再加上「取相著心」，則更易起諍論。今《般若經》是以「異法門」說。所謂「異法門」者，不同於餘經依分解的方式以三門說，或以四門五門等說之謂。例如以三門說著，分解地說善、不善、無記等法，告知吾人如何是善法，如何是不善法，如何是無記法。此皆是方便權說，寧有定然？今《般若經》則不依此方式說，它只就分解

說的諸法明其實相。實相亦不是善，亦不是惡，亦不是無記。它是想說「非善門非不善門非無記門的諸法之實相」。「非善門」是說無善門法可得。「非不善門」是說無不善門法可得。「非無記門」是說無無記門法可得。無可得，無所有，畢竟空，此即是諸法之實相。實相無相，即寂滅相。此正是《般若經》之所以欲說者，亦是依「異法門」而說者。又例如餘經中說四念處，是依分解的方式告知吾人如何是觀身，如何觀受，如何是觀識，如何是觀法。今《般若經》則不如此說。它說四念處是就四念處明身不可得，受不可得，識不可得，法不可得。此是高一層說四念處，亦就是依「異法門」說。又例如餘經中依分解的方式說五衆（五陰）是無常、苦、空、無我，這都是正面地說法之義。今《般若經》則不如此說。它是就五衆而明常無常皆不可得，苦不苦皆不可得，空不空皆不可得，我無我皆不可得。若有任一面可得，定說五衆是常或無常，皆非行般若波羅蜜者。此亦是高一層地說五衆，亦即是依「異法門」而說。其他依六七八等門說者皆然，即凡餘經以分解的方式說者，《般若經》皆以「異法門」說。

　　「異法門」就是「不同於分解方式」的法門。它高一層，但不是同質地高一層，而是異質地高一層。高一層者，它屬消化層，而不是建立層。異質者，它的表達方式不是分解的表詮，而是詭譎的遮詮。因此，不但觀身，身不可得，斯之為般若妙觀（實相觀），而且假定你聽見般若，而想求般若，學般若，那也必須知般若亦不可得，不可學。故云「般若非般若，是之謂般若」，又云「以不住法住般若」，是之為真住。此即以不得得，以無學學。是故說識空，識性亦空；一切種智空，一切種智性亦空。識空，是識這個緣

起法空。空者無自性也。若無自性，以何爲性？即答曰以空爲性。
識性即識法之性也。識性亦空，即其空性不可執實化。因此而說
「空空」。（十八空中之一空，見下第三節）。因此而說：「如有
一法勝過涅槃，吾亦說如幻如化」。因此，始說畢竟空。這畢竟空
是無窮無盡的，它隨人之「取相著心」而無窮地空下去。若對「實
相」著心而取相，則實相即非實相，此亦必須空。因此，吾人亦可
說「實相非實相，斯之謂實相」。蓋實相本無相，即寂滅相。你如
何又著於「無」著於「實」，而凸現一「無」相，一「實」相？蓋
若如此，即不是無相，而成爲有相，因而亦不是實相，而轉爲假
相，復亦不是寂滅相而又起浮動矣。故欲得實相，必須用詭譎的遮
詮以顯示。但佛不能不說法。如要說法，即須分解。一切大小乘法
皆是依分解的方式而建立者。凡依分解方式說者皆有可諍處，因而
亦皆是可諍法。有可諍處，即有戲論性。佛亦不免於戲論性，蓋佛
不能無方便。戲論性是分解、諍處、方便之所必函。只要知其爲方
便而不執實便可了。只有當由分解的方式轉爲《般若經》之異法
門，即詭譎的遮詮方式，佛才眞歸於無戲論，因此，其所表達者方
是眞正的無諍法。

　　因此，我們似可綜括說：凡依分解的方式而有所建立者，即有
系統性；有系統性即有限定相；有限定相即有可諍處。因此，阿賴
耶系統是可諍法，如來藏眞心系統亦同樣是可諍法。

　　《般若經》不是分解的方式，無所建立，因而亦非一系統。它
根本無系統相，因此，它是無諍法。此種無諍法，吾將名之曰觀法
上的無諍。即是實相般若之無諍，亦即般若之作用的圓實，圓實故
無諍。此是《般若經》之獨特性格。

　　但是吾人必須正視還有一個《法華經》開權顯實，發跡顯本的一乘即佛乘之圓實教，此亦是無諍法。此是通過「如來藏恆沙佛法佛性」一觀念而演至者，由天台宗盛發之。此無諍之圓實教不同於般若之作用的圓實之為無諍，即不同於觀法上的無諍。這是通過「如來藏恆沙佛法佛性」一觀念，由對於一切法即流轉與還滅的一切法作一根源的說明而來者，這不屬於「實相般若」問題，乃是屬於「法之存在」問題者。這一問題決定諸大小乘系統之不同，因此，這是屬於教乘一系者。《法華經》圓教既屬於這一系，何以又為無諍？既是圓實，即當無諍。但既屬於教乘，而又是一系統，似又不能無諍。其所以終為無諍者，即因它雖是一系統，卻不是依分解的方式說，而亦是依一「異法門」而說，即亦依詭譎的方式說。凡依分解方式說者即是權教，因而是可諍。因此，系統有多端。既有多端，即是有限定的系統。因此，是權教，是可諍法。《法華》圓教既不依分解方式說，故雖是一系統，而卻是無限定的系統，無另端交替的系統，因而它無系統相，它是遍滿常圓之一體平鋪：低頭舉手無非佛道，因此，為圓實，為無諍。分解說者中之一切曉歧相皆歸於平實，故為無諍。依阿賴耶說明一切法，依如來藏真心說明一切法，此皆是分解地說，故為權教，為可諍。「一念無明法性心」即具十法界，這不是依分解的方式說，而是依詭譎的方式說，故為圓教，為不可諍。這個無諍的圓實教即是屬於教乘的，即屬於一乘即佛乘之教乘的，故它是就「諸法」之法說的，不是就「諸法實相」之實相說的。在實相般若中，實相是透徹了的。但是「諸法」之法是無限定的，是未圓滿起來的，是留在不決定的狀態中的，因此，顯實相般若，觀法上的無諍，是共法，而又不能決定教

乘之大小。故必須引出「如來藏恆沙佛法佛性」一觀念，由之以決定教乘之大小以及圓不圓。凡隨「佛性」一觀念，不及於「如來藏恆沙佛法佛性」者為小乘，為通教；及於「如來藏恆沙佛法佛性」而卻是依分解的方式說者，則為別教（始別教與終別教）；依詭譎的方式說者，則為圓教。是則《法華》圓教之為圓實無諍，由天台宗以展示者，是就「諸法」之法說的，是將諸法之「諸」圓滿起來的，有圓滿的決定的。總之，它是「法之存在」方面之圓實無諍。因此，吾將名之曰存有論的圓實無諍，以與觀法上的無諍，般若之作用的圓實，區以別。

吾人必須正視這兩種無諍，然後方能達佛教之究竟。吾人必須正視《般若》之無諍，一方顯般若為共法，一方顯出教乘之大小與圓不圓為屬於另一系列。至乎《法華》圓教，則此兩無諍密切地無任何蹺蹊地相應為一，交織於一起：以存有論的圓實無諍為經，以觀法上的圓實無諍為緯。如是，「諸法」之「諸」，法之存在，既有圓滿的決定，而「諸法實相」之「實相」亦隨之而究竟透徹。其他權教皆未能至乎此，皆不免有蹺蹊處。「法之存在」之決定既不圓，則實相般若之在它們處表現亦不免有仄影。凡此，俱須在後面逐部章逐步表示。在此只是提綱挈領地一提，多說則不免跨節，讀者亦不能得其詳。

以下仍歸於《般若經》中無諍法之內容。

第二節
三智義

《經》（〈初品〉）

菩薩摩訶薩欲得**道慧**，當習行般若波羅蜜。

菩薩摩訶薩欲以道慧具足**道種慧**，當習行般若波羅蜜。

欲以道種慧具足**一切智**，當習行般若波羅蜜。

欲以一切智具足**一切種智**，當習行般若波羅蜜。

欲以一切種智斷**煩惱習**，當習行般若波羅蜜。

舍利弗！菩薩摩訶薩應如是學般若波羅蜜。

案：此經文及後〈卷第七十三慧品〉皆言三智，此為天台宗言三智之所本。道慧與道種慧如何分別？一切智與一切種智如何分別？四智乎？三智乎？抑只一智乎？只有量之差別乎？抑尚有質之差別乎？龍樹論釋似未能盡，而天台宗智者大師所言似有與龍樹所釋不盡相同者。以下試詳簡之。

龍樹未分別道慧與道種慧之不同。似乎總說是道慧，散開說是道種慧。道以一總之曰一道，以二分之曰二道，以三分之曰三道，乃至以四、五、六、七、八、九、十分之，亦如是。「如是等無量道門盡知遍知，是為道種慧」。如《論·卷第二十七》云：

道名一道，一向趣涅槃。於善法中一心不放逸，道隨身念。

道復有二道：惡道，善道；世間道，出世間道；定道，慧道；有漏道，無漏道；見道，修道；學道，無學道；信行道，法行道；向道，果道；無礙道，解脫道；信解道，見得道；慧解脫道，俱解脫道：如是無量二道門。

復有三道：地獄道，畜生道，餓鬼道。三種地獄：熱地獄，寒地獄，黑闇地獄。三種畜生道：地行，水行，空行。三種鬼道：餓鬼，食不淨鬼，神鬼。三種善道：人道，天道，涅槃道。人有三種：作罪者，作福者，求涅槃者。復有三種人：受欲、行惡者，受欲、不行惡者，不受欲不行惡者。天有三種：欲天，色天，無色天。涅槃道有三種：聲聞道，辟支佛道，佛道。聲聞道有三種：學道，無學道，非學非無學道。辟支佛道亦如是。佛道有三種：初發意道，行諸善道，成就眾生道。復有三道：戒道，定道，慧道。如是等無量三道門。

復有四種道：凡夫道，聲聞道，辟支佛道，佛道。復有四種道：聲聞道，辟支佛道，菩薩道，佛道。聲聞道有四種：苦道，集道，滅道，道道。復有四沙門果道。復有四種道：觀身實相道，觀受、心、法實相道。復有四種道：為斷未生惡不善令不生道，為斷已生惡令疾滅道，為未生善法令生道，為已生善法令增長道。復有四種道：欲增上道，精進增上道，心增上道，慧增上道。復有四聖種道：不擇衣、食、臥具、醫藥，樂斷苦修定。復有四行道：苦難道，苦易道，樂難道，樂易道。復有四修道：一為今世樂修道，二為生死智修道，三為漏盡故修道，四為分別慧修道。復有四天道，所

謂四禪。復有四種道：天道，梵道，聖道，佛道。如是等無量四道門。

復有五種道：地獄道，畜生、餓鬼、人、天道。復有五無學眾道，無學戒眾道，乃至無學解脫知見眾道。復有五種淨居天道。復有五治道〔五欲天道〕。復有五如法語道。復有五非法語道。復有五道：凡夫道、聲聞道，辟支佛道，菩薩道，佛道。復有五道：分別色法道，分別心法道，分別心數法道，分別心不相應行道，分別無爲法道。復有五種道：苦諦所斷道，集諦所斷道，滅諦所斷道，道諦所斷道，思惟所斷道。如是等無量五法道門。

復有六種道：地獄道，畜生、餓鬼、人、天、阿修羅道。復有捨六塵道。復有六和合道〔舊云六種道〕，六神通道，六種阿羅漢道，六地修道，六定道，六波羅蜜道。一一波羅蜜各各有六道。如是等無量六道門。

復有七道：七覺意道，七地無漏道，七想定道，七淨道，七善人道，七財福道，七法福道，七助定道。如是等無量七道門。

復有八道：八正道，八解脫道，八背捨道。如是等無量八道門。

復有九道：九次第道，九地無漏道，九見斷道，九阿羅漢道，九菩薩道：所謂六波羅蜜，方便，成就眾生，淨佛世界。如是等無量九道門。

復有十道：所謂十無學道，十想道，十智道，十一切處道，十不善道，十善道。

乃至一百六十二道。如是等無量道門。

如是諸道，盡知遍知，是為道種慧。

詳此，總說，或一般地說，則曰「道慧」。「菩薩欲得道慧，當習行般若波羅蜜」。意即只有習行般若波羅蜜，始真能得到達於涅槃或諸法實相之道慧。道者意即道路，修行的方法，所謂道諦之道。但一說道慧，決不只是這抽象的，籠統說的道慧，乃必須是具體的，種種的道慧，如是，必須散開說，此即是道種慧。修行必須知道道路，道路不是一個抽象的籠統的道路之概念，乃必須是這條或那條道路。無量道路盡知遍知，具體地知，方是道種慧。如是，「菩薩欲得道慧，當習行般若波羅蜜」，此只是虛籠一提。而具體落實處則在「欲以道慧具足道種慧，當習行般若波羅蜜」。習行般若，可以使你真得到道慧，因為般若是活法門，無住無著，一相無相，所謂「無心為道」也。一離開般若，則道成死道，即不成其為道，此即未得道慧。而若真得道慧，固須有賴於般若，而道亦不只是一抽象的道，故道慧即是種種道中具體的道種慧，道慧即具足各種道而為道種慧。般若是活法，而亦不是隔離的寡頭的一個般若，乃是即在道慧中而使道真成其為道的般若，而道亦不只是一條道，若著於一條道，則般若亦死，而此一條道亦不成其為道，此即無道慧。故般若在道慧中使道成為道，即在道種慧中使條條道皆各成為道，故般若成就道慧，即成就道種慧。如是，則道慧與道種慧無本質上的差別。

然則道種慧與一切智有無差別？如有，當如何分別？一切智與一切種智有無差別？如有，當如何分別？龍樹對於前者未有論釋，

對於後者則釋如下：

> 問曰：一切智、一切種智，有何差別？
>
> 答曰：有人言無差別，或時言一切智，或時言一切種智。有人言總相是一切智，別相是一切種智；因是一切智，果是一切種智；略説、一切智，廣説、一切種智；一切智者，總破一切法中無明闇，一切種智者，觀種種法門破諸無明；一切智譬如説四諦，一切種智譬如説四諦義；一切智者如説苦諦，一切種智者如説八苦相；一切智者如説生苦，一切種智者如説種種眾生處處受生。復次，一切法名眼色乃至意法，是諸阿羅漢辟支佛亦能總相知無常、苦、空、無我等，知是十二入故，名爲一切智。聲聞辟支佛尚不能盡別相知一眾生生處好醜，事業多少，未來現在世亦如是，何況一切眾生？如一閻浮提中金名字，尚不能知，何況三千大千世界？於一物中，種種名字，若天語，若龍語，如是等種種語言名金，尚不能知，何況能知金因緣生處，好惡貴賤，因而得福，因而得罪，因而得道？如是現事尚不能知，何況心心數法，所謂禪定智慧等諸法？佛盡知諸法總相別相故，名爲一切種智。
>
> 復次，後品中〔案：後〈第七十品三慧品〉〕佛自言一切智是聲聞辟支佛事，道智是諸菩薩事，一切種智是佛事。聲聞辟支佛但有總一切智，無有一切種智。復次，聲聞辟支佛雖於別相有分，而不能盡知故，總相受名。佛一切智，一切種智，皆是眞實，聲聞辟支佛但有名字。一切智譬如畫燈，但

有燈名，無有燈用，如聲聞辟支佛。若有人問難，或時不能
悉答，不能斷疑。如佛三問舍利弗而不能答。若有一切智，
云何不能答？以是故，但有一切智名，勝於凡夫，無有實
也。是故佛是實一切智、一切種智，有如是無量名字，或時
名爲一切智人，或時名爲一切種智人。如是等略說一切智一
切種智種種差別。

案：此上問答是說一切智與一切種智有總相別相之別。或時無分
別，則當如此說：在佛無分別，「或時名佛爲一切智人，或時名佛
爲一切種智人」，在佛，一切智即一切種智。在佛，若有分別，則
當如此說：「佛一切智、一切種智、皆是眞實」，「佛是實一切
智，一切種智」，但亦有總相別相之別，一切智偏於知總相，一切
種智偏於知別相，不過不相隔別，知總相同即知別相，知別相同時
即知總相，總相別相皆實知之。然在佛，可以知別相概括知總相，
故於佛偏於一切種智說。〈三慧品〉佛自言：「一切種智是諸佛
智」。又云：「須菩提言：世尊，云何爲一切種智相？佛言：**一相
故**，名**一切種智**，所謂**一切法寂滅相**。復次，諸法**行類相貌、名字
顯示說**，佛如實知，以是故、名一切種智」。龍樹《論・卷第八十
四》釋云：「一切種智是佛智。一切種智名一切三世法中通達無
礙，知大小精粗，無事不知。佛自說一切種智義有二種相：一者，
通達**諸法實相**故，**寂滅相**。如大海水中風不能動；以其深故，波浪
不起。一切種智亦如是，戲論風所不能動。二者，一切諸法可以**名
相文字言說，了了通達無礙**，攝有、無二事故，名一切種智」。是
則佛之一切種智不但實知諸法之總相與別相，而且通過總相別相之

知而能如實地知其實相一相，所謂無相，即寂滅相。此即是佛之**具體的圓智**也。

如果一切智偏就知總相說，則在聲聞與辟支佛，一切智與一切種智即不能無別。〈三慧品〉佛自言「薩婆若〔一切智〕是一切聲聞辟支佛智」。是則聲聞辟支佛亦有一切智也。而此一切智則只能知諸法之總相，而不能知其別相，即只能抽象地知之，而不能具體地知之。

〈三慧品〉：「須菩提白佛言：世尊，何因緣故，薩婆若是聲聞、辟支佛智？佛告須菩提：一切名，所謂內外法，是聲聞、辟支佛能知，不能用一切道、一切種智」。龍樹《論・卷第八十四》釋云：「薩婆若是聲聞、辟支佛智。何以故？一切名，內外十二入，是法聲聞、辟支佛總相知，皆是無常、苦、空、無我等」。是則聲聞、辟支佛之一切智只是籠統地抽象地知一切法之總相，即只是類概念地知之，而不能具體地知其種種別相。是則其「一切智」之「一切」只是概念的一切，而不是直覺的一切，故是抽象的一切，而不是具體的一切。又，聲聞、辟支佛概念地知總相亦不只是知法類之**現象的總相**，亦能深入地知其無常、苦、空、無我之**真實總相**。若就空、無我說，亦可以說能知其實相一相，所謂無相，即寂滅相。如此，一切智之偏就知總相說，所謂總相，亦可專就諸法之空如相即寂滅相說，如是，一切智即在知諸法之空如性。但聲聞、辟支佛之知一切法之空如性，因無道種慧故，亦只是抽象地知之，故其所知之空如性亦只在抽象狀態中。空如性亦曰平等性，以今語言之，即普遍性。空如性在抽象狀態中，故此空如性之普遍性亦只是抽象的普遍性，而非具體的普遍性。就一切智說，亦是隔離的一

切智，而非具體的眞實的圓一切智也。故上錄問答中，龍樹論釋云：「聲聞、辟支佛但有總一切智，無有一切種智。復次，聲聞、辟支佛雖于別相有分，而不能盡知故，總相受名。佛一切智、一切種智，皆是眞實。聲聞、辟支佛但有名字。一切智譬如畫燈，但有燈名，無有燈用，如聲聞、辟支佛。」聲聞、辟支佛之一切智之知總相，因無道種慧故，不能盡知別相故，不但在諸法類之現象的總相上「但有名字」，「無有實也」，（例如「但有燈名，無有燈用」），即在空、無我之實相的總相上亦復如此，但有空如實相之名，無空如實相之實，即死空如，非活空如，故亦無空如實相之用。以其證空滯空而不出故也。此其所以爲小乘。後來天台宗智者大師即根據《中論》「因緣所生法，我說即是空，亦爲是假名，亦是中道義」，說空假中三諦，依三諦說一心三觀，並以三智配之，如是，即以「一切智」觀空，爲慧眼，屬聲聞、辟支佛；「以道種智」觀假，爲法眼，屬菩薩；以「一切種智」觀中，爲佛眼，屬佛。此即于「一切智」之知總相取其知空如實相之總相，惟無方便而已，故爲小乘。如此說的一切智與一切種智之分別不只泛說的總別之差，亦有本質的差別。如只是泛說的總別之差，則只是籠統地知與詳盡地知，概念地知與直覺地知之差別，此好像只是量的多少之差別，（因爲聲聞、辟支佛于別相亦稍有分故），顯不出一切智與一切種智之質的差異。故龍樹之論釋開始即說或以爲無差別，或以爲有差別，而所謂有差別即是總別之差。此下，彼即舉了好多例廣說總別之異，而不甚能顯出其質的差異。後引〈三慧品〉佛自說「一切智是聲聞、辟支佛事，道智是諸菩薩事，一切種智是佛事」，而說「聲聞、辟支佛但有總一切智，無有一切種智」。但又

說「佛一切智，一切種智皆是真實，聲聞、辟支佛但有名字。一切智譬如畫燈，但有燈名，無有燈用，如聲聞、辟支佛。……若有一切智，云何不能答？以是故，但有一切智名，勝于凡夫，無有實也」。是則一切智一切種智在聲聞、辟支佛只是虛名無實，無實即等于無有一切智（若有一切智，云何不能答），在佛皆實，一切智即一切種智。如是出入低昂，在佛與在聲聞、辟支佛，皆顯不出一切智與一切種智之質的差異。（在聲聞、辟支佛，兩者皆虛名，是聲聞、辟支佛不但有一切智，亦有一切種智，不過只是虛名而已，此是入。有名無實等于無有。不但無一切種智，即一切智亦無，此是出。有此出入即是低。在佛皆實，是昂。所謂出者是提出，入者是置入。）但依〈三慧品〉佛自說一切智是聲聞、辟支佛事，一切種智是佛事，則兩者當有顯著之差異，不只是總別之異，亦不只是名實之異。以是故，智者大師之消化整理似有差勝處。依是，吾人必須分別法類之**現象的總相**與**空如實相**之**總相**。聲聞、辟支佛之一切智之知總相，所謂總相，不只是泛說的法類之現象的總相，且當是空如實相之總相，因為知法之目的即在知法之空如相。一切智者即知一切法之大總相（平等性）是空如也。不管是什麼法，一切皆是無常、苦、空、無我，此「一切」即是總說，當然很籠統，故亦是概念的「一切」，故「一切智」之知此總相亦只是抽象地、概念地知之，而不是具體地、直覺地知之。無道種慧，故不能進入一切種智，而其所知所證之空如實相亦只是抽象的、隔離的空如實相，此即是偏于空而滯于空。既偏于空而不化，故一切智之知總相即是偏空之智。若分別地說三諦，即是單相應于空諦之智。此即小乘之境界。但「因緣所生法」即空即假即中方是圓諦，圓諦即一實諦，

本不能偏陷停滯。但人之修證常不能圓而活，故總不免有偏陷停
滯。聲聞辟支佛之「一切智」即偏陷停滯之智。停滯即死。依此而
言，即一切智亦死，不成其為一切智，是即所謂「但有名字」也。
依法分別而言，一切智觀空，知平等性之總相，此是小乘；道種智
觀假，知各種法門之差別相，此是菩薩；一切種智觀中道，知差而
無差，無差即差，此是佛。如是方能極成〈三慧品〉之經文，而亦
顯出一切智與一切種智之本質的差異，不只是泛說的總別之量的多
少問題也。在佛，則三諦一諦，三智一智，三觀一觀，三眼一眼，
一切智即道種智即一切種智，如此說無差亦可。但此無差是就佛心
無礙之圓融說，亦即圓智實智也。若就法義說，則三者仍有差別，
此即無差而差也。故當就法義分別說時，當明其顯著的不同。以上
之疏導差可至此。（天臺宗根據《中論》「因緣所生法」一偈說空
假中三諦雖不合偈文之原義，而根據《般若經》之〈三慧品〉以三
智分屬三人，則無不合處，以三智配三諦亦無不合處。即離開《中
論》偈文而只就緣生法說三諦亦無不合佛意處，甚至亦無不合龍樹
之意處。須知二諦三諦並不衝突，蓋各自變換說之耳。詳見下《中
論》章。）

　　一切智者**籠總地知一切法之空如性**（平等性）也。

　　道種智者**分別地知各種法門之差別相**也。

　　一切種智者**直覺地具體地圓實地知一切法之實相一相**，所謂無
相，並同時即知**各種法門之差別相**也。

　　是則「一切種智」中之「一切」是直覺中的一切，非概念中的
一切；其中之「種」是即寂滅相之差別相（各種）。佛心直覺圓實
地盡知遍知一切法門之差別相時即知其一相無相所謂寂滅相，此即

差而無差；直覺地圓實地知其一相無相所謂寂滅相時即知其種種差
別相，此即無差而差。此一圓實之智即爲一切種智。在此圓實之智
中，平等性（普遍性）是具體的普遍性，是「即差別性」之普遍
性，此是眞實具體的普遍性；差別性是普遍性的（平等性的）差別
性，是「即平等性」的差別性，此是眞實具體的差別性。

　　道種智是菩薩智。當然，菩薩並非無一切智，但因爲要從小乘
解脫出來，故必須開假方能繁興大用，化度眾生。（開假是對小乘
說。若在圓智，即無所謂開。）即于此開假上，重點逐落在各種法
門上，因此，逐說道種智是菩薩智。此時說道種智即重在知各法門
之差別相。若不知差別相，即不算眞知一法門。籠統地知無用也。
但菩薩雖開假，而于假不必能盡知遍知，又重在知差別相，而不必
眞能知其即平等性之差別相，是故菩薩仍有塵沙惑也。若能盡知遍
知，又能知其「即平等性」，則已是佛，而不復是菩薩矣。是故于
菩薩則只說道種智。若只停于此而不進，則道種智亦成偏滯而死，
而不成其爲道種智，其所知諸法之差別相亦成執著而爲抽象的差別
相，而非具體而眞實的差別相，即非普遍性平等性的差別相，此與
小乘之一切智之但有名字同。故依法義分別而說，三智雖可分屬，
然欲道種智之眞成爲道種智，一切智之眞成爲一切智，則必須進至
于佛智。佛智一智，一智三智，三智之法義極成不濫；而三智一
智，三智之圓實亦不失。是則唯有在圓實一智中方能極成三智不濫
也。亦唯有在三智不偏無累中方能極成圓實一智也。佛心之所以能
如此，亦有眞實活法之般若故也。是故《經》說：「菩薩摩訶薩欲
得道慧，當習行般若波羅蜜；欲以道慧具足道種慧，當習行般若波
羅蜜；欲以道種慧具足一切智，當習行般若波羅蜜；欲以一切智具

足一切種智，當習行般若波羅蜜」。此中道慧即道種慧，不過虛實
說而已。故只有三智，並無四智。般若能使你得道慧，得道慧即得
道種慧，道種慧足以實化虛說的道慧。般若亦能使你即在道種慧中
具足一切智，一切智足以實相無相化道種智，而使之真成其為道種
智。般若亦能使你即在一切智中具足一切種智，一切種智差而無
差，無差而差，足以圓實化一切智，而使之真成其為一切智。若以
三智分屬說，則亦可以說：般若能使聲聞辟支佛即在一切智中具足
道種智而充實化其一切智，使一切智為活智；般若亦能使菩薩即在
道種智中具足一切種智而圓實化道種智，使道種智為活智。如是，
三智層層昇進，只是一實智，而佛境可至。一實智者即是一切種
智。至一實智，則煩惱習盡斷而成佛。是故《經》云：

> 欲以一切種智斷煩惱習，當習行般若波羅蜜。舍利佛！菩薩
> 摩訶薩應如是學般若波羅蜜。

案：此三智及斷煩惱習雖是差別次第說，以般若故，實是一心中
得。是故龍樹《論・卷第二十七》釋云：

> 問曰：**一心中得一切智，一切種智，斷煩惱智**，今云何言以
> 一切智具足得一切種智，以一切種智斷煩惱習？
> 答曰：**實一切一時得**。此中為令人信般若波羅蜜故，次第差
> 別說。欲令眾生得清淨心，是故如是說。
> 復次，雖一心中得，亦有初中後次第。如一心有三相：生因
> 緣住，住因緣滅。又如心、心數法、不相應諸行，及身業口

業。以道智具足一切智，以一切智具足一切種智，以一切種智斷煩惱習，亦如是。先說一切種智即是一切智、道智，名金剛三昧。佛初心〔一作初發心〕即是一切智，一切種智，是時煩惱習斷。〔下即言斷煩惱習，略。〕

案：「一心中得」實就佛心圓智說。若在聲聞辟支佛以及菩薩實不能「一心中得」也。此「三智一心中得」，後爲天臺宗之所本。印順《中觀論講記》頁三五四說龍樹《智度論》不曾如此說。天臺宗說「三智一心中得」是《智度論》說，這是「欺盡天下人！」今查《智論》明文如此，何故是「欺盡天下人」？

又，龍樹在《論・卷第二十七》釋道種慧時，最後有問答云：

問曰：般若波羅蜜是菩薩第一道，一相所謂無相，何以説是種種道？

答曰：是道皆入一道中，所謂諸法實相。初學有種種別，後皆同一，無有差別。譬如劫盡燒時，一切所有皆同虛空。復次，爲引導眾生故，菩薩分別説是種種道，所謂世間道，出世間道等。

問曰：云何菩薩住一相無相中，而分別是世間道，是出世間道？

答曰：世間名，但從顛倒憶想、虛誑、二法生，如幻如夢，如轉火輪。凡夫人強以爲世間。是世間皆從虛妄中來，今亦虛妄，本亦虛妄。其實無生無作，但從內外六情六塵和合因緣生。諸凡夫所著故，爲説世間。是世間種種邪見羅網，如

亂絲相著，常往來生死中，如是知世間。何等是出世間道？
如實知世間即是出世間道。所以者何？智者求世間出世間、
二事不可得。若不可得，當知假名為世間、出世間。但為破
世間故，說出世間。**世間相即是出世間，更無所復有**。所以
者何？**世間相不可得是出世間**。是世間相常空，世間法定相
不可得故。如是行者**不得世間，亦不著出世間**。若不得世
間，亦不著出世間，愛慢破故，不共世間諍。何以故？行者
久知世間空無所有，虛誑故，不作憶想分別。世間名五眾
〔五陰〕。五眾相假，令十方諸佛求之，亦不可得。無來
處，無住處，亦無去處。若不得**五眾來住去相**，即是**出世
間**。行者爾時觀是世間、出世間，實不可見。不見世間與出
世間合，亦不見出世間與世間合。**離世間亦不見出世間。離
出世間，亦不見世間**。如是，則不生二識，所謂世間、出世
間。若**捨世間，不受出世間，是名出世間**。若菩薩能如是
知，則能為眾生分別世間、出世間道；有漏無漏，一切諸
道，亦如是入一相：是名道種慧。

案：如是而說之道種慧即是圓實之道種慧，亦即一切種智。菩薩能
如是知，而又能真至乎此，斷煩惱習，即是佛。是故道種智，一切
智，一切種智，斷煩惱習，實「**一心中得**」也。「捨世間，不受出
世間，是名出世間」，是即「無所住而生其心」之真出世間，亦即
「不壞假名而說諸法實相」也。此即是「實相般若」之真相。《般
若經》共九十品，龍樹論釋共一百卷，重重複複，不過說此義。

　　以上是就「三智次第說，實即一心得」而明圓實一智。以下再

引〈三慧品〉之經文就三智分屬說,以明此義。

> 須菩提言:佛說一切智,說道種智,說一切種智,是三種智
> 有何差別?
> 佛告須菩提:薩婆若〔一切智〕是一切聲聞辟支佛智,道種
> 智是菩薩摩訶薩智,一切種智是諸佛智。
> 須菩提白佛言:世尊,何因緣故,薩婆若是聲聞辟支佛智?
> 佛告須菩提:一切名,所謂內外法,是聲聞辟支佛能知,不
> 能用一切道,一切種智。
> 須菩提言:世尊,何因緣故,道種智是諸菩薩摩訶薩智?
> 佛告須菩提:一切道,菩薩摩訶薩應知;若聲聞道、辟支佛
> 道、菩薩道,應具足知,亦應用是道度眾生,亦不作實際
> 證。
> 須菩提白佛言:世尊,如佛說,菩薩摩訶薩應具足諸道,不
> 應以是道實際作證耶?
> 佛告須菩提:是菩薩未淨佛土,未成就眾生,是時不應實際
> 作證。
> 須菩提白佛言:世尊,菩薩住道中,應實際作證。佛言:不
> 也。世尊,住非道中,實際作證。佛言:不也。世尊,住
> 道、非道,實際作證。佛言:不也。世尊,住非道、亦非非
> 道,實際作證。佛言:不也。世尊,菩薩摩訶薩住何處應實
> 際作證?佛告須菩提:於汝意云何?汝住道中受諸法故,漏
> 盡得解脫不?須菩提言:不也,世尊。汝住非道,漏盡得解
> 脫不?不也,世尊。汝住道非道,漏盡得解脫不?不也,世

> 尊。汝住非道亦非非道，漏盡得解脫不？不也，世尊。我無
> 所住，不受諸法，漏盡，心得解脫。佛告須菩提：菩薩摩訶
> 薩亦如是，無所住應實際作證。
> 須菩提言：世尊，云何爲一切種智相？
> 佛言：一相故，名一切種智，所謂一切法寂滅相。復次，諸
> 法行類相貌，名字顯示說，佛如實知，以是故，名一切種
> 智。

案：若有所住而證實際，則所住之道（法門）是死道，道種智亦成
死智而不成其爲道種智，而所證之實際亦即成非實際。是故應具足
諸道，而以無所住證實際，便是實道種智，而此亦即是一切種智，
即是佛矣。此下，經文復言一切種智斷煩惱習。習者殘餘之習氣
也。聲聞辟支佛可以無煩惱，但不能無煩惱習，即菩薩亦不能斷，
惟佛盡斷。

> 須菩提白佛言：世尊，一切智、道種智、一切種智，是三智
> 結斷有差別、有盡、有餘、不？
> 佛言：煩惱斷無差別。諸佛煩惱習、一切悉斷，聲聞辟支佛
> 煩惱習不悉斷。
> 世尊，是諸人不得「無爲法」，得斷煩惱耶？佛言：不也。
> 世尊，無爲法中，可得差別不？佛言：不也。世尊，若無爲
> 法中，不可得差別，何以故說是人煩惱習斷，是人煩惱習不
> 斷？
> 佛告須菩提：習非煩惱。是聲聞辟支佛身口有似婬欲、瞋

恚、愚癡相，凡夫愚人爲之得罪。是三毒習，諸佛無有。

須菩提白佛言：世尊，若道無法，涅槃亦無法，〔龍樹釋
云：「若諸法實相中，若道若涅槃無所有，若無所有」云云
如下文〕，何以故分別說是須陀洹、是斯陀含、是阿那含、
是阿羅漢、是辟支佛、是菩薩、是佛？

佛告須菩提：是皆以「無爲法」，而有分別，是須陀洹、是
斯陀含、是阿那含，是阿羅漢，是辟支佛，是菩薩，是佛。
世尊，實以「無爲法」故，分別有須陀洹乃至佛〔耶〕？

佛告須菩提：世間言說故有差別，非第一義。第一義中無有
分別說。何以故？第一義中無言說道。斷結故，說後際。

須菩提言：世尊，諸法自相空中，前際不可得，何況說有後
際？

佛告須菩提：如是如是！諸法自相空中，無有前際，何況有
後際？無有是處。須菩提，以眾生不知諸法自相空故，爲說
是前際，是後際。諸法自相空中，前際後際不可得。如是，
須菩提，菩薩摩訶薩應以自相空法行般若波羅蜜。須菩提，
若菩薩行自相空法，則無所著，若內法，若外法，若有爲
法，若無爲法，若聲聞法，若辟支佛法，若佛法。

案：是諸人皆以「無爲法」斷結使，得涅槃，然以智之圓不圓，實
不實，一不一，而有差別，因而其所證得之無爲法中亦有差別，非
無爲法本身有差別也。涅槃寂滅，其本身即是無爲。各種道門有有
爲，有無爲，而行道是有爲；而若無心爲道，則一切行道皆無爲。
行道無爲，道亦無爲。但無爲之行中有圓不圓、實不實、一不一之

別，故道之無為與涅槃之無為亦不能無差別。小乘只有一切智，而無道種智，更無一切種智，是即其智不能為圓實一智，因而其智之無為即不能真至于無為，受限即是有為相。智既受限，則其所證得之涅槃，即為小涅槃，而非大涅槃，此即涅槃無為亦有差別也。涅槃既有差別，則其斷結亦不能無差別，如佛所說，至少其煩惱習不能悉斷。因為有這些差別，所以隨順世間言說道而說有如此之差別。說前際後際，亦因斷結故而說：斷結已，說後際，未斷前，說前際。若在第一義中，諸法自相空中，前後際不可得，亦無言說道，則不但前後際不可說，即一切差別亦不可說。真至乎此，即是佛智。佛斷煩惱習是對聲聞辟支佛之不能斷說。若在佛心圓智之朗現中，一切法無所著，一切法不可得，則此差別亦不可說也。順方便說，煩惱習斷，則佛有三十二相，八十種好，乃至無量相好，而實無一相好，即一相無相，所謂寂滅相，差而無差，無差即差，皆是實德，無煩惱，亦無煩惱習，生身即尊特，尊特即生身，皆是法性身也。是故「菩薩應以自相空法行般若波羅蜜。若菩薩行自相空法，則無所著，若內法，若外法，若有為法，若無為法，若聲聞法，若辟支佛法，〔皆無所著〕。」

龍樹《論‧卷第八十四》釋斷煩惱習云：

> 須菩提聞是已，問佛：智慧故，有上中下分別，煩惱斷復有差別不？佛言無差別。斷時有差別，斷已無差別。譬如刀有利鈍，斷時有遲速，斷已無差別。如來煩惱及習都盡，聲聞辟支佛但煩惱盡，而習氣有餘。
>
> 須菩提問佛：世尊，三種斷是有為，是無為？佛答：皆是無

爲。復問：世尊，無爲法中，可得差別不？佛答：是法無相
無量，云何可得差別？復問：世尊，若無差別，云何說：是
斷中有餘，是斷中無餘？須菩提，是習不名眞煩惱。有人雖
斷一切煩惱，身口中亦有煩惱相出。凡人見聞是相已，則起
不清淨心。譬如蜜婆私詫阿羅漢，五百世在獼猴中，今雖得
阿羅漢，猶騰跳樹木。愚人見之，即生輕慢，是比丘似如獼
猴！是阿羅漢無煩惱心，而猶有本習。

又如畢陵伽婆蹉阿羅漢，五百世生婆羅門中，習輕蔑心故，
雖得阿羅漢，猶語恆水神言：小婢止流！恆神瞋恚，詣佛陳
訴。佛敎懺悔，猶稱小婢。如是等身口業煩惱習氣，二乘不
盡，佛無如是事。

如一婆羅門惡口，一時以五百事罵佛，佛無慍色。婆羅門心
乃歡喜，即復一時以五百善事讚嘆于佛，佛亦無喜色。當知
佛煩惱習氣盡故，好惡無異。

又復佛初得道，實功德中出好名聲，充滿十方，唯佛自知。
而孫陀梨梵志女殺身謗佛，惡名流布。佛于此二事，心無有
異，亦不憂喜。

又入婆羅門聚落中，空鉢而出。天人種種供養。又復三月食
馬麥，釋提桓因恭敬，以天食供養。阿羅婆伽林中，辣刺寒
風，佛在中宿。又于歡喜園中，在天白寶石上，柔濡滑澤，
又敷天臥具。于此好惡事中，心無憂喜。

又，提婆達瞋心，以石堆佛；羅睺羅敬心，合手禮佛。于此
二人，其心平等，如愛「兩眼」。〔卷二釋婆伽婆處，「如
左右眼，心無愛憎」。〕

如是等種種干亂，無有異想。譬如眞金，燒磨鍛截〔煉〕，
其色不變。佛經此眾事，心無增減。是故可知諸佛愛恚等諸
煩惱習氣都盡。

案：《智論・卷二十七》釋《經》「以一切種智斷煩惱習」云：

「斷一切煩惱習」者，煩惱名、略説則三毒，廣説則三界九
十八使，是名煩惱。煩惱習者，名煩惱殘氣。若身業口業不
隨智慧，似從煩惱起。不知他心者、見其所起，生不淨心。
是非實煩惱。久習煩惱故，起如是業。譬如久鏃〔鏁〕腳人
卒得解脱，行時雖無有鏃，猶有習在。如乳母衣，久故垢
著，雖以湆灰淨浣，雖無有垢，垢氣猶在。衣如聖人心，垢
如諸煩惱。雖以智慧水浣，煩惱氣猶在。如是習氣，諸餘賢
聖雖能斷煩惱，不能斷習。如難陀婬欲習故，雖得阿羅漢
道，于男女大眾中坐，眼先視女眾，而與言語説法。如舍利
弗瞋習故，聞佛言舍利弗食不淨食，即便吐食，終不復受
請。〔偈略〕。如摩訶迦葉瞋習故，佛滅度後集法時，敕令
阿難「八」突吉羅罪懺悔，〔案：八當爲六，事見卷二〕，
而復自牽阿難手出，不共汝漏未盡不淨人集法。如畢陵迦婆
蹉常罵恆神爲小婢。如摩頭婆私咃〔當即卷八十四之蜜婆私
詫〕掉戲習故，或時從衣架踔上梁，從梁至棚，從棚至閣。
如憍梵缽提牛業習故，常吐食而呞〔反嚼〕。如是等諸聖人
雖漏盡而有煩惱習。如火焚薪已，灰炭猶在。火力薄故，不
能令盡。若劫盡時火，燒三千大千世界無復遺餘，火力大

故。佛一切智火亦如是，燒諸煩惱，無復殘習。如一婆羅
門，以五百種惡口眾中罵佛，佛無異色，亦無異心。此婆羅
門心伏，還以五百種語讚佛，佛無喜色，亦無悅心。于此毀
譽，心色無變。又復旃遮婆羅門女。帶盂謗佛，佛無慚色。
事情既露，佛無悅色。轉法輪時，讚美之聲滿于十方，心亦
不高。孫陀利死，惡聲流布，心亦不下。〔案：此即卷八十
四「孫陀梨梵志女殺身謗佛，惡名流布」〕。阿羅毗國土風
寒，又多蒺藜，佛於中坐臥，不以為苦。又在天上歡喜園
中，夏安居時，坐劍婆石，柔軟清潔，如天綩綖，亦不以為
樂。受大天王慇懃奉天食，不以為美。毗蘭若國食馬麥，不以
為惡。諸大國王供奉上饌，不以為得。入薩羅聚落，空鉢而
出，不以為失。提婆達多于耆闍崛山推石壓佛，佛亦不憎。
是時羅睺羅敬心讚佛，佛亦不愛。阿闍世縱諸醉象，欲令害
佛，佛亦不畏。降伏狂象，王舍城人益加恭敬，持香花瓔
絡，出供養佛，佛亦不喜。九十六種外道，一時和合議言，
我等亦皆是一切智人。從舍婆提來，欲共佛論議。爾時，佛
以神足，從齊〔臍〕放光。光中皆有化佛。國王波斯匿亦命
之令來。于其座上尚不能得動，何況能得與佛論議？佛見一
切外道賊來，心亦無退。破是外道，諸天世人倍益恭敬供
養，心亦不進。如是等種種因緣，來欲毀佛，佛不可動。譬
如真閻浮檀金，火燒不異。搥打磨斫，不敗不異。佛亦如
是，經諸毀辱，誹謗，論議，不動不異。以是故，知佛諸煩
惱習都盡無餘。

《智論・卷二》釋經「婆伽婆」云：

> 云何名「婆伽婆」？天竺語「婆伽」，秦言「德」；「婆」
> 言「有」。是名「有德」。復次，婆伽名「分別」，婆名
> 「巧」。巧分別諸法總相別相，故名「婆伽婆」。復次，婆
> 伽名「名聲」，婆名「有」，是名「有名聲」。無有得名聲
> 如佛者。……復次，婆伽名「破」，婆名「能」，是人能破
> 婬怒癡故，稱爲「婆伽婆」。
> 問曰：如阿羅漢、辟支佛、亦破婬怒癡，與佛何異？
> 答曰：阿羅漢辟支佛雖破三毒，氣分不盡。譬如香在器中，
> 香雖去，餘氣故在。又如草木薪、火燒煙出，炭灰不盡。火
> 力薄故。佛三毒永盡無餘。譬如劫盡火燒須彌山，一切地都
> 盡，無煙無炭。如舍利弗瞋恚餘習，難陀婬欲餘習，畢陵伽
> 婆蹉憍慢餘習。譬如人被鎖，初脫時，行猶不便。……
> 佛言舍利弗食不淨食。爾時，舍利弗轉聞是語，即時吐食。
> 自作誓言：從今日不復受人請。是時波斯匿王、長者須達多
> 等，來詣舍利弗所，語舍利弗：佛不以無事而受人請，大德
> 舍利弗復不受請，我等白衣云何當得大信清淨！舍利弗言：
> 我大師佛言舍利弗食不淨食，今不得受人請。于是波斯匿等
> 至佛所，白佛言：佛不常受人請，舍利弗復不受請，我等云
> 何心得大信？願佛敕舍利弗還受人請。佛言：此人心堅，不
> 可移轉。佛爾時，引本生因緣。昔有一國王爲毒蛇所齧。王
> 時欲死。呼諸良醫令治蛇毒。時諸醫言：還令蛇嗽，毒氣乃
> 盡。是時諸醫各設咒術，所齧王蛇即來王所。諸醫積薪然

火，敕蛇還噏汝毒。若不爾者，當入此火。毒蛇思維，我既吐毒，云何還噏？此事劇死思維，定心即時入火。爾時毒蛇、舍利弗是。**世世心堅，不可動也**。〔案：此猶俗云牛脾氣〕。

復次，長老畢陵伽婆蹉常患眼痛。是人乞食，常渡恆水。到恆水邊，彈指言：小婢住莫流。水即兩斷，得過乞食。是恆神到佛所白佛：佛弟子畢陵伽婆蹉常罵我言小婢住莫流。佛言：畢陵伽婆蹉懺謝恆神。畢陵伽婆蹉即時合手語恆神言：小婢莫瞋，今懺謝汝。是時大眾笑之，云何懺謝而復罵耶？佛語恆神：汝見畢陵伽婆蹉合手懺謝不？懺謝無慢，而有此言，當知非慢。此人五百世來，常生婆羅門家。**常自憍貴，輕賤餘人。本來所習，口言而已，心無憍也**。

如是，諸阿羅漢雖斷結使，猶有餘氣。

如諸佛世尊，若人以刀割一臂，若人以栴檀香泥一臂，如左右眼，心無憎愛。是以永無習氣。栴闍婆羅門女，帶盂謗佛。於大眾中言：汝使我有身，何以不憂，與我衣食？為爾無羞，誑惑于人。是時，五百婆羅門師等皆舉手唱言：是是，我曹知此事。是時佛無異色，亦無慚色。此事即時彰露，地為大動，諸天供養，散眾名華，讚嘆佛德，佛無喜色。復次，佛食馬麥，亦無憂戚。天王獻食，百味具足，不以為悅，一心無二。如是等種種飲食、衣服、臥具、讚訶、輕敬等，種種事中，心無異也。譬如真金，燒鍛打磨，都無增損。以是故，阿羅漢雖斷結得道，猶有習氣，不得稱婆伽婆。

案：佛所以能煩惱習氣都盡，于好惡中，心無憂喜，正以其以自相空法，無所著，不可得，行般若波羅蜜故也。此時純是智身，法性身，而非業識生身，故無煩惱，亦無煩惱習。般若是活智，是圓實一智，于一切法無所著，若內若外等一切法皆無所著。無所著，不可得，而能具足一切法。如是，吾人下言十八空義。

第三節
十八空義

《經》（〈初品〉）：

> 復次，舍利弗，菩薩摩訶薩欲往內空，外空，內外空，空空，大空，第一義空，有爲空，無爲空，畢竟空，無始空，散空，性空，自相空，諸法空，不可得空，無法空，有法空，無法有法空，當學般若波羅蜜。

案：此十八空，龍樹《大智度論·卷三十一》有詳釋，茲簡引如下：

> 1.內空者，內法，內法空。內法者，所謂內六入：眼耳鼻舌身意。〔案：此內六入亦曰六根〕。眼空無我，無我所，無眼法。耳鼻舌身意亦如是。
>
> 2.外空者，外法，外法空。外法者，所謂外六入：色聲香味觸法。色空無我，無我所，無色法。聲、香、味、觸、法、亦

如是。〔案：此外六入亦曰六塵〕。

3. 內外空者，內外法，內外法空。內外法者，所謂內外十二
入。十二入中無我，無我所，無內外法。

4. 空空者，以空破內空、外空、內外空。破是三空故，名為空
空。復次，先以法空破內外法，復以此空破是三空，是名空
空。復次，空三昧觀五眾空，得八聖道，斷諸煩惱，得有餘
涅槃。先世業因緣，身命盡時，欲放捨八道故，生空空三
昧，是名空空。

問曰：空與空空有何等異？

答曰：空破五受眾，空空破空。

問曰：空若是法，空為已破。空若非法，空何所破？

答曰：空破一切法，唯有空在。空破一切法已，空亦應捨。
以是故，須是空空。復次，空緣一切法，空空但緣空。如一
健兒破一切賊，復更有人能破此健人。空空亦如是。又如服
藥，藥能破病。病已得破，藥亦應出。若藥不出，則復是
病。以空滅諸煩惱病，恐空復為患，是故以空捨空，是名空
空。復次，以空破十七空故，名為空空。

5. 大空者，聲聞法中法空為大空，如《雜阿含‧大空經》說：
生因緣老死。若有人言是老死，是人老死，二俱邪見。是人
老死，則眾生空。是老死，是法空。《摩訶衍經》說：十
方，十方相空，是為大空。

問曰：十方空何以名為大空？

答曰：東方無邊故，名為大；亦一切處有故，名為大；遍一
切色故，名為大；常有故，名為大；益世間故，名為大；令

眾生不迷悶故，名爲大。如是大方，能破故，名爲大空。餘空破因緣生法，作法，粗法，易破故，不名爲大。是方非因緣生法，非作法，微細法，難破故，名爲大空。

問曰：若佛法中無方，三無爲：虛空、智緣盡、非智緣盡，亦所不攝，何以言有方、亦是常，是無爲法，非因緣生法，非作法，微細法？

答曰：是方法，聲聞論議中無，摩訶衍法中，以世俗諦故有，第一義中，一切法不可得，何況方？如五眾和合，假名眾生。方亦如是。四大造色和合中，分別此間彼間等，假名爲方。日出處，是則東方。日沒處，是則西方。如是等，是方相。是方自然常有故，非因緣生。亦不先無今有，今有後無，故非作法。非現前知故，是微細法。

問曰：方若如是，云何可破？

答曰：汝不聞我先説：以世俗諦故有，第一義故破。以俗諦有故，不墮斷滅中。第一義破故，不墮常中。是名略説大空義。

問曰：第一義空亦能破無作法，無因緣法，細微法，何以不言大空？

答曰：前已得大名故，不名爲大。今第一義名雖異，義實爲大。出世間，以涅槃爲大。世間，以方爲大。以是故，第一義空亦是大空。復次，破大邪見故，名爲大空。如行者以慈心緣東方一國土眾生，復緣一國土眾生，如是展轉緣時，若謂盡緣東方國土，則墮邊見，若謂未盡，則墮無邊見。生是二見故，即失慈心。若以方空破是東方，則滅有邊無邊見。

若不以方空破東方者，則隨東方心。隨心不已，慈心則滅，邪心則生。譬如大海、潮時，至其常限，水則旋還。魚若不還，則漂在露地，有諸苦患。若魚有智，則隨水還，永得安隱。行者如是。若隨心不還，則漂在邪見。若隨心還，不失慈心。如是破大邪見故，名爲大空。

〔案：此段大空即空間空，即破空間也。此段甚有精義，詳見下第三章〈破數與時中〉〕。

6.第一義空者，第一義名**諸法實相，不破不壞故**。是諸法實相亦空。何以故？無受無著故。若諸法實相有者，應受應著。以無實故，不受不著。若受著者，即是虛誑。復次，諸法中第一法名爲涅槃。如阿毘曇中説：云何有上法？一切有爲法及虛空，非智緣盡。云何無上法？智緣盡。智緣盡，是即涅槃。涅槃中亦無涅槃相。涅槃空是第一義空。

問曰：若涅槃空，無相，云何聖人乘三種乘入涅槃？又，一切佛法皆爲涅槃故説，譬如衆流皆入于海。

答曰：有涅槃是第一寶〔當爲第二寶即法寶〕，無上法。是有二種：一者、有餘涅槃，二、無餘涅槃。愛等諸煩惱斷，是名有餘涅槃。聖人今世所受五衆盡，更不復受，是名無餘涅槃。不得言涅槃無。以衆生聞涅槃名，生邪見，著涅槃音聲，而作戲論，若有若無，以破著故，説涅槃空。若人著有，是著世間。若著無，則著涅槃。破是凡人所著涅槃，不破聖人所得。何以故？聖人於一切法中不取相故。

復次，愛等諸煩惱假名爲縛。若修道，解是縛，得解脱，即名涅槃。更無有法名爲涅槃。如人被械得脱，而作戲論，是

械是腳，何者是解脫，是人可怪，于腳械外，更求解脫。眾
生亦如是。離五眾械，更求解脫法。

復次，一切法不離第一義，第一義不離諸法實相。能使諸法
實相空，名爲第一義空。如是等種種，名爲第一義空。

7.有爲空、無爲空者，有爲法名因緣和合生，所謂五眾，十二
入，十八界等。無爲法名無因緣，常不生不滅，如虛空。

今有爲法，二因緣故空。一者、無我、無我所，及常相、不
變異、不可得，故空。二者、有爲法、有爲法相空，不生不
滅，無所有故。……

復次，有爲法、無爲法空者，行者觀有爲法無爲法實相，無
有作者，因緣和合故有，皆是虛妄，從憶想分別生，不在
內，不在外，不在兩中間。凡夫顛倒見故有。智者於有爲法
不得其相，知但假名。以此假名導引凡夫，知其虛誑無實，
無生無作，心無所著。

復次，諸賢聖人不緣有爲法而得道果，以觀有爲法空故，于
有爲法、心不繫著故。

復次，離有爲則無無爲。所以者何？有爲法實相即是無爲。
無爲相者，則非有爲。但爲眾生顛倒故，分別說。有爲相者
生滅住異，無爲相者不生不滅，不住不異。是爲入佛法之初
門。若無爲法有相者，則是有爲。有爲法生相者，則是集
諦。滅相者，則是盡諦。若不集，則不作；若不作，則不
滅。是名無爲法如實相。若得是諸法實相，則不復墮生滅住
異相中。是時不見有爲法與無爲法合，不見無爲法與有爲法
合。于有爲法、無爲法、不取相，是爲無爲法。所以者何？

若分別有爲法，無爲法，則于有爲無爲而有礙。若斷諸憶想分別，滅諸緣，以無緣實智不墮生數中，則得安隱常樂涅槃。

問曰：前五空皆別説，今有爲無爲空何以合説？

答曰：有爲無爲法相待而有。若除有爲，則無無爲。若除無爲，則無有爲。是二法攝一切法。行者觀有爲法無常、苦、空等過，知無爲法，所益處廣。是故二事合説。

問曰：有爲法因緣和合生，無自性，故空。此則可爾。無爲法非因緣生法，無破無壞，常若虛空，云何空？

答曰：如先説，若除有爲，則無無爲。**有爲實相即是無爲**。如有爲空，無爲亦空。以二事不異故。復次，有人聞有爲法過罪，而著無爲法，以著故，生諸結使。……以此結使故，能起不善業。不善業故，墮三惡道。是故言無爲法空。……

問曰：若云無爲法空，與邪見何異？

答曰：邪見人不信涅槃，然後生心言：定無涅槃法。無爲空者，破「取涅槃相」。是爲異。

復次，若人捨有爲，著無爲，以**著故，無爲即成有爲**。以是故，雖破無爲，而非邪見。是名有爲無爲空。

8.畢竟空者，以有爲空無爲空破諸法，無有遺餘，是名畢竟空。……內空，外空，內外空，十方空，第一義空，有爲空，無爲空，更無有餘不空法，是名畢竟空。〔案：不列「空空」者，「空」亦空，「空」不是一法，是對于空之執著，故將此空之執著亦空去。〕……

復次，一切法皆畢竟空。是畢竟空亦空，空無有法故，亦無

虛實相待。」〔案：「畢竟空亦空」與「空空」同。如是，畢竟空是列舉的一切有爲無爲法，世間出世間法，「從本已來，無有定實不空者」，是一切法空之總述，其本身不特指一法。故「畢竟空亦空」與「空空」同。一切法空是指實層說，此可曰第一序之空。「空空」與「畢竟空亦空」是虛層之空，此可曰第二序之空。〕

9. 無始空者，世間若眾生，若法，皆無有始。如今生從前世因緣有，前世復從前世有，如是展轉，無有眾生始。法亦如是。何以故？若先生後死，則不從死故生，生亦無死。若先死後有生，則無因無緣，亦不生而有死。以是故，一切法則無有始。如經中說：佛語諸比丘，眾生無有始。無明覆愛所繫，往來生死，始不可得。破是「無始法」故，名爲「無始空」。

問曰：無始是實，不應破。何以故？若眾生及法有始者，即墮邊見，亦墮無因見。遠離如是等過故，應說眾生及法無始。今以無始空破是「無始」，則還墮有始見。

答曰：今以無始空爲破無始見，又不墮有始見。譬如救人于火，不應著深水中。今破是無始，亦不應著有始中。是則行于中道。〔案：無始是就緣起法之條件串系無有定始可說，是即爲「無始」。但亦不應著于無始，以爲實有一個無始。爲破此著故，故說無始亦空。無始亦空並不還墮有始中。此只表示始與無始皆不可說。法本虛妄無實，如何定說始與無始？此是就緣起串系一層說。破無始既不同質地說有始，有始是大惑，見下文，亦非同質地說無始，以爲無始是實有。

此頗合康德所批判的第一背反：一說世界在時間方面有始，在空間方面有限；一說世界在時間方面無始，在空間方面無限；兩相對反，其實皆假，而以不定說之。〕

問曰：云何破「無始」？

答曰：以**無窮**故。若無窮，則無後。無窮無後，則亦無中。若無始，則爲破**一切智人**。所以者何？若**世間無窮**，則不知其始。不知始故，則**無一切智人**。若有**一切智人**，不名無始。〔案：此義是說：緣起法既不能說始，亦不能說無始。若眞是無始，則無窮，不能知其始。既有所不知，則不能有一切智人。然佛是一切智人，遍知，悉知，無所不知，是以不能說無始。故無始亦須破。是即函緣起串系既不能有窮，亦不能說無窮。正合康德所說之不定。〕

復次，若取眾生相，又取諸法一相異相，以此一異相，從今世推前世，從前世復推前世，如是展轉，眾生及法始不可得，則生「無始見」。是見虛妄，以一異爲本，是故應破。如有爲空破有爲法，是有爲空即復爲患，復以無爲空破無爲法。今以無始破有始，無始即復爲患，復以無始空破是無始，是名無始空。

問曰：若爾者，佛何以說眾生往來生死，**本際不可得**？

答曰：欲令眾生知久遠已來往來生死爲大苦，生厭患心。如經說：一人在世間計一劫中受身，被害時，聚集諸血，多于海水，啼泣出泪。及飲母乳，皆亦如是。積集身骨過于毘浮羅山。譬喻斬天下草木爲二寸籌，數其父祖曾祖，猶不能盡。又如盡以地爲泥丸，數其母及曾祖母，猶亦不盡。如是

等無量劫中受生死苦惱，初始不可得故，心生怖畏，斷諸結使。如**無常雖爲邊，而佛以是無常而度衆生。無始亦如是。雖爲是邊，亦以是無始而度衆生。爲度衆生**，令生厭心，故說有無始，非爲實有。所以者何？若〔實〕有無始，不應說無始空。〔案：爲度衆生，假說無始，非**實有無始**。〕

問曰：若無始非**實**法，云何以度人？

答曰：**實**法中無度人。諸可說法，語言度人，皆是有爲虛誑法。佛以方便力故，說是無始。以無著心說故，受者亦得無著。無著故，則生厭離。復次，以**宿命智見衆生生死相續無窮，是時爲實**。若以慧眼，則見**衆生及法畢竟空**，以是故說**無始空**。如般若波羅蜜中說，常觀不實，無常觀亦不實；苦觀不實，樂觀亦不實。而佛說常樂爲倒，無常苦爲諦，以衆生多著常樂，不著無常苦，是故以無常苦諦破是常樂倒，以是故說無常苦爲諦。若衆生著無常苦者，說無常苦亦空。有始無始亦如是。無始能破著始倒。若**著無始，復以無始爲空，是名無始空**。

問曰：**有始法亦是邪見**，應當破，何以但說破無始？

答曰：**有始是大惑**。所以者何？若有始者，初身則無罪福因緣而生善惡處。若從罪福因緣而生，不名爲初身。何以故？若有罪福，則從前身受後身。故若世間無始，無如是咎。是故菩薩先已捨是粗惡邪見，菩薩常習用無始念衆生，故說無始；常行因緣法，故言法無始。**未得一切智故，或于無始中錯謬**。是故說無始空。無始已破有始，不須空破有始。今欲破無始，故說無始空。〔案：此有始無始與康德所言之第一

背反相同。但不與其所言之第三背反相同。第三背反中之有始是超越地異質地指意志因果說，此非緣起法中之初身。無始是指事件串系中之無始說，此正是破事件串中初身之始。此「無始空」則表示于此事件串中說始與無始俱是邪見。不但始是大邪見，即認實有無始亦是邪見。這是把「無始」亦置定了，成了一個平鋪得下的積極陳述，故亦須空。蓋「以慧眼見眾生及法畢竟空」，始相無始相皆不可得，亦如生相滅相，一異相之不可得。此與空空，第一義實相空，涅槃空，尚不同。此後三者是就對于空，實相，涅槃，起念著相而說，是第二序上的。無始空尚是第一序上的。始與無始與常與無常同，是就緣起法之執著說。〕

10.散空者，散名別離相。如諸法和合故有。如車以輻輞轅轂眾合為車。若離散，各在一處，則失車名。五眾和合因緣，故名為人。若別離五眾，人不可得。〔案：此是**因散而空**，此如說因緣法之**壞相**。**非謂散亦空**也。當然若執著**定散**，則此散之執亦須空。蓋如此，則破壞**緣生幻有**故。但此是另一義，不是此處說「散空」之義。〕

11.性空者，諸法性常空。假業相續故，似若不空。譬如水性自冷，假火故熱。止火停久，水則還冷。諸法性亦如是。未生時，空無所有，如水性常冷。諸法眾緣和合故有，如水得火成熱。眾緣若少若無，則無有法，如火滅湯冷。如經說：眼空無我，無我所。何以故？性自爾。耳鼻舌身意，色乃至法等，亦復如是。

問曰：此經說我我所空，是為眾生空，不說法空。云何證性

空？

答曰：此中但說性空，不說眾生空及法空。性空有二種。一者、于十二入中無我，無我所。二者、十二入相自空。無我，無我所，是聲聞論中說。摩訶衍法說：十二入、我、我所無故空，十二入性無故空。復次，若**無我，無我所**，自然得**法空**。以人多著我及我所故，佛但說無我、無我所。如是，應當知一切法空。若我我所尚不著，何況餘法？以是故，眾生空，法空，終歸一義。是名性空。

復次，性名自有，不待因緣。若待因緣，則是作法，不名爲性。諸法中皆無性。何以故？一切有爲法皆從因緣生。從因緣生，則是作法。若不從因緣和合，則是無法。如是，一切諸法，性不可得故，名爲性空。

問曰：畢竟空無所有，則是性空。今何以重說？

答曰：畢竟空者名爲無有遺餘。性空者名爲本來常爾。如水性冷，假火故熱，止火則還冷。畢竟空如虛空，常不生不滅，不垢不淨。云何言同？

復次，諸法畢竟空。何以故？性不可得故。諸法性空。何以故？畢竟空故。

復次，性空多是菩薩所行。畢竟空多是諸佛所行。何以故？性空中但有因緣和合，無有實性。畢竟空三世清淨。有如是等差別。

復次，一切諸法性有二種。一者**總性**，二者**別性**。總性者，無常、苦、空、無我，無生無滅，無來無去，無入無出，等。別性者，如火熱性，水濕性，心爲識性；如人喜作諸惡

故，名爲惡性；好集善事故，名爲善性。如《十力經》中
說：佛知世間種種性。如是諸性皆空，是名性空。……

復次，性空者，從本已來空。如世間人謂：虛妄不久者是
空。如須彌金剛等物，及聖人所知，以爲眞實不空。欲斷此
疑故，佛說：是雖堅固，相續久住，皆亦性空；聖人智慧雖
度衆生，破諸煩惱，性不可得故，是亦爲空。

又，人謂五衆、十二入、十八界、皆空。但如、法性、實
際、是其實性。佛欲斷此疑故，但分別說五衆、如、法性、
實際，皆亦是空。是名性空。〔案：如、法性、實際，非因
緣生法，非作法，因此，若分解地說，不可說性空。因此等
字是抒意字，非實物字，與空、實相同。但若對之起念生
著，執爲實物字，則亦可以說性空。此是執及所執之性空。
「若復執有空，大聖所不化」，空空亦復如此。此是第二序
上的執空，與五衆、十二入、十八界之性空不同，不可混
漫。五衆因緣生，性空，故爲假名、幻有；而假名幻有即是
其實相，如，法性，實際；而法性、實際則非因緣法，如對
之起念生著執爲實物字，則亦是假，此假與緣生法之爲假名
幻有不同也。如是，「不壞假名而說諸法實相」，假名有，
實相亦有也。空五衆與空實相不同也。空五衆顯其爲假幻
有，空實相是空執實相爲一物，空此執而顯其爲眞「實
相」，非是意念化之實相，此即實相一相，所謂無相，即寂
滅相，此即眞寂滅，眞實相，非假寂滅，假實相也。若一律
以緣起性空義說之，則混漫層序，易生誤解。〕

復次，有爲性三相：生住滅。無爲性亦三相：不生，不住，

不滅。有爲性尚空，何況有爲法？無爲性尚空，何況無爲法？以是種種因緣，性不可得，是名性空。〔案：此亦當如前解。如，法性，實際，非緣生法，即無爲法。緣生無性，故空，而即以空爲性，此即是法性。而法性不再能說有性無性。空、如、實相，無爲性、無爲法，亦復如是。若再對之生執，則是高一層序者，焉可以性空儱侗之？〕

12.**自相空者**，一切法有二種相：**總相，別相**。是二相空故，名爲相空。

問曰：何等是總相？何等是別相？

答曰：**總相者**，如**無常**等。**別相者**，諸法雖皆無常，而各有**別相**。如地爲**堅相**，火爲**熱相**。

問曰：先已說**性**，今說**相**，性相有何等異？

答曰：有人言其實無異，名有差別。說性則爲說相，說相則爲說性。譬如說火性即是熱相，說熱相即是火性。有人言性相小有差別。性言其體，相言可識。如釋子受持禁戒是其性，剃髮，割截染衣，是其相。……是諸相皆空，名爲相空。……

問曰：何以不但說相空，而說自相空？

答曰：若說相空，不說**法體空**。說自相空，即**法體空**。……

13.**一切法空者**，一切法名五眾，十二入，十八界等。是諸法皆入種種門，所謂一切法有相，**知相，識相，緣相，增上相，因相，果相，總相，別相，依相**。……如是等一法門相攝一切法。……乃至無量法門相攝一切法。是諸法皆空，如上說，名一切法空。

14.**不可得空者**，有人言：于眾、界、入中，我法常法不可得故，名為不可得空。有人言：**諸因緣中，求法不可得**，如五指中拳不可得故，名為不可得空。有人言：一切法及因緣畢竟不可得故，名為不可得空。

問曰：何以故名不可得空？為智力少故不可得？為實無故不可得？

答曰：諸法**實無故**，不可得，非智力少也。

問曰：若爾者，與畢竟空，自相空，無異。今何以故。更說不可得空？

答曰：若人聞上諸空，都無所有，心懷怖畏，生疑。今說所以空。因緣以求索，不可得故，為說不可得空。斷是疑怖，故佛說不可得空。所以者何？佛言：我從初發心，乃至成佛，及十力佛，**于諸法中求實不可得**。是名不可得空。……

15.無法空，有法空，無法有法空。無法空者，有人言：無法名法已滅，是「滅」無故，名無法空。

有法空者，諸法因緣和合生故有法，有法無故，名有法空。無法有法空者，取無法有法相不可得，是為無法有法空。復次，觀無法有法空故，名無法有法空。復次，行者觀諸法生滅，若有門，若無門；生門生喜，滅門生憂；行者觀生法空，則滅喜心；觀滅法空，則滅憂心。所以者何？生無所得，滅無所失。除世間貪憂故，是名無法有法空。

復次，十八空中，初三空破一切法，後三空亦破一切法。有法空破一切法生時住時，無法空破一切法滅時。無法有法空，生滅一時俱破。

復次，有人言：**過去未來法空，是名無法空。現在及無爲法**
空，是名有法空。何以故？過去法滅失變異歸無；未來法因
緣未和合，未生未有，未出未起，以是故名無法。觀知現在
法及無爲法現有，是名有法。是二俱空故，名爲無法有法
空。

復次，有人言：無爲法無生住滅，是名無法。有爲法生住
滅，是名有法。如是等空，名爲無法有法空。〔案：此與有
爲無爲空重複，不取此義〕。是爲菩薩欲住內空，乃至無法
有法空，當學般若波羅蜜。

案：以上十八空，依龍樹解釋，可分爲四類：

一、內空，外空，內外空，有爲空，散空，性空，自相空，諸
法空，不可得空，無法空，有法空，無法有法空，此十二空爲一
類，以皆就緣起無性說故，實即「性空」一項，亦即「諸法空」一
項，或「不可得空」一項，此當屬于第一層序者。

二、第一義空，無爲空，此二空爲一類，因爲第一義是諸法實
相，而「有爲實相即是無爲」，則無爲法亦即實相，此二空是就對
實相起念生著而言，故當屬于第二層序者。

三、大空，無始空，此二空爲一類，因爲大空破空間，無始空
破時間方面之有始無始，因此亦可加上時空，數空，乃至若干不相
應行法（分位假法），皆屬此類，因皆屬于不相應行法故。依今語
言之，此當屬于「形式的有」，以非因緣生法，非作法故。如果第
一類法爲實層，則此類法即爲虛層。實法空，虛法亦空。實法空以
緣起無性說，虛法空以由內心之執而爲形式的有說。

　　四、空空，畢竟空，此二空爲一類。空空是總以上三類之空而亦空之，因爲空是抒意語，非指實字。如果把這「空」字亦意念化而爲實，則執著有空，此將爲大患，故亦須破。如果空是指實層上的諸法實相如相說，則空空亦可劃爲第二類。但空空亦可概括以上三類法之空說，故今暫列爲第四類。畢竟空是總以上三類法說。「以有爲空無爲空破諸法令無有遺餘，是名畢竟空」。「內空，外空，內外空，十方空，第一義空，有爲空，無爲空，更無有餘不空法，是名畢竟空」。「畢竟空多是諸佛所行」。三世清淨，畢竟清淨，是名畢竟空。空空即畢竟空，是故可爲一類也。

　　依是，以上四類十八空亦可以《中論》兩頌括之：

　　　　一、因緣所生法，我說即是空，亦爲是假名，亦是中道義。
　　　　二、大聖說空法，爲離諸見故。若復見有空，諸佛所不化。

　　此亦可說諸法空，空亦空，是故畢竟清淨也。畢竟清淨即是實相般若。實相無相，即寂滅相。實相即般若，般若即實相，一體朗現也。

　　龍樹于解內空，外空，內外空時，總釋何以列爲十八空之故，如下：

　　　　問曰：諸法無量，空隨法故，則亦無量。何以但說十八？若略說，應一空，所謂「一切法空」。若廣說，隨一一法空，所謂眼空，色空，等甚多。何以但說十八空？
　　　　答曰：若略說，則事不周。若廣說，則事繁。譬如服藥，少

則病不除，多則增其患。應病投藥，令不增減，則能愈病。
空亦如是。若佛但說一空，則不能破種種邪見，及諸煩惱。
若隨種種邪見說空，空則過多。人愛著空相，墮在斷滅。說
十八空，正得其中。復次，若說十，若說十五，俱亦有疑。
此非問也。復次，善惡之法皆有定數。若四念處，四正勤，
三十七品，十力，四無所畏，四無礙智，十八不共法，五
眾，十二入，十八界，十二因緣，三毒，三結，四流，五蓋
等，諸法如是各有定數。以十八種法中破著故，說有十八
空。

案：此種解說亦無甚意義。正亦不必十八，有許多是重複綜說，如
諸法空，不可得空，內外空，無法有法空等便是。內空，外空，只
就六根六塵，所謂十二入，說，為何不賅括六識而說十八界？依虛
實以及第一序第二序而分為四類較允妥。

又就實相般若而明般若波羅蜜空與十八空之一異，如下：

問曰：般若波羅蜜空，十八空，為異為一？若異者，離十八
空以何為般若空？又如佛說：「何等是般若波羅蜜？所謂色
空，受想行識空，乃至一切種智空」。若不異者，云何言：
「欲住十八空，當學般若波羅蜜」？
答曰：有因緣故言異，有因緣故言一。異者，般若波羅蜜名
諸法實相，滅一切觀法。十八空則十八種觀，令諸法空。菩
薩學是諸法實相，能生十八種空，是名異。一者，十八空是
空、無所有相，般若波羅蜜亦空、無所有相。十八空是捨離

相，般若波羅蜜一切法中亦捨離相。是十八空不著相，般若
波羅蜜亦不著相。以是故，學般若波羅蜜則是學十八空，不
異故。般若波羅蜜有二分：有小有大。欲得大者，先當學小
方便門。欲得大智慧，當學十八空。住是小智慧方便門，能
得十八空。何者是方便門？所謂般若波羅蜜經讀誦，正憶
念，思惟，如說修行。譬如人欲得種種好寶，當入大海。若
人欲得內空等三昧智慧寶，當入般若波羅蜜大海。

案：此經說「欲住內空等等，當學般若波羅蜜」，此意是說如想真
能得到十八空，而畢竟清淨，當學般若波羅蜜。般若是活法，能使
十八空真成其為十八空。此亦函說：學般若亦不是空學，當通過十
八空而學。如是，般若是活法，成就一切法，亦空一切法。般若是
諸法實相。「不壞假名而說諸法實相」，則實相不離一切法，不著
一切法，般若亦然。如是，吾人當談諸法實相。實相者，如，法
性，實際也。

第四節
實相，如，法性，實際

《經》（〈初品〉）：

復次，舍利弗，菩薩摩訶薩欲知一切諸法**如，法性，實際**，
當學般若波羅蜜。舍利弗，菩薩摩訶薩應如是住般若波羅
蜜。

《大智度論・卷三十二》釋此經云：

「諸法如」有二種。一者各各相，二者實相。各各相者，如地堅相，水濕相，火熱相，風動相，如是等分別諸法，各自有相。實相者，于各各相中分別求實不可得，不可破，無諸過失，如「自相空」中説。地若實是堅相者，何以故膠蠟等與火會時，捨其自性，有神通人入地如水，又分散木石，則失堅相？又，破地以爲微塵，以方破塵，終歸于空，亦失堅相。如是推求地相，則不可得。若不可得，其實皆空，空則是地之實相。一切別相，皆亦如是，是名爲如。

法性者，如前説各各法空。空有差別，是爲如。同爲一空，是爲法性。是法性亦有二種。一者，用無著心分別諸法，各自有性故。二者，名無量法，所謂諸法實相。如《持心經》説：法性無量，聲聞人雖得法性，以智慧有量故，不能無量説。如人雖到大海，以器小故，不能取無量水。是爲法性。

實際者，以法性爲實證故，爲際。如阿羅漢名爲住于實際。

問曰：如，法性，實際，是三事爲一爲異？若一，云何説三？若三，今應當分別説。

答曰：是三皆是諸法實相異名。所以者何？凡夫無智，于一切法作邪觀，所謂常、樂、淨、實、我等。佛弟子如法本相觀，是時不見常，是名無常；不見樂，是名苦；不見淨，是名不淨；不見實，是名空；不見我，是名無我。若不見常而見無常者，是則妄見。見苦、空、無我、不淨，亦如是。是名爲如。如者，如本無能敗壞。以是故，佛説三法爲法印，

所謂一切有爲法無常印，一切法無我印，涅槃寂滅印。

問曰：是三法印，《般若波羅蜜》中悉皆破壞。如佛告須菩提：若菩薩摩訶薩觀色常，不行般若波羅蜜。觀色無常，不行般若波羅蜜。苦、樂，我、無我，寂滅、非寂滅，亦如是。如是，云何名法印？

答曰：二經皆是佛說。如《般若波羅蜜經》中，了了說諸法實相。有人著常顛倒，故捨常見，不著無常相，是名法印。非謂捨常，著無常者，以爲法印。我乃至寂滅，亦如是。《般若波羅蜜》中破著無常等見，非謂破不受不著。得是諸法如已，則入法性中，滅諸觀，不生異信，性自爾故。譬如小兒見水中月，入水求之，不得便愁。智者語言：性自爾，莫生憂惱。善入法性，是爲實際。……

復次，諸法實相常住不動。眾生以無明等諸煩惱故，于實相中轉異邪曲。諸佛賢聖種種方便說法，破無明等諸煩惱，令眾生還得實性，如本不異，是名爲如。實性與無明合故變異，則不清淨。若除卻無明等，得其眞性，是名法性清淨。實際名入法性中。知法性無量無邊，最爲微妙，更無有法勝于法性出法性者，心則滿足，更不餘求，則便作證。譬如行道，日日發引，而不止息，到所至處，而無去心。行者住于實際，亦復如是。如阿羅漢辟支佛住于實際，縱復恆沙諸佛爲其說法，亦不能更有增進，又不復生三界。若菩薩入是法性中，懸知實際。若未具足六波羅蜜，教化眾生，爾時若證，妨成佛道。是時菩薩以大悲精進力故，還修諸行。

復次，知諸法實相中無有常法，無有樂法，無有我法，無有

實法，亦捨是觀法，如是等一切觀法皆滅，是爲諸法實如涅槃，不生不滅，**如本不生**。譬如水是冷相，假火故熱。若火滅熱盡，還冷如本。用諸觀法，如水得火。若滅諸觀法，如火滅水冷。**是名爲如**。如**實常住**。何以故？諸法性自爾。譬如一切色法皆有空分，諸法中皆有涅槃性，是名**法性**。得涅槃種種方便法中皆有涅槃性。若**得證**時，如、法性則是**實際**。

復次，法性者無量無邊，非心心數法所量，是名法性。妙極于此，是名眞際。

案：此釋分別說明如、法性、實際之意義，三者皆是實相之異名。龍樹謂諸法如與法性兩者各有二種。如方面可分別說「各各相」與「實相」二種，法性方面可分別說「諸法各自有性」與「諸法實相同爲一空」二種。「各各相」的如相與「各自有性」的法性實皆是現象意義的如與性，亦即「軌持」義的法之如與性。「軌者軌解，可生物議，持者任持，不捨自性」（窺基解法爲軌持義之語）。是即每一法皆有其現象意義的自體性也。《法華經》：「唯佛與佛乃能究盡諸法實相，所謂諸法如是相，如是性，如是體，如是力，如是作，如是因，如是緣，如是果，如是報，如是本末究竟等」。前九種即是軌持義的法之自體性，最後一種即是同爲一空之實相。（從相到報是「本末」，畢竟空如是「究竟等」，依天臺，同以空爲等，以假爲等，以中爲等）。龍樹在此釋中則提出與從相到報相類似之九種：「一一法有九種。㈠者，有體。㈡者，各各有法。如眼耳雖同四大造，而眼獨能見，耳無見功。又如火以熱爲法，而不

能潤。〔有法者即每一軌持義的有體法皆有其所繫屬之法〕。㈢者，諸法各有力。如火以燒爲力，水以潤爲力。㈣者，諸法各自有因。㈤者，諸法各自有緣。㈥者，諸法各自有果。㈦者，諸法各自有性。㈧者，諸法各有限礙。㈨者，諸法各各有開通方便。諸法生時，體及餘法凡有九事。知此法各各有體、法、具足，是名世間**下如**。知此九法終歸變異盡滅，是名**中如**。〔案：此下如、中如、即軌持義的法之現象意義的如相〕……是法非有非無，非生非滅，滅諸觀法，究竟清淨，是名**上如**。」（案：此上如即「本末究竟等」之空如實相）。如者如其所是，不增不減，是名爲如。如其爲軌持義的法之所是與所應有而不增不減。是**現象意義的如相**。如其本自空無實性，而不增不減，是「**究竟等**」的**如相**。此如相即實相也。「諸法實相」即是就空如實相說。

　　法性即空如性，寂滅性，涅槃性。諸法「空無自性」即是其性，是名法性。故法性亦相應空如實相而說也。

　　實際者即是證法性而入法性，住法性。「**法性名爲實，入處名爲際**」。（亦龍樹此釋中解語）。際者入處也。以法性之實爲入處，住處，故名「實際」。此就極證而言也。實際，經中亦曰「無生際」。

　　般若能眞知諸法實相，如，法性，實際。般若之知是知而無知，以無知知；般若之證是證而無證，以無證證；般若之住是住而無住，以不住住。住般若波羅蜜亦是住而無住，以不住住。若是定住，則不名般若，亦不名住般若。住實相亦復如是。是故經〈集散品第九〉（《論·卷第四十二》）云：「復次，世尊，菩薩摩訶薩欲行般若波羅蜜，如相中不應住。何以故？如，如相，空。世尊，

如相空，不名爲如，離空亦無如。如即是空，空即是如。世尊，菩薩摩訶薩欲行般若波羅蜜，**法性**，**法相**，**法位**，**實際**中不應住。何以故？實際空。世尊，實際空，不名爲實際，離空亦無實際。實際即是空，空即是實際」。「如相中不應住」，即防執如相爲一意念也。「如相空」，即空卻此執念也。如相執念空，則如之名亦失。空如相之執與名，是爲眞如相。是故「如即是空，空即是如」。此是經過辯證的發展而究竟說。是即以不住住。「法性，法相，法位，實際中，不應住，」亦復如是。此中**法相**即是**法性**，諸法以**空如爲相**，即是**實相**。所云「**法位**」，諸法以如爲位。經初品中有云：「菩薩摩訶薩欲知過去未來現在諸法**如**，諸法**法相**，**無生際**者，當學般若波羅蜜」。《論・卷第三十三》釋云：「問曰：上已說如，今何以更說？答曰：上直言諸法如，今言三世皆如。上略說，此廣說。上說一，此說三。**法相即是法性**。**無生際**即是**實際**。過去法如，即是過去法相。未來現在亦如是。復次，過去法如即是未來現在法如，現在法如即是過去未來法如。所以者何？如相非一非異故。復次，如先說二種如：一者**世間如**，二者**出世間如**。用是世間如，三世**各各異**。用是出世間如，三世**爲一**。」此所謂「**世間如**」即前所謂「**各各相**」；此所謂「**出世間如**」即前所謂**實相**。此所謂「法相即是法性」，「過去法如即是過去法相」，以實相之如說相，此如即出世間如也，即空如實相也，故法相即是法性。如果如是就世間各各相說，則法相即是軌持義的法之各各別相，此法相亦即是各自有性的法性。此〈集散品〉所說「法性、法相、法位，實際中不應住」，此中所謂「法相」亦當即是法性也。諸法空無自性，而即以空爲性。如此空性而不增不減，即是諸法之如相，以此

種出世間如說諸法之相也。「**法位**」者復即以此諸法之「如相」說諸法之位也。此種以空說的性、如、相、位、實際,皆不應住。何以故,防執念也。若無執而住,即是以不住住。以不住住即是般若活智之住也。菩薩以不住住、住于如相中,住于法性、法相、法位、實際中,即是住于實相一相,所謂無相,即寂滅相中,同時亦即住于般若波羅蜜中,此亦是以**不住住**也。何以故?般若波羅蜜亦不可得故。以「不可得」得即是以無執心得也。以無執心得即是以不住住。菩薩應如是住般若波羅蜜中。

　　菩薩如是住般若波羅蜜中即能於一切法不可得中而具足一切法。此即是以**不具具**也,以「**不受不著**」而具也。

　　《經‧大方便品第六十九》(《論‧卷八十二》)云:

　　　　須菩提白佛言:世尊,佛以何意故,說般若波羅蜜最上最妙?

　　　　佛告須菩提:是般若波羅蜜取一切善法到薩婆若中,住不住故。

　　　　須菩提白佛言:世尊,般若波羅蜜有法可取可捨不?

　　　　佛言:不也。須菩提,般若波羅蜜**無法可取,無法可捨**。何以故?一切法不可取不可捨故。

　　　　世尊,般若波羅蜜于何等法不取不捨?

　　　　佛言:般若波羅蜜于色**不取不捨**,于受想行識乃至阿耨多羅三藐三菩提,**不取不捨**。

　　　　世尊,云何不取色,乃至不取阿耨多羅三藐三菩提?

　　　　佛言:若菩薩**不念色**,乃至不念阿耨多羅二藐三菩提,是名

不取色，乃至不取阿耨多羅三藐三菩提。

須菩提言：世尊，若不念色乃至不念阿耨多羅三藐三菩提，云何得增益善根？善根不增，云何具足諸波羅蜜？若不具足諸波羅蜜，云何得阿耨多羅三藐三菩提？

佛告須菩提：若菩薩不念色，乃至不念阿耨多羅三藐三菩提，是時善根增益。善根增益故，具足諸波羅蜜。諸波羅蜜具足故，得阿耨多羅三藐三菩提。何以故？不念色，乃至不念阿耨多羅三藐三菩提時，便得阿耨多羅三藐三菩提。

世尊，何因緣故，色不念時，乃至阿耨多羅三藐三菩提不念時，便得阿耨多羅三藐三菩提？

佛言：以念故，著欲界，色界，無色界。不念故，無所著。如是，須菩提，菩薩摩訶薩行般若波羅蜜不應有所著。

世尊，菩薩摩訶薩如是行般若波羅蜜，當住何處？

佛言：菩薩摩訶薩如是行，不住色，乃至不住一切種智。

世尊，何因緣故，色中不住，乃至一切種智中不住？

佛言：不著，故不住。何以故？是菩薩不見有法可著可住。如是，須菩提，菩薩摩訶薩以不著不住法，行般若波羅蜜。須菩提，若菩薩摩訶薩作是念：若能如是行，如是修，是行般若波羅蜜。我今行般若波羅蜜，修般若波羅蜜，若如是取相，則遠離般若波羅蜜。若遠離般若波羅蜜，則遠離檀波羅蜜乃至遠離一切種智。何以故？般若波羅蜜無有著處，亦無著者，自性無故。菩薩摩訶薩若復如是取相，則于般若波羅蜜退。若退般若波羅蜜，則是退阿耨多羅三藐三菩提，不得受記。菩薩摩訶薩復作是念：住是般若波羅蜜，能生檀波羅

蜜，乃至能生大悲，若作是念，則爲失般若波羅蜜。失般若
波羅蜜者，則不能生檀波羅蜜，乃至不能生大悲。菩薩若復
作是念：諸佛知諸法無受相故，得阿耨多羅三藐三菩提，菩
薩若作如是演說，開示教詔，則失般若波羅蜜。何以故？佛
于諸法無所知，無所得，亦無法可說。何況當有所得？無有
是處！

須菩提白佛言：世尊，菩薩行般若波羅蜜，云何無是過失？
佛言：若菩薩摩訶薩行般若波羅蜜，作是念：諸法無所有，
不可取。若法無所有，不可取，則無所得。若如是行，爲行
般若波羅蜜。若菩薩摩訶薩著無所有法，則遠離般若波羅
蜜。何以故？般若波羅蜜中無有著法故。

須菩提白佛言：世尊，般若波羅蜜遠離般若波羅蜜耶？檀波
羅蜜遠離檀波羅蜜耶？乃至一切種智遠離一切種智耶？世
尊，若般若波羅蜜遠離般若波羅蜜，乃至一切種智遠離一切
種智，菩薩云何得般若波羅蜜，乃至得一切種智？

佛言：菩薩摩訶薩行般若波羅蜜時，不生色，是色，誰色，
乃至一切種智不生，是一切種智、誰一切種智，如是菩薩能
生般若波羅蜜，乃至能生一切種智。復次，須菩提，菩薩摩
訶薩行般若波羅蜜時，不觀色若常若無常，若苦若樂，若我
若非我，若空若不空，若離若非離，何以故，自性不能生自
性，乃至一切種智亦如是，若菩薩摩訶薩行般若波羅蜜，如
是觀色，乃至觀一切種智，能生般若波羅蜜，乃至能生一切
種智。譬如轉輪聖王，有所至處，四種兵皆隨從。般若波羅
蜜亦如是，有所至處，五波羅蜜皆悉隨從，到薩婆若中住。

> 譬如善御駕駟，不失平道，隨意所至。般若波羅蜜亦如是，
> 御五波羅蜜，不失正道，至薩婆若。

案：此言「菩薩以**不著不住法**行**般若波羅蜜**」。不著，不住，不取，亦不捨，不受，而具足一切善法到薩婆若中住，此住亦是**不住之住**。甚至行般若波羅蜜亦是**不行之行**。

《經‧三慧品第七十》（《論‧卷第八十三》）：

> 世尊，若色、色相空，乃至阿耨多羅三藐三菩提，阿耨多羅三藐三菩提相空，云何菩薩摩訶薩應行般若波羅蜜？
>
> 佛言：**不行是名行般若波羅蜜**。
>
> 世尊，云何不行是行般若波羅蜜？
>
> 佛言：般若波羅蜜不可得故，菩薩不可得，行亦不可得。行者、行法、行處亦不可得故，是名菩薩摩訶薩行不行般若波羅蜜，一切諸戲論不可得故。（論釋云：般若波羅蜜體不可得，行者、行法、行處不可得。法空故，般若波羅蜜不可得，行處亦不可得。眾生空故，行者不可得。一切戲論不可得故，菩薩不行名為般若波羅蜜行）。
>
> 世尊，若不行是菩薩摩訶薩行般若波羅蜜，從初發意菩薩云何行般若波羅蜜？
>
> 須菩提，菩薩從初發意已來，應學空無所得法。是菩薩用無所得法故，布施、持戒、忍辱、精進、禪定；以無所得法故，修智慧，乃至一切種智亦如是。
>
> 須菩提白佛言：世尊，云何名有所得？云何名無所得？

佛告須菩提：**諸有二者是有所得，無有二者是無所得。**

世尊，何等是二，有所得？何等是不二，無所得？

佛言：眼色爲二，乃至意法爲二，乃至阿耨多羅三藐三菩提佛爲二，是名爲二。

世尊，從有所得中無所得，從無所得中無所得？

佛言：不從有所得中無所得，不從無所得中無所得。須菩提，有所得無所得平等，是名無所得。如是，須菩提，菩薩摩訶薩于有所得無所得平等法中應學。須菩提，菩薩摩訶薩如是學般若波羅蜜，是名無所得者，無有過失。

須菩提白佛言：世尊，若菩薩行般若波羅蜜，不行有所得，不行無所得，云何從一地至一地，得一切種智？

佛告須菩提：菩薩摩訶薩行般若波羅蜜時，**不住有所得中，從一地至一地。何以故？有所得中住，不能從一地至一地。**何以故？須菩提，無所得是般若波羅蜜相，無所得是阿耨多羅三藐三菩提相，無所得亦是行般若波羅蜜者相。須菩提，菩薩摩訶薩應如是行般若波羅蜜。

須菩提白佛言：世尊，若般若波羅蜜不可得，阿耨多羅三藐三菩提亦不可得，行般若波羅蜜者亦不可得，云何菩薩摩訶薩分別諸法相，是色，是受想行識，乃至是阿耨多羅三藐三菩提？

佛告須菩提：菩薩摩訶薩行般若波羅蜜時，不得色，不得受想行識，乃至不得阿耨多羅三藐三菩提。

世尊，若菩薩摩訶薩行般若波羅蜜時，色不可得，乃至阿耨多羅三藐三菩提不可得，云何具足檀波羅蜜，乃至具足般若

波羅蜜，入菩薩法位中，入已，淨佛國土，成就眾生，得一
切種智，得一切種智已，轉法輪，作佛事，度眾生生死？
佛告須菩提：菩薩摩訶薩不為色故，行般若波羅蜜，乃至不
為阿耨多羅三藐三菩提故，行般若波羅蜜。
須菩提白佛言：世尊，菩薩為何事故，行般若波羅蜜？
佛言：無所為故，行般若波羅蜜。何以故？一切諸法無所
為，無所作。般若波羅蜜亦無所為，無所作。阿耨多羅三藐
三菩提亦無所為，無所作。菩薩亦無所為，無所作。如是，
須菩提，菩薩摩訶薩應行般若波羅蜜無所為，無所作。

案：無所得，無所為，無所作，以不住住，以不行行之般若行乃具
足一切行。如是，吾人當進而言此種具足之意義。

第五節
般若具足一切法

《經》（〈初品〉）：

佛告舍利弗：菩薩摩訶薩以不住法住般若波羅蜜中。
以無所捨法具足檀波羅蜜，施者，受者，及財物，不可得
故。
罪不罪不可得故，應具足尸羅波羅蜜。
心不動故，應具足羼提波羅蜜。
身心精進不懈息故，應具足毗梨耶波羅蜜。

不亂不昧故，應具足禪波羅蜜。

于一切法不著故，應具足般若波羅蜜。

菩薩摩訶薩以不住法住般若波羅蜜中，不生故，應具足四念處，四正勤，四如意足，五根，五力，七覺分，八聖道分；空三昧，無相三昧，無作三昧；四禪，四無量心，四無色定；八背捨，八勝處，九次第定，十一切處；九相：脹相，壞相，血塗相，膿爛相，青相、噉相，散相，骨相，燒相；八念：念佛，念法，念僧，念戒，念捨，念天，念出入息，念死；十想：無常想，苦想，無我想，食不淨想，一切世間不可樂想，死想，不淨想，斷想，離欲想，盡想；十一智：法智，比智，他心智，世智，苦智，集智，滅智，道智，盡智，無生智，如實智；三三昧：有覺有觀三昧，無覺有觀三昧，無覺無觀三昧；三根：未知欲知根，知根，知已根。

案：「菩薩以**不住法**住般若波羅蜜中」，同時應具足六波羅蜜，即布施，持戒，忍辱，精進，禪定，般若，六波羅蜜六度，同時亦應具足一切其他法數。凡此等法數皆已先總列于前。龍樹《大智度論》對之皆有廣釋。《論・卷第十一》釋「以不住法」句云：

問曰：云何名「不住法住般若波羅蜜中能具足六波羅蜜」？

答曰：如是菩薩觀一切法非常非無常，非苦非樂，非空非實，非我非無我，非生滅非不生滅，如是住甚深般若波羅蜜中，於般若波羅蜜相亦不取，是名**不住法**住。若取般若波羅蜜相，是爲**住法**住。

是則「以不住法住」者即是以「不住著于法」之心境，特定言之，即是不受不著，不住著于般若，不取般若相，而住于般若波羅蜜中也。如是住般若中**具足六波羅蜜**，如是住般若中**具足一切其他法數**。如是具足，再上達，即為經下文所說：

> 舍利弗，菩薩摩訶薩欲遍知佛十力，四無所畏，四無礙智，十八不共法，大慈大悲，當習行般若波羅蜜。
>
> 菩薩摩訶薩欲得道慧，當習行般若波羅蜜。菩薩摩訶薩欲以道慧具足道種慧，當習行般若波羅蜜。欲以道種慧具足一切智，當習行般若波羅蜜。欲以一切智具足一切種智，當習行般若波羅蜜。欲以一切種智斷煩惱習，當行般若波羅蜜。
>
> ……

乃至「欲住十八空，當學般若波羅蜜」。「欲知一切諸法如、法性，實際，當學般若波羅蜜。菩薩應如是住般若波羅蜜。」此皆如上所解。「復次，舍利弗。菩薩摩訶薩欲數知三千大千世界中大地諸山微塵，當學般若波羅蜜。菩薩摩訶薩欲析一毛為百分，欲以一分毛盡舉三千大千世界中大海江河池泉諸水而不擾水性者，當學般若波羅蜜。三千大千世界中諸火一時皆然，譬如劫盡燒時，菩薩摩訶薩欲一吹令滅者，當學般若波羅蜜。三千大千世界中，諸大風起，欲吹破三千大千世界及諸須彌山，如摧腐草，菩薩摩訶薩欲以一指障其風力，令不起者，當學般若波羅蜜。菩薩摩訶薩欲一結加趺坐，遍滿三千大千世界中虛空者，當學般若波羅蜜」。乃至欲得種種其他神通，**作用，功化，德業**，直至得無上正等正覺，初品終

結爲止，皆當學般若波羅蜜。《大智度論》釋此初品極爲詳贍，共三十四卷。其法數與主旨綱脈不過如上所述。

　　菩薩以不住法住般若中，具足六度，乃至一切其他法數；上達知佛境界，具足三智；住十八空，知諸法如、法性、實際，乃至得無上正等正覺：皆是實相般若之力。在此種住而具足某某，知某某，得某某中，我們綜結一句，亦可以說：般若**具足一切法**，般若**遍滿一切**，一切**盡攝于般若中**。以何**方式**具足、遍滿、統攝一切法？曰：以**不離不捨不壞亦不受不著不可得一切法而具足一切法**。是故《智論・卷第四十二》解《經・集散品第九》文「色不受，乃至十八不共法不受」中有云：

> **不捨者**，諸法中皆有助道力故。**不受者**，諸法實相畢竟空，無所得，故不受。
>
> 復次，諸結使煩惱顚倒虛妄，無所捨，但知諸法如，實相無相，無憶念故。是名菩薩不受不捨波羅蜜，名爲般若波羅蜜。
>
> 此彼岸不度故，世間相卽是涅槃相，涅槃相卽是世間相，**一相所謂無相**。若如是知，應當滅。以未具足諸功德故，不滅，大慈悲本願力故，不滅。雖求佛道，于此法中亦無好醜相及受捨相。以是故，非法亦非非法，是名菩薩般若波羅蜜一切相不受。

最後乃是「**不壞假名而說諸法實相**」（《經・散華品第二十九》中語，《智論・卷第五十五》）。「是一切法皆不合不散，無色無

形，無對一相，所謂**無相**」（〈句義品第十二〉，亦見〈散華品〉）。經共九十品，論共一百卷，重重複複，不過說此義。

不但般若以不捨不受方式具足一切法，在實相般若中，任一法皆如此，一切法皆**趣任一法**，如**趣色趣空**等，而「**是趣不過**」。《大智度論·卷第七十一》，《經·善知識品第五十二》云：

> 須菩提，諸菩薩摩訶薩為安隱世間故，發阿耨多羅三藐三菩提心；為安樂世間故，為救世間故，為**世間歸**故，為**世間依處**故，為**世間洲**故，為**世間將導**故，為**世間究竟道**故，為**世間趣**故，發阿耨多羅三藐三菩提心。〔案：為世間歸，世間依，世間洲，世間將導，世間趣，此與「無始時來界，一切法等依」不同。〕
>
> ……
>
> 云何菩薩摩訶薩為**世間洲**故，發阿耨多羅三藐三菩提心？須菩提，若江河大海**四邊水斷**，是名為洲。須菩提，色亦如是，前後際斷，受想行識前後際斷，乃至一切種智前後際斷。以是**前後際斷**故，一切法亦爾。須菩提，是一切法前後**際斷**故，即是寂滅，即是妙寶，所謂空無所得，愛盡無餘，離欲涅槃。須菩提，菩薩摩訶薩得阿耨多羅三藐三菩提時，以寂滅微妙法為眾生說。須菩提，是為菩薩摩訶薩為世間洲故，發阿耨多羅三藐三菩提心。
>
> ……
>
> 云何菩薩摩訶薩為**世間趣**故，發阿耨多羅三藐三菩提心？須菩提，菩薩摩訶薩得阿耨多羅三藐三菩提時，為眾生說色趣

空，說受想行識趣空，乃至說一切種智趣空。爲眾生說色非趣非不趣。何以故？是色空相非趣非不趣。說受想行識非趣非不趣。何以故？是受想行識空相非趣非不趣。乃至一切種智非趣非不趣。何以故？是一切種智空相非趣非不趣。如是，須菩提，菩薩摩訶薩爲世間趣故，發阿耨多羅三藐三菩提心。何以故？一切法趣空，是趣不過。何以故？空中趣非趣不可得故。

須菩提，一切法趣無相，是趣不過。何以故？無相中趣非趣不可得故。

須菩提，一切法趣無作，是趣不過。何以故？無作中趣非趣不可得故。

須菩提，一切法趣無起，是趣不過。何以故？無起中趣非趣不可得故。

須菩提，一切法趣無所有，不生不滅，不垢不淨，是趣不過。何以故？無所有、不生不滅、不垢不淨中，趣非趣不可得故。

須菩提，一切法趣夢，是趣不過。何以故？夢中趣非趣不可得故。

須菩提，一切法趣幻，趣響，趣影，趣化，是趣不過。何以故？是化等中趣非趣不可得故。

須菩提，一切法趣無量無邊，是趣不過。何以故？無量無邊中，趣非趣不可得故。

須菩提，一切法趣不與不取，是趣不過。何以故？不與不取中，趣非趣不可得故。

須菩提，一切法趣不舉不下，是趣不過。何以故？不舉不下中，趣非趣不可得故。

須菩提，一切法趣不增不減，是趣不過。何以故？無增無減中，趣非趣不可得故。

須菩提，一切法趣不來不去，是趣不過。何以故？不來不去中，趣非趣不可得故。

須菩提，一切法趣不入不出，不合不散，不著不斷，是趣不過。何以故？不著不斷中，趣非趣不可得故。

須菩提，一切法趣我，眾生，壽命，人，起使，起作，使作，知者，見者，是趣不過。何以故？我乃至知者見者畢竟不可得，何況當有趣非趣？

須菩提，一切法趣有常，是趣不過。何以故？常畢竟不可得，云何當有趣非趣？

須菩提，一切法趣樂、淨、我，是趣不過。何以故？樂、淨、我畢竟不可得，云何當有趣非趣？〔無我如來藏〕。

須菩提，一切法趣欲事，是趣不過。何以故？欲事畢竟不可得，何況當有趣非趣？

須菩提，一切法趣瞋事、癡事、見事，是趣不過。何以故？瞋事、癡事、見事，畢竟不可得，何況當有趣非趣？

須菩提，一切法趣如，是趣不過。何以故？如中無來無去故。

須菩提，一切法趣法性，實際，不可思議性，是趣不過。何以故？法性、實際、不可思議性中，無來無去故。

須菩提，一切法趣平等，是趣不過。何以故？平等中趣非趣

不可得故。

須菩提，一切法趣不動相，是趣不過。何以故？不動相中趣非趣不可得故。

須菩提，一切法趣色，是趣不過。何以故？色畢竟不可得故，云何當有趣非趣？

須菩提，一切法趣受想行識，是趣不過。何以故？受想行識畢竟不可得，云何當有趣非趣？十二處、十八界，亦如是。

須菩提，一切法趣檀波羅蜜，是趣不過。何以故？檀畢竟不可得故，云何當有趣非趣？

⋯⋯

須菩提，一切法趣般若波羅蜜，是趣不過。何以故？般若畢竟不可得故，云何當有趣非趣？

須菩提，一切法趣內空，是趣不過。何以故？內空畢竟不可得故，云何當有趣非趣？

須菩提，⋯⋯乃至一切法趣無法有法空，是趣不過。何以故？無法有法空畢竟不可得故，云何當有趣非趣？

須菩提，一切法趣四念處，乃至八聖道分，是趣不過。何以故？四念處乃至八聖道分畢竟不可得故，云何當有趣非趣？

須菩提，一切法趣佛十力乃至一切種智，是趣不過。何以故？一切種智中趣非趣不可得故。

須菩提，一切法趣須陀洹果，斯陀含果，阿那含果，阿羅漢果，辟支佛道，是趣不過。何以故？須陀洹果乃至辟支佛道中，趣非趣不可得故。

須菩提，一切法趣阿耨多羅三藐三菩提，是趣不過。何以

故？阿耨多羅三藐三菩提中，趣非趣不可得故。

須菩提，一切法趣須陀洹果乃至佛中，是趣不過。何以故？

須陀洹乃至佛中，趣非趣不可得故。〔佛身具足一切法〕

案：此種一一列舉重複說，是經體之特色。一切法趣空，趣色等，趣者趣赴義，是動詞。「是趣不過」意即：是種趣空之趣當體即是終極的，無有超過或超出此趣者。趣色亦然，無有超過或超出是趣者。何以故？色、空，亦不可得故。而趣亦是非趣之趣。何以故？趣非趣不可得故。趣不是**運動地趨赴**，好像**磁石之吸鐵**，乃是抒意地指歸——指歸于空，則空相中亦無所謂趣與不趣矣，即趣與非趣亦俱不可得矣；指歸于色受想行識，乃至貪瞋癡，乃至六度，乃至十八空，乃至三十七道品，此諸法一一法俱不可得，則指歸于色等即指歸于空，色等既不可得，則亦無所謂趣不趣，即趣與非趣亦俱不可得矣。每一不可得之不趣之趣即示每一法當體即是空如實相，亦示是趣**當體即是終極的**，無有過是趣出是趣者。然則一切法趣空者，即以空、如、法性、實際、實相、無相、無作、無起、不來不去、不增不減、不入不出、不合不散、不著不斷等攝一切法也。**（攝是抒意地意攝，非物理地吸攝）**。趣色等者亦復如是，即以**「色即是空」**之**空攝一切法**也。而此即是實相般若之活智。（趣色等者，不是以緣起事造的觀點說色足以引起一切法，因而一切法趣色也。華嚴宗法界緣起一攝一切一切攝一不是此處說趣色等之意。天台宗亦常借用此處趣色等而說性具念具亦非此處說「趣色趣空是趣不過」之本義。）

吾人欲得般若活智，不能捨離一切法。如捨離一切法，則般若

蹈空，亦不成其為般若。但亦不能著一切法。若著于法，則成執著，諸法之實相不可見，而般若亦死。依是，般若如成其為般若，只有在**不捨不著**之方式下**具足**一切法，方成其為實相般若。而在此方式下具足一切法，則一切法亦可說是**趣般若**。趣般若即是趣不捨不著之實相般若，而一切法既在實相中，則亦無所謂趣與不趣，趣與非趣俱不可得，則即**趣而無趣，當體**即是**實相**，即是**終極**。一切法皆如，即一切法皆如在那裡，焉有所謂來去之趨赴乎？是則一如平鋪，是真實相，是真寂滅，是真般若。然則不捨不著，**具足一切**，一切**來趣**，此種**來趣**而**具足**是何意義之**具足**？由具足亦可說般若**成就**一切法，不捨不著，不壞假名而說諸法實相，此即是成就一切法。此種**成就**是何意義？曰：此不過是在般若活智之**作用**中具足而成就一切法，此是**水平的具足**，而不是**豎生的具足**。「是法住法位，世間相常住」，一切法是本來現成的，不過以實相般若**穿透**之，因此而說**具足**而而**成就**一切法，成就其空如之實相而不必破壞之。《般若經》只是**憑藉已有之法**，而說般若之**妙用**，未曾予一切法一**根源的說明**。般若具足一切法，此並非說一切法皆**豎生地根源于般若**，以般若為最初的根源，一切法皆由之而得一**生出之說明**。龍樹之論釋以及《中論》之緣起性空皆不過秉承《般若經》之旨趣反覆申明諸法之實相，亦未曾以般若為最初之根源，一切法皆由之而生起也。依此而言，吾人可說：平常所謂空宗者實非**一系統，一門戶**。說明一切法之來源是另一問題。空宗無此問題。如有願作此工作者，不管如何說法，《般若經》及空宗皆可以**般若之不捨不著**而**具足成就之**。依此而言，《般若經》及空宗之所說可以說是共法，大小乘乃至佛乘之共法。此是普遍的而無色者，故非一系統。

如是，凡想予**一切法之來源一說明**者皆是**一系統**。如《解深密經》及前後期唯識學即是一系統，華嚴宗亦是一系統。天台宗最接近于空宗，然彼畢竟不即是空宗而須自立宗者，以彼亦具有一系統性。然天台宗之系統性甚特別，與唯識及華嚴俱不同。彼爲講圓教，從無住本立一切法，一念無明法性心即具三千世間，由之說明一切淨穢法門，此即是其系統性。此與般若具足一切法不同。般若之具足只是**般若活智**之**不捨不著**，此具足是**作用的**，尚不是**存有論的**（佛家式之存有論）。般若之圓只是不捨不著之**妙用的圓**，尚不是**存有論的圓**，此即表示空宗尚非眞圓教。眞圓教必須是**存有論的圓具**，而存有論的圓具即是**一系統**。惟此系統不是**分解地建立**，故既與講阿賴耶緣起者不同，亦與講如來藏緣起者不同，（因此皆是**分解的**故），而又最接近于空宗而又不同于空宗而爲一無系統相之系統也。（參看前第一節）。

《經·一心具萬行品第七十六》（《論·卷第八十七》）云：

> 須菩提白佛言：世尊，若一切法、性無所有，菩薩見何等利益爲眾生求阿耨多羅三藐三菩提？
>
> 佛告須菩提：以一切法、性無所有故，菩薩爲眾生求阿耨多羅三藐三菩提。何以故？須菩提，諸有得有著者，難可解脫。須菩提，諸得相者，無有道，無有果，無有阿耨多羅三藐三菩提。
>
> 須菩提白佛言：世尊，無得相者，有道有果，有阿耨多羅三藐三菩提。
>
> 須菩提，無所得即是道，即是果，即阿耨多羅三藐三菩提。

法性不壞故。若無所得法欲得道，欲得果，欲得阿耨多羅三藐三菩提，爲欲壞法性。

……

須菩提白佛言：世尊，若諸法無所得相，布施、持戒、忍辱、精進、禪定、智慧、諸神通，有何差別？

佛告須菩提，無所得法，布施、持戒、忍辱、精進、禪定、智慧、神通，無有差別。以眾生著布施乃至神通故，分別說。

世尊，云何無所得法，布施乃至神通無有差別？

須菩提，菩薩摩訶薩行般若波羅蜜時，不得布施；施者，受者，皆不可得，而行布施。不得戒而持戒，不得忍而行忍，不得精進而行精進，不得禪而行禪，不得智慧而行智慧，不得神通而行神通，不得四念處而行四念處，乃至不得八聖道分而行八聖道分，不得空三昧無相無作三昧而行空無相無作三昧，不得眾生而成就眾生，不得佛國土而淨佛國土，不得諸佛法而得阿耨多羅三藐三菩提。須菩提，菩薩摩訶薩應如**是行無所得般若波羅蜜。菩薩摩訶薩行是無所得般若波羅蜜**時，魔若魔天不能破壞。

須菩提白佛言：世尊，云何菩薩摩訶薩行般若波羅蜜時，一念中具足行六波羅蜜，四禪，四無量心，四無色定，四念處，四正勤，四如意足，五根，五力，七覺分，八聖道分，三解脫門，佛十力、四無所畏、四無礙智、十八不共法、大慈大悲、三十二相、八十隨形好？

佛告須菩提：菩薩摩訶薩所有布施**不遠離般若波羅蜜。**所修

持戒、忍辱、精進、禪定，不遠離般若波羅蜜。四禪，四無
量心，四無色定，修四念處，乃至八十隨形好，不遠離般若
波羅蜜。

須菩提白佛言：世尊，云何菩薩摩訶薩不遠離般若波羅蜜
故，一念中具足行六波羅蜜，乃至八十隨形好？

佛言：菩薩行般若波羅蜜時，所有布施不遠離般若波羅蜜不
二相。持戒時亦不二相。修忍辱，勤精進，入禪定，亦不二
相。乃至八十隨形好亦不二相。

須菩提白佛言：世尊，云何菩薩摩訶薩布施時不二相，乃至
修八十隨形好不二相？

須菩提，菩薩摩訶薩行般若波羅蜜時，欲具足檀波羅蜜，檀
波羅蜜中攝諸波羅蜜及四念處，乃至八十隨形好。

世尊，云何菩薩布施時攝諸無漏法？

佛告須菩提：若菩薩摩訶薩行般若波羅蜜時，住無漏心布
施，于無漏心中不見相，所謂誰施，誰受，所施何物，以是
無相心無漏心斷愛，斷慳貪心，而行布施，是時不見布施，
乃至不見阿耨多羅三藐三菩提法。是菩薩以無相心無漏心持
戒，不見是戒，乃至不見一切佛法。……以無相心無漏心修
智慧，不見是智慧，乃至不見一切佛法。以無相心無漏心修
四念處，不見四念處，乃至八十隨形好。

世尊，若諸法無相無作，云何具足檀波羅蜜，尸羅波羅蜜，
羼提波羅蜜，毗梨耶波羅蜜，禪波羅蜜，般若波羅蜜？云何
具足四念處，四正勤，四如意足，五根，五力，七覺分，八
聖道分？云何具足空三昧，無相無作三昧，佛十力，四無所

畏，四無礙智，十八不共法，大慈大悲？云何具足三十二相，八十隨形好？

佛告須菩提：菩薩摩訶薩行般若波羅蜜時，以無相心無漏心布施，須食與食，乃至種種所須盡給與之，若內若外，若支解其身，若國城妻子，布施眾生。若有人來語菩薩言：何用是布施爲？是何所益？行般若波羅蜜菩薩作是念：是人雖來訶我布施，我終不悔；我當勤行布施，不應不與。施已，與一切眾生共之，迴向阿耨多羅三藐三菩提，亦不見是相。誰施，誰受，所施何物，迴向者誰，何等是迴向法，何等是迴向處，所謂阿耨多羅三藐三菩提，是相皆不可見。何以故？一切法皆以內空故空，外空故空，內外空故空，空空、有爲空、無爲空、畢竟空、無始空、散空、性空、一切法空、自相空故空。如是觀，作是念：迴向者誰，迴向何處，用何法迴向，是名正迴向。爾時，菩薩能成就眾生，淨佛國土，能具足檀波羅蜜，尸羅波羅蜜，羼提波羅蜜，毘梨耶波羅蜜，禪波羅蜜，般若波羅蜜，乃至三十七助道法，空無相無作三昧，乃至十八不共法。是菩薩能如是具足檀波羅蜜，而不受世間果報。譬如他化自在諸天隨意所須即皆得之。菩薩亦如是。心生所願，隨意即得。是菩薩摩訶薩以是布施果報故，能供養諸佛，亦能滿足一切眾生：天及人阿修羅。是菩薩以檀波羅蜜攝取眾生，用方便力以三乘法度脫眾生。如是，須菩提，菩薩摩訶薩于**無相無得無作**諸法中，具足檀波羅蜜。

〔此下就其他五波羅蜜分別重說，略〕

案：菩薩行般若波羅蜜時，**一念具足萬行**，布施具足一切，持戒具足一切，其他皆然。此「一念具」即是「智具」，于無相無得無作中具足一切，此仍是不捨不著之具。此「一念具」顯然與天台宗一念無明法性心即具三千世間不同。天台宗之「一念」是陰入心，煩惱心，故亦曰無明法性心。此即所謂「**性具**」（詳解見〈天台宗〉章）。此是**存有論的圓具**之說法。及其轉染成淨，亦可說是智具，此即與《般若經》及空宗之旨趣相符順，然其底子不相同也。天台宗之性具乃是順《般若經》及空宗之旨趣而進一步，由般若智之**作用的圓具**，進而為一念無明法性心之**存有論的圓具**，故可為一系統也。此種進一步底可能之關鍵乃在《涅槃經》之佛性。必待顧及佛性之觀念，存有論的圓具始能成立，徒《般若經》尚不能至此也。（鳩摩羅什未及見《大涅槃經》，四十卷《涅槃經》之譯出亦稍後。在印度恐亦晚出。但在此可不管時間先後問題，只就般若之本性而說。）

又，「空宗」之名亦不恰。據說，龍樹弟子提婆自標空宗以與無著世親之有宗相對抗，因此在印度自始即有空有兩輪。傳至中國，仍沿其舊。空有對言，令人誤會空宗只講空，不能成就緣起法的有，而有宗似乎又只著重于法數之解釋而不能透徹于空慧。此顯然非是，大家亦知不如此。空宗顯然不只講空，且亦能成就緣起法的有（假名有）。「不壞假名而說諸法實相」豈只空而無有耶？有宗亦不能違背緣生無性，亦能透徹于我法二空，豈只專著重于**法數之解釋**耶？然空宗有宗兩名總無的解，只是順俗如此說，說及空宗，則說般若三論，說及有宗，則說法相唯識，而空之所以為空，有之所以為有，則無的解也，兩者之本質的差異亦無的解也。今作

如此說：兩宗之本質的差異即在有宗是**一系統**，對于一切法有一**起源的說明**，所謂賴耶緣起如來藏緣起是也；而空宗則非一系統，緣生法是現成的所與，而不須予以存有論的說明，只須以般若智穿透之，見諸法實相，即是佛。因此，空有兩名皆不恰。空宗只是般若學，有宗只是唯識學，或真常心學。若說空，皆是空：十八空之應用，有宗亦不能拒絕也。（《辯中邊頌》亦言十六空）。若說有，皆是有：不但有起源之說明之一切法是有，「不壞假名」亦是有也。空有兩名不能決定宗派，系統非系統始能決定宗派。如此判之，當較谿順。

　華嚴宗是承廣義的唯識學中之真常心系而建立起的「性起」系統。天台宗則是承般若實相學進一步通過「如來藏恆沙佛法佛性」一觀念，依據《法華》開權顯實發迹顯本，而建立起的「性具」系統。兩者同是系統，而建立底方式有異：前者是分解的，後者是詭譎的。因建立底方式不同，故性起性具之「性」字解釋亦異。性起之性是指如來藏自性清淨心說，所謂「偏指清淨真如」，「唯真心」也。性具之性是就「一念無明法性心」說：通過詭譎之方式，念具即是智具，無明具即是法性具。念具可以說緣起，智具不可以說緣起，以智非生滅法故，非緣起法故。無明具可以說緣起，以無明即一念心故。法性具不可以說緣起，以法性是空如理，或中道實相理，非心法故，無所謂起不起故，故只言「性具」，不言「性起」。一切法皆在「一念無明法性心」處成立，所謂「一念三千」皆是本有，無一可改。以從勝說，故言「性具」或「理具」。蓋「三千宛然，即空假中」故。「法性無住，法性即無明」，即是一切法。「無明無住，無明即法性」，即是無一法可得，然而亦是

「三千宛然，即空假中」。此為「圓談法性」，亦仍是「不壞假名而說諸法實相」，然而卻是中道實相，即圓實相。雖有承于般若實相學，然而與《般若經》及龍樹《中論》所談者異也，以有存有論的圓具故。故性具為圓教，性起為別教。而《般若經》與龍樹《中論》所談者則只是通教。此通教須有重新之規定，當有兩義，一是有限定意義的通教，此如天台宗所說之通教即是此種通教；一是無限定意義的通教，此當是通一切大小乘而為共法。此見下章詳檢。

禪宗到六祖惠能捨《楞伽》傳心而重《般若經》，依《般若經》（《金剛經》）之「應無所住而生其心」，言下大悟「一切萬法不離自性」，「何期自性能生萬法」？「自性能生萬法」，此好像與「性起」為同類，亦是「唯真心」。然而若經過仔細考察，不是望文生義，則知不然。彼言「自性」或「自本性」，就是每一人自己的真性，「本來無一物」的空寂性。此是將實相般若以及《中論》之觀法所見之性空實相直接收于自己身上來，而存在地實踐地亦即頓悟地就「直指人心見性成佛」而言者。此時不是悟「緣起性空」，而是悟自己的本性、真性。此性是無所謂生不生起不起的。「自性生萬法」亦云「含具萬法」。此種不甚嚴格的漫畫辭語倒類性具，不類性起。因為真正實際地生起萬法者是心，並不是性。而心是幻妄心，緣識心。故云「心是地，性是王」。又云「性在身心存，性去身心壞。」依自己的本性起現無所住的般若清淨心，不于諸境生念，這亦曰「自性般若」，但這卻不是「真心即性」之生起般若智用，如神會之所說。此種自性般若就是每一人本有的般若清淨心，由「無念」而見者。故心本如幻，而于幻境上不生念，便是般若清淨心，便是「無所住而生其心」，不是于色聲香味觸法上生

心。故亦云：「識自本心，見自本性，即名佛。」此自本心即是無
所住著的般若清淨心。此智心含具萬法，以「不斷百思想」，即于
幻妄而無念故。故自本性亦含具萬法，以「性是王」故。而萬法之
實際地生起卻在「含藏識」，即幻妄心，不是由自性生起也。然
「性在身心存，性去身心壞」，則性亦含具而成就萬法也。此亦猶
《中論》所說「以有空義故，一切法得成」之意（見下章）。
「生」是含具義，成就義，不可以其漫畫式的說法而生誤解也。惠
能的悟解，漫畫式的說法，大類性具圓教，不類性起別教。神會言
「靈知眞性」倒是相應性起別教之禪，故圭峰宗密得以之與華嚴宗
相會而言禪教合一。

　　以上諸論斷，此後各部各章將陸續展示之。

第二章
《中論》之觀法與八不

　　《大智度論》是解經的，故前章以經爲主，觀般若之妙用。論中雖內容豐富，然只是就經所涉及者而予以注釋，故吾人不能就論之注釋內容作系統的陳述，以本無系統性格故。就經而言，雖品數浩繁，共九十品，然重重複複，只多方說一個意思，故其主要精神卻甚簡單，只是蕩相遣執，「不壞假名而說諸法實相」。

　　《中論》是龍樹之自造，此亦可說是「隨自意語」，故亦稱爲宗論，對《大論》之爲釋論而言也。本章是就《中論》之觀法而言「緣起性空」之諦境，這是從客觀方面說，而《般若經》則是以般若爲主，乃從主觀方面說也。

　　1.一切基層具體存在而披露于吾人眼前的事法本是緣生。十二緣生本是佛所親說。諸行無常，諸法無我，涅槃寂靜，所謂三法印，亦是佛所親說。龍樹即就這緣生義徹底地普遍地充其極而說「緣起性空」這一通則。如果以「緣生」爲大前提，就緣生之爲緣生而不增不減，則由緣生即可分析地至那「緣起性空」一通則；而「緣起性空」一語本身亦是分析語：由緣生分析地即可知無自性，由無自性分析地即可知緣生。故「緣生無性」非綜和語。

　　故《中論‧觀因緣品第一》開頭即云：

> 不生亦不滅，不常亦不斷，不一亦不異，不來亦不去。
>
> 能說是因緣，善滅諸戲論。我稽首禮佛，諸說中第一。

此頌語即是所謂八不因緣頌。「八不」是形容因緣生起的，不是如一般通常形容一個絕對實有如上帝之類的。本說緣生，何以又說不生乃至不滅等等？曰：此由緣生無性而來也。故若「緣生無性」一語爲分析語，則此八不亦皆是分析語，即皆爲套套邏輯地必然的。「不生」是說沒有一個有自性的生法，「不滅」是說沒有一個有自性的滅法；「不常」是說沒有一個有自性的常法，「不斷」是說沒有一個有自性的斷法。不一不異，不來不去，亦然。「不生」是遮撥那有自性的生，即有定相的生。此即示生非定相也。吾人通常所說的生、滅、常、斷、一、異、來、去，實當該皆是描述語，並無獨立的意義，即非自性語。因爲是描述語，故姑且描述地妄言之，方便言之。生滅等若當作概念看，則是有自性的，有一定的意義的，否則不成爲概念。故凡概念皆有定義，即有自性。但此自性（定義）只是概念自己的。若就其所指謂的法之實而言，則是無有自性，無有定義的。世間並無一個獨立自體物曰「生」。若知生之概念是由描述語（非指實語）而撰成，則撰成後的概念自己雖有其自性，然而旣知其怎樣來，即當怎樣融回去。如是，若落于法之實，則仍是無自性。概念自己底自性是由描述而綜括成的。而所描述的法之實處卻無一個獨立自體物曰「生」。因此，就法之實而言，則無自性的緣生即是「無生」。無生者，無有自性定義的「生」相可得也。若由這樣的「無生」而即想到「滅」，則亦不是。蓋這樣的「無生」並不即函著滅也。因此，我們可說「不生亦

不滅」。若由這樣的「無生」而想到滅，並且進一步視滅爲有自性定義的滅，則更非是。滅概念自己之自性定義亦是由描述而綜括成。蓋亦滅亦是描述語。怎樣來，即當怎樣融回去，亦無決定的滅可得也。因此亦得曰無滅。若由這樣的無滅而思到生乃至有自性定義的生，則亦同樣非是。因此，我們同樣亦可說「不滅亦不生」。

　　常斷亦復如是。「常」原亦是就無生無滅的緣生相續而作描述的描述語。常概念自己之自性定義亦是由描述而綜括成。若落于緣生法之實上卻並無一個獨立自體物曰常。因此，得曰「無常」。無常者，無有自性定義的定常可得也。若由這樣的無常而想到斷乃至有自性定義的斷，亦同樣非是。因此，我們可說「不常亦不斷」。反之，同樣亦可說「不斷亦不常」。正面說的常斷乃至常斷概念自己之有自性與定義皆是由描述而起執，由起執而綜括成的。

　　一異亦復如是。同一與別異原亦是就緣生相續而作描述的描述語。一異乃至一異概念自己之有自性與定義亦皆是由描述而起執，由起執而綜括成，落于法之實上，並無定一與定異之可得。因此，我們說「不一亦不異」。

　　來去亦復如是。（「去」原譯文寫爲「出」，實即「去」義，不如直改爲「去」。或本是「去」，原誤寫爲「出」。）來去是運動相，原亦是就緣生相續而作描述的描述語。來去乃至來去概念自己之有自性與定義亦皆是由描述而起執，由起執而綜括成。若落于緣生法之實上，亦並無定來定去之可言。無定生定滅，即無定來定去。因此，我們亦可說「不來亦不去」。

　　或者說，生滅、常斷、一異、來去原只是描述語，就描述而成概念，原只是形式概念，形式概念可以拆穿，拆穿已，落于法之實

上，並無這些定相可言；然而緣生法之法體如桌子並非形式概念，乃是實物概念。實物概念所指之實物當有其自性，不然，何以說桌子乃至桌子不同于粉筆？此皆普通所謂個體物，個個不同者。既有個，而又個個不同，則當有其個體之自性。曰：是不然。蓋個物本是緣生，並無獨立自體之個物。個物亦是由描述而綜括成的。個物雖與八相不同，然在此，這兩者是等值的，甚至可說是同一化了的。亦如普通所謂八相遷物，祇物論相遷，祇相遷論物，相遷與物無二無別。（普通所說八相遷物與此處所說八相略異，然亦相類，故即以此處之八相說之亦無礙。）因此，八相與個物皆是由描述而計執，由計執而綜括成的，故亦可說皆是假名也。假名者，以虛假之名言來施設個物之個與八相之相也。若知其是假名施設，則撥而去之，便見諸法實相。實相者，不生不滅，不常不斷，不一不異，不來不去，無任何定相可說也。故實相一相，所謂無相，即是如相。然則個物之個以及八相之相皆是計執，此則甚為顯然；而康德說這是由時空所表象並由概念（範疇）所決定，亦可通也。若知其是計執，是假名施設，是時空所表象，概念所決定，而不客觀地執實，即執有客觀的自性，則亦無過。過在執實，執有客觀的自性也。蓋這樣方便假名施設，方便表象與決定，方可成俗諦，以今語言之，方可成科學知識也。是則計執，若知其是計執，則亦並非全無價值。

2.以上是綜說。若就不生而言，《中論・觀因緣品》復有頌進而作詳細推核云：

諸法不自生，亦不從他生，不共不無因，是故知無生。

如諸法自性，不在于緣中。以無自性故，他性亦復無。

前四句即是無生四句。諸法不自生，亦不從他生，亦不自他共生，亦不無因生。四句求生不可得，是故緣生如幻。能如此知，即是無生法忍也。如諸法有自性，則不在于緣中。既在緣中，即知無自性。本法既無自性，則他法亦無他性。無他性即無他之自性也。是故緣生即無性，無性即緣生。故「緣起性空」一語是分析語也。

「緣起性空」是遮詮，即遮撥自性也。若問：既無自性（性空），則當以何為性？即答曰：以空為性。因此而曰空性或空理，此是表詮也。此正表之空性或空理（亦曰如性或真如）是抒義字，即抒緣生法之義，非實體字。若以此空性為本體或實體，則誤。是故〈觀行品第十三〉云：

大聖說空法，為離諸見故。若復見有空，諸佛所不化。

「若復見有空」，即把那個抒義的「空」字執實化，即執實為實有一物曰空。而空實非物也。以執實有一物曰空，更進而將此空物執實為一本體或實體，則更是大顛倒。是故十八空中必有「空空」也。空空者即是空卻此執實之空物見與空體見，而還歸于抒義之空字，即是緣生法之如相無相，即實相也。

此種徹底的普遍的「緣起性空」根本就是「體法空」：「即色性空，非色敗空。」前句是體法空，後句是析法空。析法空是小乘之見。到大乘，統是體法空。然析法空亦只是一時不徹底的方便說。若真遵守緣生一原則，則必亦自能進至體法空。是故體法空是

通一切大小乘之共法。（小乘若不停滯于其析法空，即可以體法空通而引之。雖通而引之，亦不必即能捨棄其小乘之身分。如天臺宗所言之通教本身是大乘，而其所通共之小乘仍是小乘也。此即示徒觀法之異不能決定大小乘之所以爲大爲小也。）

3.「體法空」就是「不壞假名而說諸法實相」。是故〈觀四諦品第二十四〉云：

> 眾因緣生法，我說即是空，亦爲是假名，亦是中道義。
> 未曾有一法，不從因緣生。是故一切法，無不是空者。

案：此是《中論》最有名的兩頌。意思似已甚顯，似不應有太多的爭論或糾纏。然在順通語句上前頌卻似有兩解。關鍵即在「亦爲是假名」之一語。一解，以爲此語是說空的，即「空亦復空」義，空亦是假名。此是防執實有空。青目釋云：「眾因緣生法，我說即是空。空亦復空。但爲引導眾生，故以假名說。離有無二邊故，名爲中道。」月稱釋云：「即此空離二邊爲中道」。如是，此四句當有兩主語。前兩句以「因緣生法」爲主語，後兩句以「空」爲主語。前兩句就是「緣起性空」義。後兩句接著就說此性空之空不可執實，亦因爲它亦是假名故，所以它就是「中道義」的空。中道是就此空「離有無二邊」說。離有邊，是說此空是抒義字，非實體字。若執爲實體字，則是有見，常見，增益見。離無邊，是說此空是就緣生無性說的，不是一聞說空，便認爲什麼都沒有。若認爲什麼都沒有，便成無見，斷見，減損見。此兩邊皆是大邪見，亦可說皆是「惡取空」。離此兩邊，故是中道空。此解恐是梵文原文的本義。

若如此解，則「亦爲是假名」中的「爲」字是「因爲」義，「爲是」不是重疊字，「爲」字亦不可說爲「謂」。此空亦因爲是假名，所以這空亦就是「中道義」的空。因此，接著就有下四句：「未曾有一法不從因緣生，是故一切法無不是空者」。「無不是空者」意即無不是這樣的中道空者。《中論》亦曰《中觀論》就是論這樣的「中道空」或「中道空觀」。此中道空就是第一義諦。俗諦就是無性的緣起幻有，即假名有。因此，這仍歸于本品前面所說：「諸佛依二諦爲衆生說法：一以世俗諦，二第一義諦。若人不能知分別于二諦，則于深佛法不知眞實義。若不依俗諦，不得第一義。不得第一義，則不得涅槃。汝謂我著空，而爲我生過。汝今所說過，于空則無有。以有空義故，一切法得成。若無空義者，一切則不成。」此即示《中論》仍是二諦論。雖有空假中三字。而「中道」是形容假名說的「空」的。我這樣的「中道空」並不是「著空」。于我這樣的「中道空」中並無汝所說之過。正以有這樣的中道空，所以「一切法得成」。若無中道空，「一切則不成」。正以緣起，所以性空；正以性空，所以才是緣起，因而才有緣起的一切法。若不知性空，而認爲有自性，則亦用不著緣起了。既無緣起，那裡還有一切法？「以有空義故，一切法得成」，這並不是說以空性爲實體而生起萬法也；乃是說以無自性義，所以才成就緣生義，以緣生義得成，故一切法得成也。這「因此所以」是「緣起性空」一義之詮表上的邏輯因故關係，非客觀的實體生起上之存在的因果關係。此不可誤解。此一總原則當爲佛家所共同遵守之通義。後來展轉發展，亦有可令人生誤解之嫌疑辭語，如天臺宗之「性具」，《起信論》與華嚴宗之「性起」，六祖《壇經》之「自性能生萬

法」，皆可令人誤認爲是本體論的實體之生起論。其實皆不是。六
祖語是漫畫語，其實意不是如此。天臺宗之「性具」更不是如此。
嫌疑最大的是《起信論》與華嚴宗，而說穿了，亦不是如此。凡
此，吾于各該章中俱有詳簡。在此一提，是令人注意「以有空義
故，一切法得成」一語之重要以及其實義。

　　另一解是四句一氣讀，連三即。衆因緣生法，我說它們就是
空，同時它們亦就是假名有，同時這亦就是中道義。這大體是天臺
宗的講法。這或許不合原文語勢，然于義無違。這樣講法，「亦爲
是假名」中的「爲」字無特殊的意義，「爲是」是重疊字，而且此
句亦不是謂述「空」的，乃是謂述緣起法的，單就緣起法之幻有說
假名；「空亦復空」是對于空之注解語，是多餘的，說可，不說亦
可，縱使不說，亦不至于把空執實，執實爲實體。這樣講，是三
諦，不是二諦。「因緣所生法，我說即是空」，這是抒其無自性的
空義，這是分解地單顯空義以爲眞諦。「亦爲是假名」，這是分解
地單就緣起幻有說假名法以爲俗諦。合起來，兩面相即，便是中
道。空即于緣起無性而爲空，非永遠停在分解說的空義一面而不融
于緣起；緣起即于空無自性而爲緣起，非永遠停在分解說的幻有一
面而不融于空。這樣的相融即，便是中道圓實諦，亦名一實諦。三
諦是分解地說，最後歸于一實諦，是圓融地說。即三而一，即一而
三。分解說的前二諦是方便，歸于一實諦即第三中道諦是圓實。這
于義無違，而且與《中論》的二諦說亦不相衝突。這不過是把《中
論》的中道空移爲中諦而已。《中論》是就空一頭說中，因此成爲
中道空。而中道空就是空融即于緣起幻有也。三諦說是就分解說的
空有兩面相融即而說中，故中成爲圓實諦，即第三諦。此兩說豈不

相函乎？中圓實諦即是中道實相，而中道實相豈非即中道空乎？而且天臺宗亦非一往說三諦，它亦可說二諦。如《法華玄義》就四教說七種二諦，豈非二諦論乎？說二說三皆可。最後說一諦無諦亦可。于此起爭議，說同異，實無意趣。天臺宗與空宗之差別不能在此決定也。就「緣起性空」一義，展轉引申，可有種種說法，一是皆是分析的。吾人不能說前賢對于此基本義尚不透徹也。如賢首說總別同異成壞六相，亦是就緣起性空說的；其展示法界緣起之圓融無礙而說相即相入相攝，亦是就緣起性空說的（其他不論）；杜順《法界觀門》中之三觀：眞空觀，理事無礙觀，周遍含容觀，亦是就緣起性空說的。凡此，皆是「緣起性空」一義之展轉引申，皆是分析地（套套邏輯地）必然的。而華嚴宗與空宗之異亦不能在此決定也。天臺宗說三諦亦復如此。焉能一見說三諦，便覺其與《中論》相違？說其違原文語勢可，不能說其違義也。說違二諦明文亦可，然二諦三諦相函，並不相衝突，故于義亦無違也。

　　4.二諦三諦旣相函，亦就是「緣起性空」一義之所函，則就二諦說，便函著二諦觀，就三諦說，便函著三諦觀。諦是境，觀是智。智者，般若智也。故無論二諦三諦，皆是通過般若智而說的。天臺宗說三觀，文據是《菩薩瓔珞本業經》。此經說：「三觀者，從假名入空，二諦觀；從空入假名，平等觀。是二觀方便道。因是二空觀，得入中道第一義諦觀；雙照二諦，心心寂滅，進入初地法流水中，名摩訶薩聖種性，無相法中行于中道而無二故。」（卷上〈賢聖學觀品第三〉）。以此三觀配空假中之三諦。文雖出于《瓔珞》，然與《般若經》之三智亦相順應而無違也。如此，三智三觀與《中論》緣起性空一義之旣可說爲二諦，亦可說爲三諦，亦相順

應而無違也。天臺宗是這樣會通說的，依義不依語，不必定執于語勢與二諦之明文也。《般若經》既可說三智，《瓔珞經》既可說三觀，《中論》之空假中爲何定不可說三諦？諦境方面既如此，則觀智方面亦如此，即二觀三觀皆般若智之妙用也。在般若智中，空假中三字之兩說不能有相違也。

　　茲仍就《中論》之二諦來說。中道空固是第一義諦，是實相，即假名幻有（緣起幻有）之俗諦亦是實相，兩者是一義也，故最易于說眞俗不二。如幻有之爲幻有而不增不減，即是實相，亦是眞如。故「因緣所生法我說即是空」也。《中論》「空亦復空」，空是假名，則緣起幻有當然更是假名，彼亦不能反對于幻有說假名也。緣起幻有既是假名說，則就幻有而說不生不滅，不常不斷，不一不異，不來不去，這當然是般若智之智照，亦是即寂即照之寂照，亦就是實相般若。故八不之緣生幻有觀即是無執無相之實相觀。就幻有之爲幻有說俗諦，俗而不執，俗才是諦。俗而執便非諦。是則俗諦即眞諦也。故眞俗不二。幻有而爲俗諦者，就幻有順俗假名說，亦可方便說八相也。八相不執，即是八不。知其爲假名而不執有自性，當然亦就是八不也。是則《中論》之就八不觀中之幻有假名說俗諦，此俗諦即是如實之緣起，亦即無執之緣起。「執」即是唯識宗所說之遍計執。就阿賴耶識之緣起說，則說識之遍計執性，或遍計所執性。龍樹學只是般若蕩相遣執之般若學，無唯識之系統。故只就般若而蕩相遣執以言徹底的普遍的中道空，未說及執之根源。若與唯識宗三性相比，則《中論》似只有依他起性與圓成實性，而無遍計執性。並非不承認有遍計執性，只是在般若智之妙用下，已蕩去一切執矣。一切是緣起性空，即是去自性。自

性即是執。不知性空，順緣起而到處執著，即是遍計執。故緣起遍，執亦可隨之而遍。般若蕩相遣執即是遍蕩一切相，遍遣一切執也。是則表面順二諦似只有二性，實即預伏一遍計執性也。唯不建立阿賴耶系統，對于執之根源無說明耳。此亦見般若學之特色。《般若經》與《中論》皆如此也。此並非說《中論》只講空，不講有。一切緣生法就是現成的有；「不壞假名而說諸法實相」，假名諸法亦是現成的有。「以有空義故，一切法得成。」豈不說有耶？豈是壞有耶？惟對于一切法不作根源的說明而已。若說根源，緣生即是其根源，緣生無性而無生即是其根源。此是智者所說「點空說法，結四句相」之說法，此與阿賴耶系統或如來藏系統之具備一「根源的說明」之說法不同。說根源就是緣生，這等于未說明，這只是一套套邏輯。蓋緣生就是一切法也。然而這卻就是般若學之特色。這一特色是一普遍的底子。一切系統性的分解的解說皆是方便，最後總當歸于此一特色。智者《法華玄義·卷第五下》說別教三法處有云：

> 元夫如來初出便欲說實。爲不堪者，先以無常遣倒；次用空淨蕩著；次用歷別起心；然後方明常樂我淨。龍樹作論，申佛此意。以不可得空洗蕩封著，習應一切法空，是名與般若相應。此空豈不空于無明？無明若空，種子安在？淨諸法已，點空說法，結四句相。

是則「點空說法，結四句相〔即不自、不他、不共、不無因生之四句〕」即是「如來初出便欲說實」之說法也。然則一切分解說的系

統皆權說也。然而這些權說亦是應有之文章。在此，吾先以此「點空說法，結四句相」爲《中論》說法（說有）之特色。必先了解此般若學之特色，然後方能了解此後之一切發展。勿謂《中論》有所不足，因爲它是「說實」之說法，當然是足。可是亦勿謂《中論》就是最後最圓之足，因爲它究竟未經過一切權敎之消化故，故其爲足只是形式的足。此意，下面還要論及。現在返回來仍就俗諦一說未竟之意。

「諸佛依二諦爲衆生說法」，此中之二諦是通過般若無執而說的；此亦名曰聖智下的理事二諦或幻空二諦。八不的緣起幻有是世俗諦，幻有性空是第一義諦。這兩者是無礙的，不但是無礙，而且根本是一回事，故總說眞俗不二，如僧肇之《不眞空論》即盛發此義。在此，世俗諦是無執的，只就幻有邊說爲世俗而已。世而不執，才是俗諦。世而執不能算是諦。如唯識宗三性中之遍計執性純是虛妄，須撥而去之。虛妄便不眞，不眞便不能說是諦。故世俗而曰諦，便是無執的世俗，聖智下的世俗，不是如凡夫不覺所見的世俗那樣的世俗，也就是說不是如我們普通世俗所說的世俗。因爲我們普通世俗所說的世俗是不自覺地總含有計執在內的，因此，處處覺得總有定相，總有自性。若依佛家，不管是那一宗，這便不能算是諦了。但是在今日，這裡顯出一個問題，即：若處處不能說定相，說自性，便不容易成立科學知識。在八不之下，是不可能有科學知識的。科學知識是依靠決定性的概念而成的。依此，若無計執，根本不能成科學知識。全部科學知識就是一套計執。若於科學知識而亦可以說諦，這才算是眞正的俗諦；但這俗諦卻是有執的。如是，計執固是虛妄，但這虛妄之執卻並非全無價值。我們似可說

虛妄之執中即有諦性，因此我們始可說科學眞理，否則便不能說眞
理了。只是對聖智而言爲虛妄而已。但是眞正的聖智似亦不能忽視
這種虛妄之執中的諦性。若全無諦性，則可忽視，亦可撥去。但若
有諦性，則不能完全抹殺。聖智亦不能違背這樣的世俗。

　　吾人如何成就這樣的世俗呢？首先科學家亦可以知道緣生無
性。所以我們說世俗所說的生滅常斷一異來去乃至因果等原只是一
些描述的詞語。順這種世俗的描述詞語而綜括成一些決定性的概
念，再由這些決定性的概念來決定客觀事實，因此，皆成爲定性的
事實。是則事實之定性皆是由決定性的概念來綜括成或計執成的。
但若不這樣地來綜括成或計執成定性，科學知識便不能進行。這一
層意思即隱含著康德所說的那一套。依康德，若無時空性的表象以
及概念式的決定，我們便不能有經驗知識。因此，客觀事實之時間
性、空間性，以及量性、質性與關係性（常體性因果性與共在性）
皆是由主觀的時空形式所表象以及由作爲範疇的形式概念（純粹概
念）所決定。只有這樣，才使科學知識即俗諦成爲可能。這樣講，
亦不是客觀地肯定緣起法有自性，但卻肯定了計執的價值，即計執
之諦性。如果我們這樣說俗諦，則聖智中之二諦合而爲一眞諦。聖
智中之二諦無礙是直接的無礙，其實是一回事。但這直接無礙的二
諦合而爲一眞諦與我們所說的自覺的計執俗諦之爲二（這樣說的二
諦才是眞正的兩種諦）不能是直接的無礙，亦不能即是一回事。若
說無礙（因爲聖智亦不能違背這種俗諦），那當是間接的無礙。此
種間接無礙底可能即在自覺的計執，不是客觀地肯定諸法自有自
性。只要不客觀地肯定諸法自有自性，順世俗所見而明其是由時空
所表象並由概念所決定，這便是自覺地要求于計執，肯定了計執之

諦性。自覺地要求于計執，亦可以自覺地撤消此計執。此便可以與
眞諦無礙——間接地無礙。假若客觀地肯定諸法自有自性，這便永
不能無礙了。間接云者，在自覺地要求於計執中，諸法必須有定
性，這便不能直接地與八不的無定性相融即而無礙；但旣是自覺地
要求於計執，而不是客觀地肯定諸法自有自性，則亦可以自覺地撤
消此計執，這便可以無礙。合而言之，便是間接的無礙，而不是直
接地相融即之無礙。此便是吾所說的科學知識在中國諸聖教中是
「無而能有，有而能無。」而在西方基督教傳統中，有者（人）不
能無，無者（上帝）不能有。凡此俱見《現象與物自身》一書。讀
者欲知其詳，可參看，可與此處所說者相會通。

　　吾此處所說的俗諦是比傳統所說者進一步。若依傳統所說，便
不能極成這種計執的俗諦，它只能就無執的緣起幻有說俗諦。就計
執說俗諦就是旣知其是計執，而又知其有諦性，故須自覺地要求此
計執。這當然不是說凡計執皆有諦性。

　　5.現在再就「以有空義故，一切法得成」，這普遍的泛緣起論
之原則，以明其具體的應用。我已明這「空」非實體字，因此，此
原則不是說由實體性的空起一切法。這只是說由緣生無性始有一切
法。簡單地說，一切法就是緣生。若執有自性，則無緣生，此則便
等于無一切法。這是撥去了自性，只剩下幻化的緣生之一層論。這
是泛說的通則。現在再就具體的事例以明此通則。〈觀四諦品第二
十四〉論主首明難者之意云：

　　　　若一切皆空，無生亦無滅，如是則無有　四聖諦之法。
　　　　以無四諦故，見苦與斷集，證滅及修道，如是事皆無。

以是事無故，則無有四果。無有四果故，得向者亦無。
若無八賢聖，則無有僧寶。以無四諦故，亦無有法寶。
以無法僧寶，亦無有佛寶。如是說空者，是則破三寶。
空法壞因果，亦壞于罪福。亦復悉毀壞　一切世浴法。

這是外人的疑難。論主則答云：

汝今實不能　知空空因緣，及知于空義，是故自生惱。
〔下即「諸佛依二諦為眾生說法」，以及「以有空義故，一切法得成」，乃至「眾因緣生法，我說即是空」等頌，前已引過，今略。〕
若一切不空，則無有生滅。如是則無有　四聖諦之法。
若不從緣生，云何當有苦？無常是苦義，定性無無常。
若苦有定性，何故從集生？是故無有集，以破空義故。
苦若有定性，則不應有滅。汝著定性故，即破于滅諦。
苦若有定性，則無有修道。若道可修習，即無有定性。
若無有苦諦，及無集滅諦，所可滅苦道，竟為何所至？
若苦定有性，先來所不見，於今云何見？其性不異故。
如見苦不然，斷集及證滅，修道及四果，是二皆不然。
是四道果性，先來不可得。諸法性若定，今云何可得？
若無有四果，則無得向者。以無八聖故，則無有僧寶。
無四聖諦故，亦無有法寶。無法寶僧寶，云何有佛寶？
汝說則不因　菩提而有佛，亦復不因佛　而有于菩提。
雖復勤精進，修行菩提道，若先非佛性，不應得成佛。

案：此是說若不知緣生無性（性空），而執有「定性」，則苦集滅道四聖諦即不可能。蓋若苦有自性定性，則因見苦而修道滅苦即不可能。有定性，云何能滅？集若有定性，則亦不能因修道而斷集。苦不能滅，集不能斷，則修道亦無用，此即無道諦。既無道諦，則證滅之滅諦亦不可能。證滅既不可能，則聲聞之四果，乃至四向亦不可能。無四向四果，即無僧寶。無四諦，即無法寶。無法僧寶，焉有佛寶？是即示：若不知緣生無性，則即破壞四諦以及三寶。若知緣起性空，反能成就四諦三寶。

最後兩頌就佛寶說。若對于佛寶執有自性定性，如汝所說，「則不因菩提而有佛，亦復不因佛而有于菩提」。蓋佛既是定性自性的佛，則不是因修道得無上正覺而為佛。而菩提若是定性自性的菩提，則亦不是因佛（大覺者）之證得菩提而為菩提。如是，若眾生因是眾生故，未成佛故，即是原沒有這定性自性的「佛性」。既沒有這樣的佛性，則雖即修道，亦永不得成佛。蓋佛既是自性定性的佛，則有這樣的佛性，即不能因修道而後有；無這樣的佛性，雖修道亦無用。如是，佛成定性佛，則眾生亦成定性眾生。此處所說的「佛性」是指自性定性佛說。這與《大涅槃經》的「一切眾生皆有佛性」之佛性不必相同。吾人固不能根據此頌說龍樹亦主張「一切眾生皆有佛性」，如真常論者之所主，可是同樣亦不能說龍樹必反對那真常論者的「一切眾生皆有佛性」，尤其不能說那真常論者的「一切眾生皆有佛性」即是自性定性的佛性。自性定性佛是一種執著，是虛妄。若《涅槃經》的「一切眾生皆有佛性」之佛性同于自性定性佛性，則後期的真常經必皆是假。如是，龍樹學與真常經的佛性論必一真一假而不能相容。這是很嚴重的一種後果！在中國

以前吸收佛教的發展中，是無人如此看龍樹學與真常經的，亦無人敢說它們是不相同的。如是，必有可以融通之道。如是，乃有判教。龍樹在這裡是破斥自性定性佛。破除自性佛，佛可因修道而成，而眾生亦非定性眾生，亦可因修道而成佛。這固不能說龍樹亦主「一切眾生皆有佛性」，但亦不能說他必反對這種主張。佛性論非自性執也。他未說及此，只是未說及而已。他的論點不在此，因此，他的論教有特色，此即所謂教相。教相止于此，即就其止處而論其教相。因此，天台宗判之為通教，華嚴宗判之為始教。若不如此，則後來的佛教經論無法安頓。重複乎？抑不相容乎？吾人不能說它們是重複，因為其中確有不同。如是，則為不相容乎？如不相容，則或者俱假，或者一真一假。此皆非佛教之福。如不能說不相容，則除以判教融通之，無其他妙法。《中論》此處論及定性佛性，此點須注意，以可產生雙方的誤解：一方誤解龍樹亦主「一切眾生皆有佛性」，另一方則誤解佛性論即是自性定性佛性之執，此皆非是，故特提出論之。《中論》此下即言：

> 若諸法不空，無作罪福者。不空何所作？以其性定故。
> 汝于罪福中，不生果報者，是則離罪福，而有諸果報。
> 若謂從罪福，而生果報者，果從罪福生，云何言不空？
> 汝破一切法，諸因緣空義，則破于世俗　諸餘所有法。
> 若破于空義，即應無所作。無作而有作，不作名作者。
> 若有決定性　世間種種相，則不生不滅，常住而不壞。

案：此是說若不知空義，則破壞因果罪福，以及一切世俗。此則易

解。最後四句中的「不生不滅」與八不中的「不生不滅」不同。此
是就定性的「世間種種相」說。既有定性，則成「常住不壞，不生
不滅」，此是違背世間法的。是故總結說：

> 若無有空者，未得不應得，亦無斷煩惱，亦無苦盡事。
> 是故經中說：若見因緣法，則爲能見佛，見苦集滅道。

此就是「以有空義故，一切法得成」之具體地說明。一切法空，無
自性，皆是依因待緣而生，因此，遂得有一切法。即使是佛，一個
覺悟的生命，佛格的存在，亦不是先天的定性佛，有自性的佛，亦
是依因待緣而修成的。因此，這個存在亦是性空。正因其本無自
性，是性空，所以才可緣成而得有這個存在。因此，這個存在，就
其爲存在而言，亦是緣起幻化的存在，即幻化的有，並非是自性的
有。但這層意思並不表示後來言「佛性」者就是自性執者。這恐怕
是兩個問題。空無自性是一層，單就無自性而說衆生可成佛，此
「可」只是形式的可能，而且無必然，結果是三乘究竟。就其依因
待緣而進一步言其因義的佛性以具體地說明其成爲佛之可能，此可
能是眞實的可能，有必然性，故是一乘究竟，這又是另一層。這兩
層不可混，而且不能把因義的佛性視爲自性執的佛性。再進一步，
就其成佛後而言其佛身或佛格之意義，如清淨、寂滅、寂靜、光明
等形容字所示者，這又是第三層。吾人更不能說這第三層的形容是
自性執。這只是方便說示以勵衆生。若就其自證之不可說而一句不
說亦未嘗不可。如想像佛爲一個自體物而言其即陰離陰的關係，那
只是非存在的玩弄光景之戲論，這根本不可與于言佛，故龍樹得以

破之。

6.〈觀如來品第二十二〉云：

> 非陰非離陰，此彼不相在，如來不有陰，何處有如來？
> 陰合有如來，則無有自性。若無有自性，云何因他有？
> 法若因他生，是即非有我。若法非我者，云何是如來？
> 若無有自性，云何有他性？離自性他性，何名為如來？
> 若不因五陰，先有如來者，以今受陰故，則說為如來。
> 今實不受陰，更無如來法。若以不受無，今當云何受？
> 若其未有受，所受不名受。無有無受法，而名為如來。
> 若于一異中，如來不可得，五種求亦無，云何受中有？

案：此是說假定想像佛為一個自體物，就像神我那樣，則「五種求」之，不可得，「一異」求之亦不可得。「五種求」者，㈠如來「非陰」，㈡如來「非離陰」，㈢如來不在五陰，㈣五陰不在如來，㈤如來不有陰。「此彼不相在」一語表示㈢㈣兩種。若想于五陰中求如來，則如來不即是五陰。若想不于五陰中求如來，則離開五陰，那裡還有個掛空的如來？若說如來與五陰相在，則五陰有生滅，如來無生滅，異體如何能相在？若說五陰屬于如來而為如來所有，則如來與五陰仍是異體，離五陰而有如來，如靈魂不滅者然。五種求如來不可得，「一異」求之，亦不可得。「一」者即是如來即陰也。然已明如來「非陰」，故不能一。「異」者，離五陰有如來也。然已明如來「非離陰」，故不能「異」。若「一」者，則如來即無有自性，因他而有，亦無他性。自他性無，即無自體物的如

來。若「異」者，離五陰先有如來，以今受五陰故，故成為顯明可見的如來。以這顯明可見的如來推知本有如來不同于五陰。雖不同而必須來受五陰始可說為如來。然這仍是「離五陰而有」之常過。實則離五陰，不受五陰，根本不能有一個掛空的如來。既無掛空的如來，如何能說這如來來受五陰？若以不受五陰便無如來，「今當云何受」？既無先有如來來受五陰，則所受的五陰亦不能名為所受，以無能受故。既無能受，又無所受，如何說如來？以依汝之定義，「無有無受法而名為如來」者。是故以即陰之一與離陰之異求如來亦不可得也。是故：

> 寂滅相中無：常無常等四；寂滅相中無：邊無邊等四。
> 邪見深厚者，則說無如來。如來寂滅相，分別有亦非。
> 如是性空中，思惟亦不可。如來滅度後，分別于有無。
> 如來過戲論，而人生戲論。戲論破慧眼，是皆不見佛。
> 如來所有性，即是世間性。如來無有性，世間亦無性。

案：此顯佛之眞實義。佛是有的。若因找不到自性執的佛，而說根本沒有佛，那是大邪見。佛是覺者。覺悟諸法本性空寂而即證顯了這空寂便是佛的「寂滅相」。如果我們從這「寂滅相」看佛，則佛根本是一個境界，而不是一個有自性定性的個體。如果從個體的存在方面說，則佛例如現實的釋迦，也是一個假名。從其降生王宮以後，出家，學道，破魔，成正覺，轉法輪，度眾生，以至入涅槃，這八相實都是因緣和合而有的緣起過程。這是假名說的如來。那裡有一個有自性定性的個體佛？但是從「成正覺入涅槃」方面說，他

究竟是個佛（覺者），他證顯了那「寂滅相」。他成正覺入涅槃是因著因緣而有，是緣起法；但這作為境界的「寂滅相」本身不是緣起法。緣起法是基層。我們可就這緣起法而以八不觀之，而直證其無生，這便是寂滅相。這無生的寂滅相是一個覺者所浮現出來的一種境界，一種意義。這是另一層者。這另一層的寂滅境界不是緣生法，因為它根本不是一個基層的緣起中的法。如果它亦是一個緣起中的法，則它便變成生滅有為的假名幻有。那麼我們又要即就這幻有而直證無生，這便成一個循環的圈子。如果我們硬要說它亦是一個法，那它亦應是第二序上的「意義」法，與說緣起法亦不同。此如法與法性，法是緣起法，而法之性（空寂性）不是法，乃是法之意義。諸法以「如」為相，以「如」為位，諸法是緣起法，而「如」不是緣起法。正因諸緣起法以如為相，以如為位，始可說無一法可得。這無一法可得即是作為境界正式意義的「寂滅相」，這就是佛了。這是從證境說佛，不是從假名的個體存在說佛。這作為證境的寂滅相既不能看成是有自性定性的個體佛，亦不能被置定為一實體性的實有，如神我者然，因為此中根本無我義故。它只是一個寂滅的境界，何有于我？我們于此說真我或神我者，是因兩步手術而成：一是把這寂滅相置定為一實體性的實有，二是因著個體假我的我義來拘括這實體性的實有，因此，遂把這寂滅相轉為一個真我或神我，其實這都是執著，根本須蕩除的。

依此，在寂滅相中根本無「常、無常、亦常亦無常、非常非無常」之四句，亦根本無「邊、無邊、亦邊亦無邊、非邊非無邊」之四句。這些都是自性執中的戲論。如來證境超過戲論遠矣，而人自生戲論。如來是即就世間法之無性而直證無生的。如來所有的性

（空寂性）就是世間法所有的性。如來無有自性（性空），世間法亦無有自性。〈觀如來品〉正說如來是如此。

再看，〈觀涅槃品‧第二十五〉之所說：

> 若一切法空，無生無滅者，何斷何所滅，而稱爲涅槃？
>
> 若諸法不空，則無生無滅。何斷何所滅，而稱爲涅槃？
>
> 〔此兩頌是承「以有空義故，一切法得成」而來。因頌是反遮前頌。〕
>
> 無得亦無至，不斷亦不常，不生亦不滅，是説名涅槃。
>
> 〔此一頌是正顯。〕
>
> 涅槃不名有，有則老死相。終無有「有」法，離于老死相。
>
> 若涅槃是有，涅槃即有爲。終無有一法，而是無爲者。
>
> 若涅槃是有，云何名「無受」？無有不從受，而名爲法者。
>
> 〔此三頌遮涅槃是有。〕
>
> 「有」尚非涅槃，何況于「無」耶？涅槃無有「有」，何處當有「無」？
>
> 若「無」是涅槃，云何名「不受」？未曾有不受，而名爲「無」法。
>
> 〔此兩頌遮涅槃是「無」。〕
>
> 受諸因緣故，輪轉生死中。不受諸因緣，是名爲涅槃。
>
> 如佛經中説，斷有斷非有。是故知涅槃，非有亦非無。
>
> 〔此兩頌總結涅槃非有非無。〕
>
> 若謂于有無，合爲涅槃者，有無即解脱，是事則不然。
>
> 若謂于有無，合爲涅槃者，涅槃非「無受」，是二從「受」

生。

有無共合成，云何名涅槃？涅槃名無爲，有無是有爲。

有無二事共，云何是涅槃？是二不同處，如明闇不俱。

〔此四頌遮涅槃亦有亦無。〕

若非有非無，名之爲涅槃，此非有非無，以何而分別？

分別非有無，如是名涅槃。若有無成者，非有非無成。

〔此兩頌遮涅盤非有非無。〕

如來滅度後，不言有與無，亦不言「有無」，非有及非無。

如來現在時，不言有與無，亦不言「有無」，非有及非無。

涅槃與世間，無有少分別。世間與涅槃，亦無少分別。

涅槃之實際，及與世間際，如是二際者，無毫釐差別。

案：此對于涅槃之絕言體會同于〈觀如來品〉所言之「寂滅相」。蓋寂滅相即涅槃也。涅槃名「無受」，是無任何執受的。說有說無都是執受，都成一定的執相，也就是從寂滅相中凸起一種幻有的表象。它不受有，亦不受無。有受是生死，無受是涅槃。「終無有有法離于老死相」，即，一說「有」，即落于老死中。「未曾有不受而名爲無法」，即，一說「無」即落于執受中，因而亦落于老死中。因此，有無是有爲法，是緣起法。「涅槃名無爲」，而亦不可說爲「法」：「無有不從受而名爲法者」。有無既是執受，故是法（有爲法，緣起法）。涅槃既無受，故亦非是「法」。但我們有時亦說「無爲法」，此時「法」是第二序者，非基層者，是吾所謂「意義」法，非法字之本義，是其展轉孳生之使用。這恰似法與法性，法之性不是法。法不出如，如亦不是法。「涅槃名無受」，

「無有不從受而名爲法者」，這很能表示出此意。是故「受諸因緣故，輪轉生死中；不受諸因緣，是名爲涅槃。」這是絕對的寂靜，貼合不上任何法。有與無貼不上，亦有亦無，非有非無，更貼不上。這四句只是執受（凸起的表象）之展轉增上，全是戲論，並合不上涅槃之實義。涅槃之實際只是空寂無相，無一法可得。世間法之實際亦是空寂無相，法不出如，亦無一可得。故此二際無少分別。而且涅槃際是即就世間法之緣生無性而直證無生而顯者。故涅槃與世間，世間與涅槃，亦無少分別。但涅槃只一種證顯之境界，故不可再墮歸于法。而世間卻原只是無性而幻有的法，就之直證無生，這便是涅槃了。就寂滅相而言，這兩者無分別也。《中論》說涅槃只說至此。說至此，亦可算是盡了。

　　7.現在，再進一步，作一衡量。

　　《中論》的講法已到盡頭。但亦可說這只是涅槃之通義，一切大小乘皆不能違。如果只這通義即足夠，何以又有大小乘之別，而大乘中又有諸般的大乘？這諸般大小乘只是這一通義之不同的表示，因而只是重複乎？抑還是不只是重複，而尚有其他的特殊處？如果不只重複，則將如何簡別這諸般大小乘之不同乃至此諸般大小乘與此通義之不同？關鍵唯在是否對于一切法作一窮源的根源的說明，即吾所謂存有論的說明。而此問題之關鍵又在是否能進至「如來藏恆沙佛法佛性」一觀念。就《中論》所表現的而言，《中論》對于一切法無根源的說明一問題，因而它亦無「如來藏恆沙佛法佛性」一觀念。《般若經》亦如此。該經只就現成的已有法數以般若蕩相遣執之妙用而通化之。它的通化當然不必限于已有的法數，它亦可通化及一切。但此「一切」是通泛的，沒有特殊的規

定。即此通泛的一切，亦沒有對之作一窮源的根源的說明。《中論》亦然，它只就一切緣生法而遮其自性，直證無生。它的「一切」亦是通泛的。即此通泛的一切，它亦無對之作一窮源的根源的說明。法之源源于緣生，這等於未說明。它的論點只著眼于絕對的徹底的「緣起性空」一義之完成。這「絕對的，徹底的」，是邏輯意義的，不是存有論意義的。它是對小乘之「析法空」而為徹底的，絕對的。因為析法空是不徹底的方便說，未能依「緣生」一原則而徹底地貫徹下去，因而其言空是相對的。依「緣生」一原則而貫徹下去，便是所謂邏輯意義的絕對與徹底。《般若經》與《中論》都是絕對徹底的「體法空」，但這絕對徹底都是邏輯意義的，不是存有論意義的，因俱無存有論的說明故。

　　《中論》從頭至尾，觀這觀那，共二十七品，只是表示「體法空」之觀法（中觀法），而所謂二諦亦是「體法空」之二諦：幻有為俗，幻有即空為真。此種體法空之觀法以及體法空之二諦可以說是一個「共法」（通義）。小乘固是「析法空」，然只是析法空與體法空觀法之差異尚不足以決定大小乘之差別。析法空既是一時邏輯地不徹底的權說，則熟能生巧自可捨其析法空之「拙度」而進至于體法空之「巧度」。即使進至巧度，亦不必即能是大乘。小乘之所以為小乘是在其悲願之不足，捨眾生而自了。體法空固是大乘之觀法，然只這體法空亦不足以決定其是大乘，尤不足以決定其大至何種程度，是何形態的大乘。大之所以為大是在悲願大，不捨眾生。體法空之觀法只是巧，而悲願大則是廣。廣大悲願所成之大乘教法，因有不同之說法，遂有各種不同形態不同程度的大乘。若《中論》之教法，藉以表示其體法空者，只限于界內，而所依之心

識，只限于六識，實際上它亦實未進至或未說至第七與第八，則雖不捨眾生而爲大乘，然亦是有限定的大乘。此種有限定的大乘，天台宗名之曰通教。（華嚴宗名之曰空始教）。此有限定的通教大乘不在其體法空觀法之不足，而在其限于界內，未能窮一切法之源，即未能窮至界外，未能達至無量之境（恆沙佛法佛性即達至無量之境）。是則就滅度言，只能滅度「分段身」，不能滅度「變易身」。就四諦言，只能說無生四諦，不能說無量四諦。當然三界內的法亦可說無量無邊甚至一個欲界亦可說無量無邊。然這無量無邊只是邏輯意義的，有特定範圍的，因而亦就是有限定的，相對的，終未能進至絕對的存有論意義的無量無邊。因此，我們也只好說那體法空所表示的無生四諦是有限定的無生四諦。依《中論》，釋迦佛這個個體生命亦只是假名，如幻如化，這是一個分段身。只以性空說法身即示未能進至就「如來藏恆沙佛法佛性」說圓滿常住法身，這就是說只見無常，未能見常。那只依體法空而說的寂滅相（涅槃）雖不能說有說無乃至說亦有亦無，非有非無，亦不能說常，無常，亦常亦無常，非常非無常，然這只是由直證無生而證顯的寂滅境界，小乘亦可至此。這不能表示即是那就「恆沙佛法佛性」而說的圓滿常住法身。寂滅相是如，就如當然亦可說常，是無爲，就無爲亦可說常，（雖不准說有無等四句，常無常等四句，然就如與無爲而抒義地說常亦無礙，這是絕對絕言的如常，無爲常，不是執受常），然這只是體法空下強度意義（內容意義）的常，尚非是恆沙佛法佛性之廣度意義（外延意義）的常。這未能將釋迦生身與那圓滿尊特法身融而爲一，而視之爲只是那圓滿尊特法身之示現。這只是就直證無生而滅度了那個分段而顯寂滅相，這就是法身

佛。此義即顯《中論》是有限定的通教大乘。在此，它與小乘佛無以異：化緣已盡，灰身入滅。

如果我們以此有限定的通教大乘之體法空來引導小乘使之捨其析法空而進至體法空，這便是以體法空之觀法來與小乘共之，即依此共而說為通教——有限定意義的通教。在此情形下，小乘仍可只是小乘；即使引之進入大乘，已不捨衆生矣，亦仍是灰斷佛。即依此義說有限定的通教，雖是大乘，而未究竟。體法空是共法，可以是究竟。體法空下的寂滅相是通義，這也可以是究竟。但這個共法的究竟不能決定你是何種大乘。即使是有限定的通教當身亦不能只由這共法來決定。就有限定的通教當身言，這共法在有限定的通教中表現。如果以此共通小乘，它亦可在小乘中表現。如果進至恆沙佛法佛性，它亦可在此無量四諦中表現。如果對此無量四諦尚有不同的說法，如阿賴耶系統的說法，如來藏眞心系統的說法，以及天台圓教的說法，則此共法即在此不同的教法中表現。

如果就此共法而言通教，則是無限定的通教。自此而言，則《中論》與《般若經》亦可以是究竟的。但此不是天台宗所說的通教。天台宗說通教是指有限定的通教而言。它雖亦說通者前通小乘，後通別圓，但通後別圓是消極的，通前小乘是積極的，此即其所謂通教之當教（即當身）。它指出《中論》即是這種通教。就《般若》部而言，它說共般若（共小乘之般若）亦是這種通教。它又指出還有不共般若（不共小乘之般若），此中有通別圓三教。通教之當教雖是有限定的通教，然因其是大乘，故亦含在不共般若中。實則般若只是共法。共般若只是它在小乘中表現，因有限定的通教之通共小乘而在小乘中表現。不共般若只是它在別教與圓教中

表現。它本身既非小乘，亦非各種之大乘。它只隨著諸大小乘之教法而蕩相遣執。不共般若中並不含有通別圓三教，所謂二粗一妙。它是隨通別圓而表現其妙用。它本身不負通別圓之責。（當然它亦不負小乘之責）。因此，它是共法，亦是無諍法。天台宗把這共法義轉而爲共般若（通教當身）與不共般若（通別圓三教），此不甚妥貼。這可令人誤會《般若》中已有這些大小乘之教法系統。它把《般若》之隨著教法系統而表現其妙用轉而爲《般若》中有這些系統。

　　《般若》只是共法義。《中論》則亦有共法義，亦有有限定的通教義。如若我們把這共法義提出，單就此共法義而說通教，則此通教是無限定的通教。如是，《中論》與《般若》俱是究竟的。但雖究竟，而又不能負諸大小乘之異之責。負此責者是在「佛性」一觀念。如果佛性是灰斷佛，（化緣已盡，灰身入滅），則是小乘與有限定的通教。如果佛性是「如來藏恆沙佛法佛性」，則是別教與圓教。

　　現在且把「如來藏恆沙佛法佛性」一觀念作一形式的規定：佛性者具著無量數的佛法而爲佛性也。悲願弘大，不捨眾生。無量數的佛法具體地言之，即是十法界法（六道眾生加四聖）。佛性具著恆河沙數那樣多的佛法而爲佛性即是具著十法界而爲佛性。佛性從因地說，依《涅槃經》，即是三因佛性：正因佛性即是中道第一義空，乃是即於十法界法而爲空也；緣因佛性是斷德，乃是即於十法界法而爲斷德也；了因佛性是智德，乃是即於十法界而爲智德也。正因佛性顯爲法身，緣因佛性顯爲解脫，了因佛性顯爲般若。此總曰三德秘密藏，亦即佛果。三因佛性合而爲一整一佛性，這樣的佛

性根本就是體法空的寂滅相這一模型之應用于或移轉于恆沙佛法佛性上說，那就是說，它根本未脫離體法空的軌道，未少損害或違背體法空的寂滅相。不過《中論》是只表達體法空的寂滅相之強度的（內容的）意義，而此言佛性則是在存有論的圓具下表達了這體法空的寂滅相之廣度的（外延的）意義，因此必言恆沙佛法佛性也。（一切眾生皆有此佛性，《中論》無此主張，故外延不備；而且對于證顯了這寂滅相的如來亦未能明其是即于而且具備著恆沙佛法而證顯這寂滅相，此亦是外延不備。）正因佛性為中道第一義空即是那體法空下的中道空之移轉于想成佛的眾生身上來而為其佛性。這個佛性既是中道空，則空而不空。空是就無生說，無一法可得。不空是就恆沙佛法之為假名而轉為無量無漏功德說。此即是「真空妙有」一語之所示。此語只在恆沙佛法佛性上說。但這也就是原初那體法空下就緣起幻有說有，這幻有之轉移，也就是《般若經》「不壞假名而說諸法實相」中那假名法之轉移。不過原初只說幻有，而幻有即空，著重在空字（中道空），只說假名，而假名即實相，著重在實相；而現在則是將幻有假名轉為無漏功德，因而稱為「妙有」，而著重空不空。如此轉是就恆沙佛法佛性說。轉為妙有豈即妨礙「無受」而不可思議之寂滅相耶？空不空之中道第一義空（真空妙有）豈有背于體法空下「幻有為俗，幻有即空為真」之二諦耶？正因佛性既如此，則緣了二佛性即是吾人（眾生）藉以具體地體現這真空妙有者。寂滅相之涅槃雖名曰「無受」，然不亦曰如如智與如如境乎？不亦曰解脫乎？就般若智德與解脫斷德而說為清淨心亦未嘗不可。以此清淨真心為佛性亦未嘗不可。豈因一說清淨心即流於梵我耶？是則就著具備恆沙佛法的三因佛性而說如來藏我，

如來藏自性清淨心，亦未嘗不可。此時說常樂我淨亦未嘗不可。此時之常不只是一個「如」常，而是具備著恆沙佛法而一起爲常，此即所謂法身常住。此與上帝之爲常，梵我之爲常，皆不同。它只是恆沙佛法之法不出如，一體平鋪之寂滅相：說無一法可得可，說恆沙佛法，法法宛然，亦可。實則常亦沒有常相。還是不背于那「如」常。此時說「我」亦無我相，那只是因著法身而方便說爲「我」。這只是因著即于而且具備著恆沙佛法而成佛，因而爲恆沙佛法之中心，即就此中心而說爲我。佛佛交光，因而中心亦無中心相。蓋每一佛是絕對的遍、常、一故，無交替的對待相故。因此，說無我如來藏亦可。豈因一說我便成梵我耶？樂與淨易明，不須說。這樣的佛性非《中論》所遮之自性執之「佛性」。

以上是就「如來藏恆沙佛法佛性」一觀念所作的形式的說明，亦即分析的說明，故皆是必然的，以明其不背於體法空的寂滅相那個作爲共法的模型。此下再就此「恆沙佛法佛性」一觀念說其不同的解釋之系統相。

在「恆沙佛法佛性」一觀念下，如果把如來藏分解爲理佛性與事佛性，理佛性即我法二空所顯真如，以無爲如理爲體，事佛性即依如理所可應得之事方面之佛性，此即發菩提心以及熏習加行，此以有爲願行爲體；而不空是由事佛性之熏習緣修以起現，起現而爲恆沙佛法以充實那「空不空」但中之理（理佛性即真實性或圓成實性，是即于依他起而爲如理，故原亦不空，但移于佛性而言空不空，則此空不空之中只是但中，須由熏習緣修以趣赴之）：如果是如此，則是屬于阿賴耶系統。此系統已能窮法之源矣，但窮至阿賴耶而止。以妄識爲主，以正聞熏習爲客。天台宗亦以別教名之。但

視之爲「界外一途法門，非通方法門。恐猶是方便，從如來藏中開出耳。」華嚴宗名之爲有始教（對空宗之爲空始教而言），即大乘在有方面之開始一階段也。吾今借用此「始」字，依天台宗之判教，名阿賴耶系統爲「始別教」。（空始教是大乘在空方面之開始一階段。如此名之，是相當於天台宗所說之有限定的通教，不就龍樹學之亦有共法義一面而言之。）

在「恆沙佛法佛性」一觀念下，如果把如來藏理解爲自性清淨心，或眞如心，亦曰眞常心，由其隨緣不變之兩義而說明流轉還滅之一切法，則爲如來藏眞心系統。此眞心空不空之中理亦爲但中之理，亦須由歷別緣修以趣赴之。此是以眞心爲主，以虛妄熏習爲客。此則窮法之源已窮至超越的眞心矣。天台宗亦以別教名之。華嚴宗名之曰終教，即大乘之最後一階段也。吾借用此「終」字，依天台宗之判教，名之曰終別教。依華嚴宗，此終教以上，即爲華嚴圓教。然此圓教只是就毘盧遮那佛法身而爲分析的展示，此無所謂，故天台宗亦只以別教視之。此一系統既就佛之寂滅相所顯之清淨境界亦即清淨眞心而說一切衆生皆可有之之佛性，故即預先肯定一超越的眞心以爲流轉還滅之源。既如此肯定，自有一實體性的實有或本體（即眞心）之生起之嫌，因而亦有梵我之嫌。然亦只是嫌疑而已。此嫌疑只在說明流轉還滅之問題之架勢上顯出。及至反本還源，此嫌疑仍可打散。因爲此眞心原只是佛之寂滅相所顯之清淨境界，而其起現生死流轉實亦不是其自身之所起現，而是通過阿賴耶而始起現，而其于還滅方面所起現之清淨法亦不是另有一套法曰清淨法，乃是即就著流轉方面通過緣修（內外熏習即眞如之自體相熏習與用熏習）而反顯著，是故還滅而至究竟，仍歸于那寂滅相，

那嫌疑即被打散。不要以為一言真心即是梵我也。《起信論》雖云此真心「是一法界大總相法門體」，然此語只表示此真心具備著恆沙佛法，而恆沙佛法所成之整一法界皆不出此真心之如相，故此真心為此一法界之大總相而且是一切法門之體也。一切法門皆通過此真心之「隨緣不變不變隨緣」而憑依于此真心也。此焉得視為實體性的本體之生起論？

在「恆沙佛法佛性」一觀念下，如果如來藏是就迷就事而論，「一念無明法性心」即具十法界，「一念心即如來藏理」，三道即三德，一念心即性德三軌，此則是天台圓教。此是性具系統下之三因佛性論。由性具而成一存有論的圓具，故不只是般若之作用的圓具，而且兼備一存有論的圓具，不只是通教之體法空，而亦不背于體法空。本只是念具，而無明即法性，以法性為主，故曰性具，亦曰理具。理者中道實相理也。此中為圓中，非但中。圓中者，性具地一切法趣色趣空趣非色非空之謂也。此是通過《法華》之開權顯實，發跡顯本，決了一切權教，決了聲聞法，決了阿賴耶，決了如來藏真心，在「三道即三德」下，在「不斷斷」中而成者。圓中是性具地備一切法。終別教之但中是性起地備一切法。始別教之但中是緣起地備一切法。通教體法空之中，《中論》之空假中如以三諦說之，此中但異空而已，中無功用，不備諸法，如以二諦說之，那中只是中道空，亦不備諸法，因為對于一切法無根源的說明故，單只是就緣生無性而直證無生故。我們亦可以說，那體法空之中或中道空，如就其即于幻有假名而為中或中道空而說其亦備諸法，那只是體法空之即備，只是一個作為共法的模型。此備實不備也。

在禪宗方面，如依神會的如來禪而言，則屬于真心系統；如依

惠能的祖師禪而言，則屬于性具系統。惠能說「一切萬法不離自性」，「何期自性能生萬法？」此亦不是實體性的本體之生起論。「生萬法」實即「含具萬法」，而生法之實仍在幻妄之心或含藏識。說「自性生」者是漫畫式的辭語。說「自性具」者以「性是王」故：「性在身心存，性去身心壞。」此仍是「以有空義故，一切法得成」之義也。說「自性」者，以「本來無一物」之空寂性爲自家之本性也。此是存在地實踐地將體法空轉移到自己身上來，「直指本心，見性成佛」，故成爲禪宗也。

　　以上皆是略說，詳論見後各部各章。先綜列於此者，爲明《般若》之蕩相遺執與《中論》之體法空皆是共法故。《般若經》就其是共法，無諍法，而言，它是究竟的；就其對于一切法無根源的說明，只有般若之作用的圓具，而無存有論的圓具，而言，它是不究竟的。《中論》之體法空，就其是共法而言，它是究竟的；就其爲有限定的通教而言，它是不究竟的。若不知它們是共法，而只將龍樹列爲有限定的通教或始教，那是不公平的。若只就它們是共法而認爲這已究竟了，其他種種說皆沒有徹底了解「緣起性空」義，或「一切法空」義，這也是不公平的。須知通過「佛性」一觀念而來的眞空妙有，空不空之中道，不只是于「緣起性空」一層上加上空不空，徒作無謂的重疊。若只如此，那性空論者的一切法空（中道空）自然已是究竟了，何必來這一些嚕囌！

第三章
龍樹之辯破數與時

《大智度論‧卷第一》釋「一時」二字云：

一者，今當說。

問曰：佛法中，數時等法實無，陰入持〔界〕所不攝故。何以言「一時」。

答曰：隨世俗故，有「一時」，無有咎。若畫泥木等作天像，念天故，禮拜無咎。說「一時」亦如是。雖實無「一時」，隨俗說「一時」，無咎。

問曰：不應無「一時」。佛自說言：「一人出世間，多人得樂」。是者何人？佛世尊也。亦如說偈：

我行無師保，志一無等侶。
積一行得佛，自然通聖道。

如是等，佛處處說「一」，應當有「一」。

復次，「一」法和合故，物名爲一。若實無「一」法，何以故一物中一心生，非二非三；二物中二心

生，非一非三；三物中三心生，非二非一？若實無諸
數，一物中應二心生，二物中應一心生。如是等，三
四五六皆爾。以是故，定知一物中有「一」法。是法
和合故，一物中一心生。

答曰：若一與物一，若一與物異，二俱有過。

問曰：若一有何過？

答曰：若「一、瓶」、是一義，如「因提梨釋迦」亦是一
義。若爾者，在在有「一」者應皆是瓶。譬如在在有
因提梨，亦處處有釋迦。今衣等諸物皆應是瓶，
「一、瓶」一故。如是處處一皆應是瓶。如瓶衣等悉
是一物，無有分別。

復次「一」是數法，「瓶」亦應是數法。瓶體有五
法，一亦應有五法。瓶有色有對，一亦應有色有對。
若在在一不名爲瓶，今不應「瓶一」一。若說一，不
攝瓶，若說瓶，亦不攝一。「瓶一」不異故。又復欲
說一，應說瓶，欲說瓶應說一。如是則錯亂。

問曰：一中過如是，異中有何咎？

答曰：若一與瓶異，瓶則非一。若瓶與一異，一則非瓶。若
瓶與一合，瓶名一者，今一與瓶合，何以不名一爲
瓶？是故不得言「瓶、一」異。

問曰：雖一數合故，瓶爲一，然一不作瓶。

答曰：諸數初一，一與瓶異。以是故，瓶不作一。一無故，
多亦無。何以故？先一後多故。如是異中一亦不可
得。以是故，二門中求「一」法不可得。不可得故，

云何陰持〔界〕入攝？但佛弟子隨俗語言名爲「一心」。實不著，知數法名字有。以是故，佛法中言一人、一師、一時、不墮邪見咎。略說「一」竟。

「時」者，今當說。

問曰：天竺說時名、有二種。一名迦羅，二名三摩耶。佛何以不言迦羅，而言三摩耶？

答曰：若言迦羅，俱亦有疑。

問曰：輕易說故，應言迦羅。迦羅二字，三摩耶三字。重語難故。

答曰：除邪見故，說三摩耶，不言迦羅。復次〔一本無此二字〕，有人言：一切天地好醜皆以時爲因。如《時經》中偈說：

時來眾生熟，時至〔一作去〕則催促。
時能覺悟人，是故時爲因。
世界如車輪，時變如轉輪。
人亦如車輪，或上而或下。

更有人言：雖天地好醜一切物非時所作，然「時」是不變，「因」是實有。時法細故，不可見，不可知。以華果等果故，可知有時。往年近年，久近遲疾，見此相，雖不見時，可知有時。何以故？見果知有因故。以是故，有「時」法。時法不壞故常。

答曰：如泥丸是現在時，土塵是過去時，瓶是未來時。時相

常故，過去時不作未來時。汝經書法，時是一物。以是故，過去世不作未來世，亦不作現在世。離過故，過去世中亦無未來世。以是故，無未來世。現在世亦如是。

問曰：汝受過去土塵時，若有過去時，必應有未來時。以是故，實有時法。

答曰：汝不聞我先說：未來世瓶，過去世土塵。未來世不作過去世。墮未來世相中，是未來世相時，云何名過去時？以是故，過去時亦無。

問曰：何以無時？必應有時。現在有現在相，過去有過去相，未來有未來相。

答曰：若令一切三世時有自相，應盡是現在世，無過去未來時。若今有未來，不名未來，應當名現在。以是故，是語不然。

問曰：過去時，未來時，非現在相中行。過去時，過去相中行。未來世，未來時中行。以是故，各各法相有時。

答曰：若過去復過去，則破過去相。若過去不過去，則無過去相。何以故，自相捨故。未來世亦如是。以是故，時法無實。云何能生天地好醜及華果等諸物？如是等種種，除邪見故，不說迦羅時，說三摩耶。見陰界入生滅，假名為時，無別時。所謂方時，離合、一異、長短等，名字出。凡人心著，謂是實有法。以是故，除棄世界〔間〕名字語言法。

第一節
關於數目之辯破

　　案：「一」是數目，「時」是時間。時間與數目俱是不相應行法，亦是分位假法，是無實自體與實自性的，非陰界入之所攝。陰界入是緣起實法，時與數則是思行之虛法，是抽象之思上的虛法。其為假而無實可從兩層面說：一是從其自身說，二是從其粘著於緣起的實法上說。佛弟子，顯著者如龍樹，大體是從其粘著於緣起實法上說其為假名無實，但名字出。「凡人心著，謂是實有法」。「但佛弟子隨俗語言名為一心，實不著，知數法名字有。以是故，佛法中言一人、一師、一時，不墮邪見咎」。一人、一師、一時，乃至一心、一行，此中皆有「一」字，即皆有數目附著於其上。從此附著上說，數目皆是假名無實，但名字有，只是隨俗語言方便說之而已。若執著謂其是客觀世界中實有之法，即實有一個數目實際存在在那裡，則無論如何，總說不通。如龍樹之種種破。然雖可破，而終不免於詭辯。此似有服人之口，不足以服人之心處。何以故？以種種分際未能簡別故，只粘附於緣起法上攪混著說，致語意多混擾滑轉故。關於「數」是如此，關於「時間」亦如此。乃至種種其他破，亦有此種混擾滑轉病。以是故，須作分際之簡別。

　　關於數目，先從其自身看。它是不相應行法，分位假法，這就表示它是從緣起實法上提出來而純是思想上的產物。就其為純思之物說，它是一個思之有，思上之形式的有。就其為思之形式的有說，它是恆常不變，是形式的有之恆常不變，不是涅槃真我之恆常

不變，亦不是諸法實相之恆常不變。它是形式的有，就其為「有」說，它是實有，有實自體自性的實有，其實自體就是形式的有之為自體，其實自性就是此形式的有之本性，其本性就是「形式的」。有實自體，有實自性，就是定有。此是就數目一般說。若各別地說，「一」是定有，實有，決定地有，真實地有，有這形式之有，因此，「一」亦是「定一」之一，一即不能為二，是一決定概念也。「一」如此，二、三、等皆然。

數目與緣起實法的關係是標識關係。以虛層之形式的有標識緣起法之實際的有。如果標識而有效，即能標與所標俱成決定者，則形成世間知識，而此時之緣起即成世間之因果關係，乃至種種其他物理關係，種種其他物量數量關係。此時之緣起即非佛法之緣起。順佛法說，此是以虛層之形式的有固定化了那緣起法之實際的有，本然的緣起法之實相本不是如此的。此是一種執著，因執著而使所標識者亦成了決定的概念，因而亦有了自體與自性：「一瓶」真決定地有一個瓶，「一時」真決定地有一個時，一人，一師，真決定地有一個人，一個師，這一切概念都成了決定的概念。實則只是吾人之執著。

如果所標識者被固定化而成了決定概念是一執著，則能標識者之為形式的有，以為虛層故，亦應當是一種執著，是思心之造作或幻結。造作幻結而成一形式的有，就其為形式的有說，是定有，實有，是虛層上的定有實有；但就其根源上為幻結說，則亦可以拆穿而令其無有，形式的有歸於無，此亦如冰解凍釋，冰凍即化歸為水，而冰相無，凍相無。數目實只是思心之造作而為一種工具，為有限認知心的一種工具。若在神心圓智，則便無所用於數目。是則

數目可拆穿而越過之也。如果吾人立於神心圓智或般若智的立場上，而就緣起實相說，則數目之形式的有即拆穿，而其所標識者之決定性亦被拆穿，如是，則緣起實相顯矣。而一切數目之應用皆是順俗假名說，並無實義。如視爲有實義，即客觀世界中實有數法，便是執著。執著便有種種說不通的過。

龍樹便是從緣起實相上說數目是假名無實，並破執實者之種種過。前者是通的，然說後者，則有種種不順適的詭辯。吾人以爲去此詭辯仍可保存假名無實之實義。以下試檢查此中之詭辯相。

首先，問者曰：「佛處處說一，應當有一。復次，一法和合故，物名爲一。若實無一法，何以故一物中一心生，非二非三；二物中二心生，非一非三；三物中三心生，非二非一？若實無諸數，一物中應二心生，二物中應一心生，如是等，三四五六皆爾。以是故，定知一物中有一法。是法和合故，一物中一心生。」

對此設問，須有一解釋。「佛處處說一」，龍樹的解答是佛「隨俗語言」處處說一，乃至說二說三，而佛心無著，「知數法名字有」。實則在隨俗語言說一中，同時亦凸現出「一」乃至一般的數法是一種「實有」，此即設問者所說之「應當有一」。但此所應當有而爲實有者，是如何意義的實有呢？是虛層上之形式的有呢？抑還是客觀世界中實有一個存在的數法呢？關此，龍樹沒有明確的說明。他所設想的執實者似乎是想其認定客觀世界中實有一個存在的數法，實有是這樣的實有。如果是如此之實有，即須遭受龍樹之辯破。以下先解說執實者何以肯定這樣的實有之數法。

執實者說「一法和合故，物名爲一」。這是說實有之「一」法（一這個法）與實物和合，該實物始得名爲一，即，得名爲「一

物」。如果實無「一」法，而當吾人說「一物」時，「何以故一物中一心生，非二非三？」所謂「一心生」，其意蓋是對應「一物」，吾心中即生出「一個物」之意念，不能生出兩個物或三個物之意念。同樣，對應三個物只能生出三個物之意念，而不能生出一個物或兩個物之意念；對應兩個物亦只能生出兩個物之意念，而不能生出一個或三個物之意念。此即表示實有之數法與一物和合時，有拘定限定之作用。因此限定之作用，一個物即因數目「一」之與之和合而爲「一物」，而吾人心中亦對應此「一物」而生一物之意念，而不生二物或三物之意念。若實無「一」法，則執實者可問：爲什麼一物中只一心生，而不是二心或三心生？爲什麼不可「一物中二心生，或二物中一心生」？設無數法之限定，人可以隨便想，一物可以想爲二，二物可以想爲一。人不能隨便想，一物定須想爲一，而不能想爲二，二物定須想爲二，而不能想爲一。否則便是自相矛盾。既不能自相矛盾，便已設定一物中實有數法矣。如是，必須認定一物中實有數法，是數與物和合，故一物只能想爲一物，非二非三：「一物中有一法，是法和合故，一物中一心生」。此恰如這情形，即：若根本無鬼存在，則你可以對於鬼加任何謂詞而無有足以非之者。

如果數之實有眞是如執實者之所意謂，則可以說這是數法之實在論。如果眞是這樣的實在論，則實有之數如何能與一物和合，實難索解。因爲這與水乳和合或物理化學的和合似不相同。縱使像水乳或物理化學生物那樣的和合，緣起性空論者都可以明其不可理解，而何況數法與物和合？數是怎樣地與物合在一起而可以使吾人說一物例如「一瓶」呢？這似乎是神秘！難處就在這個「合」。

　　這「合」是一與瓶兩者為同一之合，抑還是不同一而為異之合？數與物，就概念說，當然是兩個不同的概念；但就合說，則可以這樣設問：其合是同一之合呢？抑是不同一而為異物之合呢？執實者當然是認為異物之合，雖異物而仍可以合。但是數如果是客觀世界中實有之物，則其與物究如何合法，頗難索解。如果不是異物之合，而是同一之合，則更不通！因為數與物（瓶）明是兩不同之物，何以能成為同一之合呢？若真是同一之合，則必更有荒謬之結論出現。所以執實者必不會認為是同一之合。但不同一而可合，在這樣的實有論裡，如何而可能呢？問題之困難是在這樣的實有論而又言合，倒不見得是在：同一之合，合而即同一，或是不同一而為異物之合，異即不能合，這種進退之兩難。執實者所言之合，其心目中自是在這兩難之外，即：雖異物而可合，雖合而不必為同一。但在兩難之外的這第三可能究如何而可能呢？假定數之實有是執實者之實在論那樣的實有，則這第三可能是很難說明的。所以最後的問題乃在這樣的實在論的實有。假定不是這樣的實有，其異而可合，合而不即同一，或許是可能的，至少可有一種說明。龍樹只就兩難而破之，未能點明這根本癥結之所在，所以似有詭辯之嫌。人可衝破此兩難。因為執實者所謂合就是「異而可合，合而不即同一」這樣的合。你只以兩難破之，如何能順通其情呢？所以問題只在合，而不在你所設之兩難。合之所以有困難是在認數之實有為實在論的實有。當直就此而解說之即可，不必設兩難以詭辯也。

　　但龍樹既設兩難矣，茲就其辯說順通其語意如下：

　　　設一與物一，譬如「一瓶」，一與瓶一。如是，則有下難：

> 若一瓶是一義〔一本無此義字〕，如因提梨釋迦亦是一義。
> 若爾者，在在有一者，應皆是瓶。譬如在在有因提梨，亦處
> 處有釋迦。今衣等諸物皆應是瓶，一瓶一故。如是，處處一
> 皆應是瓶。如瓶衣等悉是一物，無有分別。
> 復次，一是數法，瓶亦應是數法。瓶體有五法，一亦應有五
> 法。瓶有色有對，一亦應有色有對。
> 若在在一不名爲瓶，今不應「瓶一」一。若說一，不攝瓶，
> 若說瓶，亦不攝一，瓶一不異故。又復欲說一，應說瓶，欲
> 說瓶，應說一。如是，則錯亂。

此是龍樹之辯破。如果一與瓶合而說爲一瓶，在此「一瓶」之合
中，一與瓶是一，即兩者爲同一，合是同一之合，則有「在在有一
者應皆是瓶」之歸結。因爲兩者既同一，則當其合時，一就是瓶，
瓶就是一，兩者無二無別。「處處有一者」如一衣一桌，衣與一無
別，衣全同於一，瓶亦全同於一，是故衣亦全同於瓶，是即「應皆
是瓶」，亦可以說「應皆是衣」。如是，「瓶衣等悉是一物，無有
分別」。此當然不通。是故一瓶不能是一，即，其合不能是同一之
合。

復次，「一是數法，瓶亦應是數法」云云；此則易解。此亦顯
然不通。故一與瓶不能同一，其合不能是同一之合。

最後，一與瓶兩者既是同一，則「在在有一者應皆是瓶」。
「若在在一不名爲瓶」，則今亦不應說「瓶一」一。既說「瓶一」
一，是以必須「處處一皆應是瓶」。又，瓶一兩者既是同一，則亦
不應說攝合，即無所謂和合。「若說一，不攝瓶」，一就是瓶。

「若說瓶，亦不攝一」，瓶就是一。何以故？一與瓶爲同一（不異），無所攝故。旣如此，則亦可以「欲說一，應說瓶」，一就是瓶故。「欲說瓶，應說一」，瓶就是一故。如是，便成大錯亂。以是故，一與瓶不能是一。

一與瓶一旣不可，然則一與瓶不同一而爲異乎？

如果一與瓶異，則有下難：

> 若一與瓶異，瓶則非一。若瓶與一異，一則非瓶。
> 若瓶與一合，瓶名一者，今一與瓶合，何以不名一爲瓶？是故不得言瓶異一。
> 問曰：雖一數合故瓶爲一，然一不作瓶。
> 答曰：諸數初一，一與瓶異，以是故，瓶不作一。一無故，多亦無。何以故？先一後多故。如是，異中一亦不可得。
> 以是故，二門中求「一」法不可得。不可得故，云何陰持入攝。但佛弟子隨俗語言，名爲一心，實不著，知數法名字有。以是故，佛法中言一人、一師、一時，不墮邪見咎。

案：此破異門。一與瓶兩者旣異。則兩者相非。先從「一」說起。如果一與瓶異，則瓶非一。異者離義，各別義。「一」數旣與瓶離而各異，則一是一，瓶是瓶，兩者絕異，如何能將「一」粘附於瓶上，使吾人於瓶說一？旣不能於瓶說一，則瓶非一也。瓶旣不是一，即不能於瓶帶上一而說「一瓶」。瓶非一，「非」字是排拒義。瓶排拒一，永遠不能與一合而說爲「一瓶」也。

次從瓶說起。如果瓶與一異，則一非瓶。瓶旣離而絕異於一，

則瓶即不能趨赴而粘附於一，而一亦非瓶矣。瓶既不能來赴而一非瓶，則於一即不能帶上瓶而說為「一瓶」。

以上是從「異」直接說兩相非義。兩相非即不能合。

若兩相非而強為說合，則亦有過：「若瓶與一合，瓶名一者，今一與瓶合，何以不名一為瓶」？意思是說：若瓶與一合，瓶得名為一，那麼，一與瓶合，一亦得名為瓶。若如此，則瓶名一（瓶是一），一名瓶（一是瓶），兩者無別，此與「瓶、一」異相違。如是，異即不能相合，合則不能有異。今肯定異而言其相合，則成為異之否定，即結果自相矛盾。是故不能言兩者異。

執實有數法者可辯曰：「雖一數合故瓶為一，然一不作瓶」。這意思是說：雖因一數與瓶合之故，瓶得名為一瓶，然「一」卻並不因此而成為瓶。「不作瓶」意即「不作成瓶」，「不成為瓶」。此乃答辯「今一與瓶合，何以不名一為瓶」之問。但答者龍樹可進而辯曰：「諸數初一，一與瓶異，以是故，瓶不作一」。這意思是說：一既不因合而成為瓶，則一與瓶異，瓶亦不成為一。瓶既不成為一，於瓶即不能說一。依是，即無所謂一。既無此開始之一，則此後諸數之多亦不能有（無）。「何以故？先一後多故。」這樣推下來，「一與瓶異」這異門中求一亦不可得。（案：此辯只是詭辯。因對方明說「雖一數合故瓶為一，然一不作瓶」，此亦函著說「瓶不作一」。「瓶不作一」，何以即無一？）

綜起來，以上由一異兩門求「一」法皆不可得。「不可得故，云何陰界入攝」？既非陰界入所攝，即非實有法。佛弟子只隨俗方便假名說「一時」等耳。若認數為實有，因此實有之數，故可說一時、一師等，則龍樹即持以上一異之兩難以破之。一異之合皆不可

通，即表示「一」法不可得，「一」非實有。此辯當然是詭辯。問題只在：假若執實者是實在論的執實，則數與物和合即不可解，因此，一衣一瓶，乃至一時一師，即不能說。問題倒不在此一異之兩難。因為說數法與物和合時，即明示雖異而可合，雖合而不即為同一。問題是在：假定數為客觀世界中實有之物，此種和合如何可能？不直就此義作解說，退而以兩難辯破之，故多不對題之詭辯。假定執實者不是如此之執實，則顯然仍可說數與物和合而說一物。然則此時你是否亦用兩難以難之？當然可以用。但雖可用之，卻完全不相干，至多為詭辯之戲論！

世界上究有無肯定數為客觀世界中之一實物？須知數並非一具體物，亦非一存在物。世間那有一個數之為物實際存在在那裡？畢塔哥拉斯只說數目之關係形式為實在，具體物依之而成其為具體的存在，即，都依數之定式而然，依此，遂有柏拉圖之思想。其說數為實在，只取其形式義，並不說客觀世界中實有一個數而待與物和合。若客觀世界中實有一個數而待與物和合，則如何合法，實成難解。是否如鬼影那樣附隨不捨呢？一個物中你說有數一附隨不捨，兩個物中，數目二如何附隨不捨？如果附隨於此一個，又附隨於那一個，則當其附隨於此一個時，此一個豈不成了二？如果是兼附隨於彼此兩物，則二既不在此一，亦不在彼一，而在彼此兩物之「兼」中。但兩物之「兼」並不是一物，是則數並不在客觀物中。由是知一切數皆不在客觀物中，即「一」亦不在一個物中。復次，數亦不是物之性，如水之濕性，火之熱性。數既非一獨立之存在物，亦非一物之屬性。如是，數乃是虛層上形式的有，其與物之關係乃是標識個物之標識關係，或計算式之表示諸物這表示關係。如

果說和合，亦是標識或表示的和合，而不是在客觀物中為實有而待與物和合。我想世間並無如此癡呆之人認客觀物中實有一個數而待與物和合。若誠有之，則亦值不得破，至小亦不值得費那樣的巧辯去破他。只須稍予解說即可使之明白。「佛處處說一，應當有一」。此「應當有」不必深文周納定說為客觀物中實有一個數。佛既處處說一，自然應當有一個「一」。這樣說實有「數」法也就夠了。至於進一步，追問如何有法，則很容易想其為一虛層上形式的有。即使不說其為形式的有，則隨「佛處處說一，應當有一」，亦可表示此「一」法與物和合而得名為「一物」，此亦不表示此物中實有「一」法。依是，「定知一物中有一法」之語只是隨與物和合而來。既與物和合而成「一物」，遂說此「一物」中有「一」法耳。不必著實了，說客觀物中實有一個數！如果進一步要著實說，則只能說數為虛層上形式的有，其與物的關係乃是標識或表示的關係，而不是客觀物中實有一個數而待與物和合。（印度中或許有如上奇怪之執實者，故引起龍樹之辯破）。

吾人以為作如下之疏導即可：

㈠數自身為一形式的有，並非客觀世界中一存在的有，因此為虛層，並非實層。

㈡數與物之關係是標識或表示之關係，是吾人標識或計算個物之工具。在此，如果說和合，亦是標識或表示的和合，並不是客觀世界中實有物之和合，依此，以一異兩難去辯駁乃無意義者。標識或表示的和合當然是異而可合，合而不即為同一。

㈢每一數是一形式的有，亦是一決定的概念。當吾人以識知之心去使用它，則它的標識或表示作用即有一種拘定、限定、或箍定

的作用，因而把緣起法也固定化了，固定化而使吾人視之儼若為有
自體有自性的緣起法，此即成世間知識。此種固定化的自體自性是
通過數底箍定作用而成的現象義的自體自性（現象義依康德說）。

㈣如果以般若智照，即如緣起之實相而證性空，則知此現象義
的自體自性實只是數底箍定作用之所幻結，並無真實性。此而拆
穿，則緣起法即成如幻如化之假名法，此即緣起法之實相。（緣起
法對數法之虛層的形式的有而言，亦可曰緣起實法，言其為實層之
實法也。此實層之實法，由於數之箍定，即成儼若有自體自性的實
法。拆穿此現象義的自體自性，即成假名的實法）。

㈤緣起法的自體自性，除通過數而成的現象義的自體自性，尚
可有通過意志因果或天道性體而成的超越義的自體自性。超越義的
自體自性是由於意志因果或天道性體將緣起實法定然而實然之。因
天道性體創生之，使之實然而如此，即定然而如此，此即緣起法之
超越義（定然義）的自體自性。此不是天道性體之箍定作用，而是
天道性體之實現之；此是實理之貫注，即因此貫注而有自體自性，
故緣起法亦得曰「實事」，此時即不得說為如幻如化之假名。此是
儒家義。現象義的自體自性，儒家順俗可以承認之，承認其為「情
有理無」（賢首語），屬遍計執攝。但超越義的自體自性，佛家不
能承認。因為緣起性空，並無超越實體以創生之故。即使言如來藏
清淨心，此清淨心並無道德的內容，即無道德意志之定向與創生，
所以緣起法仍只是緣起而為如幻如化之假名（似有無性，依他起
攝）。但吾不以為如來藏清淨心必排斥道德意志之定向。排斥者只
是教之限定，並非清淨心本身必如此。清淨心豈因含有道德意志便
不清淨乎？豈道德心（如良知，如純善的道德意志）尚不清淨乎？

依此，緣起法必不能一往只是假名。如通於天道性體而觀之，則緣起而實事。如只就緣起本身而觀之，則實事而假名。吾不以為假名與實事必相排拒。因此，性空與超越義的自體自性亦不必相排拒。此將是儒佛之大通。儒佛亦可以說是一真理之兩面觀。再加上道家，亦可以說是一真理之三面觀。惟觀者有偏有全，有自覺到與不自覺到而已。並非真理自身自有如此之限定而必相排拒也，限定只是教相。

㈥如果拆穿現象義的自體自性，知其由數法之箍定作用而成，則撤銷數法之箍定作用，緣起實相即顯現。「實相一相，所謂無相」。無數相，無時空相，無生滅常斷一異來去相。一切皆如，則不但此等等相如，即作為「形式的有」之數法本身亦如。亦「如」者，知此形式的有只為思想上之幻結（所謂純邏輯的構造）；當實相般若呈現時，則此形式的有即如冰解凍釋而歸於無。此即亦當體即如也。（巧說當體即如，拙說拆穿而如）。

㈦但順俗亦可以假名用數而說一衣、一瓶、一師、一時，而顯數相，唯知其只是數之箍定作用而並不執實，因此，無現象義的自體自性義。但既順俗假名說而顯數相，則順俗之假名自身亦必是一「有」，即，必有其所以為假名之有。此有是虛層上之形式的有，此與緣起實法如幻如化之假名有不同。有此形式的有，遂得順俗語言，說一衣一瓶，這「一」法之「名字有」。是則名字有（這是數應用時之數相）與形式的有（這是數法本身）同時呈現也。若不明此形式的有，只以一異兩門破執實者「數法和合」之不可解，便謂求「一」法不可得，只是順俗名字有，則所順之俗不明，而「名字有」一說亦虛蕩而無根。即使是俗，亦非偶然。不然，何以必說

「一師」，而不說「法師」，何以必說「一時」，而不說「常時」？足見「一」與「法」，「一」與「常」，定有不同也、此不同是「一」這個數字與「法」這個字本身之不同。「一」這個數字本身為形式的有。因此有之箍定作用而得以說「一師」，「一時」。知「一師」、「一時」由「一」之箍定作用而成，則知「一師」「一時」中之「一」並無實性（即「一」並不是一客觀的存在物），只是順形式的有而假名說。「假名說」者即姑且如此權說也。此是識知之心上的權說。若是智心圓照，則亦可不用此數目字，是則數相如，而數之本身亦如也。若知因「一」之箍定作用，一衣，一瓶，一師，一時之衣瓶師時而被固定化，則撤銷「一」之箍定作用，即無定衣，定瓶、定師、定時可得，而衣瓶師時之實相即顯。實相一相，所謂無相，亦即如相。是則不但定衣定瓶不可得，即衣瓶亦不可得，只是緣起幻化假名而已。此即無一法可得。若知數為形式的有，其應用有箍定作用，其應用而成者（如一衣一瓶等）只是假名說，知其為假名說而不執實，則亦不得撤銷數之應用以及數之本身，而亦可當體即如，即證諸法實相，是即所謂「不壞假名而說諸法實相」。「不壞假名」者不壞數法之假名也。此與「不壞緣起幻化之假名而說諸法實相」不同，蓋層次不同也。雖有不同，而皆可不壞以見緣起實相。是則為般若之圓照。

　　㈧順俗權說有是積極的意義，有是消極的意義。積極的意義，如康德之所說，旨在成世間知識。消極的意義，則只是借用權說以表緣起法之實相。在此借用中，數目、時間，乃至一多，同異，總別，成壞，皆非決定概念，故只能顯緣起實相，而不成科學知識也。

　　以上順通數法竟，以下再順通「時間」。

第二節
關於時間之辯破

甲、不相應行法

　　龍樹辯破時間實有論，亦非常麻煩。現在先把他自己的主張列出。「見陰界入生滅，假名爲時，無別時。所謂方時、離合、一異、長短等，名字出。凡人心著，謂是實有法」。

　　這個結論是可以承認的。陰界入（五陰六入十八界）是具體的緣起法，有生滅流轉。我們即就它們的生滅流轉「假名爲時」，即，虛假無實地姑名爲時，是以時間是一個虛假的名字，亦如數目之爲一虛假名字，並無眞實性，即，時間並非是一客觀的實有，除這假名的時外，並無別樣的客觀實有的時間。此假名的時間即所謂分位假法，即，尅就生滅流轉分位或分際而姑名爲時，並無實義；此亦曰「不相應行法」——「不相應」者即時間之觀念無客觀的實物與之相應，它只是思行上的一個分位假法。我們也可以說它純是主觀的，佛家只籠統地概括之於「行」法，不過是不相應的行法而已。方時、離合、一異、長短、乃至數目等，皆是不相應的行法，亦即分位假法。說「分位假」，「不相應」，是明其義；說「行法」是歸類。這個「行」字若直接就此等分位假法說，頗難索解，不知何以名之曰「行」。這個「行」是五蘊（五陰）中「行蘊」那個「行」，也就是「諸行無常」的行。若依五蘊說，行是五蘊中之

一蘊。若依「諸行無常」說，便很廣泛，豈唯行蘊是行，色受想識獨非行耶？業師熊十力先生《佛家名相通釋·卷上》解「諸行」條云：「諸者徧舉之詞。行者遷流義，相狀義。謂本遷流不住，而亦幻有相現。具此二義，故名爲行。問曰：所謂行者，依何立名？答曰：即依一切色法心法而立此名也。易言之，一切色法心法通名爲行也。世所謂心與物都無實自體，都不是固定的東西，所以把他叫做行。」據此，我們也可以說行者行動義，熊師引《大智度論·卷五十二》第十六頁：「若法無常，即是動相，即是空相。」故行即行動義。由行動而有遷流，由遷流而有流轉、流布等義；復由行動而有現起、現行等義，所謂「幻有相現」。如是，「修行」亦是行，荊溪所謂「如夢勤加」也。身語意三業亦是行，凡有爲法皆行也。就心言，曰「心行」，所謂「心行路絕」之心行。廣言之，一切色法心法皆行也。此是行之最廣義。

就此最廣義中提出色法爲色蘊，非謂色法即非行也。復提出受、想、識，別爲三蘊，非謂受、想、識即非行也。受、想、識屬心法，即是心行。但既方便欲分爲五蘊，則心法中即不只受想識之三蘊。除此三蘊外，當復有其他種種心法。此其他種種心法即以最廣義之「行」概括之。但色受想識既別立，則此最廣義之行，在五蘊中，即受限制，因而獨成一行蘊。此行蘊雖偏屬心法，然概括甚廣，概括五十一心所法及不相應行法。「心所法」者即心之所有法，依止於心而與心相應故，屬於心故，即是心上所有之法故，因名心所有法，簡稱「心所」，亦稱「心數」。是則五十一心所，因與心相應故，（叶合如一，名爲相應），可名曰相應行。此外還有不相應行，即與色心諸法不相應合，因不相應合，難說爲心，亦難

說爲色，但卻是依色心等法之分位而假名以立。此所假名立者是間接地攝屬於行蘊，因其本身並無行動、遷流、現起等義故，但亦不可稱爲無爲法。此等依色心分位而假立之不相應行法，法相唯識系之論典列舉爲二十四。熊先生《佛家名相通釋‧卷上》略引文獻，逐一予以疏釋，茲照錄之如下：

> 一曰「得」。《廣論》〔安慧《大乘廣五蘊論》〕云：「謂若獲，若成就。此復三種，謂種子成就，自在成就，現起成就，如其所應。」按「種子成就」者，謂若善種子未爲邪見所損，若不善種子未爲勝定所伏，如是等種決定有生現行法之用，皆名成就。「自在成就」，若加行位所由善法熏成種子，由此爲因而得自在，故加行善等名自在成就。「現起成就」者，謂若五蘊方現起故，即名現起成就。自餘一切法皆隨所應、可成不失，即皆名「得」，故總說言「如其所應」。
>
> 二、「無想定」。《識論》〔《成唯識論》〕云：「有諸外道執無想天以爲涅槃。厭患此想爲癰路瘡等，是生死因。以出離想作意爲先，修習定時，於定加行，厭患想故，令此心想漸細漸微。由此熏成厭心等種。損伏心想種故，令『不恆行心想』不起。〔「不恆行心想」者謂前六識有時間斷，名「不恆行」〕。即依此等心上分位而立無想定之名。」
>
> 三、「滅盡定」。《識論》云：「謂二乘者見麤動心起，心勞慮，即厭患麤動心心所故，以止息想作意爲先，依有頂地，由觀無漏爲加行，入遮心心所，令心心所漸細漸微。漸

微心時，熏成厭心種子，入本識中。此種〔厭心種子〕勢力能損伏不恆行及恆行一分心心所法令滅。〔不恆行解見前，恆行一分謂染汙意〕。即依此等心上分位而立滅盡定之名」。

四、「無想天」。《廣論》云：「謂無想定所得之果。生彼天已，所有不恆行心心法滅〔心心法者猶言心心所法〕，故名」。

五、「命根」。《廣論》云：「謂于眾同分中，先業所引，住時分限，假說命根」。「眾同分」者，謂「群生各各自類相似」。後另詳。此云「于眾同分中」，猶言在人類或他有情類之中。「先業所引，住時分限」者，如某甲壽命百年，則自其受生以至臨終，通計所歷百年之期，是其「住時分限」。而此「住時分限」則由某甲過去世中善惡業力所引起，故說「先業所引住時分限」也。〔下略〕。

六、曰「眾同分」。《廣論》云：「謂諸群生各各自類相似，名眾同分」。《識論》云：「眾謂眾多，同謂相似，分者因也。依諸有情自類相似，起同智言，名眾同分。（原注云：由眾多法上有相似義故，方令人起同法之智解與言說。是眾同法爲智與言之因，故曰分者因義。）或復分者即是類義。謂人天等眾類同故」。按「分」義，前解爲正。由眾多法上有相似義，故得爲因，令人起同法之智與言。知識所由成立，實以此等範疇爲基礎。如無「同分」義，吾人不能于萬法「起同智言」，即知識爲不可能。

〔宗案：眾同分，「分者因也」，此訓嫌看。此「分」字恐

當同于見分相分之「分」字，意即衆所共同相似之一面耳。
有同一面，亦有異一面。下十六「定異」亦可說爲「定異
分」。小乘說假部說有「有分識」，「有分」之分亦訓爲
「因」，謂爲三有即三界之因。此亦嫌著，不合常解。「有
分識」體恆不斷，周遍三界，由之而可說明三界諸有之起
現，此亦可說爲諸有之識，由此識立一切有也。「分」字是
語勢帶上去的。不必說得那麼著。〕

七曰「生」。《廣論》：「謂于衆同分所有諸行本無今有，
假說名生。」（原注云：「如某甲在人類衆同分中，其所有
五蘊色心諸行，當某甲未生前，此諸行未曾現起，即是本
無。而今某甲生，即諸行現起，是名今有。依此假名爲
生。」）

八曰「老」。《廣論》：「謂彼諸行相續變壞，名老。」
《識論》云：「諸行變異，說名老故。」

九曰「住」。《廣論》：「謂彼諸行相續隨轉，名住」。按
所言住者，非謂諸行恆時兀然堅凝而住，只是「相續隨
轉」，假名爲住。《識論》等云：「諸法生已，相似相續名
住。」

十曰「無常」。《廣論》云：「謂彼諸行相續謝滅，故
名」。按言「無常」者，略有二義：一諸行刹那生滅名無
常。二依諸行相續之相，假說住時分限〔如某甲壽百年〕，
一旦此「相續相」謝滅〔如某甲身終〕，亦名無常。《廣
論》只約第二義爲釋。

十一曰「名身」。《廣論》：「謂于諸法自性增語，如說眼

等」。按此言「諸法自性」者，例如眼根淨色是其自性。「增語」者，于此等自性之上而安立名言，即謂之曰眼，是爲「增語」。增者增益。諸法自性本離名言。今于其上安立名言，故是增益。〔宗案：此云「自性」不是就眞如空性說，乃是就諸法之現象的自體性說。「本離名言」亦不是「心行路絕，言語道斷」之意，乃是諸法自體只是這麼一個事體而已，本無所謂名言。名言是隨便加上去的〕。名者音聲，而能詮召諸法。由第六意識相應想數，于諸法境而取像故，其出諸口而爲音聲，即成爲名。「身」者自性義，名有自性故。如眼之名與耳之名不同，此二名自性異故。〔宗案：「身」者自己，名身即名之自己，或名之爲名。此言「自性」皆是諸法之現象的自體性義，亦如「法」者軌持義，即由軌持說諸法之現象的自體性，並非「法無自性，以空爲性」之自性。以上所云之「自性」，若就緣起性空說，正是所要空掉的自性，而歸于無自性。故知所云自性只是法之軌持義之自性，即吾所謂諸法之現象的自體性也。〕

十二曰「句身」。《廣論》：「謂于諸法差別增語。如說諸行無常等」。按差別者，不一之謂。如「諸行無常」四聲，合有二名。「諸」聲表多數，「行」聲表色心法。此二聲合爲一名，即通一切色心法各各自體而總名之。「無」聲表非有，「常」聲表恆常。此二聲合爲一名。是故聚集多名身而成句身。爲顯諸法自體之上具有無常、苦、空等等差別義故。「句身」者，身義同前。如「諸行無常」句，與「諸行無常即是苦」句，此二句所詮之義不同，即二句各有其自性

也。

十三曰「文身」。據《廣論》云：「文即字，此能表了前二性故」。又云：「前二性者，謂詮自性及以差別」。按「自性」者，謂諸法自體，如色等法自體各別故。此名身之所詮也。「差別」者，諸法自體上具有種種之義。如色心等法自體上皆具有無常、苦、空等義故。此句身之所詮也。詮諸法自體上差別義者，爲句身之自性。詮諸法自體者，爲名身之自性。此名身句身二性皆依于字，方能衣示顯了。故謂字是能表了前二性也。〔下略〕。〔宗案：名身句身是語言，文身是文字。〕

十四曰「異生性」。《廣論》云：「謂于聖法不得，故名」。（原注：「凡夫不得聖法，異聖者之生故，故名異生。」）

十五曰「流轉」。《雜集》〔《雜集論》。〕云：「謂于因果相續不斷，假立流轉」。此中因果約前後爲言。前法爲因，後法爲果。刹那刹那，相續不斷，故名流轉。〔宗案：就因果相續假立「流轉」，亦可就流轉假立「因果。」〕

十六曰「定異」。《雜集》云：「謂于因果種種差別，假立定異」。基〔窺基〕云：「因果各別故，名定異。」（原注：「如豆不生麻」。）

十七曰「相應」。《雜集》云：「謂于因果相稱，假立相應」。如下雨爲因，泥濘爲果。雨因泥果，雖復異類，而互相順故，假說「相應」。

十八曰「勢速」。《雜集》云：「謂于因果，疾迅流轉，假

立勢速」。

十九曰「次第」。《雜集》云：「謂于因果一一流轉，假立次第」。基云：「一一不俱，稱為次第」。

二十曰「時」。《雜集》云：「謂于因果相續流轉，假立為時，由有因果相續轉故。若此因果已生已滅，立過去時。此若未生，立未來時。已生未滅，立現在時」。

二十一曰「方」。《雜集》云：「謂即于色法徧布處所，因果差別，假說上下東西等方」。

二十二曰「數」。《雜集》云：「謂于諸行，一一差別，假立為數」。

二十三曰「和合」。「謂于因果，眾緣集會，假立和合」。

二十四曰「不和合」。普光《百法疏》云：「諸行緣乖，名不和合」。

如上色心分位假法，共有二十四種。然亦略示其概，未能徧舉。故《顯揚》〔《顯揚聖教論》〕云：「復有諸餘如是種類差別，應知。」

案：以上二十四個分位假法，我們可以重新排列其次序，予以分類的解說。首先，當以名身、句身、文身三者開始。名身句身表示語言，文身表示文字。此三者本是語言文字層。語言文字自是吾人詮表諸法自體及以差別之工具。人類有語言，亦能造文字。語言文字可以獨立地研究，所謂語言學者是。然其原初必與存在的事物直接有關，今之所謂語言分析，即就此直接牽連而分析日常語言之意義，非是獨立地研究語言文字本身也。語言文字詮召色心諸法之自

體以及自體上之種種差別義，它本身不是色法，亦不是心法。因為色心諸法是存在的事物，是存在之實層，而語言文字則是虛層，它是浮在存在層的上面自成一套。在此亦說就色心分位假立，此「分位」二字亦是浮泛，嚴格言之，不甚諦當。因為語言文字自身獨成一套，與色心諸法根本上是異質的異層。不相應的分位假法，其定義是「依色心等分位假立，謂此與彼不可施設異不異性」（《廣五蘊論》）。然此名、句、文三身確然可以與彼色心等法施設異性。故語言文字確與其他分位假法有獨特的特殊異處。若謂就諸法自體而說名身，就自體上之差別義而說句身，此亦是分位義，但此分位義很浮泛，不甚切也。又文身即文字，是表了名身與句身之自性，是就名身句身而立，不是就色心諸法而立也。故至文字更遠于色心諸法，獨成一套工具，不可云就色心諸法之分位而假立也。假立自是假立，但卻是人的獨立造作，或依象形而造，如中國文字，或依聲音而造，如拼音文字，難說是依色心假立也。即如眼名與眼法，其關係密切，好像不能說異不異，但其實還是異。眼名只是個名，中文說眼，英文說（eye），其他語言文字各有其說法，與色心之分位有何關係？至于連名成句，亦有句法上的獨立意義。每句抒義，所抒之義不離色心等法，而語言之語句恐與色心之分位無關也。或謂離義無具體的語句，是則義與具體的語句混然一體，義與色心分位有關，具體的語句亦與色心分位有關也。此仍是「句身詮自體上種種差別義」之義。若就語言為一獨立的共同工具言，即不可說就色心之分位而假立。故在此說分位，意甚浮泛，與其他分位假法不同也。名身、句身、文身既有其自體性，我們即可從其所抒之義中提出來而說其為獨立的一套，亦可將其所抒之義從語言文字

中提出來而說此種種義之差別是就色心諸法之分位而假立。

　　語言文字可以表說一切，亦可以拘限一切，因而生著。依佛家教義，「五蘊皆空」。「因緣所生法，我說即是空，亦爲是假名，亦是中道義」。如是，一切說皆是假名說。到不可思議時，則「心行路絕，言語道斷」，即一切皆不可說，而語言文字亦即無所用。但有四悉檀因緣，亦可方便權說。終日說，終日不說，時時用語言，時時超越語言。「不壞假名而說諸法實相」，亦可不壞語言而說諸法實相。不隨語言生著，則亦不受其拘限。「實相一相，所謂無相」，則一切語言，一切假名法，皆當體即寂。空空，涅槃亦如幻如化，般若亦不可得，是則豈不是一切皆是假名說？進一步，豈不是一切皆是不相應的分位假法？此是通貫地究竟說。既一切皆是假名說，則不但時間與數目是假名說也。既是假名，則不能著實，此即是不相應。雖不相應，而可以方便權說。凡方便權說皆不是隨意地瞎說，必有所當之機，此即是分位，因而所說之法，種種差別，亦可以說是分位假立，不但此二十四不相應行法是分位假立也。例如名身詮諸法自體性。此自體性是依法之軌持義而說。如果依緣生義，則此自體性即不可得。如是，此「自體性」一名豈不是不相應而爲方便假立？法之自體性既如此，則句身所詮之自體上種種差別之義，如無常、苦、空、無我等，乃至各層次上之種種說，亦如此。如此，豈不是皆成不相應行法？若如此，則不相應行法太寬泛。通貫地究竟說，雖可如此，然非此處說不相應行法之專當義。如是，吾人須進一步考察，予以限制，不能隨語言文字之方便說，而籠統一切，皆名之爲不相應行法也。

　　於二十四個不相應行法中，十五「流轉」，十六「定異」，十

七「相應」，十八「勢速」，十九「次第」，此五個分位假法最為廣泛。於二十四個分位假法中，佛家原不列「因果」。但此五個分位假法皆就因果說。吾人是否可把這「因果」亦列為不相應的分位假法？似乎也可以。若把因果視為一個更根本的客觀法則，則流轉，定異，相應，勢速，次第，這五者，似乎可以說皆由「因果」而引申，亦可以說皆可反而謂述這因果關係之形式特性。這些概念當然亦是句身所詮之差別義。但此等差別義卻不能說是色法之謂詞（特性），亦不能說是心法之謂詞（特性）。依此而言，它們與色心法不相應。它們既不是心所有法，（心所），亦不是色所有法（色所）。它們是遍謂一切色心法的共同而虛的形式特性，不是材質的特性。這是獨成一虛層的形式概念（虛概念）。它們不是色法，不是心法，即不是存在的實法（實法從緣生說亦是假名，那是另一義，雖是假名，對這些虛概念言，仍說是存在的實法）。說它們是就色心上之分位而假立，這「分位」二字亦太廣泛。若一切皆是假名說，即皆是分位假立。嚴格言之，「分位假立」尚不能表示出此「不相應行法」之特性。「不相應」可有二義：一、與色心法不相應，不是色心等法之材質的謂詞，故不能說它們是色法或是心法。二、它們並無實體性，即並無一客觀的實有可為其相關者，它們並無所相應的實有。若一切皆假名說，即一切皆不相應。故嚴格言之，即「不相應」亦不能表示出此「不相應行法」之特性。假法自是假法，不相應亦自是「不相應」，這都是不錯的。但此等單提獨說的不相應行法，就適所列舉之五個說（加上因果，是六個），其本質的特性當該是形式概念，即，不能當作是色法或心法之「材質的謂詞」看之虛層的形式概念。至於此等形式概念中那個是根本

的，那個是引申的，在此不必管。只要知其是形式概念即可。

　　二十四個中，五「命根」，六「眾同分」，七「生」，八「老」，九「住」，十「無常」，此六個分位假法亦可與上為同類，皆是最寬的形式概念。「命根」是「住時分限」，「眾同分」是類名，亦可以是「同性」，而與「異性」為相對，皆形式概念也。生、老、住、無常，即是「成住壞空」之另一種說法。此是描述色心等法之為「行」的共同的形式特性，亦是描述有情眾生「從有到無」的共同的形式特性。此不是色心等法之材質的謂詞，亦不是眾生每一個體之材質的謂詞。「本無今有」曰生，「漸趨衰敗」曰老，「相續隨轉」曰住，「相續謝滅」（歸于虛無）曰無常。這一過程即是從存在到不存在，從實有到虛無之級度過程。依康德，這是實在、虛無、與限制等範疇之所決定者。依此而言，生、老、住、無常，這四者所表示的亦皆形式概念也。吾人且可於「命根」（住時分限）與「住」（相續隨轉的持續性）而說「常體」或「準常體」一概念，此即康德所說之「常體」一範疇，亦即羅素所說之「準常體」一設準。

　　二十四個中，二十三「和合」，二十四「不和合」，此兩個分位假法即是離、合兩形式概念，此亦不是色心等法之材質謂詞。

　　以上十三個（加上因果，是十四個）形式概念大體是屬於西方哲學中所謂範疇之類的東西，不過西方哲學中尚無以離、合為範疇者。但是須知康德所系統地建立的範疇表亦只是綱領而已，尚可以引申出許多個。多點少點，存此去彼，皆無關係。然大體皆必須是形式概念，是思想上的純粹概念，康德亦名曰先驗概念。形式概念而謂述存在的特性，是其最普遍而共同的形式特性。此雖亦是句身

所詮表之「義」，但卻有一特點，即形式概念是形式概念者虛意的義也。

　　二十四個中，二十曰「時」，二十一曰「方」，二十二曰「數」。此三者更為形式與普遍，即是說，更為空洞。它們甚至不是論謂存在物的普遍而形式的特性，即是說，它們不是義，即使是虛意的義也不是。因為它們不是法之自體上的差別。「數」只是標識「個」或「單位」，它既不能抒這個「個」或「單位」之自體性，亦不能抒其差別義。故更為空洞，亦即更為形式的。只要有個或單位處皆可說數，而個或單位則並不限於什麼的個或單位。「于諸行一一差別，假立為數」，此「一一差別」只是注意其一一個之差別，並不注意個之差別以外的其他差別。它當然不是論謂色心等法之差別義，甚至是普遍而形式的義即虛意的義也無所論謂，它是毫無內容的，不管是材質的內容或形式的內容，它只標識「個」。數是純思想上的建立。它可於一、多、綜中表示，但一多綜並不是「數」。依康德，一多綜是範疇。數學中也需要這些範疇，通過這些範疇而思考數，在這些範疇下而直覺地建立數。依是，數比範疇更為凸出。範疇是一般的形式概念，而數則是獨個的，此其所以為直覺的綜和，因而為直覺的建立（構造）也。數獨成一層，與存在法不同，就色心等存在法之分位而假立，於此言「分位」，亦甚浮泛，並無內容，其分位只是「個」而已。而「個」豈必限於色心等法耶？順著說，就「個」而假立，反過來，實在是標識「個」而已。

　　時，「謂於因果相續流轉，假立為時」，此亦是順著說而已，反過來，其實是時間表象「相續流轉」，「相續流轉」因時間之表

象之而可能。因時間之表象之，而以因果概念統思之，逐釐定出「因果相續流轉」之事實。依康德，因果是形式概念，而時間則是感性直覺攝取外物之形式條件。它當然是假立，就色心等法說，它甚至不是色心等法之義——虛意的義，它是表象色心等法的形式條件。它本身不是個概念，而是一個純粹直覺。因為它的原初表象是一個整一，不是由部分而構造成的。它之為整一先於它的部分，不是它的部分先於整一。它之為假立，是超越的想像所先驗地假立，假立之而為感性直覺攝取外物（亦就是表象外物）之形式條件，假立是如其為一整一而直覺地假立之。假立之以表象外物即是限定外物，限定之即是排列之於時間秩序中。時間是整一，因其表象外物而被界劃，界劃成時間單位，所謂時間之部分。因有時間之表象，吾人於色心等法始瞻前顧後，說其有過去，有現在，有未來。於法之已生或已滅說過去時，此即是以時間表象法之已生已滅，法可以過去，而時無所謂過去。就法之「已生未滅立現在時」，此亦是以時間表象當前之法，而謂其為現在，而時本身無所謂現在。就法之「未生立未來時」，此亦是以時間預表其未來可以出現。法可以有未來（即未出現而可以出現），而時間無所謂未來。法過去了，法當前現在著，法尚未來，這些是法上的事。這些法上的事是因時間之表象而可能。因此，法相續流轉，而時間無所謂流轉。吾人說時間有相續相，時間是一度，是一個流，那是因為它表象具體物，因具體物之生滅變化的流轉而倒映在它身上，逐說它是一個流，有相續性，實則它本身無所謂流，亦無所謂相續流轉或變化也。它是一個虛的，形式的有，它是一個虛架子。你可以說它根本是識心底一種執著，是識心底凝結作用而幻成的一個虛的形式的有。因著這個

形式的有，我們始有變化底意識，始能瞻前顧後，說法之過去未來與現在，始能把法表象於時間中而成為一具體的現象，因而始能明確地成為識心的一個現實的對象。設若我們根本無時間意識，則這些亦根本不能有。設若我們超越了時間，而拆穿這個形式的有，則諸法很可以是當體即如，根本就不能成為識心底一個對象，此如僧肇所說之物不遷。依是，色心等法之可以為生滅變化的現象，有過去未來現在的區別，而可以成為一個對象，根本是由於識心底執著，由于時間之為一形式的有。時間是識心上的虛有。識心、時間、對象，這是在識心層上相關而起的。

時間如此，空間亦如此，不須別論。

二十四個中，二曰無想定，三曰滅盡定，四曰無想天。此三者亦列入「不相應行」中，顯得不倫不類。此將一方面不足以顯單提二十四為不相應行法之獨特性。一方面若順此三者亦為不相應行法想下去，則不相應行法將無窮無盡，此則太寬泛，喪失列舉二十四個為不相應行法之意義。此三者是就修行工夫說的心之狀態而為描述的抒義語，當然是假名，但與名身、句身、文身之為語言文字不同，亦與時方數之為獨成一層之「形式的有」不同，亦與流轉、定異、相應、勢速、次第，以及命根、眾同分、生、老、住、無常，乃至和合、不和合等之可以概括于「形式概念」下亦不同。它們是隨心之狀態而假立，並無獨立的意義，亦不能成為知識之條件。如此名之，只為言說方便，不名亦可，而「定」與「定之果」之事實仍自若。定與定之果，其為心之狀態當然與心所法之為心象不同，亦與色所法之為物象不同，其為狀態似乎是「態勢」（modal）義之狀態。依此而言，它們亦與色心法不相應，不能說它們與色心法

有何異不異性。只能說它們是就色心等法分位假立。但若如此，則在一般說的工夫過程中，無論色法心法皆有各種不同的分際可說，猶不只這三者之就外道與小乘說而已也。即大乘之修行上的各種位次亦皆可說是不相應的分位假法。空三昧，無相三昧，無作三昧，乃至四禪、四無量心、四無色定、八背捨、八勝處、九次第定、十一切處，亦皆可視為不相應行法也，何以獨不列舉？廣之，四念處、四正勤、四如意足、五根、五力、七覺分、八聖道分，這三十七「趣涅槃道」之道品，乃至六波羅蜜之道品，何以獨非「不相應行法」耶？如此氾濫，將無嚴格原則足以限之。再廣之，就存在的實法說，五蘊皆空，「因緣所生法，我說即是空，亦為是假名，亦是中道義」，則一切心心所法，色色所法，皆空無實，即皆不相應的分位假法也。色不可得，受想行識亦不可得。不可得即不相應，而且根本無所相應。不相應、無所相應、即是假名。此是因空而為不相應。復次，「空」是就緣起無性而為一個負面的謂述語，即負面的抒義語。「空」不是一個實體字，即不能實體化而為一個正面的實有。它不是描述的抒義語，而是說明上的抒義語。自其非實體字言，它亦同樣是虛意的義，但卻不是一個形式概念之為形式的有。說它是一個道理，如說「空理」（空性，以空為性），亦不是客觀存有的實有之理，如儒者之所說。是以對于「空」亦不能實體化。實體化之，即是執著。是以龍樹《中論》說：「若復見有空，諸佛所不化」。而《大智度論》十八空中復有「空空」一詞語。說這些詞語就是為的預防空之實體化。依此而言，空亦是抒義的假名而已。無常、苦、空、無我，連在一起，皆是抒義的假名，豈不亦是不相應的分位假法乎？（分位是就「無自性」這個分位說）。色

空，受想行識空，可是空旣不與色法相應，亦不與心法相應，而且亦無一作爲實有之空爲其所相應者，如是何以不名空爲「不相應行法」？所謂「涅槃亦如幻如化」，亦如此論。依是，徒「不相應」與「分位假立」實不足以標識出單提二十四法爲不相應行法之獨特性。吾人必須步步撤退，首先，從存在的實法因性空而爲假名法，此等假名法不能名爲不相應行法，撤退起，空空，涅槃亦如幻如化，此空與涅槃亦不能名爲不相應行法；修行工夫上之三十七道品以及六波羅蜜亦不能名爲不相應行法；修行過程中色心等法層層提升之各種分際各種狀態（態勢）之描述詞語亦不能名爲不相應行法；如是，此無想定、滅盡定、無想天三者亦同樣不能名爲不相應行法。

最後，二十四個中第一個曰「得」（獲、成就），第十四個曰「異生性」，此兩者實是隨意列入。若如此，我們可隨便找一個名詞列入不相應行法中，而且多得很，全無定準。依此，益知「不相應」與「分位假」兩詞太寬泛也。《顯揚聖教論》本已說「復有諸餘如是種類差別，應知」。二十四只是略示其概，未能遍舉。然若遍舉起來，若無簡濫原則以限制之，如順得、異性性、以及無想定、滅盡定一類想下去，則將無窮無盡，此便喪失「不相應行法」一詞之義。

依是，吾人必須把名身、句身、文身（此爲一組），無想定、滅盡定、無想天（此爲一組），以及得與異生性，這八個剔除。如是，將只剩下流轉、定異、相應、勢速、次第、和合、不和合、命根、衆同分、生、老、住、無常，以及時、方、數，這十六個。如果吾人再代爲加上「因果」，則將爲十七個。這十七個保留下來，

可以保持不相應行法之獨特意義。其所以能保持其獨特意義，是以時、方、數，以及因果爲標準而能定住其他諸個之不顯明性。譬如生、老、住、無常，此四個本如生、老、病、死，或成、住、壞、空，意義相類，亦可視爲描述的抒義語，如是，便無獨立的意義，可以消融於相續流轉而可說可不說，亦與「得」及「異生性」差不多，並無多大的意義與顯著的作用。但若以因果、命根、衆同分來定住，則生、老、住、無常（取相續謝滅義）可以槪括在從實在到虛無（空等於零）之級度中，依此，可以槪括在持續體（準常體）以及實在、虛無，與限制這些形式概念下，而可以視爲是這些形式概念之較具體的表示，實亦指點著這些形式概念，如是便可以形式概念視之（其實義亦實指此）。如是，它們之被列入不相應行中，便有其獨特的意義與作用，不是普通的描述抒義語可有可無也。推之，流轉、勢速、次第這三者亦然，即可以因果與準常體定住之，而視爲形式概念也。因爲它們顯然都不是色心等法之材質的謂詞也。旣定住已，那些是根本的，那些是引伸的，以及多點少點，或存此去彼，皆無關係。如是，我們便可說，時、方、數，爲識心上所假立獨成一層而有其虛層的自體義的形式的有，而其餘十三個則可視爲識心上所假立的形式概念而可以形式地論謂存在法之普遍的形式特性者。這樣說，便可以保持不相應行法之獨特性，其作用即在其爲識心底認知之形式條件，即爲知識以及知識之對象之認知的可能之條件。我們將隨康德，說時空爲感性直覺攝取外物之形式條件，說其餘形式概念爲知性統思直覺所攝取之現象這統思上的純粹概念即範疇，亦就是「形式地辨物」之概念。數學與邏輯亦是識心上所建立之獨成一層的形式學問而爲辨物時所必須遵守者。此而旣

明，則吾人即可進而說明佛家何以以「思」說行蘊，並何以把這十六個（加上因果十七個）列爲不相應行法，以及其與「思」之關係究如何。

我們本已說諸行無常，行字概括極廣，行是遷流義，相狀義，一切色心等法俱可說是行。但就五蘊說，色、受、想、識既分出去，別立爲蘊，則行亦爲一蘊，即受限制，即是說，一、它不括色法，二、它專屬於心法，而又不包括受想識。受此兩層限制的行蘊，其主要特徵是什麼呢？它又包括些什麼呢？關於第一問題，法相唯識系的論典以「思」說行蘊。行者思之別名。思與受想同，俱是心所法之一。《成唯識論》云：「思、謂令心造作爲性，於善品等役心爲業」。此言思之自性只是「造作」，它的業用即是於善惡等境驅役心及餘心所同起善惡等之表現。故以其造作之性即有役使心之業用。是則思業即是「身語意」三業之意業。意即意識所發之意念，思之造作即含於其中。思即是思慮、思維、思想之思，而取其具體的意義，亦即心理學的意義，故亦名行，亦名業，而爲心所法之一。正因其是心理學意義的思，所以佛教中又有見惑思惑之分。思惑即煩惱，亦曰修惑。修惑思惑俱對見惑而言。以其本性是造作，故必引起煩惱。思本身爲一心所，而由其造作之性役使心及餘心所同起善惡等之表現，亦即使心及餘心所同爲造作。是則一說思，便概括其餘心所，而爲一蘊，色受想識既分出去別自爲蘊，故即以受限之「行」名此思蘊，而其本性即以思之造作解說之也。是則行蘊即思蘊。行蘊是廣名之受限，思蘊是直指其內容。

關於第二問題，思既是一蘊，它不只是它本身之爲一心所法，它亦包括由其造作所引起之一切其他心所法（除受想外）以及屬於

思而卻不是心所之不相應行法。思蘊所包括之心所共爲五十一心所，分爲六類，亦稱六位：

㈠徧行類有五：觸、作意、受、想、思。此五數〔心所亦稱心數〕徧一切識，徧一切時，徧一切性〔善惡無記三性〕。

㈡別境類有五：欲、勝解、念、三摩地、慧。此五數非如徧行類一切時恆有，乃別別緣某種境界而起，故名別境。

㈢善心所類，此有十一：信、慚、愧、無貪、無瞋、無癡、勤、輕安、不放逸、捨、不害。此十一數性離愆穢，于自于他俱順益故，故名爲善。

㈣煩惱類有六：貪、瞋、癡、慢、疑、惡見〔包括我見、邊執見、邪見、見取、戒禁取〕。此六數、性是根本煩惱，煩是擾義，惱是亂義。擾亂有情，恆處生死，故名煩惱。

㈤隨煩惱類有二十：忿、恨、覆、惱、嫉、慳、誑、諂、害、憍、無慚、無愧、掉舉、惛沈、不信、懈怠、放逸、失念、散亂、不正知。此二十數隨他根本煩惱分位差別等流性故，故名隨煩惱。

㈥不定類有四：悔、眠、尋、伺。此四數由不同前五位心所，于善惡等，皆不定故，故名不定。

此五十一心所不詳解，只列舉于此。現在只說隸屬於思而卻不是心所者，此即不相應行法。思本身是一心所法，由思之造作而役使心所引起之五十一法亦是心所法。役使心亦即役使此五十一之心所。思及五十一心所皆與心相應，叶合爲一，一體而轉，爲心之所

有，故曰心所。此皆是具體的心象。但思之造作亦可形構成一些其自身非心非色，而有獨立意義，獨成一虛層之形式的是，此如時、方、數，以及其他形式概念是。此等虛層之形式的有乃由思之造作而假立，既假立已，它們即凸出而自有，既不是色，亦不是心，亦不是具體的心態，它們亦無「行」義，因為它們是形式的恆常而無所謂變不變故。只因它們是由于思之造作而成，故隸屬於思，而其本身並無所謂思，因得名曰「不相應行法」。此詞，若嚴格釋之，當該為「非色非心而隸屬于思之形式法」。此即便可維持住此詞之獨特性。

對應此等形式法，「思」這一心所法亦受一特殊的限定。其原初本是具體的心理學的意義，但對應數言，則成為純邏輯的理智思想，或純直覺的活動；對應時方言，則為純粹想像，或超越的想像，或純粹的直覺；對應其他形式概念言，則為純粹的辨解思想或純粹的辨解知性。凡此，皆是根據康德的哲學而說。在佛教，雖然列舉出這些形式法，然而不甚能正視其本性與作用，故列舉得太氾濫而隨意，即「非形式法」者亦列舉在內。此因為佛教是泛心理主義，重在說煩惱，說解脫，而不重在說知識。吾人今日于其所說之「不相應行法」而欲保持並極成此類法之獨特性，故提出來正視其為形式法之意義，目的即在說明知識也。如是，將「不相應行法」只限于「形式法」，而其他則排除，「不相應行法」可不濫，而識心之知識義亦可以得而明。

這樣正視形式法而明識心之知識義，于佛教並無妨礙，而且到從五蘊講唯識時，更足以補充並極成識心之執著，以及轉識成智後，識心智心對顯，雙方之豐富的鮮明性以及對顯之顯著性。佛教

因為是泛心理主義，所以特重識心之執著義，染汙義，以及變現義，所謂唯識所變，境不離識。我們現在從這籠罩的心理主義中，凸出這識心之知識義，暫時忘掉那泛心理主義的顏色，客觀地看知識之所由成以及知識對象之何所是，反省地明知識所由成之形式條件以及知識對象之所以如此「是」之形式條件，如此，便可說明了那些假立的「不相應行法」，即「非色非心而隸屬于思的形式法」之特性與作用。看它們的特性（思心造作的形式條件）及作用（成知識以及規定知識之對象）已，再消融于那泛心理主義之顏色中，益見識心之執著，即使原是客觀地無顏色地看知識，而知識之所以如此結果還是識心之執著。如此，便無礙于佛教原初之基本方向，而補上這一層，更足以充實並鮮明了那原初的方向。及至轉識成智，則識心轉，識心所造作的形式法被拆穿，而識心所對之對象法以及此對象法之對象義亦被拆穿，而對象即不復成其為對象，如是則般若智之鮮明的意義亦充分地被朗現而亦可以通過一理路而真切地被理解——實相般若非虛言也。（知識是無顏色的，套在佛家或儒家，或道家，皆可，亦皆可得其充實義以及對翻之鮮明義。此一層本是東方智慧中之所缺，西方哲學中之所長。如此補充，亦可得一中西文化協合之道路）。

　　此義既明，再回來看龍樹之辯破，則可以去除其詭辯，而暢通其實義，于其實義並無損益也。以下看其如何辯破時間。

乙、龍樹之辯破

　　印度勝論外道立實、德、業、有、同異、和合、六句，說明一切現象。「實」句中有地、水、火、風、空、時、方、我、意、九

種實。時與方亦各爲一存在的實有物。時是「彼此俱不俱遲速能詮
之因」，方是「東南等能詮之因」。「俱」是同時共在，「不俱」
是相續，「遲」是緩慢，佔時間長，「速」是快疾，佔時間短。
「彼此」當該是指各物說。各物之俱不俱，遲或速，俱須用時間來
表象。「詮」是詮表，即表象義。時間之詮表是形式的詮表，並不
能接觸到物之內容，故不是概念論謂的詮表，故此詮表即表象義。
時間是對于「俱不俱遲或速」能詮之因，時間是能表象，俱不俱等
是所表象。時間是能表象俱不俱等之「因」，此「因」當該是憑依
因，即依據義。時間自身是存在的實有物，這是順實句只這樣籠統
地說，其實它與地、水、風、火、我等之爲實不同。此種「實」當
該是形式的實，故其爲有，亦只是形式的有。（實、德、業、同是
有，故有句之有只是一個抽象的大共名）。以此形式的有去表象諸
物之俱不俱，遲或速，則俱不俱遲或速即是物上之時間相。嚴格
說，時間只有兩個模式（相）：同時共在之同時與異時相續之相
續。遲速以時間去表象，轉化爲長短，始是時間相，而時間之長短
即含在相續中。方是東南等能詮之因，亦同此解。勝論師視時間空
間爲實有的存在物，似亦如牛頓之視時間空間爲兩個絕對的客觀自
存的實有。

　　當時復有時論外道，他們有《時經》。《時經》中有偈說：

　　　　時來眾生熟，時至則催促。
　　　　時能覺悟人，是故時爲因。

他們主張「一切天地好醜皆以時爲因」。我們亦常說：是時候不

到，若時候到了，如何如何。好像以時間為主，它能成熟、催促、或覺悟人似的。因此，便說「時為因」。此因似是「生因」。實則這種漫畫式的表示，並不能落實而概念地說時為「生因」。

是故「更有人說：雖天地好醜一切物非時所作，然時是不變，因是實有。時法細故，不可見，不可知。以華果等果故，可知有時。往年近年，久近遲疾，見此相，雖不見時，可知有時。何以故？見果知有因故。以是故，有時法。時法不壞故常」。據此，時間是一常有，但不是萬物之生因（非時所作）。時間不可見，因此，其為常有當該只是一形式的有。這是因著因果而推知的。華果等果不是憑空忽然而來的。它們有一歷史的前迹。順此歷史的線索拉長，果有前因，則亦必有一整一的時間隨此拉長而與之俱赴，因此，時間是實有。拉長的因果法中之實物有生滅變化，因此而有歷史的前迹，但時間本身卻無所謂生滅變化，因此而說「時法不壞故常」。這顯然表示出時間是一個整一的形式的有。它隨著歷史前迹而俱赴，實只是以其整一之形式的有而去表象之，其本身實無所謂「赴」也。時論外道很可能與勝論為同一看法。他們只知道時間為一形式的實有，而卻不知道它是思心造作之假立，因此，遂為一客觀自存的有。形式的有不誤，常亦不誤，而視為客觀自存的有，則誤。故康德必須扭轉牛頓的時空觀、而視為吾人感性直覺之先驗形式，然其自身為一整一的形式的有，為一無限的既成量，為一純直覺而非概念，則仍自若。龍樹要破它，只須拆穿其為客觀自存的實有即可。然而他卻把時間與實物之生滅變化攪混在一起，纏夾著說，遂形成詭辨之相，而總不順適。

龍樹答辯外道執時為客觀實有說：

> 如泥丸是現在時，土塵是過時，瓶是未來時。時相常故，過
> 去時不作未來時。汝經書法，時是一物。以是故，過去世不
> 作未來世，亦不作現在世。離過故，過去世中亦無未來世。
> 以是故，無未來世。現在世亦如是。

案：此答辯有兩點：一、時相常故，三世互不相作；二、三世互不
相雜。既不能相作，又不能相雜，自無時相可言，是則便成時相之
否定，即，若執時相常而實，便成時相之自我否定，即自相矛盾而
說不通。但此種反駁恐不足以服人之心。此中有許多分際可說。如
果不視時間為一客觀自存的實有，但只視為由內心之執而建構成的
一個整一的形式的有，為一無限的既成量，為一純直覺而非概念，
如康德之所說，則此時間自身自然是常，實物變，而時間不變。過
去、現在、未來三相乃由實物之變化而刻畫出，或由以時間表象實
物之變化而示出，而時間本身實無所謂過去未來現在也。「常」是
就時間本身說，不就過去未來現在說。過去相既以時間表象實物之
變化而示現出或刻畫出，則時間底過去相吸於時間，還仍是時間；
既是時間，則此時間底過去相自不能作成未來世，亦不能作成現在
世，現在世未來世亦復如此。時間是形式的有，其三相如何能相
作？三相是由以時間表象實物之變化而示現，根本不能說它們相作
也。雖不相作，而時間仍是有。此有，就其本身說，自是形式的
有。說實了，只是內心之執。只要一有內心之執（識之執），便有
此形式的有之常。一有此形式的有之常，便可以之表象實物之變
化。只要說明它不是一個客觀自存的實有即可。不必以「不相作」
來反駁也。既不能說相作不相作，自亦不能說相雜不相雜。三相當

然不能相雜。「雜」是一種「過」。若過去世雜有未來世或現在
世，則過去不復為過去，乃成自相矛盾，故是「過」也。雖不相
雜，仍可因以時間表象實物之變化而說三相。三相不是因過去世之
含有未來與現在，未來世之含有過去與現在，現在世之含有過去與
未來，而有也。亦不因它們之互不含有而無也。若以互不相雜來辯
駁，則只是詭辯，不成理路。其為詭辯同於以「不相作」來辯駁。
龍樹對於這些分際不先予以解說，而直接以「不相作」與「不相
雜」來詭辯，未見順適。時間自是一種執着。只因這一執，始能表
象實物之變化，亦因而始有三相可說。若無此執，則無變化可說，
亦無所謂三相。故時間只是假名。此結論自可成立。

　　龍樹設對方之答辯曰：

　　　問曰：汝受過去土塵時，若有過去時，必應有未來時。以是
　　　　　　故，實有時法。

案：此種設想對方之答辯並沒有說出什麼。若對方真答辯，必不如
此說也。

　　龍樹答以上之設問曰：

　　　答曰：汝不聞我先說未來世瓶，過去世土塵，未來世不作過
　　　　　　去世？墮未來世相中，是未來世相時，云何名過去
　　　　　　世？以是故，過去時亦無。

案：此仍是以「不相作」來辯駁。過去世不作未來世，未來世亦不

作過去世。旣不相作，即無有過去未來時。時相只是假名。此結論不誤，而駁辯不如理。

龍樹再設問答曰：

> 問曰：何以無時？必應有時。現在有現在相，過去有過去相，未來有未來相。
>
> 答曰：若令一切三世時有自相，應盡是現在世，無過去未來時。若今有未來，不名未來，應當名爲現在。以是故，是語不然。

案：此亦詭辯。說三世皆有自相，是以形式的有之時間表象實物之變化，（如由土塵而泥丸而瓶），而刻畫出，而時自身並不變。時自身不變是常，而刻畫出之過去時只好名曰過去時，（嚴格言之，當爲物之流過去時的時），未來時只好名曰未來時，（嚴格言之，當爲物之要來而未來時的時），現在時只好名曰現在時，（嚴格言之，當爲物之現住時的時），不能以時常故，過去時未來時即成現在時也。若如此，則成名言混亂，咎不在彼。時間旣常而不變，三相乃由以時間表象實物之變化而示現，則過去時不能有變過去之活動，未來時不能有要來而未來之趨勢，現在時不能有現在這兒之在。變過去，要來而未來，現在這兒，是描述實物語，不可以用來說時。時間三相即就實物變化之狀態而以時間表象之而示現出或刻畫出，焉能以說實物者復以之說時間耶？故時間三相旣不可因著常便謂三世皆是現在世，亦不可因著實物之變化而謂時亦變化也。

龍樹復設問答曰：

問曰：過去時，未來時，非現在相中行。過去時過去世中
　　　行，未來世未來時中行。以是故，各各法相有時。

答曰：若過去復過去，則破過去相。若過去不過去，則無過
　　　去相，何以故？自相捨故。未來世亦如是。以是故，
　　　時無實，云何能生天地好醜及華果等諸物？

案：此答亦詭辯，不如理。時間三相乃由以時間表象實物之變化而
示現，「過去時過去世中行」，不表示「過去時」亦過去也。「未
來世未來時中行」，亦不表示「未來時」要來而未來，如實物者
然。是故若以「若過去復過去」云云，「若過去不過去」云云，來
辯難，乃是時與實物混也。是故此兩難之辯駁乃不成立者。

　　執時為實有者，大都是漫畫式地說，只要拆穿其客觀自存的實
有即可。說實了，如不是一個客觀自存的實有，便只是一個由內心
之執而成的形式的有。由此說常，以之表象實物之變化，說三相，
皆可。只要明其為內心之執，便可知其是假名無實，不必以不相
作，不相雜，三相皆現在時，過去復過去等來詭辯也。龍樹常喜用
兩難的詭辯來直接搏鬥，故服人之口，不足以服人之心。人一看，
只覺一團攪混，鮮有能沈著疏通以解其紛者。即有疏解者，亦只是
順其辭語重說一遍，于豁順人心無所助益也。

　　龍樹經過以上之詭辯，作結論云：

如是等種種，除邪見故，不說迦羅時，說三摩耶。見陰界入
生滅，假名為時，無別時。所謂方時，離合，一異，長短
等，名字出。凡人心著，謂是實有法。以是故，除棄世界

〔世間〕名字語言法。

案：此結論可成立也。「所謂方時、離合、一異、長短等，名字出」，即皆不相應行法之分位假立也。

　　以上是疏通《大智度論》中之論時。《中論・觀時品第十九》亦破時間相，其破亦是詭辯也。如下：

> 若因過去時，有未來現在，未來及現在，應在過去時。
> 若過去時中，無未來現在，未來現在時，云何因過去？
> 不因過去時，則無未來時，亦無現在時。是故無二時。
> 以如是義故，則知餘二時。上中下一異，是等法皆無。

案：此四頌是破時論外道與勝論師之執時間為客觀自存的實有。吾人現在仍如前疏通。設不以時間為客觀自存的實有，只認其為主觀的形式的有，此亦是實有，而且亦是常。設以此為準，看龍樹之辯破。龍樹以為若執時間為實有，為常，則可以兩難破，即，時間底三相是相因而有呢？還是不相因而有？若是相因而有，則有難：譬如就過去時說，「若因過去時有未來現在，未來及現在，應在過去時。若過去時中無未來現在，未來現在時，云何因過去」？彼以為若相因，具未來現在應在過去時中即有，此即《大智度論》中所謂相雜，雜是一種過。若不相雜，過去時中無未來現在，即不能說相因。是以一說相因，必有雜過。故相因亦不可能。相因即《大智度論》中所謂相作。相因既不可能，則看不相因。若不相因，則過去時不作未來時，亦不作現在時，「是故無二時」。既無未來現在二

時，則展轉不相作，亦無過去時。如此，如何能有時？如是，相因
不可能，不相因亦不可能。此即爲兩難也。

實則此兩難辯破根本不能成立。因爲時間是一恆常不變的形式
的有，我們以之表象物之變化，三相是由表象事物之變化而刻畫
出，其本身仍是時，仍是形式的有，根本不能說它們相作或不相
作。即使說相作，亦說不到相雜。旣是相作，何雜之有？即使說不
相作，亦仍然有時，何無時之爲難？我們普通說三時相關待而有，
實則只是就事物之生滅變化而有過去、未來、現在之描述。事物有
過去相、未來相、現在相，而時間並無此種活動相。以時間表象事
物之過去、未來、現在相，把屬于事物者粘著于時間自身，遂說有
物之過去時的時，未來時的時，與現在時的時。實則時只是一也。
如何能把它之因表象事物之過去相、未來相、現在相而示現出之假
名權說之三時，實物化，而說它們相作不相作？故知此種兩難之設
問根本上爲不如理也。

時間是由內心之執著而凸現出的一個形式的有。其本身旣是形
式的有，它自然是常，是一個整一。它本身亦無所謂「住」，亦無
所謂「去」。我們就事物之生滅變化，把時間表象爲一條直線，好
像是一條流，平常說爲時間流。其實時無所謂「流」，只是事物
之變化流倒映于整一之時間，遂使整一之時間成了一條直線流。其
實只是整一的形式的有也。我們以此整一的形式的有表象事物之生
滅變化，遂限制出種種時間段。而因此表象，事物之生滅變化才可
呈現于吾人之眼前，因而亦始有生滅來去因果一異等之可說。若知
時間只是內心之執所凸現的形式的有，則轉識成智，破此內心之
執，此形式的有即頓歸消失。如是，則事物之生滅變化者亦當體即

如。若再加上緣起性空，則當體即空如，此即證無生法忍。（光拆穿時間，不必即能至佛家之空如。因為道家儒家亦可說如，康德亦可說如，但不必是空如。然時間總可拆除。）實相一相，所謂無相。如是，則生滅來去因果一異等亦不可說。然就緣起性空，亦不妨假名說。此即「因緣所生法，我說即是空，亦為是假名，亦是中道義」一偈之所說。不但緣生法是假名，即因果一異等亦是假名也，方時、離合、一異、長短等亦皆是假名也。如此觀時間，則龍樹之名字出，假名說之時間觀與法相唯識宗之分位假法，乃至外道之執時間為實有為常，皆可相融而並不相衝突，只要聲明實有與常不是客觀自存的實有與常即可。（外道說時間只說是實有，是常，並未詳加檢討。說實了，不會是客觀自存的實有。即「客觀」一詞，若就形式的有說，亦未嘗不可說。形式的就函蘊著是客觀的，此尅就其本身說。然其起源卻只是主觀的內心之執，並不是一個外在的客觀的獨立自存體，在此即把「客觀」一詞排除）。不必直接搏鬥，用兩難推理強施辯駁也。因為假名說中總含有一個時間之觀念。時間之觀念基於時間之意識。時間之意識只是識心之執著。執著而凸現出，則只是一形式的有，說其是常亦是當然的。如此疏通，則順適多矣。何必作那些纏夾的詭辯？

以上是關於《中論・觀時品》破外道之疏導，此下〈觀時品〉復有兩頌破佛教內部小乘之「依法立時」：

　　時、住不可得，時、去亦叵得。時若不可得，云何說時相？
　　因物故有時，離物何有時？物尚無所有，何況當有時？

案：此兩頌，首頌是破依「法住」立時與依「法去」立時之說，次頌是破執物爲實有之說。

若依法立時，則首先可問：此時是依法之住而立，抑還是依法之不住而立？法即生滅流動的色心諸法，就一念說也可。法住或念住是表示一法或一念無論怎樣變動，分割到最後，總有最短的一瞬暫住。時間分割到瞬，亦如空間之可分割到點。這一瞬就是梵語所謂一刹那。刹那是最短的時間相，故由物之最短的一瞬暫住即可建立時間——瞬瞬相連即是時間。若瞬之單位不能成立，則時間亦無法得成。此由瞬之集成時，亦如由點之集成線（空間）。故必須實有刹那。最短的一刹那由物最短的暫住而顯。佛教內部小乘學者也許有主張物有暫住，故實有刹那。此種主張自不透徹，也許是一時權說，如普通說成住壞空，也許是思之不透，而認爲眞有暫住，實有刹那。如果認爲眞有暫住，則龍樹即可辯說吾人不能由法住建立時間。因爲若眞是住，則一住永住。就此住之當體說即無所謂時間。因爲時間必須就流動而顯示。若念念皆住，則全體是靜止不動，流動即不能說，因而亦無所謂時間。是以從法住不能建立時間。故云：「時、住不可得」，意言：時間，從法之住不可得之也。

由法住不可得時，然則由「法去」是否可得？法若不住而去，時亦不可得。因爲若去，則一去永去，無所連貫，自亦無時間可言。去而不去，能連續下來，始可說時。若眞是去了，則無時可說。是以「時、去亦叵得」，意言：時間，從法之去（不住）亦不可得之。是以無論從法之住或去，皆不可能得到時間。「時若不可得，云何說時相？」

　　這種住與不住底兩難辯破雖似可通，然不免太著實，如實之以罪之實，失卻疏通之意。如實而論，法無暫住，亦無去來。然從經驗上（從俗諦上）方便權說，亦可說住，亦可說來去，如說成住壞空，生滅流轉等。依法立時本是俗諦上的事，既不單是依住立時，亦不單是依來去立時，而是依住與來去底貫通而立時，猶如就生滅變化而立時，而所謂依住與來去底貫通而立時，亦不是就住與來去底貫通而抽出時來，時不是法之屬性而可以抽出來。住與來去是法之動靜態勢，而時不是它的態勢，故不可從客觀的法上抽象出來。所謂「依法立時」的「立」是主觀的假立，即是內心之執立。依法立時者究竟是否單依法住立時或單依法去立時，遂使龍樹有此兩難之辯破？如果不是如此，而只是依法之住與來去之貫通而立時，則此兩難之辯破便不相應，便是詭辯。所謂硬實之以罪也。如果依法立時者真認為法有暫住，實有剎那，由剎那以集時，則是錯誤。因為這是部分先于全體。殊不知當我們認剎那為時之單位時，我們早已有了時間之意識，實早已預設了時間之成立。故康德說時間底原初表象是一個整一，是純粹的直覺，不是概念，是全體先于部分，部分的時間是由于界劃而出現。我們以整一之時間表象事物之生滅變化，才可以說事物之住與來去。反而即由事物之住界畫出時間之現在相，由事物之來去界劃出時間之過去相與未來相。嚴格說，時本身只是一形式的有，實無所謂住，亦無所謂去來。住與去來是事物之態勢，由時間而表象，而時間之過現未則是其所表象之事物態勢倒映于其自身，因而亦即界劃出時間之過現未之三相，乃至界劃出最短暫之一瞬。這一切都是因著時間之假立而權說──時間本身是假立，當然是權說，即其所表象的事物之態勢亦因時間之表象而

可能，故亦是權說，在康德即說爲只是現象，不是「物之在其自己」（物自身，物如），而時間之三相乃至最短之一瞬乃只是由它之表象現象而界劃出，故亦只是假立權說。因此，並不是客觀物上實有最短之一瞬而可由之集成時間也。只要把這一點去掉，則依法立時亦未嘗不可說。這樣便可疏通順適，而不悖于假名說。若只是著實硬駁，（這裡的辯駁雖似可通，然不必是依法立時者之實意，別處的兩難辯駁則多是詭辯），固失疏通之意，而自家之假名說亦成虛浮、混含、而無來由者。若人一問如何是假名？假之所以爲假何在何由？爲何不假名爲任何別的，而單假名爲時？這樣便頓覺只是一「假名說」爲不夠。故在施用兩難法時，必先之以分解，可用則用，不可用則不用。不先之以分解，而空頭硬用兩難，在方法上是有缺陷的。當然，其宗旨自不誤。

　　第二頌，「因物故有時，離物何有時」？「離物」之離，若是絕對地說，則離開物，自無時可說。又，若肯定物有暫住，實有剎那，剎那是附著于物上的一個客觀特性，則離開物，自亦無時。但若依法立時，是依物之生住滅，由內心之執而假立時間，則及其由假立而爲一形式的有，它便有一虛層上的獨立的意義，如是，即使離開物，亦仍可有時。此恰如康德所說：「我們從不能把空間之不在表象給我們自己，雖然我們很能想它空無對象」。想空間可以無對象，即是想空間自身爲一形式的有，它有獨立的意義。「我們從不能把空間之不在表象給我們自己」，這句話可能有誤解，以爲空間永不能被拆除。若空間是假立，當然可以拆除，這樣，我們可以表象「空間之不在」。但康德說這句話不是此義。他是說我們在直覺外物時，或表象直覺所覺之現象時，「我們從不能把空間之不在

表象給我們自己」，這是有條件的，不是說空間永不能被拆除也。因此，他繼之即說：「因此，空間必然被視爲現象可能底條件，而不能被視爲是依靠于現象的一個決定。它是一先驗的表象，它必然地居于外部現象之下而爲其底據」（意即爲其可能之條件）。空間如此，時間亦如此。是則時空雖依物而假立，亦可以離物而有也。依物假立，不是說時空是物上的一個客觀屬性（即不是依靠于物的一個決定），乃是就物之生住滅而由內心之執主觀地假立成也。此種假立即通于康德之先驗說。假立之，即反而表象事物之生住滅而使現象爲可能（爲認知上的可能）。故康德說時空爲現象可能之條件，此義亦可適用于此。康德雖就知識說，不加以顏色說是內心之執著，然說穿了，其視時空爲「心之主觀建構」，實只是內心之執也。故康德之說，通其極而觀之，實通于佛家關此之所說。而且對于龍樹所說之「名字出」，「假名說」，乃至法相唯識宗所說之分位假法，可予以積極之疏導，以顯時空之積極的作用。此可以使吾人正視知識而予以積極的說明也。不只是一「假名說」即完，且甚之即使說爲分位假法，亦不夠也。

「物尙無所有，何況當有時」？此是進一步就緣起性空，般若智境，說物亦無所有，亦不可得。物且無所有，不可得，「何況當有時」？此從諸法實相說也。然「不壞假名，而說諸法實相」，則物亦可假名有，幻有，而時亦可名字出，假名說，只要不執實就可以了。但在此，須注意，物之不可得與假名有，是就緣起性空說，此是實層；而時是不相應行法，其爲名字出，假名說，是虛層。物可以緣起說，而時不可以緣起說，蓋時爲形式的有也。即使說時因物而假立，物亦因時爲其條件而可能，這亦是一種相因待的關係，

但這嚴格言之，實不可以緣起說。即使方便說爲緣起，亦與色心諸
法（具體現象）之爲緣起不同也。不可混漫。蓋時爲形式的有，它
不是由色心諸法爲緣而生起的一個具體現象，而其本身亦無具體的
勢用，故亦不能以彼爲緣，由之而生起其他具體現象也。諸行無
常，色心諸法是行，思亦是行，而時、空、數等並不是行，亦無所
謂無常。詞語不可混漫也。

　　《大智度論・卷第三十一》釋《經・初品》中十八空義第四十
八，釋「大空」云：

　　　　大空者，聲聞法中，法空爲大空。如《雜阿含・大空經》
　　　　說：「生因緣老死。若有人言是老死，是人老死，二俱邪
　　　　見。是人老死，則眾生空。是老死，是法空」。《摩訶衍
　　　　經》說：「十方、十方相空，是爲大空」。
　　　問曰：十方空何以名爲大空？
　　　答曰：東方無邊故，名爲大。亦一切處有故，名爲大。遍一
　　　　　　切色故，名爲大。常有故，名爲大。益世間故，名爲
　　　　　　大。令眾生不迷悶故，名爲大。如是大方，能破故，
　　　　　　名爲大空。餘空破因緣生法，作法，粗法，易破故，
　　　　　　不名爲大。是方非因緣生法，非作法，微細法，難破
　　　　　　故，名爲大空。
　　　問曰：若佛法中無方，三無爲，虛空、智緣盡、非智緣盡亦
　　　　　　所不攝，何以言有方亦是常，是無爲法，非因緣生
　　　　　　法，非作法，微細法？
　　　答曰：是「方」法，聲聞論議中無。摩訶衍法中，以世俗諦

故有，第一義中一切法不可得，何況方？如五眾和合，假名眾生。方亦如是。四大造色和合中，分別此間彼間等，假名爲方。日出處，則是東方。日沒處，則是西方。如是等，是方相。是方自然常有故，非因緣生；亦不先無今有，今有後無，故非作法；非現前知故，是微細法。

問曰：方若如是，云何可破？

答曰：汝不聞我先說：以世俗諦故有，第一義故破？以俗諦有故，不墮斷滅中。第一義破故，不墮常中。是名略說大空義。

問曰：第一義空亦能破無作法，無因緣法，細微法，何以不言大空？

答曰：前已得大名故，不名爲大。今第一義名雖異，義實爲大。出世間，以涅槃爲大，世間以方爲大。以是故，第一義空亦是大空。復次，破大邪見故，名爲大空。如行者以慈心緣東方一國土眾生，復緣一國土眾生，如是展轉緣時，若謂盡緣東方國土，則墮邊見，若謂未盡，則墮無邊見。生是二見故，即失慈心。若以「方空」破是東方，則滅有邊無邊見。若不以「方空」破東方者，則隨東方心。「隨心」不已，慈心則滅，邪心則生。譬如大海，潮時，至其常限，水則旋還。魚若不還，則漂在露地，有諸苦患。若魚有智，則隨水還，永得安隱。行者如是。若「隨心」不還，則漂在邪見。若「隨心」還，不失慈心。如是破大邪

見故，名爲「大空」。

案：此段解「大空」之文很有意義。「大空」即「空間」空，即破空間也。在此，龍樹視空間「非因緣生法，非作法，微細法」，「亦是常」，「一切處有故名爲大，遍一切色故名爲大，常有故名爲大」。「是方（空間）自然常有故，非因緣生。亦不先無今有，今有後無，故非作法。非現前知故，是微細法」。空間若如此，時間亦當如此。時間亦非因緣生法，非作法，微細法，亦是常有。常有自是形式的常有。時空俱是形式的常有，但同時亦俱是假名法，由內心之執而構成也。若如此，則以上關於時間之辯破顯然俱是詭辯。此處說空間是常，則外道說時間爲常，並非全錯，只須不視之爲客觀自存的常有即可，何須用不相作，不相雜，三相皆現在時，過去復過去等詭辯，來辯破？時間空間俱是由內心之執而形構成的一個形式的有，用之以表象現象。若知此義，則俗諦有，有其所以有，第一義諦破，有其所以破。若不知此義，只說名字出，假名說，則不知其所以有，亦不知其何以爲常也。復次，若知此義，則自不生大邪見，謂東方有邊或無邊。蓋只是內心之執之形式的有，用之以表象現象，並不是客觀自存的實有屬于物自身也。若視爲客觀自存的實有（常有），屬于物自身，則有邊無邊即成矛盾，此即康德所謂正反兩題之「背反」，此亦通于龍樹所說之邪見。邪見生，則隨心生。隨心生，則慈心失。若知時空是內心之執之形式的有，只表象現象，則時空始可破。隨心是執心，隨時空之執（執之以表象現象）而執也。慈心是不執之心。知時空爲內心之執，則破立自如，故不墮有邊無邊之邪見也。

　　《中論‧觀六種品第五》破地、水、火、風、空、識六種（即六界），主要專在破空間，其破純詭辯，不可取。讀者一看便知，不煩再檢。吾不知龍樹何以不隨《大智度論》此段大空文之思路而破空間乃至時間，而必以詭辯出之！

　　本章旨趣在順佛家不相應行法予以疏通，以開與西方康德哲學相會通之理境。詳見拙著《現象與物自身》。

第四章
《大涅槃經》之佛性義

引　言

　　《般若經》與空宗是就般若妙用說諸法實相，而《涅槃經》則是就涅槃法身說佛性。一般言之，小乘佛是灰斷佛，即化緣已盡，灰身入滅，只見無常，未見於常。因此，小乘無佛性常住之義。如前第二章所述，《中論》亦無佛性常住之義。彼所言之「佛性」是指執佛有自性者說。「自性」是一種執著。若執佛有自性，則佛便不是依因待緣修行而成。若先無此自性，則永不得成佛。若先有此自性，則亦不須因緣成。吾已明：破此種自性執不礙《涅槃經》之言佛性常住。蓋自性執與佛性義不同。但《中論》未有此簡別。此即示《中論》無後來之佛性義。此亦示《中論》除實相般若外，於教義方面復有特殊之限定相。即因此故，天台宗視之為通教──有限定的通教。而通教佛同於小乘佛，即亦是化緣已盡灰身入滅之灰斷佛。通教雖是大乘，但大乘之所以為大只因悲願大，兼濟眾生故。而此兼濟又只限於界內，未能透至界外，故終未能見法身常住，佛性常住。而《中論》亦實無「如來藏恆沙佛法佛性」一觀

念。佛之寂滅相雖不可以有無常斷想，但此只表示此寂滅境界之不可說，不可思議，此並無礙於言法身常住，佛性常住，亦無礙小乘佛與通教佛之爲灰斷佛。此即示言法身常住者，言「如來藏恆沙佛法佛性」者，爲「只是寂滅境界之不可說」以外之問題；而即使言法身常住，言恆沙佛法佛性，亦仍可言不可說不可說之寂滅境界也。

　　但《般若經》中，如前第一章第五節所言，亦有「一切法趣有常，是趣不過。何以故？常畢竟不可得，云何當有趣？一切法趣樂、淨、我，是趣不過。何以故？樂淨我畢竟不可得，云何當有趣非趣？」（《經・善知識品第五十二》）等語。可見《般若經》中已知有「常樂我淨」之說。惟它重在以般若融通之，重在表示其「畢竟不可得」。此義仍不礙於仍可言「常樂我淨」也。經中提到常樂我淨，此蓋即天台宗所謂「不共般若」，中有通別圓三教也。但《般若經》之精神不在教相之分解地建立，而只在隨已有者融通淘汰之。《般若經》中是否已有「如來藏恆沙佛法佛性」一觀念，不能明確決定。一般以爲此觀念是後期的大乘眞常經之所說。可是若依五時判教，則般若部是在第四時說，當然已知之。一是歷史問題，一是義理問題。五時判教是就義理說。若依「一切法趣常樂我淨」之語觀之，則《般若經》縱在歷史上早期出現，似乎已知「法身常住」之說。而「常樂我淨」正亦是《大涅槃經》所言者。今依義理說，《般若經》之性格重在蕩相遣執，《涅槃經》則重在言佛性。歷史事實問題不是這裡所注意的。

　　「佛性」觀念之提出是在說明兩問題：一是成佛之所以可能之問題，一是成佛依何形態而成佛方是究竟之問題。若如《中論》所

說，光只破除自性執之佛性，而只以因緣說明成佛之可能，此則太空泛而又無力。故必須就因緣義進而內在地說成佛所以可能之佛性，此則不可以自性執視。又，既因但自度而不度他為小乘，則大乘必須度他，成佛必須以一切眾生得度為條件（為內容）。此則有待於「悲願」一觀念。悲願大，始能不捨眾生。又，若悲願雖大，而只限界內，不能窮法之源，而透至於界外，則悲願之大，亦未能充其極。是以若充悲願之極，必須透至「如來藏恆沙佛法佛性」始可。是則成佛不只是籠統地不捨眾生，而且必須即九法界（六道眾生加聲聞緣覺菩薩為九法界）而成佛。即，成佛必須依圓滿之形態而成佛。圓滿形態的佛是以具備著九法界法而決定，即是十界互具為圓滿形態（九法界加佛法界為十法界）。此圓滿形態即決定「如來藏恆沙佛法佛性」一觀念。法身佛性是具備著恆河沙數的佛法而為法身佛性。此恆河沙數就是無量數。此無數量不是一個邏輯的籠統的無量，而是一個存有論的無量。此即示法身必須遍滿：遍於存有論的一切處，滿備著存有論的一切法。此一切處一切法，由于對於一切法有一根源的說明，是存有論地圓滿地決定了的一切法，不只是如「諸法實相」那樣，諸法之「諸」（法之存在）是停在不決定的狀態中。法身佛性既是這樣的遍滿，即因此遍滿而說常。此常不只是如性常，不只是真如理常，而且是遍滿常，此即是十法界法一體平鋪之常，「是法住法位，世間相常住」之常，此即常無常相，不是如上帝梵我那樣的常。依此遍滿常而說我，此我亦無我相。是以說「我」畢竟不可得亦可。此是大解脫，一切解脫，依此說樂說淨亦可。而樂無樂相，淨無淨相，說樂淨畢竟不可得亦可。此就是《涅槃經》說涅槃法身佛性常樂我淨之實義。依此，涅槃法

身是一個永恆無限遍滿的生命，現實的釋迦自然只是一種示現。涅
槃不涅槃（入滅不入滅）亦只是一種示現。

　　吾人依實相般若說無一法可得，此是法之無，亦即法之空靈
化。吾人依恆沙佛性，法身遍滿常，說法之存在，法之有。這兩面
並不衝突。這也是有，有其所以爲有，是因著佛性須具備恆沙佛
法，法身須遍滿常，故法有（存在）。無，亦有其所以爲無，是因
著實相般若，故法無，不可得。這與依緣起性空一義而說幻有與實
相無相之有者有其所以爲有，無者有其所以爲無，不同，雖然恆沙
佛法亦只是假名幻有。這後一說法只是實相般若一面之意義。現在
說法之存在則是就恆沙佛法佛性說，于實相般若一面外須加法身遍
滿常一面。故法之存在是存有論的問題。恆沙佛法是因著法身遍滿
常而存在，這是法身所即而具之的。這也是實踐的存有論，非知解
的存有論也。

　　因爲佛性須具備著恆沙佛法，法身須遍滿常，這樣才是圓實
佛，所以對于恆沙佛法須有一根源的說明。這樣的說明亦曰存有論
的說明，即對于流轉還滅兩面的恆沙佛法須有一存有論的圓滿決
定。由于這種決定底緣故，所以才有教乘方面的系統多端，以及圓
不圓底問題。原則地言之，若依分解之路前進，便是可諍法，因而
是權教，非圓實教。而分解復有經驗的分解與超越的分解兩路，故
權教中亦有兩態，此即阿賴耶系統與如來藏眞心系統。若依「詭譎
的即具」之路前進，則是無諍法，因而系統無系統相，故爲圓實
教。故這存有論的決定必待至相應《法華》開權顯實發迹顯本而開
出的天臺圓敎始眞達至圓滿的決定。而達至此存有論的圓滿決定始
眞證成了那恆沙佛法佛性以及法身之遍滿常。此即是說，詭譎的即

具之路是由開決了那分解之路而成者，故不與分解之路爲同一層次，因此，圓實教只有一，無二無三。

以上是《大涅槃經》言佛性義之綱領。此下略言史實。

《大涅槃經》共四十卷，爲南北朝時代北涼天竺沙門曇無讖所譯。此前只有六卷《泥洹經》。此六卷本中無一切衆生皆有佛性，皆可成佛，一闡提亦有佛性亦可成佛之明文。但當時竺道生孤明先發，即聲言一切衆生皆可成佛，一闡提亦可成佛。此義說出，輿論譁然，斥之爲妄，于經無據，並將道生「顯于衆」（類似公審）而擯之。道生甚憤，即作誓言：「若我所說反于經義者，請于現身即表癩疾。若于實相不相違背者，願捨壽之時據獅子座。」言竟，拂衣而去。後大經全部譯出，傳至南京，果稱一闡提亦有佛性，亦可成佛。如是，道生聲名大噪，號爲《涅槃》之聖。《續僧傳》載僧旻之言曰：「宋世貴道生，頓悟以通經」，即通此《大涅槃經》也。關于竺道生之事蹟以及其思想，湯用彤先生《佛教史》言之甚詳，讀者可參看。

《涅槃經》至南京後，南朝涅槃學遂盛。諸家鑽研相繼而起。至梁武帝時遂成《涅槃集注》七十二卷（即今存于大藏經中之《涅槃經集解》七十一卷）。《涅槃經》以「佛性」義爲中心，故當時對于佛性有種種說，實皆本于經文也。湯用彤先生《佛教史·第十七章》云：

> 吉藏《大乘玄論·卷三》出正因佛性十一家，其《涅槃遊意》說佛性本有始有共三家。元曉《涅槃宗要》出佛性體有六師。均正〔慧均僧正〕《大乘四論玄義·卷七》則言正因

佛性有本三家末十家之別。雖各有殊異，而大致相同。今以均正所傳爲母，而以吉藏元曉所言爲子，分附于均正各家之下：

均正本三家：

甲、道生法師：當有爲佛性體。

　　吉藏《玄論》之第八家：當果爲正因佛性。古舊諸師多用此義。

乙、曇無讖法師：本有中道眞如爲佛性體。

　　《玄論》于其所列之十一家外曰：「河西道朗法師與曇無讖法師共翻《涅槃經》，親承三藏作《涅槃義疏》，釋佛性義，正以中道爲佛性。」

丙、瑤法師：于上二說中間執得佛之理爲正因佛性。

　　吉藏《涅槃遊意》之第二解：新安瑤師以眾生有得佛之理爲正因佛性。

均正末十家：

㈠白馬寺愛法師：執生公義云：當果爲正因。

　　元曉《涅槃宗要》之第一師：當有佛果爲佛性體。此是白馬寺愛法師述生公義。

㈡靈根寺慧令僧正：執瑤師義云：一切眾生本有得佛之理爲正因佛性。

　　吉藏《大乘玄論》之第九家：以得佛之理爲正因佛性。此義，靈根僧正所用。

㈢靈味寶亮〔即小亮〕法師：眞俗共成，眾生眞如佛理爲正因體。

吉藏《大乘玄論》之第十家：以眞如〔原文「如」作諦〕爲佛性，此是和法師，小亮法師所用。

吉藏《涅槃遊意》之第一解爲靈味高高。高高即寶亮之訛。其說則係梁武帝之說。但據均正，謂亮與武帝之說本屬同氣，故《遊意》云然。

㈣梁武帝：眞神爲正因體。

吉藏《大乘玄論》之第六家：以眞神爲正因佛性。

元曉《涅槃宗要》之第四師：心神爲正因體，乃梁武蕭衍義。

吉義《涅槃遊意》以此爲靈味高高之說。高高乃寶亮之誤。

武帝說與小亮一氣，故《遊意》如此言。

㈤中寺法安〔即小安〕法師：心上有冥傳不朽之義爲正因體。

吉藏《大乘玄論》之第四家：以冥傳不朽爲正因佛性。

㈥光宅寺法雲：心有避苦求樂性義爲正因體。

吉藏《大乘玄論》之第五家：以避苦求樂爲正因佛性。此是光宅師一時所用。

〔均正云：光宅亦常用亮師義，云心有眞如性爲正體也。〕

㈦河西道朗法師及末有莊嚴寺僧旻與招提白琰公等：眾生爲正因體。

吉藏《大乘玄論》之第一家：以眾生爲正因佛性。〔未言爲何師之說。且謂道朗係以中道爲正因體。〕

元曉《涅槃宗要》之第二師：現有眾生爲正因體，是莊嚴寺旻法師義。

(八)定林寺僧柔，開善寺智藏：通則假實皆是正因，故〈迦葉品〉〔案：當爲〈師子吼品〉〕云：「不即六法，不離六法」；別則心識爲正因體。

吉藏《大乘玄論》之第二家：以六法爲正因佛性。故經云：「不即六法，不離六法。」〔即上之通〕。第三家以心爲正因佛性。〔即上之別〕。

(九)《地論》師：第八無沒識爲正因體。

吉藏《大乘玄論》之第七家：以阿黎耶識自性清淨心爲正因佛性。

均正又云：「《地論》師曰：分別而言之有三種：一是理性，二是體性，三是緣起性。隱時爲理性，顯時爲體性，用時爲緣起性。」

(十)《攝論》師：第九無垢識爲正因佛性。

均正云：「上兩師同以自性清淨心爲正因佛性。」

元曉《涅槃宗要》第六師：阿摩羅識眞如解性爲佛性體。

如經言：「佛性者名第一義空」。此眞諦三藏之義。

吉藏《大乘玄論》之第十一師：以第一義空爲正因佛性。此北地摩訶衍師所用。

附元曉《涅槃宗要》之第五師：言阿賴耶識法爾種子爲佛性體，謂爲「新師」等義。此當是唐代新法相宗師義也。

案：以上爲湯用彤先生所列。均正所說本三家末十家，除(九)(十)兩家

依唯識學說正因佛性外，其餘大體皆就《涅槃經》佛性義所說。如本三家中，道生主「當有」為佛性體。此就當有、本有、始有而說。當有、本有、始有不足以成爭論，亦不足以因之而分家。「當有」即是據佛果說因。將佛果轉為因地，即是本有。故當有即本有。「當有」者，未來當得之佛果也。即以此當有之佛果為佛性體（為佛性之自體）。「本有」者，此佛性體「本自有之，非適今也。」（《涅槃經》語）。「始有」者，此佛性體通過緣因了因而始顯現也。緣因了因亦經中原有，見下錄。是故當有、本有、始有是尅就因果隱顯而說。此亦如《起信論》之言本覺、不覺、始覺，究竟覺。

　　曇無讖主本有中道真如為佛性體，此據《涅槃經》以「中道第一義空」為佛性而言。此是經言佛性之正義，見下錄。曇無讖是此經之譯者，故直據經文正義而說佛性，非其本人特有一主張也。

　　至于瑤法師執「得佛之理」為佛性，此是形式地說。此「得佛之理」究如何規定？此可就「由當有之果而說的整佛性」而說為「得佛之理」。但據章安灌頂《涅槃經玄義》所述瑤師之義是以「眾生心神不斷」為得佛之理。此心神不斷大體是根據《涅槃經》之「真實常心」而說。此見于經言「佛性不即六法不離六法」處，見下錄。

　　末十家中，第一家愛法師執生公義，以當果為正因，此即同于道生說。第二家靈根寺慧令僧正（僧正是佛教內之職名）同于瑤法師以「得佛之理」為正因佛性。第三家靈味寶亮以「真如佛性」為正因體，此即同于曇無讖。但據章安《玄義》述小亮（寶亮）則為以「真神佛體」為佛性，此即同于瑤法師以「心神不斷」為得佛之

理。第四家梁武帝以眞神爲正因體，此亦同于寶亮與瑤法師。第五家中寺法安（即小安）以「心上有冥傳不朽之義爲正因體」，此亦同于「心神不斷」。是則瑤法師、慧令僧正、小亮、梁武、法安，其義一也。皆本于《涅槃經》之「眞實常心」而說。第六家光宅寺法雲主「心有避苦求樂性義爲正因體」，此則稍特別，蓋就解脫斷德而言，所謂緣因佛性也。其根據是經中所說之上中下三定，以上定爲佛性，以一切衆生具足初禪爲中定，以心數定爲下定，見下錄。第七家河西道朗法師等以衆生爲正因體，此亦出于《涅槃經》，此是指點地說，亦如經言十二因緣爲佛性。此非分解地正說。但道朗亦以中道爲正因體，此即同于曇無讖，此是分解地正說。蓋經中本有種種說也。第八家定林寺僧柔、開善寺智藏主：通則假實皆是正因，故《經·師子吼品》云「不即六法，不離六法」；別則心識爲正因體。此心識亦當就「眞實常心」而言。所謂「六法」者即指色受想行識五陰加上我而言。此六法皆有眞實一面與幻假一面，故云「通則假實皆是正因」，意即通而論之，假實皆是正因，蓋佛性不即六法，亦不離六法也。不即六法是言佛性非幻假的六法。不離六法是說佛性亦就是眞實的六法，如眞實常色，眞實之樂，眞實之想（無想想），眞實常壽（經言「行名壽命」），眞實常心，眞實常我（自在我）是也。凡此皆見下錄。

　　以上八家皆不出《涅槃經》範圍內。至于第九家《地論》師以第八無沒識爲正因體，此則超出《涅槃經》之範圍，此屬于唯識學。此所謂《地論》師是指相州南道派慧光系而言。南道派的《地論》師以第八阿黎耶識（亦稱無沒識）爲淨識，故吉藏《大乘玄論》以「阿黎耶識自性清淨心」說之。第十家《攝論》師以第九無

垢識（亦稱阿摩羅識）為正因佛性，亦屬于唯識學。此《攝論》師是指真諦三藏而言。《攝論》師與《攝論》（《攝大乘論》）不同。蓋真諦立第九識，又言自性清淨心，非無著《攝大乘論》本身所固有。此《攝論》師又與北道派的《地論》師相同。至于在均正所列此十家外，元曉《涅槃宗要》中之第五師以阿賴耶識法爾種子為佛性體，此乃玄奘所傳之唯識，亦是無著、世親、護法一系之思想。「法爾種子」即是菩薩無始已來所自然本有之淨種（無漏種）。無著《攝大乘論》中不承認有法爾淨種，只言新熏。後來護法又加上去。言與不言無關重要。此見後第二部第二章第三節。

　　章疏家所列舉各家之說，就其所稱述言，除曇無讖與河西道朗以中道真如為正因佛性外，其餘所說皆不甚諦當。《涅槃經》本有正因佛性，緣因佛性，了因佛性，這三因佛性之義。正因佛性是中道第一義空，緣因佛性是斷德，了因佛性是智德。正因佛性滿顯為法身，緣因佛性滿顯為解脫，了因佛性滿顯為般若。竺道生以當果為正因佛性，此說籠統，不恰合正因佛性之義。竺道生雖「孤明先發」，然究是初步，未能深入《涅槃經》之裡。其餘如「得佛之理」，「心神不斷」，「心上有冥傳不朽之義」，「心有避苦求樂性義」，此種辭語皆不甚切合，非嚴格的佛法家語，即使有當，亦當屬于緣因佛性，而彼等皆以此為正因。此即不切合經言正因佛性之義。凡此皆是過渡中的歷史陳迹，非方家之言，未可為憑。（世親《佛性論》亦不是以法爾種子為佛性體。）

　　經中本有種種說，而分際不同。會通經文而理解之，實即一整佛性，而又分解為三因佛性耳。而章疏家如均正列為本三家，末十家，吉藏列為十一家，好像可各自成一說，遂令人心意迷亂，此章

疏家執文摘句，好為紛陳之過也。此如宋明儒言格物，考據家曾統計為有數十種之多，遂令人想格物難解，且無定是。實則只兩系統耳。一則以伊川、朱子之說為代表，一則以陽明之說為代表。外此，皆隨意一說，並無實義，亦無法度。焉有如考據家之所誇張者耶？佛性義亦復如是，當依經文會通而確解之，不可隨章疏家之陳列而望文生義，致令迷失也。天臺宗智者大師規定為三因佛性，此確解也。章疏家何以不列？吉藏晚于天臺。均正、元曉俱唐時人，更晚。彼等列及《地論》師，《攝論》師，以及奘傳之唯識，何以獨不列天臺？此不可曉。吉藏是三論宗，或因此故而然耶？或因雖晚于天臺，而時代相差不遠，不及知耶？此不須詳究。總而言之，天臺宗師是《涅槃經》之方家。彼等所列者皆不及也。

此下錄《涅槃經》之種種說，會通而理解之，以見佛性義究如何。

第一節
《涅槃經》中關于佛性義之種種說

1.《經·卷第七如來性品第四之四》：

佛言：善男子！我者即是**如來藏義**。一切眾生悉有佛性，即是**我義**。如是我義，從本以來，常為無量煩惱所覆，是故眾生不能得見。善男子！如貧女人，舍內多有真金之藏。家人大小無有知者。時有異人，善知方便，語貧女人：我今雇汝，汝可為我耘除草穢。女即答言：我不能也。汝若能示我

子金藏，然後乃當速爲汝作。是人復言：我知方便，能示汝
子。女人答言：我家大小尚自不知，況汝能知？是人復言：
我今審能。女人答言：我亦欲見，並可示我。是人即于其家
掘出眞金之藏。女人見已，心生歡喜，生奇特想，宗仰是
人。

善男子！眾生佛性亦復如是，一切眾生不能得見。如彼寶
藏，貧女不知。善男子！我今普示一切眾生，所有佛性爲諸
煩惱之所覆蔽，如彼貧人有眞金藏，不能得見。如來今日普
示眾生**諸覺寶藏**，所謂佛性。而諸眾生見是事已，心生歡
喜，歸仰如來。善方便者即是如來。貧女人者即是一切無量
眾生。眞金藏者即是佛性也。

案：此下尙有種種喻，如力士額珠，雪山一味藥等。此種種喻喻解
「一切眾生悉有佛性」。而此佛性「即是我義」。此我是「眞
我」。「如來所說眞我名曰佛性」（《經·卷八》）。此眞我「即
是如來藏義」。此言如來藏不像《勝鬘經》及《起信論》那樣直言
爲「如來藏自性清淨心」，而是說爲「如來秘密之藏」。「佛性雄
猛，難可沮壞，是故無有能殺害者。若有殺者，則斷佛性。如是佛
性終不可斷。性若可斷，無有是處。如**我性**者即是**如來秘密之藏**。
如是秘藏，一切無能沮壞燒滅。雖不可壞，然不可見。若得成就阿
耨多羅三藐三菩提，爾乃證知。以是因緣無能殺者。」（《經·卷
七》）。「如來秘密之藏」，《經·卷第二壽命品第一之二》解說
爲解脫、般若、與法身三者合成。此三法如伊字∴三點，不縱不
橫，亦不別異，此爲圓伊，即大涅槃也。涅槃即是「安住秘密藏

中」。涅槃是果，亦曰涅槃法身。此涅槃法身亦是解脫，亦是般若。此三法合一之整法身即曰「真我」。顯名法身，隱名如來藏。安住秘密藏而入涅槃，則法身朗現，秘密藏亦朗現。而在佛自身亦無所謂秘密，秘密是對眾生不解而言。是以如來秘密之藏通隱顯兩義而言。顯即轉名為涅槃法身，此佛果也。隱則轉名為如來藏，則曰佛性。佛性是由那整一佛果法身置于因地而說。佛性與佛果其內容無二無別。就佛果而言佛性，則佛性之義首先是佛之性，猶言佛之性格，或佛之體段。此不是「佛所以成為佛」之性能之義。普通所理解之佛性是佛所以成為佛之性能之義。但《涅槃經》言「佛性」，其首先所表示者不是此義，乃是佛之性，佛之體段之義。儒家言性善是直接就道德實踐以言成聖所以可能之根據，不是就聖人之體段而言聖之性。但《涅槃經》卻首先就佛之體段而言佛之性。當其置于因地而言佛性，亦有是佛果之因義。既是因，亦有其為成佛之根據（種子）之義。但此整佛果（佛之體段）轉為因地而為佛性，其為佛果之因，成佛之根據，這只是籠統的形式的因果關係，即只就隱顯關係而說，尚不真能表示出佛所以成為佛之性能之義。只說隱名佛性，顯名佛果（法身），人若問如何能顯，想尋求此能顯之原因，則光此佛果之置于因地並不能表示出。而此能顯之原因才是因地佛性之切義。因地佛性要成其為所以成佛之根據或性能之義，則必須即在此因地之整一佛性中能發現出此能使之為顯之原因或性能。此須對于因地之整一佛性，即由佛果之整法身而說者，有進一步之分解。光將佛之體段置于因地而說為佛性，只說一隱顯，尚不足夠。

依是，佛性有兩義：㈠是**佛之體段**。一切眾生悉有佛性意即悉

有成為佛之體段之可能，不過為煩惱所覆，不顯而已。依此，一切眾生皆是一潛在的佛。從此潛在的佛說佛性，即曰如來藏。如來藏之藏有兩義：一是藏庫，一是潛藏。前者表示不空，如來法身是無量無漏功德聚。後者表示此不空之法身為煩惱所覆，隱而不顯。㈡是所以**能顯有此佛之體段之性能**，就此**能顯之性能**而言**佛性**。此佛性義是「所以成為佛」之性能或超越根據之義，不是佛之體段之義。

《涅槃經》說佛性首先是佛之體段義，此是正面說的。至于所以成為佛之性能之佛性義，則不甚顯豁。但並非無此線索。引至此第二種佛性之義之線索即是緣因了因。《涅槃經》以佛之體段義之佛性為**正因佛性**。但此正因佛性必須有緣因了因以顯之。但《涅槃經》卻並未把緣因了因視為二種因，乃是視了因即是緣因，即以了因為緣因，或以緣因為了因。它有時生因了因對言，有時正因緣因對言，有時正因了因對言，說的似乎顯得雜亂。試看以下之經文。

> 善男子！因有二種。一者生因，二者了因。能生法者是名生因。　能了物，故名了因。煩惱諸結是名生因。緣生父母是名了因。如穀子等，是名生因。地水糞等是名了因。復有生因，謂六波羅蜜阿耨多羅三藐三菩提。復有了因，謂佛性阿耨多羅三藐三菩提。復有了因，謂六波羅蜜佛性。復有生因，謂首楞嚴三昧阿耨多羅三藐三菩提。復有了因，謂八正道阿耨多羅三藐三菩提。復有生因，所謂信心六波羅蜜。（《經·卷二十八師子吼菩薩品第十一之二》）

案：生因了因本有一定之界定。「能生法者是名生因」，此界定不
錯。依此界定，則「煩惱諸結」以及穀種等都是「生因」。凡緣起
事之因果關係中的原因都是「生因」。四緣中的「因緣」亦是「生
因」。「燈能了物，故名了因。」此是以譬或事例作界定。燈光是
一事例。燈光之照物，破除黑暗，並不是物之生因，即，它並不能
生物，而只是照物，故為「了因」。依此界定，吾人可說般若智是
「了因」。但若說「地水糞等是名了因」，則難解。對穀種為「生
因」而言，則「地水糞等」只可說是「緣因」，即諸般扶助條件。
經言此等是「了因」，並不是嚴格的說法，蓋籠統地把了因視為緣
助，故以緣助比配了因也。至于此下于「六波羅蜜阿耨多羅三藐三
菩提」等等，說生因了因，則生因了因便互有出入，只彷彿有其義
耳。此則不必詳為分疏，但看取何義耳。

　　同卷同品又云：

　　　善男子！因有二種，一者正因，二者緣因。正因者，如乳生
　　酪。緣因者，如煖酵等。

案：此似是以生因為正因。但如果「正因」指佛性言，則「正因佛
性」並不生涅槃法身之果。是以「如乳生酪」只是譬況方便說耳。
正因佛性並不是「生因」也。「緣因者如煖酵等」，此只示以　氣
與酵母等為乳生酪之緣助條件也。此緣助條件，如用于正因佛性上
說，甚為廣泛，經中並無明確之限定，即並未規定為與了因不同之
另一種因性。是故同卷同品又云：

> 世尊！如佛所説有二因者，**正因緣因**，眾生佛性爲是何因？
> 善男子！眾生佛性亦二種因，一者正因，二者緣因。正因
> 者，謂**諸眾生**。緣因者，謂**六波羅蜜**。

案：「正因者謂諸眾生」，此是指點地説，言正因佛性不即眾生亦
不離眾生也。（見後文）。「緣因者謂六波羅蜜」，此是以六波羅
蜜爲助而可由之以顯正因佛性也。但六波羅蜜中，有般若，有禪
定，乃至其他。故以六波羅蜜爲緣因，此緣因並非爲與了因不同之
另一種因性。蓋了因亦是一緣助條件也。經便是這樣地以緣因籠罩
了因，而並未分爲兩種因性也。是故同卷同品又云：

> 師子吼菩薩言：世尊！一切眾生有佛性性，如乳中酪性。若
> 乳無酪性，云何佛説有二種因，一者正因，二者緣因。緣因
> 者，一酵，二煖。虛空無性，故無緣因。
> 佛言：善男子！若使乳中定有酪性者，何須緣因？
> 師子吼菩薩言：世尊！以有性故，故須緣因。何以故？欲明
> 見故。緣因者即是了因。世尊！譬如暗中先有諸物，爲欲見
> 故，以燈照了。若本無者，燈何所照？如土中有瓶，故須人
> 水輪繩杖等而爲了因。如尼拘陀子，須地糞而作了因。乳中
> 酵煖亦復如是須作了因。是故雖先有性，要假了因，然後得
> 見。以是義故，定知乳中先有酪性。

案：此雖是師子吼菩薩之言，然就我們現在之論點説，彼之所言亦
並不差，即「緣因者即是了因」。此是以了因爲緣助，以緣因籠罩

了因也。故以「人水輪繩杖等」，「地水糞等」，諸緣助比配了因，而以之為了因也。此與前文佛所說者同。此中佛似又啟發一新論點，即乳中是否定有酪性。若定有酪性，則何須緣？若定無酪性，則了何所了？何故又從乳中可得酪耶？此是定不定之問題。師子吼似未甚意識及。故下文展轉問答，糾纏不已。而最後仍是「二因，**正因緣因**。正因者，名為佛性。緣因者，發菩提心。以二因緣，得阿耨多羅三藐菩提，如石出金。」

據上，則知經文雖有正因，緣因，了因之名，然卻並未說為三因佛性，蓋其所謂緣因即了因也，或以了因為緣因，以緣因籠罩了因。然此種說法究嫌含混籠統，且有許多不恰當者。故天臺宗智者大師即順其名而分別地說為三因佛性，以與三德相對應：正因是中道第一義空（見下），與法身相應；緣因是斷德，與解脫相應；了因是智德，與般若相應。此則名義諦當，各就其主要之義而立名。說了因亦是緣，亦如四緣中說「因緣」亦是緣，然畢竟又分為四緣也。此種明確地規定為三因佛性，雖非經中所原有，然如此規定之，亦不悖于經義，且可使之更明晰也。

智者《觀音玄義・卷上》釋名章中釋了因緣因處有云：

> 了是顯發，緣是資助，資助于了，顯發法身。了者即是般若觀智，亦名慧行正道，智慧莊嚴。緣者即是解脫，行行助道，福德莊嚴。《大論》云：「一人能耘，一人能種」。種喻于緣，耘喻于了。通論，教教皆具緣了義。今正明圓教二種莊嚴之因，佛具二種莊嚴之果。原此因果根本即是性德緣了也。此之性德本自有之，非適今也。《大經》云：「一切

諸法本性自空，亦因菩薩修習空故，見諸法空。」即了因種子本自有之。又云：「一切眾生皆有初地味禪」。《思益》云：「一切眾生即滅盡定」。此即緣因種子本自有之。

據此，則凡《涅槃經》（簡稱《大經》）中言空慧言觀智以爲佛性者即了因佛性也，凡言禪定以爲佛性者即緣因佛性也。般若觀智照空假中，故是慧行正道，是智德。禪定斷煩惱，得解脫，故是斷德，亦稱福德，此是行行助道。「行行」與「慧行」相對而言。都是行，然而有實行的是慧，有實行的是定。「慧行」者屬于智慧行之行也，亦可曰智慧底實踐。「行行」者屬于禪定行之行也，亦可曰實踐底實踐。此兩種德其種子即緣因佛性與了因佛性。此兩種種子本自有之，故曰「性德緣了」。有此性德，始有修德。通過修行，性德了因滿，即爲般若；性德緣因滿，即爲解脫。此緣了二佛性不能外求，即在正因佛性中分析得之，因此而有三因佛性。正因佛性即是佛之體段轉爲因地，此是**客觀地說的佛性**。緣了二佛性是就客觀地說的整一的正因佛性而內部地分析出，此是**主觀地說的佛性**。正因佛性是客觀義的主體，緣了二佛性是主觀義的主體，此是眞正的主觀之所在，亦是普通所了解的佛性，即所以成佛之性能之佛性之所在。客觀義的佛性可曰「**法佛性**」，主觀義的佛性可曰「**覺佛性**」。（以了因爲主，以緣因爲助，從主而言，故曰覺佛性。）

上錄經文以「如來藏眞我」爲佛性，即客觀說的整一正因佛性也。此由四顛倒而說到。非苦而生苦想，苦而樂想，是名顛倒。無常常想，常無常想，是名顛倒。無我我想，我無我想，是名顛倒。

淨不淨想，不淨淨想，是名顛倒。涅槃法身常樂我淨，此比說無常
苦空無我不淨爲進一步，故以「眞我」爲佛性也。「眞我」無我
相，不可執也。只是一「法身」——法性身。法性不只是抽象地說
的那空如性，乃是即于萬法而爲法性。因此，當說「法身」時，萬
法便成了無量無作的清淨功能。法身者即是法性化了的法聚，即無
量功德聚也。佛已證得，即爲佛果。由佛果說佛性，即是佛之體段
也。由佛果轉爲因地而說佛性，此即正因佛性。一切衆生悉有佛
性，即有此正因佛性。此示一切衆生皆可達至佛之體段，不過爲煩
惱所覆，其正因佛性不顯而已。然不可謂其不潛存地具此佛之體段
也。是以在衆生即曰「**理性正因佛性**」，即只從一切法之法理（中
道實相理）上說的正因佛性也，此即天臺宗所謂「理即佛」，但有
其理而無其事之謂也。其所以能達至佛之體段即因其性德緣了能自
湧現，因而使正因佛性顯而爲法身也。緣了湧現而爲慧行與行行，
此即爲有緣了之事。緣了在理，未發心，未加行，**則性德緣了即吞
沒于正因佛性中**而不顯，因此，同名爲**正因**。正因者相應「如來藏
我」而客觀地形式地說的佛性也。故亦曰「法佛性」。就此法佛之
正因佛性而說佛性，則佛性即爲「**中道第一義空**」。此比以「如來
藏我」說佛性爲進一步，但仍是說的正因佛性也。惟比較具體而
已。

2.《經・卷第二十七師子吼菩薩品第十一之一》有云：

師子吼者名決定說。一切衆生悉有佛性。如來常住，無有變
易。……

師子吼菩薩摩訶薩白佛言：世尊！云何爲佛性？以何義故，

名爲佛性？何故復名常樂我淨？若一切眾生有佛性者，何故不見一切眾生所有佛性？十住菩薩住何等法不了了見？佛住何等法而了了見？十住菩薩以何等眼不了了見？佛以何眼而了了見？……

善男子！汝問云何爲佛性者，諦聽諦聽，吾當爲汝分別解說。善男子！佛性者名**第一義空**，第一義空名爲**智慧**。所言空者，不見空與不空。智者見空及與不空，常與無常，苦之與樂，我與無我。空者一切生死，不空者謂大涅槃。乃至無我者即是生死，我者謂大涅槃。見一切空，不見不空，不名中道。乃至見一切無我不見我者，不名中道。中道者名爲佛性。以是義故，佛性常恆，無有變易。無明覆故，令諸眾生不能得見。聲聞緣覺見一切空，不見不空，乃至見一切無我，不見于我。以是義故，不得第一義空故。不得第一義空故，不行中道。無中道故，不見佛性。

善男子！不見中道者凡有三種。一者定樂行，二者定苦行，三者苦樂行。定樂行者，所謂菩薩摩訶薩憐愍一切眾生故，雖復處在阿鼻地獄，如三禪樂。定苦行者，謂諸凡夫。苦樂行者，謂聲聞緣覺。聲聞緣覺行于苦樂，作中道想。以是義故，雖有佛性，而不能見。如汝所問，以何義故名佛性者，善男子，佛性者即是一切諸佛阿耨多羅三藐三菩提中道種子。

復次，善男子！道有三種，謂下上中。下者，梵天無常，謬見是常。上者，生死無常，謬見是常；三寶是常，橫計無常。何故名上？能得最上阿耨多羅三藐三菩提故。中者，名

第一義空：無常見無常，常見于常。第一義空不名爲下。何以故？一切凡夫所不得故。不名爲上。何以故？即是上故。諸佛菩薩所修之道不上不下。以是義故，名爲中道。

案：此段文是經言佛性之主文。曇無讖以及河西道朗以「中道眞如」爲佛性體，即本此。經言「中道第一義空」爲佛性。改「第一義空」爲眞如，則泛。蓋經言「中道第一義空」即指不空而常樂我淨之大涅槃而言，不是泛講的眞如也。大涅槃當然是空，寂滅故空。但此空卻是空而不空，常樂我淨，故是第一義空。此第一義空由行中道而得。行中道者，「見空及與不空」，兩面皆見到，不偏于一面，故爲行中道。「無常見無常，常見于常」，兩者皆如實見，無橫計，無顛倒，故爲行中道。此尚是分別地說，分成兩行，由不偏于任一行（任一面）而言中道。「空者一切生死，不空者謂大涅槃，乃至無我者即是生死，我者謂大涅槃。見一切空，不見不空，不名中道，乃至見一切無我不見我者，不名中道」。此亦是分別地說，分成兩行兩面。兩面皆見，名爲中道。「見一切空，不見不空」，固不得名爲中道。反過來，只見不空，不見一切空，亦不得名爲中道。此種說法是經文之質樸。然則眞正中道者亦實可由分別說進而爲相即地說，由如此說而得見也。相即地說者即由生死法之無常、苦、空、無我，而如實地見，不加任何執著，而即于此見不空而常樂我淨之大涅槃也。大涅槃並不是捨棄生死法之無常、苦、空、無我，抽象地單在一邊而自行其爲常樂我淨。若是如此，則不得名爲大涅槃，正是住著于涅槃而爲小涅槃。因此，大涅槃之所以爲大，所以爲不空而常樂我淨，正因其即于生死法之無常、

苦、空、無我，而如實見，不加任何執著，即轉爲其自身之不空而常樂我淨。如此相即地見空及與不空，見無常及與常，見苦及與樂，見無我及與我，方是眞正地行中道，眞正的智慧，此即是第一義空，亦即是佛性。是以「中道第一義空」者，即是依相即地說的中道所見之眞空也，而眞空即是妙有。故此第一義空即是勝義空，言其非偏空，非只是生死法之無自性空而已也。若只是無自性空之偏空，那只是一面說，方便說，小乘亦見之，故只見到無常、苦、空、無我一面。今言大涅槃，三德秘密藏，則必須即于生死法之無常苦空無我而直下轉爲不空之常樂我淨，此即是中道第一義空。佛已了了見之，故中道第一義空即爲佛果。如從此佛果說佛性，則佛性即是佛之體段。如將此佛之體段義的佛性轉爲因地，對衆生而言，即爲衆生之理性正因佛性。因果有隱顯，而內容的意義則不二。故亦得以「中道第一義空」說「正因佛性」也。

　　由如此之正因佛性，我們可以預見中道第一義空下的「不空如來藏」，預見「所有佛性一切佛法常無變易」（《經·卷三十六迦葉品第十二之四》，見下第五節），預見「無量無作恆沙佛法佛性」（天臺宗智者語），不必逮至佛果而後知也。此即爲圓見、圓聞、圓信。此是把《般若經》之「不壞假名而說諸法實相」，《維摩詰經》之「除病不除法」，收于涅槃法身上說。此亦即《法華經》之「是法住法位，世間相常住」之境也，故亦與《法華》同爲醍醐味也。

　　經言「中道第一義空」，雖質樸地以見兩面不偏一面爲中道，然此種分成兩面之說法實義函兩面之相即地說。經言：「所言空者，不見空與不空。智者見空及與不空，常與無常，苦之與樂，我

與無我。」此中「所言空者，不見空與不空」一語須當有一明確之解釋，不可孤立地望文生義，馳騁遐想。初看，「所言空者」之空好像是繼承上文「第一義空名爲智慧」之第一義空而解釋之。如是，則「所言空者」之空即是第一義空，而「不見空與不空」則以般若遣執說之。但這樣一來，便與下文「智者見空及與不空」云云相刺謬。因此，當再仔細一看時，便知「所言空者」之空不是承上文指「第一義空」而解釋之，而乃是啓下，提出與「不空」相對的「空」而解釋之。下文言「空者一切生死，不空者謂大涅槃」，顯然是空與不空分別解釋，空是與不空相對反的偏面空。在同一段文字裡，前後「空」字不應有異指。因此，「所言空者」之空亦應是與不空相對反的偏面空。因此，「所言空者，不見空與不空」，語意當該是這樣的，即：平常所說的空乃是「不見空與不空」之兩面但只見到空一面之偏面的空。下文言「智者見空及與不空」。然則「不見空與不空」便不是智者。如此，則上下文意便無刺謬。「不見空與不空」是貶斥語，不是勝妙語。習于般若者，一見此種話頭，便以般若之遣執蕩相說之，以爲此語即表示中道第一義空。吾初亦如此看，後覺其不然。偶閱及吉藏《大乘玄論》，彼正好亦是以此語爲勝妙語，即表示中道者。彼云：

> 「善男子！佛性者名第一義空，第一義空名爲智慧。」斯則一往第一義空以爲佛性，又言「第一義空名爲智慧」。豈不異由來義耶？今只說境爲智，說智爲境。〔案：此言《涅槃經》以中道第一義空爲佛性，又說第一義空爲智慧，此與以前抒義不同。我今只以境智不二示之。〕復云：「所言空

者，不見空與不空。」對此爲言，亦應云：所言智者，不見智與不智。即，「不見空」除空，「不見不空」除不空；除智，又除不智。遠離二邊，名聖中道。又言：「如是二見不名中道，無常無斷乃名中道。」〔案：經此文見下錄〕。此豈非以中道爲佛性耶？是以除不空，則離常邊；又除于空，即離斷邊。不見智與不智，義亦如是。故以中道爲佛性。是以文云：「佛性者，即是三菩提中道種子也。」是故今明：第一義空名爲佛性；不見空與不空，不見智與不智，無常無斷，名爲中道。（《大乘玄論・卷三論佛性義尋經門》）

案：此解于義理自通，但與經文語意不合。他把「所言空者，不見空與不空」說成遣執蕩相之勝妙語，以爲此語本身即表示「遠離二邊」之中道。但經說此語卻是貶斥語，表示這種「不見空與不空」，但只見空一面，爲愚者，不是智者。「智者見空及與不空」，此是以雙見爲中道，不是以「不見」爲中道。他又依據境智不二而例言「不見智與不智」，與經後文「無常無斷乃名中道」，牽合爲一律。「無常無斷」自表中道。但「不見空與不空」卻是意在貶斥，不在示中道。「境智不二」自可說。依據「境智不二」，自亦可進一步說「不見智與不智」以爲中道。但這些都是推稱之言，不是經文之原意。經說「第一義空名爲智慧」，是以雙見空與不空爲中道，以見中道爲智慧，不是以「不見智與不智」爲中道智慧。因此，以「不見空與不空」爲遣執蕩相之中道空，若將此語單提孤視，這自可成立，但不合經文原意。

吾人順通經文須先知經言空是與不空相對的偏空；只見偏空爲

不智，雙見空與不空始爲智者。此雖說的甚爲質樸，但其實意卻不是只分別地見了兩面便算中道第一義空，便算眞知了「所有佛性一切佛法常無變易」，必須進而爲相即地說，即，即于生死法之無常、苦、空、無我，而如實知，如實見，不加任何橫計與執著，這便直下轉爲不空而常樂我淨之涅槃法身。這就是行中道而得者。由此中道得第一義空。得中道第一義空已，再進而就之說境智不二，說不見空與不空，不見智與不智，遣執蕩相地，即，遮詮地，再將那中道第一義空之眞實意義予一雙忘之表示，這都是可許的。但不能直以此義解釋經文「所言空者不見空與不空」之語。

以中道第一義空爲佛性既是就涅槃法身說，則是以佛果爲佛性。此佛性是佛之體段義。就眾生說，眾生亦可具此佛之體段。但雖具而未顯，則即將佛果轉爲因地而曰佛性，此即「正因佛性」一詞之所以立。從因地說正因佛性，是就眾生說也。既從因地而說正因佛性，故可云：「佛性者即是一切諸佛阿耨多羅三藐三菩提中道種子」。一切諸佛亦是由本具此佛之體段而始可獲得「無上正等正覺」。但如此言正因佛性還是客觀地說的法佛性之佛性。若問如何能把這本具之「中道種子」顯發出來而得「無上正等正覺」，則須就著客觀說的正因佛性而內在地凸顯出緣了二佛性，此即是主觀說的覺佛性。此則比以「中道第一義空」爲佛性爲更具體也。此下即逐步從緣了二佛性作具體的展示。

3.經同卷同品續上錄經文又云：

復次，善男子！生死本際凡有二種，一者無明，二者有愛。是二中間，則有生老病死之苦，是名中道。如是中道能破生

死，故名爲中。以是義故，中道之法名爲佛性。是故佛性常樂我淨。以諸衆生不能見故，無常無樂無我無淨。佛性實非無常無樂無我無淨。……

復次，善男子！衆生起見凡有二種，一者常見，二者斷見。如是二見，不名中道。無常無斷乃名中道。無常無斷即是觀照十二因緣智。如是觀智是名佛性。二乘之人雖觀因緣，猶亦不得名爲佛性。佛性雖常，以諸衆生無明覆故，不能得見。又未能渡十二因緣河，猶如兔馬。何以故？不見佛性故。善男子！是觀十二因緣智慧即是阿耨多羅三藐三菩提種子。以是義故，十二因緣名爲佛性。善男子！譬如胡瓜名爲熱病。何以故？能爲熱病作因緣故。十二因緣亦復如是。

善男子！佛性者有因，有因因，有果，有果果。有因者，即十二因緣。因因者即是智慧。有果者即是阿耨多羅三藐三菩提。果果者即是無上大般涅槃。善男子！譬如無明爲因，諸行爲果，行因識果。以是義故，彼無明體亦因亦因因，識亦果亦果果。佛性亦爾。善男子！以是義故，十二因緣不生不滅，不常不斷，非一非二，不來不去，非因非果。

善男子！是因非果，如佛性。是果非因，如大涅槃。是因是果，如十二因緣所生之法。非因非果名爲佛性。非因果故，常恆不變。以是義故，我經中說十二因緣，其義甚深，無知無見，不可思維，乃是諸佛菩薩境界，非諸聲聞緣覺所及。以何義故，甚深甚深？衆生業行不常不斷，而得果報。雖念念滅，而無所失。雖無作者，而有作業。雖無受者，而有果報。受者雖滅，果不敗亡。無有慮知，和合而有。一切衆生

雖與十二因緣共行，而不見知。不見知故，無有始終。十住
菩薩唯見其終，不見其始。諸佛世尊見始見終。以是義故，
諸佛了了，得見佛性。善男子！一切眾生不能見於十二因
緣，是故輪轉。善男子！如蠶作繭，自生自死。一切眾生亦
復如是。不見佛性故，自造結業。流轉生死，猶如拍毬。善
男子！是故我於經中說：若有人見十二緣者，即是見法。見
法者即是見佛。佛者即是佛性。何以故？一切諸佛以此為
性。

善男子！觀十二緣智凡有四種：一者下，二者中，三者上，
四者上上。下智觀者，不見佛性。以不見故，得聲聞道。中
智觀者，不見佛性。以不見故，得緣覺道。上智觀者，見不
了了。不了了故，住十住地。上上智者見了了故，得阿耨多
羅三藐三菩提道。以是義故，**十二因緣名為佛性**。佛性者即
第一義空。第一義空名為中道。中道者即名為佛。佛者名為
涅槃。

案：上錄經文從十二因緣說佛性。十二因緣自身不是佛性。由十二
因緣起觀智，徹底穿透十二因緣，所謂見之了了，見始見終，見其
「不生不滅，不常不斷，非一非二（異），不來不去，非因非
果」，而無一毫執著，則見佛性，亦即證得佛性。所見而得之佛性
即是中道第一義空，即是涅槃法身，即是佛。「佛者即是佛性。何
以故？一切諸佛以此為性」。「以此為性」即以此為佛之本性，佛
之體段也。故「若有人見十二緣者即是見法，見法者即是見佛，佛
者即是佛性」。故所見得之佛性即是法佛性也。正面實說的佛性仍

是中道第一義空，而從十二因緣說起，乃是指點地說，非正面分解地實說。意即十二因緣本身並非佛性，由之而見中道第一義空始是正面實說的佛性。故說「十二因緣名爲佛性」，猶如「胡瓜名爲熱病，何以故，能爲熱病作因緣故」。胡瓜本身實非熱病也。故「十二因緣名爲佛性」，此非佛性義之獨立一說也。若章疏家見之而列爲獨立一說，則是執文摘句之過也。

此由十二因緣指點地說的佛性，其實處仍歸於中道第一義空，故於佛性得由「因，因因，果，果果」，關聯著以明之。如從十二因緣說起，此十二因緣即是因。由此起觀智，此觀智之智慧即是「因因」，言因上之因，了因也。此言以此智慧爲因可得菩提果也。是故果即是無上正等正覺，而大涅槃則是果上之果（果果）也。

至於所見而得之佛性本身亦可說「是因非果」，亦可說「是果非因」，亦可說「非因非果」。「是因非果」者佛果之佛性在衆生即轉爲因地之佛性，潛具而未顯也。《經・卷第二十八師子吼品第十一之二》云：「是因非果名爲佛性，非因生故。是因非果，非沙門果，故名非果。何故名因？以了因故」。此言佛性所以是因而非果者，因爲它是最後的因，而不復由因而生故，它不是緣起的因果法。「非果」者衆生潛具而未顯也。故其爲因，直接的意思當該是正因。然自其能顯而爲果言，即此正因亦具了因也。故《經》即以「了因」說之。而智者於《觀音玄義・卷上》謂：「『是因非果名爲佛性』者，此據性德緣了皆名爲因也」。此即由客觀地說的**正因佛性**復進而抉發其**緣因佛性**與**了因佛性**，即主觀地說的**覺佛性**，即據此覺佛性而名正因佛性爲因也。實則其直接的意思當該是整一的

正因佛性，在眾生未顯，即名爲因。至于再追問其所以能顯之因，始說**性德緣了**以爲因，此即主觀說的覺佛性也。

「是果非因，如大涅槃」，此即佛果涅槃法身也。《經·卷第二十八師子吼品第十一之二》云：「善男子！是果非因，謂大涅槃。何故名果？是上果故，沙門果故，婆羅門果故，**斷生死故**，破煩惱故，是故名果。……善男子！**涅槃無因，而體是果**。何以故？無生滅故，無所作故，非有爲故，是無爲故，常不變故，無處所故，無始終故。善男子！若涅槃有因，則不得稱爲涅槃也。槃者言因，般涅言無。無有因故，故稱涅槃」。案此解「非因」爲「無因」。無因者，涅槃非生滅法，非所作法，非有爲法。雖無因，而其自體卻是果，因由**緣了**而顯也。故無緣起之生因，而卻有**了因**也。涅槃法身只是果位，非因位，故「是果非因，如大涅槃」。此是正解。由非生滅法而說其無緣起之生因，則是另一義，非「非因」之諦解。智者大師解云：「『是果非因』名佛性者，**此據修德緣了皆滿**，了轉名**般若**，緣轉名**解脫**，亦名菩提果，亦名大涅槃果果，皆稱爲果也。」此據修德上的緣因了因皆滿現而說爲果也。此即以佛果涅槃法身說佛性也。「是果非因名佛性」，此是智者引申語，《經》文只說「是果非因如大涅槃」。然如此引申亦無過，蓋《經》本即就涅槃法身說佛性也。同一佛性，就佛果言，即是果非因，如大涅槃。就眾生言，即轉爲因地而說佛性，是因非果。

「非因非果，名爲佛性，非因果故，常恆不變」。此即說其非生滅法也。故既不可以因說，亦不可以果說。此所不可以之說佛性的因果是生滅有爲法中之因果也。《經·卷第二十九師子吼品第十一之三》云：「善男子！是生死法悉有因果。有因果故，不得名之

爲涅槃也。何以故？**涅槃之體無因果故**」。又云：「善男子！我所宣說涅槃因者，所謂佛性。佛性之性不生涅槃。是故我言**涅槃無因**。能破煩惱，故名大果。不從道生，故名無果。是故涅槃**無因無果**」。但亦可說爲果，是由**緣了**而顯也。故「涅槃因者所謂佛性」，此佛性客觀地說是正因佛性，主觀地說是緣因佛性與了因佛性。此佛性顯而爲果，非緣起有爲法所生之果也。眞正能顯正因而爲果者是緣了二因，簡單言之，是了因，而了因則是破煩惱顯發正因而爲果，亦非生因之生果也。智者大師解云：「法身滿足即是非因非果正因滿，故云隱名如來藏，顯名法身。雖非是因，而名爲正因。雖非是果，而名爲法身。《大經》云：『非因非果名爲佛性』者，即是此正因佛性也。」意言此正因佛性非因非果也。「雖非是因，而名爲正因。雖非是果，而名爲法身。」蓋《經》本就涅槃法身說佛性也。至于所以非因非果，則如《經》說。

4.《經·卷第二十七師子吼菩薩品第十一之一》又云：

> 善男子！畢竟有二種。一者莊嚴畢竟，二者究竟畢竟。一者世間畢竟，二者出世畢竟。莊嚴畢竟者，六波羅蜜。究竟畢竟者，一切衆生所得**一乘**。**一乘**者名爲**佛性**。以是義故，我說一切衆生悉有佛性，一切衆生悉有一乘。以無明覆故，不能得見。……
>
> 復次，善男子！佛性者即**首楞嚴三昧**，性如醍醐，即是一切諸佛之母。以首楞嚴三昧力故，而令諸佛常樂我淨。一切衆生悉有首楞嚴三昧。以不修行，故不得見。是故不能得成阿耨多羅三藐三菩提。……善男子！一切衆生具足三定，謂上

中下。上者謂**佛性**也。以是故言一切眾生悉有佛性。中者，一切眾生具足**初禪**。有因緣時，則能修集。若無因緣，則不能修。……以是故言一切眾生悉具中定。下定者，十大地中**心心數定**也。以是故言一切眾生悉具下定。一切眾生悉有佛性。煩惱覆故，不能得見。十住菩薩雖見一乘，不知如來是常住法。以是故言：十地菩薩雖見佛性，而不明了。善男子！首楞嚴者名一切事畢竟。嚴者名堅。一切畢竟而得堅固，名首楞嚴。以是故言**首楞嚴定名爲佛性**。

案：此以一乘爲佛之性，即佛果之體段。一乘即佛乘。一乘究竟，非二非三。又以首楞嚴定爲佛性，亦佛之體段義。一切眾生具足三定。上定即佛性，即首楞嚴定也。「中定者一切眾生具足初禪」。智者大師即由此而言緣因佛性，謂解脫也。「一切眾生悉具下定」，即心數定也。一切眾生皆有相當定力。以此爲緣，所謂行行助道，漸漸而得初禪，乃至二禪、三禪、四禪，最終得首楞嚴定，即是緣因佛性滿，轉名解脫。《經》只言正因、緣因，或正因、了因，或生因、了因。其意實只以了因爲緣因，或以緣因爲了因，未分別說緣因爲解脫，了因爲般若。如此分別說而明確之者是智者大師之所說。

《經》同卷又言：

善男子！佛性者，所謂十力，四無所畏，大悲三念處。一切眾生悉有三種。破煩惱故，然後得見。一闡提等破一闡提，然後能得十力，四無所畏，大悲三念處。以是義故，我常宣

説一切眾生悉有佛性。

……

一切覺者名爲佛性。十住菩薩不得名爲一切覺故，是故雖見〔佛性〕而不明了。

案：此以十力，四無所畏，大悲三念處，三者爲佛性。復以「一切覺」爲佛性。此亦佛之體段義。（「大悲三念處」，處亦曰住。此言佛之大悲攝化眾生，常住于三種之念。第一念住：眾生信佛，佛亦不生喜心，常安住于正念正智。第二念住：眾生不信佛，佛亦不生憂惱，常安住于正念正智。第三念住：同時一類信，一類不信，佛知之，亦不生歡喜與憂戚，常安住于正念正智。此與「性念處，共念處，緣念處」之三種念處不同。）佛果不空，有無量功德，無量性能，故可以如此等爲佛性也。眾生亦具而未顯，即爲因地之佛性，即一切眾生是一潛在的佛也。

《經‧卷第三十二師子吼品第十一之六》，總列舉云：

善男子！如來常住，則名爲我。如來法身，無邊無礙，不生不滅，得八自在〔八自在見卷第二十三〕，是名爲我。眾生真實無如是我及以我所。但以必定當得畢竟第一義空，故名佛性。

善男子！大慈大悲名爲佛性。何以故？大慈大悲常隨菩薩，如影隨形。一切眾生必定當得大慈大悲，是故說言一切眾生悉有佛性。大慈大悲者名爲佛性，佛性者名爲如來。

大喜大捨名爲佛性。何以故？菩薩摩訶薩若不能捨二十五

有，則不能得阿耨多羅三藐三菩提。以諸眾生必當得故，是故說言一切眾生悉有佛性。大喜大捨者即是佛性。佛性者即是如來。

佛性者名**大信心**。何以故？以信心故，菩薩摩訶薩則能具足檀波羅蜜，乃至般若波羅蜜。一切眾生必定當得大信心故，是故說言一切眾生悉有佛性。大信心者即是佛性，佛性者即是如來。

佛性者名**一子地**。〔《經·卷十六梵行品第八之三》：「菩薩修慈悲善已，得住極愛一子之地。……菩薩住是地中視諸眾生同于一子，見修善者，生大歡喜，是故此地名曰極愛。」〕何以故？以一子地因緣故，菩薩則于一切眾生得平等心。〔《經·卷十六》又云：「菩薩修慈悲喜得一子地。……修捨心時，則得住于空平等地。」〕一切眾生必定當得一子地故，是故說言一切眾生悉有佛性。一子地者即是佛性，佛性者即是如來。

佛性者名**第四力**。〔知眾生上下根智力曰第四力〕。何以故？以第四力因緣故，菩薩則能教化眾生。一切眾生必定當得第四力故，是故說言一切眾生悉有佛性。第四力者即是佛性，佛性者即是如來。

佛性者名**十二因緣**。何以故？以因緣故，如來常住。一切眾生定有如是十二因緣，是故說言一切眾生悉有佛性。十二因緣即是佛性，佛性者即是如來。

佛性者名**四無礙智**。以四無礙因緣故，說字義無礙。字義無礙故，能化眾生。四無礙者即是佛性，佛性者即是如來。

佛性者名頂三昧。以修如是頂三昧故,則能總攝一切佛法。
是故說言頂三昧者名爲佛性。十住菩薩修是三昧,未得具
足,雖見佛性,而不明了。一切眾生必定得故,是故說言一
切眾生悉有佛性。

善男子!如上所說種種諸法,一切眾生定當得故,是故說言
一切眾生悉有佛性。

案:大慈大悲,大喜大捨。大信心,一子地,第四力,十二因緣
(此是指點地說),四無礙智,頂三昧,再加上十力,四無所畏,
大悲三念處,一切覺,凡此等等爲佛性,皆是佛之性能,就緣了滿
而說也。總起來,即是「我」爲佛性,或「中道第一義空」爲佛
性。種種說實只是一說也。此一說之佛性即是佛之性,佛之體段,
故「佛性者即是如來」,「見佛性者即見佛」。就眾生言,則轉爲
因地之佛性,即正因佛性也。此是客觀地說。若再就其所以能顯之
因說,則就中再分析出緣因佛性與了因佛性,此是主觀地說的覺佛
性。

　　5.對此整一佛性,前說是因非果,是果非因,非因非果。今再
總起來廣說云:

佛性者,亦色非色,非色非非色。亦相非相,非相非非相。
亦一非一,非一非非一。非常非斷,非非常非非斷。亦有亦
無,非有非無。亦盡非盡,非盡非非盡。亦因亦果,非因非
果。亦義非義,非義非非義。亦字非字,非字非非字。亦苦
亦樂,非苦非樂。〔案:此當說亦樂非樂,非樂非非樂〕。

亦我非我，非我非非我。亦空非空，非空非非空。

云何爲色？金剛身故。云何非色？十八不共非色法故。云何非色非非色？色非色無定相故。

云何爲相？三十二相故。云何非相？一切衆生相不現故。云何非相非非相？相非相不決定故。

云何爲一？一切衆生悉一乘故。云何非一？說三乘故。云何非一非非一？無數法故。

云何非常？從緣見故。云何非斷？離斷見故。云何非非常非非斷？無終始故。

云何爲有？一切衆生悉皆有故。云何爲無？從善方便而得見故。云何非有非無？虛空性故。

云何名盡？得首楞嚴三昧故。云何非盡？以其常故。云何非盡非非盡？一切盡相斷故。

云何爲因？以了因故。云何爲果？果決定故。云何非因非果？以其常故。

云何名義？悉能攝取義無礙故。云何非義？不可說故。云何非義非非義？畢竟空故。

云何爲字？有名稱故。云何非字？名無名故。云何非字非非字？斷一切字故。

云何亦苦亦樂？諸受緣起故。云何非苦非樂？斷一切受故。〔案當如此解：云何爲樂？以大樂故。（大樂見卷二十三）。云何非樂？無樂相故。云何非樂非非樂？不思議故。〕

云何非我？未能具得八自在故，〔八自在見卷二十三〕。云

何非非我？以其常故。云何非我非非我？不作不受故。〔案
當如此解：云何爲我？以眞我故。云何非我？無我相故。云
何非我非非我？不思議故。〕

云何爲空？第一義空故。云何非空？以其常故。云何非空非
非空？能爲善法作種子故。〔案此末一答亦不切。當如此
云：眞空妙有故。〕

善男子！若有人能思維解了《大涅槃經》如是之義，當知是
人則見佛性。佛性者**不可思議**，乃是諸佛如來境界，非諸聲
聞緣覺所知。

善男子！佛性者非**陰界入**，非**本無今有**，非**已有還無**。從善
因緣，眾生得見。譬如黑鐵，入火則赤，出冷還黑。而是黑
色非內非外，因緣故有。佛性亦爾，一切眾生煩惱火滅，則
得聞見。善男子！如種滅已，芽則還生，而是芽性非內非
外。乃至華果亦復如是，從緣故有。善男子！是大涅槃微妙
經典成就具足無量功德。**佛性亦爾，悉是無量無邊功德之所
成就。**（《經・卷第二十七》）

案：佛性既不可思議，則自任一面或任一義說佛性，皆如盲人摸
象，「不說象體，亦非不說。若是眾相悉非象者，離是之外更無別
象。」（《經・卷第三十二》）。經以此喻喻彼就六法說佛性者，
亦各得一體，不得其全。因此，「佛性非**卽六法**，非**離六法**」。

《經・卷第三十二師子吼品第十一之六》云：

是諸眾生聞佛說已，或作是言：**色是佛性**。何以故？是色雖

滅，次第相續，是故獲得無上如來三十二相。如來色常。如
來色者，常不斷故，是故說色名爲佛性。……

或有說言：**受是佛性**。何以故？受因緣故，獲得如來**眞實之
樂**。如來受者，謂畢竟受，第一義受。眾生受性雖復無常，
然其次第相續不斷，是故獲得如來**常受**。……以是故說受爲
佛性。

又有說言：**想是佛性**。何以故？想因緣故，獲得如來**眞實之
想**。如來想者，名無想想。無想想者，非眾生想，非男女
想，亦非色受想行識想，非想斷想。眾生之想雖復無常，以
想次第相續不斷，故得如來**常恆之想**。……以是故說想爲佛
性。

又有說言**行爲佛性**。何以故？行名壽命。壽因緣故，獲得如
來常住壽命。眾生壽命雖復無常，而壽次第相續不斷，故得
如來**眞實常壽**。……以是故說行爲佛性。

又有說言**識爲佛性**。識因緣故，獲得如來**平等之心**。眾生意
識雖復無常，而識次第相續不斷，故得如來**眞實常心**。……
以是故說識爲佛性。

又有說言離陰有我，我是佛性。何以故？我因緣故，獲得如
來**八自在我**。〔八自在見卷第二十三〕。有諸外道說言：去
來，見聞，悲喜，語說，爲我。如是我相雖復無常，而如來
我**眞實是常**。善男子！如陰入界雖復無常，而名是常。眾生
佛性亦復如是。

善男子！如彼盲人各各說象，雖不得實，非不說象。說佛性
者亦復如是，非卽六法，不離六法。

善男子！是故我說眾生佛性非色，不離色，乃至非我，不離
我。

案：非色者非生滅色，不離色者佛性之色乃常色也。非我者非五陰
和合假我，不離我者佛性之我乃眞實常我也。受想行識亦復如是。
「佛性是無量無邊功德之所成就」，是常樂我淨之涅槃法身。但就
此法身說佛性，只能說如來法身之眞我爲佛性，中道第一義空爲佛
性，乃至慈悲喜捨等等爲佛性，如前所列舉，而不能直就生滅法的
色受想行識我六法說佛性。是故《經・卷第三十二》於說第一義
空，慈悲喜捨，大信心，一子地，第四力，四無礙智，頂三昧，乃
至《經・卷第二十七》說十力，四無所畏，大悲三念處，一切覺，
爲佛性後，即說：

善男子！我若說色是佛性者，眾生聞已，則生邪倒。以邪倒
故，命終則生阿鼻地獄。如來說法爲斷地獄，是故**不說色是
佛性**。乃至說識亦復如是。

是即不以五陰說佛性也。甚至亦不能以五陰和合假我說佛性。是即
不以六法說佛性也。而「不離六法」者，須知佛性之六法乃常樂我
淨之六法，非生滅法苦空無我之六法也，是即已非通常所說之六法
矣。是故《經》就六法說佛性，不即六法，不離六法，乃指點地
說，或抉擇地說，非**正說**也。說**十二因緣即佛性**亦復如是。《經・
卷第三十四迦葉菩薩品第十二之二》說「**眾生者即是佛性**」，亦復
如此。《經》云：

善男子！我于此《經》說言佛性具有六事：一常，二實，三眞，四善，五淨，六不可見。我諸弟子聞是說已，不解我意，唱言佛說眾生佛性離眾生有！

善男子！我又說言眾生佛性猶如虛空。虛空者非過去，非未來，非現在，非内非外，非是色聲香味觸攝。佛性亦爾。我諸弟子聞是說已，不解我意，唱言佛說眾生佛性離眾生有！

善男子！我又復說眾生佛性猶如貧女宅中寶藏，力士額上金剛寶珠，轉輪聖王甘露之泉。我諸弟子聞是說已，不解我意，唱言佛說眾生佛性離眾生有！

善男子！我又復說犯四重禁，一闡提人，謗方等經，作五逆罪，皆有佛性。如是眾生都無善法，佛性是善。我諸弟子聞是說已，不解我意，唱言佛說眾生佛性離眾生有！

善男子我又復說眾生者即是佛性。何以故？若離眾生，不得阿耨多羅三藐三菩提。是故我與波斯匿王說于象喻。如盲說象，雖不得象，然不離象。眾生說色，乃至說識，是佛性者，亦復如是。雖非佛性，非不佛性。……善男子！我諸弟子聞是說已，不解我意，作種種說。

案：章疏家列種種說，實皆不解佛意也。是故「眾生者即是佛性」，十二因緣是佛性，六法是佛性，皆是相遮相顯，指點地，曲折地說，其中有抉擇。至若**正說，實說**，則只「**中道第一義空**」一義耳。故正因佛性是**實說**也。此正因佛性非因非果。雖非是因，而說爲正因，雖非是果，而說爲法身。緣了二因者就正因而分析出也。就法身而言，說常樂我淨可，說眞我可，說十力，四無所畏

可,乃至說首楞嚴,一切覺,慈悲喜捨,大信心,一子地,四無礙智,皆可,皆是**實說**也。《涅槃經》言佛性猶是分解地說。若依「生死即涅槃,煩惱即菩提」,而說佛性,則是詭譎地圓頓說。《涅槃經》尚未取此方式。即使說眾生是佛性,十二因緣是佛性,六法是佛性,亦尚不是詭譎地圓頓說。《涅槃經》只「扶律談常」耳。然其分解實說的「中道第一義空」實已函著詭譎地圓頓說,並已函著可被吸入于「性具系統」中,故天台宗判之爲與《法華》同爲第五時說,並同爲醍醐味也。

第二節
《涅槃經》之「三德秘密藏」

《經·卷第二壽命品第一之二》:

> 我今當令一切眾生及以我子四部之眾悉皆安住秘密藏中,我亦復當安住是中,入于涅槃。
> 何等名爲秘密之藏?猶如∴字,三點若竝,則不成伊,縱亦不成。如摩醯首羅面上三目,乃得成伊。三點若別,亦不得成。我亦如是。**解脫之法**亦非涅槃,**如來之身**亦非涅槃,**摩訶般若**亦非涅槃。三法各異,亦非涅槃。我今安住如是三法,爲眾生故,名入涅槃,如世伊字。

案:秘密藏即大涅槃,由三法構成。三法者**解脫**、**法身**、與**般若**是

也。此三法橫亦不可，縱亦不可，非縱非橫，乃成圓伊。圓伊者即祕密藏，即無窮之深奧，不可思議。小乘涅槃，灰身滅智。此大涅槃三法俱備，乃真常不空之涅槃也。此大涅槃亦可曰涅槃法身。顯名法身，隱名如來藏。顯名法身是佛果。隱名如來藏是佛性。三因佛性即相應解脫、法身、般若三法立也。

此涅槃法身有四德，曰**常樂我淨**。「我者即是佛義，常者是法身義，樂者是涅槃義，淨者是法義」。「世間亦有常樂我淨，出世間亦有常樂我淨。世間法者有字無義。出世間者有字有義。何以故？世間之法有四顛倒，故不知義。所以者何？有想顛倒，心倒見倒。以三倒故，世間之人樂中見苦，常見無常，我見無我，淨見不淨，是名顛倒。以顛倒故，世間知字而不知義。何等為義？無我者名為生死，我者名為如來。無常者聲聞緣覺，常者如來法身。苦者一切外道，樂者即是涅槃。不淨者即有為法，淨者諸佛菩薩所有正法。是名不顛倒。以不倒故，知字知義。若欲遠離四顛倒者，應知如是常樂我淨」。（同上卷、品）。

具有四德之涅槃法身雖名曰「祕密藏」，而其實無所謂「藏」，因佛所親證，全部朗現故。《經·卷第五如來性品第四之二》：

> 爾時迦葉菩薩白佛言：世尊！如佛所說諸佛世尊有祕密藏，是義不然。何以故？諸佛世尊，唯有**密語**，無有**密藏**。譬如幻主，機關木人，人雖睹見屈申俯仰，莫知其內而使之然。佛法不爾，咸令眾生**悉得知見**，云何當言諸佛世尊有祕密藏？

佛讚迦葉，善哉善哉！善男子！如汝所言，如來實無秘密之
藏。何以故？如秋滿月，處空顯露，清淨無翳，人皆覩見。
如來之言亦復如是。**開發顯露，清淨無翳。愚人不解，謂之
秘藏。智者了達，則不名藏。**

案：此言藏是隱藏義。其實藏亦有藏庫義。「如來藏」之藏亦復如
是。又云：

復次，善男子！譬如夏月，興大雲雷，降注大雨，令諸農夫
下種之者多獲果實，不下種者無所剋獲。無所獲者非龍王
咎。而此龍王亦無所藏。我今如來亦復如是。降大法雨《大
涅槃經》。若諸眾生種善子者，得慧芽果。無善子者，則無
所獲。無所獲者非如來咎。然佛如來**實無所藏。**

此亦如孔子所說「吾無隱乎爾」。「愚人不解，謂之秘藏。智者了
達，則不名藏」。無隱無曲，坦然明白。然而亦是無窮深奧，不可
思議，惟證相應。證無證相，只是如如朗現。因此，此涅槃法身**常
住不變**。常者眞常也，非假常。（如康德常體範疇所定之常即是假
常）。住者不住之住，住無住相。此涅槃法身不只是消極地滅盡煩
惱，這一滅盡，便一無所有，而且即由滅盡煩惱，正面顯一光明常
在。而且所謂佛入涅槃，實則亦無所謂入不入，入不入只是其**示現
之相**。爲眾生故，**示現入**；爲眾生故，亦**示現不入**。示現入者寂滅
無相，只是實相。（此依《般若經》說）。實相一相，所謂無相。
而此經則說「無二之性即是實性」（此見〈卷八如來性品第四之

五〉）。示現不入者則種種化身，種種神通，而其自性法身則總是恆常如如也。以上**常住**與**示現**兩義，《經·卷第四如來性品第四之一》言之如下：

> 佛告迦葉：若有善男子善女人作如是言：如來無常。云何當知是無常也？如佛所言：滅諸煩惱，名爲涅槃。猶如火滅，悉無所有。滅諸煩惱亦復如是，故名涅槃，云何如來爲常住法不變易也？如佛言曰：離諸有者乃名涅槃。是涅槃中無有諸有，云何如來爲常住法不變易也？如衣壞盡，不名爲物。涅槃亦爾，滅諸煩惱，不名爲物，云何如來爲常住法不變易耶？如佛言曰：離欲寂滅，名曰涅槃。如人斬首，則無有首。離欲寂滅亦復如是，空無所有，故名涅槃，云何如來爲常住法不變易也？如佛言曰：
> 譬如熱鐵，椎打星流，散已尋滅，莫知所在。得正解脫，亦復如是。已度婬欲、諸有淤泥，得無動處，不知所至。
> 云何如來爲常住法不變易耶？迦葉！若有人作如是難者，名爲邪難。
> 迦葉！汝亦不應作是憶想，謂如來性是滅盡也。
> 迦葉！滅煩惱者，不名爲物。何以故？永畢竟故，是故名常。是句寂靜，爲無有上；滅盡諸相，無有遺餘。是句鮮白，常住無退，是故涅槃名曰常住。如來亦爾，常住無變。言「星流」者，謂煩惱也。「散已尋滅，莫知所在」者，謂諸如來煩惱滅已，不在五趣，是故如來是常住法，無有變易。

復次，迦葉！諸佛所師，所謂法也。是故如來恭敬供養。**以法常**故，諸佛亦**常**。〔案：此言「法常」亦如《法華經》言「世間相常住」，天台宗所謂「法門不改」也。〕

迦葉菩薩復白佛言：若煩惱火滅，如來亦滅。是則如來無常住處。如彼逝鐵，赤色滅已，莫知所至。如來煩惱亦復如是，滅無所至。又如彼鐵，熱與赤色，滅已無有。如來亦爾，滅已無常。滅煩惱火，便入涅槃。當知如來即是無常。善男子！所言鐵者，名諸凡夫。凡夫之人雖滅煩惱，滅已復生，故名無常。如來不爾，滅已不生，是故名常。

迦葉復言：如鐵赤色，滅已，還置火中，赤色復生。如來若爾，應還生結。若結還生，即是無常。

佛言：迦葉！汝今不應作如是言：如來無常。何以故？如來是常。善男子！如彼然木，滅已有灰，滅煩惱已，便有涅槃。壞衣、斬首、破瓶等喻，亦復如是。如是等物各有名字，名曰壞衣、斬首、破瓶。迦葉！如鐵冷已，可使還熱。如來不爾，斷煩惱已，畢竟清涼。煩惱熾火更不復生。迦葉！當知無量眾生猶如彼鐵。我以無漏智慧熾火燒彼眾生諸煩惱結。

迦葉復言：善哉善哉！我今諦知如來所說諸佛是常。

案：以上所言如來法身是常，不是滅煩惱已，便一無所有，故是無常，亦不是滅已復生，故名無常。若滅已無有，便是斷滅，此非所謂涅槃寂靜。若滅已復生，此是凡夫，不是諸佛法身。如來法身由滅煩惱正顯清涼，常樂我淨，而煩惱熾火亦更不復生。以是之故，

法身常住。此是尅就法身自體而說涅槃寂靜，常樂我淨。下言諸佛出入涅槃，此是**示現**，不因**示現**而**爲無常**。

> 佛言：迦葉！譬如聖王素在後宮。或時遊觀，在于後園。王雖不在諸采女中，亦不得言聖王命終。善男子！如來亦爾。雖不現于閻浮提界，入涅槃中，不名無常。如來出于無量煩惱，入于涅槃安樂之處，遊諸覺華，歡娛受樂。
>
> 迦葉復問：如佛言曰：我已久度煩惱大海。若佛已度煩惱海者，何緣復共耶輸陀羅生羅睺羅？以是因緣，當知如來未度煩惱諸結大海。唯願如來説其因緣。
>
> 佛告迦葉：汝不應言「如來久度煩惱大海，何緣復共耶輸陀羅生羅睺羅，以是因緣，當知如來未度煩惱諸結大海」！善男子！是大涅槃能建大義，汝等今當至心諦聽，廣爲人説，莫生驚異。
>
> 若有菩薩摩訶薩住大涅槃，須彌山王如是高廣，悉能令人**芥子中繪**，其諸眾生依須彌者，亦無**迫迮**，無**往來**想，如本不異。唯應度者，見是菩薩以須彌山內芥子繪，**復還安止本所住處**。
>
> 善男子！是菩薩摩訶薩住大涅槃，能以三千大千世界置芥子繪，其中眾生亦無**迫迮**及往來想，如本不異。唯應度者，見是菩薩以此三千大千世界置芥子繪，**復還安止本所住處**。
>
> 善男子！是菩薩摩訶薩住大涅槃，能以三千大千世界**內一毛孔**，**乃至本處**亦復如是。
>
> 善男子！是菩薩摩訶薩住大涅槃，斷取十方三千大千諸佛世

界，置於針鋒，如貫棗葉，擲置他方異佛世界，其中所有一切眾生，不覺往返，爲在何處。唯應度者，乃能見之，乃至本處亦復如是。

善男子！復有菩薩摩訶薩住大涅槃，斷取十方三千大千諸佛世界，置於右掌，如陶家輪，擲置他方微塵世界，無一眾生，有往來想。唯應度者，乃見之耳。乃至本處亦復如是。

善男子！復有菩薩摩訶薩住大涅槃，斷取一切十方無量諸佛世界，悉內己身，其中眾生悉無迫迮，亦無往返，及住處想。唯應度者，乃能見之。乃至本處亦復如是。

善男子！復有菩薩摩訶薩住大涅槃，以十方世界內一塵中，其中眾生亦無迫迮往返之想。唯應度者，乃能見之。乃至本處亦復如是。

善男子！是菩薩摩訶薩住大涅槃，則能示現種種無量神通變化，是故名曰大般涅槃。是菩薩摩訶薩所可示現如是無量神通變化，一切眾生無能測量，汝今云何能知如來習返愛欲，生羅睺羅？

善男子！我已久住是大涅槃，種種示現，神通變化。于此三千大千世界，百億日月，百億閻浮提，種種示現，如《首楞嚴經》中廣說。我于三千大千世界，或閻浮提，示現涅槃，亦不畢竟取于涅槃；或閻浮提，示入母胎，令其父母生我子想，而我此身畢竟不從愛欲和合而得生也。我已久從無量劫來離于愛欲。我今此身即是法身。隨順世間示現入胎。……〔此下言種種示現。〕……

善男子！我雖在此閻浮提中數數示現入于涅槃，然我實不畢

> **竟涅槃**。而諸眾生皆謂如來眞實滅盡，而如來性**實不永滅**。
> 是故當知是**常住法，不變易法**。善男子！大涅槃者即是諸佛
> **如來法界**。〔此下又言種種示現，與《維摩結經》所言無
> 異。〕

案：此言「數數示現入于涅槃，然我實不畢竟涅槃」。《法華經‧
如來壽量品》亦宣說此義。其文如下：

> 如是，我成佛已來，甚大久遠，壽命無量，阿僧祇劫，常住
> 不變。諸善男子！我本行菩薩道所成壽命，今猶未盡，復倍
> 上數，然今非實滅度，而便唱言當取滅度，如來以是方便教
> 化眾生。所以者何？若佛久住于世，薄德之人不種善根，貧
> 窮下賤，貪著五欲，入于憶想妄見網中，若見如來常在不
> 滅，便起憍恣，而懷厭怠，不能生難遭之想，恭敬之心。是
> 故如來以方便說：比丘當知，諸佛出世，難可值遇。所以者
> 何？諸薄德人，過無量百千萬億劫，或有見佛，或不見者，
> 以此事故，我作是言：諸比丘！如來難可得見！斯眾生等聞
> 如是語，必當生于難遭之想，心懷戀慕，渴仰于佛，便種善
> 根。是故如來雖**不實滅**，而言**滅度**。

案：此言示現之故。**示現入滅是方便也**。故繼之作偈云：

> 自我得佛來，所經諸劫數、無量百千萬、億載阿僧祇。常説
> 法教化、無數億眾生，令入于佛道。爾來無量劫，爲度眾生

故，方便現涅槃，而實不滅度，常住此說法。

故如來法身「是常住法，不變易法。大涅槃者即是諸佛**如來法界**」。此言法界即是般若解脫法身圓伊之秘密藏，即是佛法身法界。以此法身非孤懸的法身，乃具有恆沙佛法的法身，即含有無量無漏功德的圓滿法身，故言「如來法界」也。此如來法界圓滿窮盡，不可思議，即是佛身也。為眾生故，種種示現。以示現故，于法身外，復說報身、化身。實則三身一身，即是圓伊法界常住。種種示現是機感眾生所見之相，亦是佛應感所現之相。佛自身無相，而機感眾生見有相。在佛，相相皆如，即是無相之相，差而無差，無差而差。故圓具一切，圓泯一切，而一切皆如如常住。「是法住法位，世間相常住」。「菩薩摩訶薩住大涅槃，以十方世界內一塵中，其中眾生亦無迫迮往返之想」。「須彌山王如是高廣，悉能令人葶藶子𣏾，其諸眾生依須彌者，亦無迫迮，無往來想，如本不異」。此即華嚴宗所說法界緣起圓融自在，一即一切，一切即一，一攝一切，一切攝一，而亦無所謂即不即，攝不攝，入不入，此皆**方便說**耳。實則只是**圓融自在，如如常住**。故《法華》《涅槃》是佛五時末後所說，皆圓滿真常教也。（《華嚴》是第一時說。五時判教見後天台章。）

如來涅槃法身既是圓滿真常，則此涅槃之體「**本自有之，非適今也**」。《經・卷第二十一光明遍照高貴德王菩薩品第十之一》有云：

爾時，光明遍照高貴德王菩薩摩訶薩白佛言：世尊！如佛所

説，大涅槃者不可得聞。云何復言常樂我淨而可得聞？何以故，世尊，斷煩惱者名得涅槃，若未斷者，名爲不得？以是義故，涅槃之性本無今有。若世間法本無今有，則名無常。譬如瓶等，本無今有，已有還無，故名無常。涅槃亦爾，云何説言常樂我淨？

復次，世尊！凡因莊嚴而得成者，悉名無常。涅槃若爾，應是無常。何等因緣？所謂三十七品，六波羅蜜，四無量心，觀于骨相，阿那波那〔安那般那簡稱安般，即數息觀〕，六念處〔念佛、法、僧、戒、施、天，爲六念處，通大小乘〕，破析六大〔地水火風空識爲六大〕，如是等法，皆是成就涅槃因緣，故名無常。

復次，世尊！有名無常。若涅槃是有，亦應無常。如佛昔于《阿含》中説：聲聞緣覺，諸佛世尊，皆有涅槃。以是義故，名爲無常。

復次，世尊！可見之法名爲無常。如佛先説見涅槃者，則得斷除一切煩惱。

復次，世尊！譬如虛空，于諸衆生等無障礙，故名爲常。若使涅槃是平等者，何故衆生有得不得？涅槃若爾于諸衆生不平等者，則不名常。

世尊！譬如百人共有一怨，若害此怨，則多人受樂。若使涅槃是平等法，一人得時，應多人得，一人斷結，應多人亦斷。若不如是，云何名常？

譬如有人恭敬供養尊重讚歎國王王子，父母師長，則得利養，是不名常。涅槃亦爾，不名爲常。何以故？如佛昔于

《阿含經》中告阿難言：若有人能恭敬涅槃，則得斷結，受無量樂。以是義故，不名爲常。

世尊！若涅槃中有常樂我淨名者，不名爲常。如其無者，云何可說？

爾時，世尊告光明遍照高貴德王菩薩摩訶薩言：**涅槃之體非本無今有**。若涅槃體本無今有者，則非無漏常住之法。有佛無佛，**性相常住**。以諸眾生煩惱覆故，不見涅槃，便謂爲無。菩薩摩訶薩以戒定慧勤修其心，斷煩惱已，便得見之。當知涅槃是**常住法**，非本無今有，是故爲常。

善男子！如暗室中井，種種七寶，人亦知有，暗故不見。有智之人善知方便，然大明燈，持往照了，悉得見之。是人于此終不生念：水及七寶本無今有。涅槃亦爾，**本自有之**，非**適今也**。煩惱暗故，眾生不見。大智如來，以善方便，然智慧燈，令諸菩薩得見涅槃常樂我淨。是故智者于此涅槃，不應說言：**本無今有**。

善男子！汝言因莊嚴故，得成涅槃，應無常者，是亦不然。何以故？善男子！**涅槃之體非生非出**，非實非虛，非作業生，非是有漏有爲之法，非聞非見，非墮非死，非別異相，亦非同相，非往非還，非去來今，非一非多，非長非短，非圓非方，非尖非斜，非有相，非無相，非名非色，非因非果，非我我所。以是義故，涅槃是常，恆不變易。是以無量阿僧祇劫修集善法以自莊嚴，然後得見。善男子！譬如地下有八味水，一切眾生而不能得，有智之人施功穿掘，則便得之。涅槃亦爾。譬如盲人，不見日月，良醫療之，則便得

見，而是日月非是本無今有。涅槃亦爾，**先自有之，非適今**也。善男子！如人有罪，繫之圄圉，久乃得出，還家得見父母兄弟妻子眷屬。涅槃亦爾。

善男子！汝言因緣故，涅槃之法應無常者，是亦不然。何以故？善男子！因有五種。何等有五？一者生因，二者和合因，三者住因，四者增長因，五者遠因。云何生因？生因者，即是業煩惱等，及外諸草木子，是名生因。云何和合因？如善與善心和合，不善與不善心和合，無記與無記心和合，是名和合因。云何住因？如下有柱，屋則不墮。山河樹木，因大地故，而得住立。內有四大，無量煩惱眾生得住。是名住因。云何增長因？因緣衣服飲食等故，令眾生增長。如外種子，火所不燒，鳥所不食，則得增長。如諸沙門婆羅門等，依因和上、善知識等，而得增長。如因父母，子得增長。是名增長因。云何遠因？譬如因咒，鬼不能害，毒不能中；依憑國王，無有盜賊；如芽依因地水火風等。如水、鑽、人，為酥遠因。如明色等為識遠因。父母精血為眾生**遠因**。如時節等悉名遠因。善男子！**涅槃之體**非是如是五因所成，云何當言是無常耶？

復次，善男子！復有二因，一者作因，二者了因。如陶師輪繩，是名作因。如燈燭等，照暗中物，是名了因。善男子！大涅槃者不從作因而有，唯從了因。了因者所謂三十七助道法，六波羅蜜，是名了因。

案：涅槃之體非本無今有，本自有之，非適今也。涅槃之體非因非

果，非作法，非有爲法，非因緣生法，乃屬于「不生不生」者。（同卷言「不生生，不生不生，生不生，生生」。「云何不生生？安住世諦初出胎時，是名不生生。云何**不生不生**？是**大涅槃無有生相**，是名不生不生。云何生不生？世諦死時，是名生不生。云何生生？一切凡夫是名生生。何以故？生生不斷故，一切有漏念念生故。是名生生」。）只有隱顯，無有生滅。故無「作因」，只有「了因」。此與言佛性同也。蓋涅槃之體即佛性也。佛果轉爲衆生因地，則曰佛性。由了因而顯發之，雖即衆生亦可成佛。煩惱覆故，隱而不顯，則曰如來藏。如前所述。

第三節
《涅槃經》之「空不空」與「不空空」

《般若經》「不壞假名而說諸法實相」，《維摩詰經》「除病不除法」，此皆就般若妙用說也。《法華經》「是法住法位，世間相常住」，此是就一乘圓敎說也。「未來世諸佛，雖說百千億，無數諸法門，其實爲一乘。」《勝鬘夫人經》說空如來藏，不空如來藏，《起信論》據之亦如此說，此是眞常心系就如來藏自性清淨心說不空也。此是性起系統說不空，尚非性具系統。《涅槃經》說眞常不空亦就如來秘密藏說。然《涅槃經》卻並無一如來藏之緣起論，它只說涅槃法身常樂我淨，佛性如虛空，非三世攝，非內非外，遍一切處。這自然含有一個存有論，即就恆沙佛法佛性，如來佛法身法界，而維繫住諸法之存在。但它並未說如來藏緣起，它亦未把如來藏我，三德秘密藏，直說爲眞常心。法身遍一切處，此亦

可說法身遍攝一切法。「佛性常故，非內非外」。（詳論見下第五節）。但佛性之常並非一光禿禿的抽象的佛性之常，而是具有一切法的佛性之常，而一切法亦常。故云：「如來已得阿耨多羅三藐三菩提，所有佛性一切法常無變易。以是義故，無有三世，猶如虛空。」（《經‧卷三十六迦葉菩薩品第十二之四》）。「佛性一切佛法常無變易」，在果在因，俱是如此。此亦荊溪《十不二門》因果不二門中所說「三千在理同名無明，三千果成咸稱常樂」之義。智者大師即依據此義而言「如來藏恆沙佛法佛性」。「恆沙佛法佛性」即佛性而具有恆河沙數的佛法，亦即無量數的佛法。由無量數的佛法亦可轉名「無量四諦」。但若只說無量四諦，尚不能表示「所有佛性一切佛法常無變易」之義。必須由無量進而說「無作」，方可表示此義。依天臺判教，說「生滅四諦」是小乘藏教，說「無生四諦」是大乘通教，說「無量四諦」是大乘別教，說「無作四諦」方是真正圓教。是以凡說如來藏緣起者皆別教也。欲極成「所有佛性一切佛法常無變易」，必須由無量進而說「無作」。恆沙佛法皆是本具如此，一不可改，不由造作而成，是謂性德三千。然則依「所有佛性一切佛法常無變易」而言。必須以「性具」說《涅槃經》之「不空」，不可以「性起」說之。

依天臺五時判教，《法華》與《涅槃》俱屬第五時末後說，俱屬醍醐味，然而《涅槃》卻為「捃拾教」。捃拾者，重新拾取藏通別方便教（權教）點示三乘人，令俱知「常」，期其會歸于一圓實教也。與《法華》比，有純雜之異。《法華》純，而《涅槃》雜。雜者兼帶有權教之謂也。然其兼帶乃為扶一圓實，故亦稱為「扶律談常教」。相應此圓常而言，必須以性具說之。（性具與性起是天

臺宗與華嚴宗之主要區別，詳見後〈《起信論》與華嚴宗〉章及天臺部。）

　　《涅槃經·卷五如來性品第四之二》，以解脫說涅槃。「夫涅槃者名為解脫」。此下即以種種說說解脫即涅槃，即如來。首先，有云：

> 迦葉復言：所言解脫為是色耶？為非色乎？
>
> 佛言：善男子！或有是色，或非是色。言非色者，即是聲聞緣覺解脫。言是色者即是諸佛如來解脫。善男子！是故解脫亦色非色。如來為諸聲聞弟子說為非色。
>
> 世尊！聲聞緣覺若非色者，云何得住？
>
> 善男子！如非想非非想天亦色非色，我亦說為非色。若人難言：非想非非想天若非色者，云何得住，去來進止？如是之義諸佛境界，非諸聲聞緣覺所知。解脫亦爾，亦色非色，說為非色，亦想非想，說為非想。如是之義，諸佛境界，非諸聲聞緣覺所知。

案：小乘解脫涅槃是「非色」的，因灰身滅智故。諸佛如來解脫涅槃是有色的。此所有之色不是無常色，乃是常色，妙色。此如佛性不即六法不離六法中說。「是故解脫亦色非色」。但對小乘則言非色。小乘只知無常、苦、空、無我，不知解脫中常樂我淨，故對之只說非色，此非中道解脫。「亦色非色」是中道解脫，此非聲聞緣覺所知。說「非色」，小乘知之，「亦色非色，說為非色」，則非小乘所能知。說「非色」是權說（方便說），而小乘認為是實說。

實說者「亦色非色」。小乘所不能知者實只此「亦色非色」之解脫耳。「非色」者滅**無常色**也。「亦色」者獲得**常色**也。

　　經同卷下文對解脫有種種說法。此種種說中，有云：

> 又解脫者名斷一切有爲之法，出生一切無漏善法。斷塞諸道，所謂若我無我，非我非無我。唯斷**取著**，不斷**我見**，我見者名爲**佛性**。佛性者即眞解脫。眞解脫者即是如來。

案：此言「唯斷**取著**，不斷**我見**」，此亦如《維摩詰經》言「除病不除法」。平常言「我見」是劣義，即是「取著」。此涅槃眞我唯由眞解脫而顯，無一毫執著，故此「我見」是不取不著之我見，此亦如《法華經》「開佛之知見」。平常言「知見」亦是取著的知見，偏滯的知見，而「開佛之知見」則是眞知見，是正見勝見也。不是說一有見便是壞的。此「不斷我見」亦復如是，不是讓人有取著之我見，所謂我癡我慢中之我見也。

　　繼之又有云：

> 又解脫者名**不空空**。**空空**者名無所有。無所有者即是外道尼犍子等所計解脫，而是尼犍實無解脫。故名**空空**。眞解脫者則不如是，故**不空空**。不空空者即眞解脫，眞解脫者即是如來。
>
> 又解脫者名**空不空**。如水酒酪酥蜜瓶等，雖無水酒酪酥蜜時，猶故得名爲水瓶等，而是瓶等不可說**空**及以**不空**。若言空者，則不得有色香味觸。若言不空，而復無有水酒等實。

解脫亦爾，不可說色及以非色，不可說空及以不空。若言空者，則不得有常樂我淨。若言不空，誰受是常樂我淨者？以是義故，不可說空及以不空。空者謂無二十五有及諸煩惱，一切苦，一切相，一切有爲行，如瓶無酪，則名爲空。不空者謂真實善色常樂我淨，不動不變，猶如彼瓶色香味觸，故名不空。是故解脫喻如彼瓶。彼瓶遇緣，則有破壞。解脫不爾，不可破壞。不可破壞即真解脫。真解脫者即是如來。

案：此兩段言不空空，空不空，爲真解脫。「不空空」者猶言「不空之空」或「不空而空」也。「空不空」者猶言「空而不空」也。但不可定說空及以不空。空說空與定說不空俱非。定說空是「空空」。「空空」者是空而空也。（此如《般若經》言十八空中之「空空」不同。十八空中之「空空」是空那空之執念）。空而空是「無所有」，是頑空，是斷滅空，此是外道尼犍子所計解脫，此不是真解脫，蓋「實無解脫」也。同理，定說不空，則煩惱不滅，不名涅槃。是故空而不空，不空而空，方是實說。實說者是真解脫，真涅槃。寂滅無相，而具備一切無漏功德相，而相相皆如。此即空不空如來藏也。

是故《經‧卷第三十八憍陳如品第十三之一》云：

爾時世尊告憍陳如：色是無常，因滅是色，獲得解脫常住之色。受想行識亦是無常。因滅是識，獲得解脫常住之識。憍陳如！色即是苦，因滅是色，獲得解脫安樂之色。受想行識亦復如是。憍陳如！色即是空，因滅空色，獲得解脫非空之

色。受想行識亦復如是。憍陳如！色是無我，因滅是色，獲得解脫**真我**之色。受想行識亦復如是。憍陳如！色是不淨，因滅是色，獲得解脫**清淨**之色。受想行識亦復如是。憍陳如！色是生老病死之相，因滅是色，獲得解脫**非生老病死相**之色。受想行識亦復如是。

案：此與言佛性不即六法不離六法同。佛亦具五陰（五蘊）。惟此五陰是常樂我淨之五陰，非生死五陰也。如此言不空（空而不空）是就如來藏說，即「所有佛性一切佛法常無變易」也。此須以性具說之，不可以性起說之。性起是分解地說，尚非圓具地說。故屬別教，只知無量四諦，未進至無作四諦。天臺宗立性具系統即為相應眞正圓教而立也。關于此種判教將于後天臺部詳之。

第四節
《涅槃經》之定與不定原則：一切眾生皆可成佛

此涅槃之體人人可得，即一闡提亦可獲得。何以故？「諸佛菩薩于一切法不見**定相**。」定相由于有自體，有自性，此是執著。不執有自體，則無定相。此**不定原則**用于一切現實緣起法。由觀不定而證得者則亦**有定**，此即常樂我淨大涅槃也。此有定相是客觀地說。若主觀地執有大涅槃，則成識念，亦復不定，此所以十八空中有「空空」也。依**不定原則**，一切皆可轉化。依**有定原則**，轉化而證果也，依此不流于虛無斷滅。此定與不定，《經‧卷第二十二光明遍照高貴德王菩薩品第十之二》有如下之詳說：

善男子！一切聲聞緣覺經中，曾不聞佛有常樂我淨，不畢竟滅，三寶佛性無差別相，犯四重罪，謗方等經，作五逆罪，及一闡提，悉有佛性。今于此經而得聞之。是名不聞而聞。

爾時，光明遍照高貴德王菩薩摩訶薩白佛言：世尊！若犯重禁，謗方等經，作五逆罪，一闡提等，有佛性者，是等云何復墮地獄？世尊！若使是等有佛性者，云何復言無常樂我淨？世尊！若斷善根名一闡提者，斷善根時，所有佛性云何不斷？佛性若斷，云何復言常樂我淨？如其不斷，何故名爲一闡提耶？

世尊！犯四重禁，名爲不定。謗方等經，作五逆罪，及一闡提，悉名不定。如是等輩若決定者，云何得成阿耨多羅三藐三菩提？得須陀洹，乃至辟支佛，亦名不定。若須陀洹，至辟支佛，是決定者，亦不應成阿耨多羅三藐三菩提。

世尊！若犯四重不決定者，須陀洹乃至辟支佛亦不決定。如是不定，諸佛如來亦復不定。若佛不定，涅槃體性亦復不定。至一切法亦復不定。云何不定？若一闡提除一闡提，則成佛道。諸佛如來亦應如是。入涅槃已，亦應還出，不入涅槃。若如是者，涅槃之性則爲不定。不決定故，當知無有常樂我淨。云何說言一闡提等當得涅槃？

爾時，世尊告光明遍照高貴德王菩薩摩訶薩言：善哉善哉！善男子！……汝已……久已通達諸佛如來所有甚深秘密之藏，已聞過去無量無邊恆河沙等諸佛世尊如是甚深微密之義。我都不見一切世間若人若天，沙門、婆羅門，若魔若梵，有能諮問如來是義。今當誠心諦聽諦聽，吾當爲汝分別

演說。

善男子！一闡提者亦不決定。若決定者，是一闡提終不能得阿耨多羅三藐三菩提。以不決定，是故能得。

如汝所言：佛性不斷，云何一闡提斷善根者，善男子！善根有二種：一者內，二者外。佛性非內非外，以是義故，佛性不斷。復有二種：一者有漏，二者無漏。佛性非有漏，非無漏，是故不斷。復有二種：一者常，二者無常。佛性非常非無常，是故不斷。若是斷者，則應還得。若不還得，則名不斷。若斷已，得名一闡提。

犯四重者亦是不定。若決定者，犯四重禁終不能得阿耨多羅三藐三菩提。

謗方等經亦復不定。若決定者，謗正法人終不能得阿耨多羅三藐三菩提。

作五逆罪亦復不定。若決定者，五逆之人終不能得阿耨多羅三藐三菩提。

色與色相，二俱不定。香味觸相，生相，至無明相，陰入界相，二十五有相，四生乃至一切諸法，皆亦不定。

善男子！譬如幻師，在大眾中，化作四兵車步象馬，作諸瓔珞嚴身之具，城邑聚落，山林樹木，泉池河井。而彼眾中有諸小兒無有智慧，睹見之時，悉以為實。其中智人知其虛誑，以幻力故，惑人眼目。善男子！一切凡夫，乃至聲聞辟支佛等，于一切法見有定相，亦復如是。諸佛菩薩于一切法不見定相。

善男子！譬如小兒，于盛夏月，見熱時炎，謂之為水。有智

之人于此熱炎，終不生于實水之想。但是虛炎誑人眼目，非實是水。一切凡夫，聲聞緣覺，見一切法亦復如是，悉謂是實。諸佛菩薩于一切法不見定相。

善男子！譬如山澗，因聲有響。小兒聞之，謂是實聲。有智之人解無定實。但有聲相誑于耳識。

善男子！一切凡夫，聲聞緣覺，于一切法亦復如是，見有定相。諸菩薩等解了諸法悉無定相，見無常相，空寂等相，無生滅相。以是義故，菩薩摩訶薩見一切法是無常相。

善男子！亦有定相。云何爲定？**常樂我淨**。在何處耶？所謂**涅槃**。

善男子！須陀洹果亦復不定。不決定故，經八萬劫，得阿耨多羅三藐三菩提心。斯陀含果亦復不定。不決定故，經六萬劫，得阿耨多羅三藐三菩提心。阿那含果亦復不定。不決定故，經四萬劫得阿耨多羅三藐三菩提心。阿羅漢果亦復不定。不決定故，經二萬劫，得阿耨多羅三藐三菩提心。辟支佛道亦復不定。不決定故，經十千劫，得阿耨多羅三藐三菩提心。

善男子！如來今于拘尸那城，娑羅雙樹間，示現倚臥獅子之床，欲入涅槃。……一切所有聲聞弟子咸言如來入于涅槃。當知如來亦不**畢定**入于**涅槃**。何以故？如來常住，不變易故。以是義故，如來涅槃亦復不定。善男子！當知如來亦**復**不定。

……

是故如來非天非非天，非人非非人，非鬼非非鬼，非地獄畜

生餓鬼，非非地獄畜生餓鬼，非眾生非非眾生，非法非非法，非色非非色，非長非非長，非短非非短，非相非非相，非心非非心，非有漏非無漏，非有為非無為，非常非無常，非幻非非幻，非名非非名，非定非非定，非有非無，非說非非說，非如來非不如來。以是義故，**如來不定**。

〔下逐一分別解說，略。〕

《經·卷第二十三光明遍照高貴德王菩薩品第十之三》，綜結云：

善男子！以是因緣，諸佛如來**無有定相**。

善男子！是故犯四重禁，謗方等經，及一闡提，悉皆不定。

爾時，光明遍照高貴德王菩薩摩訶薩言：如是如是，誠如聖教，一切諸法皆悉不定。以不定故，當知如來亦**不畢竟入于涅槃**。

但《經·卷第二十四》同品第十之四，復云：

爾時，光明遍照高貴德王菩薩摩訶薩言：若佛所說，不作定相，不作果相，是義不然。何以故？如來先說，若人聞是《大涅槃經》一句一字，必定得成阿耨多羅三藐三菩提。如來于今云何復言無定無果？若得阿耨多羅三藐三菩提，即是定相，即是果相。云何而言無定無界？聞惡聲故，則生惡心。生惡心故，則至三途。若至三途，則是定果。云何而言

無定無果？

爾時，如來讚言善哉善哉！善男子！能作是問！若使諸佛說諸音聲，有定果相者，則非諸佛世尊之相，是魔王相，生死之相，遠涅槃相。何以故？一切諸佛凡所演說無定果相。……善男子！夫涅槃者實非聲果。若使涅槃是聲果者，當知涅槃非是常法。善男子！譬如世間從因生法，有因則有果，無因則無果。因無常故，果亦無常。所以者何？因亦作果，果亦作因。以是義故，一切諸法無有定相。若使涅槃從因生者，因無常故，果亦無常。而是涅槃不從因生，體非是果，是故爲常。善男子！以是義故，涅槃之體無定無果。善男子！夫涅槃者亦可言定，亦可言果。云何爲定？一切諸佛所有涅槃常樂我淨，是故爲定。無生老壞，是故爲定。一闡提等，犯四重禁，誹謗方等，作五逆罪，捨除本心，必定得故，是故爲定。

此下，卷第二十七即爲〈師子吼菩薩品〉。「師子吼者名決定說。一切衆生悉有佛性。如來常住，無有變易。」佛性義如前述。

　　茲對于所說「不定」略作語意疏釋。此可分三類言之。

　　㈠「一切諸法無有定相。」

　　㈡一闡提者，犯重禁者，謗方等者，作五逆罪者，乃至從須陀洹起，直至菩薩，皆亦不定。

　　㈢「如來亦復不定」。

關於第一類，「一切諸法無有定相」，此是緣起法之存有上說。依緣起性空，「諸菩薩等解了諸法悉無定相，見無常相，空寂等相，無生滅相。」「色與色相二俱不定。香味觸相，生相，至無明相，陰入界相，二十五有相，四生，乃至一切諸法，皆亦不定。」此與《中論》說「八不」同也。須知生滅常斷一異來去之成為定相皆由于概念之執定。若衡之以緣起無性，實皆非定相也。此等既非定相，則色與色相等悉皆不定。蓋形式概念所成之形式的定相既是執定，則在此形式的定相下之諸個體物以及其諸特性之定相亦是執定，衡之以緣起無性，皆幻化無實也。無實是無實自體。

關于第二類，則是有情眾生之在人品升進上之無定相。一闡提亦非定性一闡提。每一有情眾生皆有其無限定的可能發展，而最高的可能是得無上正等正覺（成佛），即從現實上種種有限存在之形態可轉化為一具有無限性之存在，此則為決定者。就各種有限存在形態之不定言，此恰似法國存在主義者沙特所說之「人無定義」，人之是什麼但視其自己之決定與創造。如果人可依一預定之理型而被界定，則正好成一定性眾生。依西方基督教傳統以及人類學的觀點，無限歸無限，有限歸有限，則人便成定性有限，如是，成佛乃不可能，佛只是一理想的基型而永不能達到者。但《大涅槃經》之「不定」原則否決此種思想。

關於第三類，「如來亦復不定」是就「如來亦不畢定入于涅槃」而言。「如來常住，不變易故」，此是決定的。其入或不入于涅槃乃是其方便示現，此則不定。方便示現是因緣法，而涅槃法身非因緣法。依因待緣修行是因緣法，所謂如夢勤加，然而修行所證顯之涅槃法身寂滅境界則非因緣法。是故如來常樂我淨，涅槃法身

亦常樂我淨，此則是決定的。人雖有限而可無限，此亦是決定的。
此不背于《中論》之破斥自性執佛（定性佛）。蓋自性執之佛與此
所言之「佛性」義不同故也。又，從如來可隨順人間過現實生活以
及可有種種方便示現而言，則如來可有許多相，而無一相是決定
的，因此有諸非：非人非非人，非天非非天，等等。總之，依不定
原則去執，此是實相般若之精神；依決定原則說常，說成佛之可
能，此是「如來藏恆沙佛法佛性」義之所開。佛性義非自性執之
佛。破自性執何礙于言佛性耶？蓋「恆沙佛法佛性」不過是具備著
恆沙佛法的三因佛性：中道第一義空（正因佛性）是具備著恆沙佛
法而爲空，故爲中道空（眞空妙有之中道空，即圓中，不同于《中
論》所說之中道空，以《中論》無恆沙佛法佛性義故）；般若智德
（了因佛性）是具備著恆沙佛法而爲智德（圓智）；解脫斷德（緣
因佛性）是具備著恆沙佛法而爲斷德（「不斷斷」之圓斷）。恆沙
佛法，不管是現實上的三千世間法種種相，抑或是如來所示現的三
千世間法種種相，皆是無自性無定相的緣起假名法；而中道空之寂
滅相不是一個緣起法，圓智之智德不是一個緣起法，圓斷之斷德不
是一個緣起法——此三者不過是即于恆沙佛法而證實相無相（此即
是寂滅相），而無執無著（此即是圓智），而清淨無惱（即此是圓
斷解脫），故連帶著恆沙佛法一起皆爲寂滅無相，此即是法身之遍
滿常，連帶著恆沙佛法一起皆爲圓智圓斷，此即是般若與解脫之遍
滿常。你說有依因待緣之修行始可證實相，始可顯圓智，而顯圓
斷，此固不錯。但依修行而證而顯，此修行之行是緣起法，而所證
顯之實相、圓智、圓斷卻不是緣起法——此是所證顯之果乃至果果
（皆是一種境界），而不是緣起中之生滅果。吾人不能把修行之緣

起透射到實相、圓智、圓斷上，而說此實相、圓智、圓斷亦是緣起中的一個生滅法。實相、圓智、圓斷之為證顯果與緣起法中之生滅果，這兩種因果是不同層次又是不同基型的。吾人不能顢頇渾淪而泛言之以緣起也。一是依因待緣而生起，一是依因待緣而證顯。此兩者固不相同也。因所證顯之果不是緣起中一個生滅法，故說為「常」。實相常，圓智常，圓斷亦常，而常無「常」相。此即為「涅槃法身常住，無有變易」，亦曰三德秘密藏。既即于恆沙佛法而為實相、圓智、圓斷，而法不出如，以如為相，以如為位，故恆沙佛法雖為緣起幻有，而終局言之，亦是常，直證無生即是常，此即「是法住法位，世間相常住。」故既不背于實相般若，而又比般若學進一步。關鍵即在「恆沙佛法佛性」一觀念。

第五節
三因佛性之遍局問題

三因佛性本是一整一佛性，析而為三。緣因佛性指斷德而言，了因佛性指智德而言。緣了既單提，則正因佛性即是「中道第一義空」。三因佛性與「三德秘密藏」之三德相應。緣因斷德與解脫相應，了因智德與般若相應，正因中道空與法身相應。顯名法身，隱名如來藏。是則正因佛性即「如來藏我」。但一說「如來藏我」，即已隱含緣了于其中。惟既析而為三，自有偏重說耳。法身有無量德，惟是一「中道空」（此與《中論》空假中之中道不同）。是以當相應法身而說正因佛性時，雖已隱含緣了于其中，然為顯正因故，且獨顯客觀意義的中道空。緣了二佛性是主觀意義的佛性，此

則暫隱而不說。正因佛性之佛是「法佛」，緣了二佛性之佛是「覺佛」。就「法佛」而言，則正因佛性可以遍及一切，不但有情有之，無情者，如草木瓦石，亦有之。此顯正因佛性之絕對普遍性。然此絕對普遍性實依「**法身無外**」而立。法身不但有無量德，而且亦不能有外。在此無外上，法身可以攝及草木瓦石，而草木瓦石亦不能外乎「中道空」也。然這卻亦並不表示草木瓦石能自顯其正因佛性而為法身。是以吾之法身可以攝及草木瓦石，而使之一起在「中道空」中呈現，然畢竟彼之自身不能自顯正因佛性而為法身。是以說「無情有性」，這個「有」字畢竟不同于「有情有性」之有。其有者是因吾之法身之遍攝而在「中道空」中呈現之謂也。此是消極地**帶起之有**，不是積極地**自證之有**。後來知禮言「究竟蛣蜣」，「蛣蜣究竟」，以「六即」判蛣蜣，亦是此義。縱然在法身呈現時，灑然頓亡一切分別，可無物我之分，我之佛性即是彼之佛性，我之法身即是彼之法身，然而畢竟亦可以**不分而分**。

　　草木瓦石所以不能自顯正因佛性而為法身正因其不能自顯緣了而具斷德與智德。在此，儘管「中道空」可以遍及于彼，而謂其消極地有正因佛性，然而緣了二佛性仍不能遍及于彼，吾人仍不能謂其有覺佛性。此即緣了二佛性之局限性。縱然這是一時之權說，及至頓教實說，吾之智德斷德亦是遍及無外，因而緣了二佛性亦可以攝及草木瓦石，草木瓦石亦一起在此智德斷德中呈現，而為般若相與解脫相，然而**不分而分**，吾人仍不能謂草木瓦石能**自具有緣了二佛性**，且能**自顯**其緣了二佛性而為般若與解脫。是則光只是**三因體遍**，並不能**積極地**建立「無情有三因佛性」也。「無情有性」，此中之「有」是在吾之三因佛性之遍攝中而為消極地帶起之有，而非

積極地自證之有。此不但于緣了二佛性是如此，即于正因佛性亦如此也。此本是圓教之所函。于圓教說「無情有性」，乃至說「蠢蝡究竟」，其實義不過如此。即荊溪知禮亦不能說「決不如此」。不過他們偏重「**分而不分**」，（在圓實雙忘中不分），遂說「無情有性」，無情即是佛，蠢蝡亦即是佛。然而此「**分而不分**」亦實函著「**不分而分**」，「**無情之有佛性與即是佛**」畢竟與「**有情之有佛性與是佛**」不同也。此亦如莊子之言逍遙無待，在至人之逍遙無待之功化中，大鵬尺鷃乃至萬物一起皆登逍遙之域，此是**分而不分**也。然而**不分而分**，大鵬尺鷃之逍遙畢竟與至人之逍遙不同，乃由至人之功化所帶起，在至人之渾忘中而為逍遙也。是故在**聖人之境界**中，一切是分而不分；而在**客觀存有**上，則又是**不分而分**也。此亦如智者《四念處》云：「如如之境即如如之智，智即是境。說智及智處，皆名為般若。亦例云：說處及處智，皆名為所諦。是非境之境而言為境，非智之智而言為智。」此是在寂照雙忘中**分而不分**也。然畢竟亦是**不分而分**也。是故在不分而分中，無情，蠢蝡，大鵬，尺鷃，只可說是「**物自身**」之身分，而不可說是「**自由**」。「**物自身**」雖不礙及自由，然而畢竟不即是自由。說它們是自由，有性，即是佛，乃是在聖人**渾忘**中**帶起地**說，非是在其**存有**中**自證地說**。荊溪無此簡別，遂致令人「**惑耳驚心**」。明乎此，則以下之經文可解。

《經·卷三十三迦葉菩薩品第十二之一》：

佛性者猶如虛空，非過去，非未來，非現在。……善男子！眾生佛性雖現在無，不可言無。如虛空性，雖無現在，不得

言無。一切眾生雖復無常，而是佛性常住不變。是故我于此
經中說：眾生佛性非內非外，猶如虛空非內非外。如其虛空
有內外者，虛空不名爲一爲常，亦不得言一切處有。虛空雖
復非內非外，而諸眾生悉皆有之。眾生佛性亦復如是。

荊溪《金剛錍》即依據此文立「眾生正因體遍」。虛空非內非外，
遍一切處，喻佛性亦然。荊溪云：「故知經文不許唯內專外，故云
非內外等，乃云如空。」既云「眾生佛性，豈非**理性正因**？」如虛
空之非內外遍一切處之佛性即「理性正因佛性」也。「理性」者性
地理上有之而未修顯之之謂也，亦函指謂正因佛性是客觀意義的法
佛之性。

荊溪繼謂：

> 次迦葉問：「云何名爲猶如虛空？」佛乃以果地無礙而答迦
> 葉。豈非正因因果不二？由佛果答，迦葉乃以權「智斷
> 果」，果上緣了悉皆是有，難佛空喻法喻不齊。故迦葉云：
> 「如來、佛性、涅槃、是有，虛空應當亦是有耶？」

所謂「次迦葉問」之「次」乃在《經‧卷三十六迦葉菩薩品第十二
之四》中隔兩卷不相干。在此卷三十六中有云：

> 迦葉菩薩言：世尊！如佛所說眾生佛性猶如虛空，云何名爲
> 如虛耶？
> 善男子！虛空之性非過去，非未來，非現在。佛性亦爾。善

男子！虛空非過去。何以故？無現在故。法若現在，可說過去。以無現在，故無過去。亦無現在。何以故？無未來故。法若未來，可說現在。以無未來，故無現在。亦無未來。何以故？無現在過去故。若有現在過去，則有未來。以無過去現在做，則無未來。以是義故，虛空之性非三世攝。

善男子！以虛空無故，無有三世。不以有故。無三世也。如虛空華，非是有故，無有三世。虛空亦爾，非是有故，無有三世。

善男子！無物者即是虛空，佛性亦爾。

善男子！虛空無故，非三世攝。佛性常故，非三世攝。

善男子！如來已得阿耨多羅三藐三菩提，所有佛性一切佛法常無變易。以是義故，無有三世，猶如虛空。善男子！虛空無故，非內非外。佛性常故，非內非外。故說佛性猶如虛空。

善男子！如世間中無罣礙處，名為虛空。如來得阿耨多羅三藐三菩提已，于一切佛法無有罣　，故言佛性猶如虛空。以是因緣，我說佛性猶如虛空。

案：此最後一段即荊溪所謂「佛乃以果地無礙而答迦葉」。佛得無上正等正覺即是佛果。佛得果已，「于一切佛法無有罣礙，故言佛性猶如虛空」。正因佛性因果不二，故果處無礙，猶如虛空，因地亦應無礙，猶如虛空。可是既由佛果無礙作答，于佛果上，不但正因佛性顯，緣了亦顯。正因顯為法身，緣因顯為解脫，了因顯為般若。般若是智德，智德之果是如來。解脫是斷德，斷德之果是涅

槃。如來、涅槃、法身（佛性），此三者悉皆是有，但虛空卻是無（「虛空無故，非三世攝」，「不以有故，無三世也。」）因此，迦葉菩薩白佛言：

> 世尊！如來、佛性、涅槃、非三世攝，而名爲有，虛空亦非三世所攝，何故不得名爲有耶？（同上）

荊溪以爲此是迦葉「以權智斷果、果上緣了悉皆是有，難佛空喻法喻不齊」。「權智斷果」意即權說或權敎的智果（如來）與斷果（涅槃）。「空喻法喻不齊」，本以虛空喻正因佛性，但虛空是無，而佛性之法卻是有，故空喻法喻不齊也。

關此疑難，佛答云：

> 善男子！爲非涅槃，名爲涅槃。爲非如來，名爲如來。爲非佛性，名爲佛性。云何名爲非涅槃耶？所謂一切煩惱有爲之法。爲破如是有爲煩惱，是名涅槃。非如來者，謂一闡提至辟支佛。爲破如是一闡提等至辟支佛，是名如來。非佛性者，所謂一切牆壁瓦石無情之物。離如是等無情之物，是名佛性。善男子！一切世間無「非虛空」對于虛空。（同上）

據此答語，涅槃，如來，佛性之名乃由對治而顯。荊溪《金剛錍》引此文而解云：

> 今問：若瓦石永非，二乘、煩惱、亦永非耶？故知經文寄方

便教，説三對治；暫説三有，以斥三非。故此文後便即結
云：「一切世間無非虛空對于虛空」。佛意以瓦石等三以爲
所對，故云「對于虛空」。是則一切無「非如來」等三。

據荊溪此意，涅槃、如來、佛性、旣由對治而名，便是「方便教」
（權教）。旣是方便教，便是「暫説三有，以斥三非」。三非：有
爲煩惱之爲「非涅槃」，一闡提至辟支佛之爲「非如來」，牆壁瓦
石之爲「非佛性」，此三非並非「永非」。是則牆壁瓦石無情之物
之爲「非佛性」並非「永非佛性」：權教説非（無），圓教説是
（有）。此即佛性有進退也。若瓦石永非佛性，則非如來之二乘亦
永非如來耶？非涅槃之煩惱亦永非涅槃耶？三乘究竟，顯非圓教。
若一乘究竟，則無永非如來之二乘，亦無永非涅槃之煩惱。是故亦
無永非佛性之瓦石。是則便無「非如來」，「非涅槃」，「非佛
性」，以爲所對。如是，則如來涅槃便成絕待無限體，一切無非如
來，一切無不涅槃。佛性亦然，一切無非佛性，佛性自亦遍及無
情。此義由經文「一切世間無非虛空對于虛空」而顯，故得以虛空
非內非外，遍一切處，喻正因佛性遍一切物也。因此，虛空雖無
（「無物者即是虛空」），亦得作喻。凡喻不必全相似，只取某一
義作喻解耳。

　　唯經文「無非虛空對于虛空」是否表示最後無「非如來」，
「非佛性」，「非涅槃」，以爲所對，這還是問題。順問答語勢
看，亦可是這樣：有「非如來」對于如來，故如來雖「非三世攝，
而名爲有」，然而世間卻無「非虛空」以對虛空，故虛空雖「亦非
三世攝」，而卻「不得名爲有」。雖一有一無，仍可取彼無者以爲

喻。語勢雖是如此，「非如來」對如來，爲方便說，仍可成立。

又，「無非虛空、對于虛空」，似不甚合邏輯。「無物者即是虛空」。然則一切物之集合所成之「宇」豈非即是「非虛空」？吾不甚能明佛說此語之意指究如何。可能只取此義，即：虛空本身既根本是無，則亦無所謂「非虛空」以與之對。然此無對義究不甚能明確地被建立。迦葉復順此語進而問曰：

> 世尊！世間亦無「非四大」對，而猶得名四大是有，虛空無對，何故不得名之爲有？（《經·卷三十六》

無「非四大」對於四大，此亦不甚能成立。依邏輯二分而言，我們可說虛空即是「非四大」。然虛空既根本是無，則以虛空爲「非四大」等于以無爲「非四大」，而此即等于無「非四大」。大概佛之說無「非虛空」，迦葉之說無「非四大」，不是嚴格遵守邏輯二分而言。四大無「非四大」以與之爲對，而四大仍得名有。然則虛空無「非虛空」以與之爲對，「何故不得名之爲有」？荊溪解云：「迦葉意以空無對，故有之大也。」說虛空是無，非有，固可，說其是有，亦未嘗不可。惟此有不同于「四大」之爲有，亦不同如來、佛性、涅槃之爲有，蓋是意象中之有耳，非是一積極之存在。意象中之有實是非有，故佛仍可說虛空是無：「虛空無故，非三世攝；佛性常故，非三世攝。」

此種有與非有，有對無對，不關緊要。但須有一交代，省得糾纏。茲仍順經文之宗趣而言。迦葉既意在「以空無對，故有之大」，佛即「捨喻從法，廣明涅槃不同虛空」（荊溪語）。因此，

佛答云：

> 善男子！若言涅槃非三世攝，虛空亦爾者，是義不然。何以
> 故？涅槃是有，可見可證；是色足迹，章句是有；是相是
> 緣，是歸依處；寂靜光明，安隱彼岸。是故得名非三世攝。
> 虛空之性無如是法，是故名無。若有離于如是等法，更有法
> 者，應三世攝。虛空若同是有法者，不得非是三世所攝。
> （《經·卷三十六》）

此是言涅槃與虛空不同。「涅槃是有，可見可證」，且有種種清淨
無漏功德法。「虛空之性無如是法，是故名無」。旣無如是等法，
其本身亦是非有，即是無。「虛空若同是有法者，不得非是三世所
攝。」于涅槃有種種清淨無漏功德法中，有所謂「是色足迹，章句
是有」兩句。卷三十四有云：「夫涅槃者即是章句，即是足迹，是
畢竟處，是無所畏，即是大師，即是大果，是畢竟智，即是大忍，
無礙三昧，是大法界，是甘露味，即是難見。目連！若說無涅槃
者，云何有人生誹謗者，墮于地獄？善男子！我諸弟子聞是說已，
不解我意，唱言如來說有涅槃。」此中「章句、足迹」，即是此處
「是色足迹，章句是有」兩句之所本，但不甚好解。這且不管。又
據此段文，說「涅槃是有」，亦是方便說。故云：「我諸弟子不解
我意，唱言如來說有涅槃。」若說定無，即是誹謗。若說定有，即
是執著。涅槃是非有非無之有。但亦總是有。縱使依迦葉，虛空亦
可說有（「以空無對，故有之大」），但亦與涅槃之為有不同。雖
有如是之不同，仍可以虛空喻佛性。是故荊溪云：

若涅槃不同，餘二〔如來佛性二〕亦異。故知經以正因結
難，一切世間何所不攝？豈隔煩惱及二乘乎？虛空之言向何
所不該？安棄牆壁瓦石等耶？（《金剛錍》）

案：若涅槃與虛空不同，則如來與佛性二者亦與虛空不同。涅槃是
斷果，如來是智果。佛性是就正因佛性而言：顯為法身，隱名如來
藏。無論在隱在顯，亦應是有，且亦應有種種清淨無漏功德法，是
故亦應與虛空不同。雖與虛空不同，仍可以虛空喻正因佛性。說正
因佛性，即已隱含涅槃與如來。「故知經以正因結難（以正因佛性
如虛空結束迦葉「云何名為如虛空」之疑難），一切世間何所不
攝？豈隔煩惱及二乘乎？（分別言之，佛性中所隱含之涅槃不隔煩
惱，以故無「非涅槃」；佛性中所隱含之如來不隔二乘，以故無
「非如來」。）虛空之言何所不該？安棄牆壁瓦石等耶？（若直接
以虛空所喻之佛性而言則佛性之佛取「法佛」義，暫置涅槃斷果及
如來智果于不論。如是，「虛空之言向所不該？安棄牆壁瓦石等
耶？」是即佛性不隔無情，以故無「非佛性」。）是即首先表示正
因佛性遍及一切，不棄牆壁瓦石，故云「無情有性」也。「非佛性
者，所謂一切牆壁瓦石無情之物」，此乃是對治權說，非圓教實
說。不得以此便謂《涅槃經》否認「無情有性」。「無情有性」自
為《涅槃經》之所函蘊。惟須知此就法佛義之正因佛性而言也。

荊溪繼上復云：

佛後復云：「空與涅槃雖俱非世攝，涅槃如來有證有見，虛
空常故，是故不然。」〔案：此是意引略引，當依上錄經文

對正〕。豈非正與緣了不同？（《金剛錍》）

上錄經文明涅槃與虛空不同。「涅槃是有，可見可證。……虛空之性無如是法，是故名無。」而荊溪則云：「虛空常故，是故不然」。依經文，當改為「虛空無故，是故不然。」依荊溪意，「涅槃是有，可見可證」，虛空無故，不可見不可證，這即表示正因與緣了二因不同。涅槃是斷果，緣因佛性滿；如來是智果，了因佛性滿。故于涅槃如來特顯緣了，此則不必如虛空所喻之正因佛性之遍及牆壁瓦石。故由此經文亦足明正因佛性與緣了二佛性不同。以虛空喻正因佛性，則正因佛性遍，而緣了二佛性則局。但此局亦只是暫時說。

佛既以虛空喻正因佛性，則對於虛空必須善會，不可落於邪計。經直接上文明涅槃與虛空不同，復進而列舉十種邪計虛空，以遮其非：

善男子！如世人說：虛空名為無色，無對，不可觀見。若無色，無對，不可見者，即心數法。虛空若同心數法者，不得不是三世所攝。若三世攝，即是四陰。是故離四陰已，無有虛空。

復次，善男子！諸外道言：夫虛空者，即是光明。若是光明，即是色法。虛空若爾是色法者，即是無常。是常無故，三世所攝。云何外道說非三世？若三世攝，則非虛空。亦可說言虛空是常。

善男子！復有人言：虛空者即是住處。若有住處，即是色

法；而一切處皆是無常，三世所攝。虛空亦常。非三世攝。
若說處者，知無虛空。

復有說言：虛空者即是次第。若是次第，即是數法。若是可
數，即三世攝。若三世攝，云何言常？

善男子！若復說言：夫虛空者不離三法：一者空，二者實，
三者空實。若言空是，當知虛空是無常法。何以故？實處無
故。若言實是，當知虛空亦是無常。何以故？空處無故。若
空實是，當知虛空亦是無常。何以故？二處無故。是故虛空
名之爲無。

善男子！如說虛空是可作法，如說去樹去舍，而作虛空。平
作虛空，覆于虛空，上于虛空。畫虛空色，如大海水。是故
虛空是可作法。一切作法皆是無常，猶如瓦瓶。虛空若爾，
應是無常。

善男子！世間人說一切法中無罣礙處名虛空者，是無礙處於
一切法爲具足有，爲分有耶？若具足有，當知餘處則無虛
空。若分有者，則是彼此可數之法。若是可數，當知無常。

善男子！若有人說虛空無礙，與有竝合。又復說言虛空在
物，如器中果。〔荊溪引述，則爲「如器中空」〕。二俱不
然。何以故？若言竝合，則有三種。一異業共合，如飛鳥集
樹；二共業合，如兩羊相觸；三已合共合，如二雙指合在一
處。若言異業共合，異則有二：一是物業，二虛空業。若空
業合物，空則無常。若物業合空，物則不遍。如其不遍，是
亦無常。若言虛空是常，其性不動，與動物合者，是義不
然。何以故？虛空若常，物亦應常。物若無常，空亦無常。

若言虛空亦常無常，無有是處。若共業合，是義不然。何以故？虛空名遍，若與業合，業亦應遍。若是遍者，應一切遍。若一切遍，應一切合，不應說有合與不合。若言已合共合，如二雙指合，是義不然。何以故？先無有合，後方合故。先無後有，是無常法。是故不得說言虛空已合共合。如世間法，先無後有，是物無常。虛空若爾，亦應無常。若言虛空在物，如器中果〔空〕，是義不然。何以故？如是虛空，先無器時，在何處住？若有住處，虛空則多。如其多者，云何言常言一言遍？若使虛空離「空」〔似當作物〕有住，有物亦應離虛空住。是故當知無有虛空。

善男子！若有說言：指住之處名爲虛空，當知虛空是無常法。何以故？指有四方。若有四方，當知虛空亦有四方。一切常法都無方所。以有方故，虛空無常。若是無常，不離五陰。要離五陰，是無所有。

善男子！有法若從因緣住者，當知是法名爲無常。善男子！譬如一切眾生樹木因地而住。地無常故，因地之物次第無常。善男子！如地因水，水無常故，地亦無常。如水因風，風無常故，水亦無常。風依虛空，空無常故，風亦無常。若無常者，云何說言虛空是常，遍一切處？

虛空無故，非是過去未來現在。亦如兔角是無物故，非是過去未來現在。是故我說：佛性常故，非三世攝；虛空無故，非三世攝。（《經·卷三十六》）

案：以上錄文，前九段是十種邪計（第八段兩種邪計合破），末後

兩段是綜結。邪計虛空非佛性喻。正解虛空是無，非內非外，非三
世攝，遍一切處。荊溪引述，簡略難看，故將原文全錄于此。當然
所說十種邪計容有可爭辯處，因語意有模稜故。此儘須詳細分析。
但這裡無須作此工作。亦有難解處，如第四段說虛空是次第，即甚
難解。荊溪引述，十種邪計俱以「世言身內」說之，經文無此語，
不知其何所據。凡此皆可置之，只須知佛以其所正解之虛空喻正因
佛性遍一切處即可。是故荊溪于引述上錄經文後即進而論曰：

> 世人何以棄佛正教，朋于邪空？云何乃以智斷果上緣了佛性
> 以難正因？如來是智果，涅槃是斷果。故智斷果上有緣了
> 性。所以迦葉難云：「如來、佛性、涅槃是有。」世人多引
> 《涅槃》為難〔此句中之涅槃是《涅槃經》〕，故廣引之，
> 以杜餘論。子應不見《涅槃》之文，空效世人瓦石之妨。緣
> 了難正，殊不相應。此即子不知佛性之進否也。（《金剛
> 錍》）

案：就正因佛性言，佛性遍及無情，此是佛性之進。就智斷果上緣
了二佛性言，佛性惟限覺佛，不但無情無，眾生亦無，此是佛性之
退。又云：

> 況復以空譬正，緣了猶局。如迦葉所引三皆有者，此乃《涅
> 槃》帶權門說。故佛順迦葉，三皆是有。若頓教實說，本有
> 三種，三理元遍；達性成修，修三亦遍。欲示眾生本有正
> 性，且云正遍猶如虛空。欲赴末代以順迦葉，豈非迦葉知機

設疑，故佛覆實，述權緣了？此子不知教之權實。（同
上）。

案：「緣了猶局」是權，頓教實說，性三遍，修三亦遍。

客曰：何故權教不說緣了二因遍耶？

余曰：眾生無始計我我所。從「所計」示，未應說遍。《涅
槃經》中帶權說實，故得以空譬正，未譬緣了。若教一向
權，三因俱局。如別初心聞正亦局。藏性理性一切皆然。所
以博地聞無情無。依迷示迷，云「能造」是〔言能造者是佛
性，即有佛性〕。附權立性，云「所造」非〔言所造者非佛
性，即無佛性〕。

又復一代已多顯頓。如《華嚴》中依正不二、普賢普眼三無
差別，《大集》染淨一切融通，《淨名》不思議毛孔含納，
《思益》〔《思益梵天所問經》〕網明無非法界〔網明菩薩
明無出法界〕。《般若》諸法混同無二，《法華》本末實相
皆如。《涅槃》唯防像末謬執〔像法末法期之謬執〕，分正
緣了別指方隅。若執實迷權，尚失於實。執權迷實，則權實
俱迷。驗子尚昧小乘由心，故暗大教心外無境。

客曰：《涅槃》豈唯兼帶說耶？

余曰：約部通云，一切兼帶。部中品內，或實或權。如申迦
葉難，別爲末代一機而已，則權實並明。若一向權，如恆河
中七種眾生。若一向實，如三點、二鳥、三慈、十德等。他
皆準此，不可具述。如云「色常」，「色」言豈不收于一切

依正？何故制空令局限耶？此世人不知教之權實，如二乘人處處聞大，尚至《法華》方信己性，悔來至此財非己有，此豈非子不知父姓耶？聞開權已，方云口生化生有分。〔《法華經・譬喻品》：「今日乃知真是佛子，從佛口生，從法化生，得佛法分。」〕故《涅槃經》中猶恐未來一分有情不信己身有如來性，及謂闡提未來永斷，示令知有，及以不斷。豈部內諸文全無頓耶？（同上）

案：依天台判教，《涅槃經》屬「捃拾教」。捃、俱運切，撷也。捃撷、拾取也。言重拾藏通別三教令歸圓實教也。故部內四教並說，實即設三種權扶一圓實也。方等經中亦四教並說，然彈偏折小，嘆大褒圓，大與小，圓與偏，仍隔而不通也。故方等經為第三時說，屬生酥味，而《涅槃經》則與《法華》同為第五時說，屬醍醐味。（第一時說《華嚴》，屬乳味；第二時說藏教，屬酪味；第四時說《般若》，屬熟酥味。）諦觀《天台四教儀》云：「說《大涅槃》者有二義：一、為未熟者，更說四教，具談佛性，令具真常，入大涅槃，故名捃拾教。二、為末代鈍根於佛法中起斷滅見，夭傷慧命，亡失法身，設三種權，扶一圓實，故名扶律談常教。」又云：「問：此經具四教，與前方等部具說四教，為同為異？答：名同義異。方等中四，圓則初後俱知常，別則初不知後方知，藏通則初後俱不知。《涅槃》中四，初後俱知。」故《涅槃經》中教有權實，佛性有進退，荊溪所說不誤也。能知此義，則「無情有性」不為誇奢，三因體遍亦實然也。故荊溪云：

故《涅槃》中佛性之言不唯一種。如〈迦葉品下〉文云：「言佛性者，所謂十力、無畏、不共、大悲、三念、三十二相、八十種好。」子何不引此文，令一切眾生亦無，何獨瓦石？若云此是果德，眾生有此果性者，果性身土何不霑于瓦石等耶？又，若許因有果性者，世何但云十方諸佛同一法身、力、無畏等，而不云生佛亦同法身、力、無畏等，使一塵一心無非三身三德之性種耶？若言但有果地法身性者，何故經云十力無畏乃至相好？又復經中闡提等人四句辯性〔《經‧卷三十五迦葉品第十二之三》：「或有佛性、一闡提有，善根人無；或有佛性、善根人有，一闡提無；或有佛性、二人俱有；或有佛性、二人俱無。」此為四句辯性。〕，子云眾生有性，為何眾生？有何等性？瓦石為復無四句耶？又，第六、第九、及三十二，皆以雜血五味用對凡夫、三乘、及佛，何故佛性在人差降不同？〔如《經‧卷三十五迦葉品第十二之三》：「是故我于經中先說眾生佛性如雜血乳。血者即是無明行等一切煩惱，乳者即是善五陰也。是故我說從諸煩惱及善五陰得阿耨多羅三藐三菩提。如眾生身，皆從精血而得成就，佛性亦爾。須陀洹人，斯陀含人，斷少煩惱，佛性如乳。阿那含人，佛性如酪。阿羅漢人，猶如生酥。從辟支佛至十住菩薩，猶如熟酥。如來佛性猶如醍醐」。荊溪引經文據南本，故卷品不同。吾茲依北本錄。〕又，二十七云：「若修八正，即見佛性。」《婆沙》、《俱舍》悉有八正，乃至諸經咸有道品。為修何八正？見何佛性？故子不知佛性進否。〔同上，案：此段文在上錄客曰余

曰問答之前。〕

　　總而言之，《涅槃經》言佛性有種種說，俱見前第一節。概括之，不過三因佛性。就「以空譬正」而言，正因佛性是「法佛」之佛性，性德緣了，同名正因。此則遍及無情，不隔纖塵。若特顯緣了，則是覺佛之佛性，故果地十力無畏乃至相好，俱是佛性。惟從此言，始有「差降不同」，始有「四句辨性」。亦惟自此而言，始有權說之局限。及至圓頓實說，亦與正因同其遍也。惟此種遍不過是正因顯為法身，法身身土遍攝瓦石而為身土，使瓦石一起皆呈現于佛之身土中；緣了顯為解脫與般若，解脫與般若亦遍攝瓦石而為解脫與般若，使瓦石一起皆呈現于佛之解脫與般若中。這仍不能表示牆壁瓦石能自顯其正因佛性而為法身，能自顯其緣了而為解脫與般若。是故牆壁瓦石之有佛性是在聖人境界中之帶起的有，是聖人三德之霑溉，而不是積極地自證之有，即不是客觀存有上其自身能自證地有之。此如本節初文所說。明乎此，則說其有可，說其無亦可。普通說「一華一法界，一葉一如來」，亦當如此了解。荊溪說其有是自聖人境界中一體而化（所謂分而不分）而言也。若自客觀存有上，不分而分，彼亦不能言其有也。故凡惑耳驚心之言，非常可怪之論，若了其分際，則亦平常，不足驚怪。惟吾今日所說之分際，荊溪知禮皆未言及。只說教有權實，佛性有進否，尚不足以愜人之心也。

　　荊溪《金剛錍》于上錄《涅槃經》文之疏釋後，即進而依據天台宗性具圓教之綱格盛言三因體遍：「示有，是示種性；示遍，是示體遍；示具，是示體德。」此將于〈天台宗部〉第一分第三章第

七節言之，此不述及。

第二部
前後期唯識學
以及
《起信論》與華嚴宗

第一章
《地論》與《地論》師

　　既有「恆沙佛法佛性」一觀念，故須對于修行中一切流轉還滅之法有一根源的說明，而此種說明是開始于唯識學。但中國之吸收唯識是開始于《地論》師。《地論》師者，講世親早年作品《十地經論》之法師也。但此書並不是正式講唯識學者。唯識思想是講此書者帶進來的，因此，遂有地論與地論師之不同，而地論師中亦有不同之見解。《十地經論》乃天親菩薩造，後魏北印度三藏菩提流支等譯。「等」者除菩提流支外，尚有中天竺勒那摩提，以及傳譯沙門北天竺伏陀扇多參與其事。

　　此《論》只是解釋《華嚴經》之〈十地品〉，並未正面分析八識。《論》文中只有時提及心意識及阿黎耶識，但並未詳細分疏。如卷第一：

> 　《經》曰：復次，善男子！汝當辯說此諸法門差別，方便法故，承諸佛神力如來智明加故，自善根清淨故，法界淨故，饒益眾生界故，法身智身故，正受一切佛位故，得一切世間最高大身故，過一切世間道故，出世間法道清淨故，得一切智人智滿足故。

《論》曰：此十句中，「辯才」者，隨所得法義憶持不忘說
故。「諸法門」者，謂十地法。「差別」者，種種名相故。
此法善巧成，是故名「方便」。依根本辯才有二種辯才：一
者他力辯才，二者自力辯才。他力辯才者，承佛神力故。云
何「承佛神力」？如來智力不聞加故。如《經》「承諸佛神
力如來智明加故」。自力辯才者，有四種：一者，有作善法
淨辯才，如《經》「自善根清淨故」。二者，無作法淨辯
才，如《經》「法界淨故」。三者，化眾生淨辯才，如
《經》「饒益眾生界故」。四者，身淨辯才。是身淨中，顯
三種盡。一者，菩薩盡，有二種利益；二者，聲聞辟支佛不
同盡；三者，佛盡。菩薩盡者，法身離心、意、識，唯智依
止。如《經》「法身智身故」。二種利益者，現報利益，受
佛位故。後報利益，摩醯首羅智處生故。如《經》「正受一
切佛位故，得一切世間最高大身故」。二乘不同盡者，度五
道、復涅槃道淨故，如《經》「過一切世間道故，出世間法
道清淨故」。佛盡者，入一切智、智滿足故。如《經》「得
一切智人、智滿足故」。自力辯才校量轉勝上上故。

案：此中只于言「菩薩盡」處，提及心意識：「法身離心、意、
識，唯智依止」。

又卷第二：

《經》偈：定滅佛所行，言說不能及。地行亦如是，難說復
難聞。離念及心道，智起佛境界。非陰界入說，心意所不

及。如空中鳥跡，難説不可見。十地義如是，不可得説聞。
我但説一分：慈悲及願力，漸次，非心境、智滿如淨心。
〔案：此第四偈依下世親解標點。〕

《論》解此四偈中之首偈云：

此偈云何？彼智已顯方便壞涅槃，復示性淨涅槃。偈言「定
滅」故。定者成同相涅槃，自性寂滅故。滅者，成不同相方
便壞涅槃，示現智緣滅故。此智是誰證？偈言「佛所行」
故。誰説誰聽？無説無聽。偈言「言説不能及」故。「言
説」者，以音言導〔「以」、一作「口」〕，謂名句字身。
何故不但説無言？示現以言求解故。彼智既如是，地行復何
相？偈言「地行亦如是，難説復難聞」。「地」者境界，觀
行者智眷屬。智眷屬者，謂同行。同行者謂檀等諸波羅蜜。

解第二偈云：

此偈示現思慧及報生識智，是則可説。此智非彼境界，以不
同故。偈言「智起佛境界」故。如「陰界入」可説，此智不
爾，離文字故，是故不可説。偈言「非陰界入説」故。非耳
識所知，非意識思量，是故不可聞。偈言「心意所不及」
故。「智」者是地。「智起」者，以何觀、以何同行、能起
此智？云何可證，而不可説，而不可聞？今復以喻證成此
義。偈言云云〔即第三偈。易曉，解略〕。

解第四偈云：

> 前言「十地義如是，不可得説聞」。今言「我但説一分」。
> 此言有何義？是地所攝有二種：一因分，二果分。説者謂解
> 釋。「一分」者，因分于果分爲一分，故言「我但説一
> 分」。此説大有三種：一、因成就大；二、因漸成就大；
> 三、教説修成就大。何者因成就大？偈言「慈悲及願力」
> 故。慈者，同與喜樂因果故。悲者同拔憂苦因果故。願者發
> 心期大菩提故。此慈悲願長夜熏修，不同二乘故。何者因漸
> 成就大？偈言「漸次」故。漸者，説聞思慧等次第，乃至能
> 生出世間智因故。何者教説修成就大？有二種：一、滿足
> 修；二、觀修。滿足修者，偈言「非心境」故。「非心境」
> 者，此句示現聞思慧等心境界處唯是智因。能生出世間智，
> 而此不能滿彼出世間智地。偈言「智滿如淨心」故。「如淨
> 心」者，如出世間清淨心能滿彼地智故。

案：此《論》解《經》偈「智起佛境界，……心意所不及」，並提
出「出世間清淨心」以滿足之。此清淨心非心意識也，非陰界入心
也，非「念」、亦非「心道」，「離念及心道」故。

卷第三：

> 《經》曰：諸佛子，彼菩薩作是念：諸佛正法如是甚深，如
> 是寂靜，如是寂滅，如是空，如是無相，如是無願，如是無
> 染，如是無量，如是上，此諸佛法如是難得。

《論》曰：諸佛正法如是甚深者有九種：一、寂靜甚深，二、寂滅甚深，三、空甚深，四、無相甚深，五、無願甚深，六、無染甚深，七、無量甚深，八、上甚深，九、難得甚深。「寂靜」者，離妄計實有故，妄計正取故。「寂滅」者，法義定故。「空」、「無相」、「無願」者，三障對治、解脫門觀故。何者三障？一分別，二相，三取。捨願故。「無染」者，離雜染法觀故。「無量」者，不可算數、不可思量、生善根觀故。「上」者，依自利利他增上智觀故。「難得」者，三阿僧祇劫證智觀故。

云何具足諸苦？

《經》曰：而諸凡夫心墮邪見：爲無明癡闇蔽其意識；常立憍慢幢；墮在念欲渴愛網中；隨順諂曲林；常懷嫉妬，而作後身生處因緣；多集貪欲瞋癡，起諸業行；嫌恨猛風吹罪心火，常令熾燃；有所作業皆與顛倒相應；隨順欲漏、有漏、無明漏，相續起心意識種子。

《論》曰：「而諸凡夫心墮邪見」者，邪見有九種：一者，蔽意邪見，如《經》「爲無明癡闇蔽其意識」故。二者，憍慢邪見，如《經》「常立憍慢幢」故。三者，愛念邪見，如《經》「墮在念欲渴愛網中」故。四者，諂曲心邪見，如《經》「隨順諂曲林」故。五者，嫉妬行邪見，如《經》「常懷嫉妬而作後身生處因緣」故。六者，集業邪見，如《經》「多集貪欲瞋癡，起諸無行」故。七者，吹心熾燃邪見，如《經》「嫌恨猛風吹罪心火常令熾燃」故。八者，起業邪見，如《經》「有所作業皆與顛倒相應」故。九者，心

意識種子邪見，如《經》「隨順欲漏、有漏、無明漏，相續起心意識種子」故。

是中蔽意邪見，憍慢邪見、愛念邪見，此三邪見依法義妄計如是次第。諂曲心邪見、嫉妬行邪見，此二邪見于追求時心行過故。嫉者、于身起邪行故。妬者，于資財等，是故生生之處墮卑賤中，形貌鄙陋，資生不足故。第六集業邪見，受諸受時，憎愛彼二顛倒境界故。第七吹心熾燃邪見，于怨恨時，互相追念，欲起報惡業故。第八起業邪見，于作惡時，迭相加害故。第九心意識種子邪見，于作善業時，所有布施、持戒、修行、善根等業皆是有漏故。

《經》曰：于三界地，復有芽生，所謂名色共生、不離。此名色增長已成六入聚。成六入已，內外相對生觸。觸因緣故生受。深樂受故、生渴愛。渴愛增長故生取。取增長故復起後有。有因緣故，有生老〔病〕死憂悲苦惱。如是眾生生長苦聚，是中皆空，離我我所，無知無覺，如草木石壁，又亦如響。然諸眾生不知不覺，而受苦惱。

《論》曰：是中因緣有三種：一、自相，從「復有芽生」，乃至于「有」。二、同相，謂「生老病死」等過。三、顛倒相，「離我我所」等。自相者有三種：一者報相，名色共阿黎耶識生。如《經》「于三界地，復有芽生，所謂名色共生」故。「名色共生」者，名色共彼生故。二者，彼因相，是名色不離彼，依彼共生故。如《經》「不離」故。三者，彼果次第相，從六入乃至于有。如《經》「此名色增長已成六入聚，成六入已，內外相對生觸，觸因緣故生受，深樂受

故生渴愛，渴愛增長故生取，取增長故復起後有，有因緣故
有生老死憂悲苦惱，如是眾生生長若聚」故。

是中「離我我所」，此二示現「空」。「無知無覺」者，自
體無我故。彼無知無覺，示非眾生數動不動事。如《經》
「如草木石壁，又亦如響」故。因緣相似相類法故。云何于
彼二顛倒？如《經》「然諸眾生不知不覺而受苦惱」故。

案：此《論》解《經》從邪見起到名色以下之緣起。九種邪見中實
只解說無明緣行，行緣識。「相續起心意識種子」即識一支也。
「于三界地復有芽生，所謂名色共生不離」。世親解此「名色共
生」為「名色共彼生」。「彼」者指阿黎耶識說。名色共彼阿黎耶
識不離，依彼阿黎耶識而生，以此定為自相中之**因相**。有此因，乃
有六入以下之果相。「名色共彼阿黎耶識而生」其自身為**報相**。有
無明邪見自有此報相也。

　　解「邪見」提到**心意識種子**，解「名色共生」提到**阿黎耶識**。
但于此二者皆未詳細分疏。說者謂前五識為識，第六識為意，第七
識為心。本《論》中無有明文，此依共許，或可成立。但**阿黎耶識**
究如何說，則生歧見。本《論》無有明說，不同之解釋乃依《論》
外之思想而說，所謂《地論》師分相州南道北道即于此而分也。南
道慧光計阿黎耶識為**真**，北道道寵計阿黎耶識為**妄**。說者謂《地
論》明**阿黎耶識**為**真如法性**，為**自性清淨心**。若如此，則南道慧光
似較合《地論》本義。但實則《論》中亦無顯明的表示。

　　卷第八論第六現前地中有：

《經》曰：是菩薩住此菩薩現前地中，得信空三昧，性空三昧，第一義空三昧，第一空三昧，大空三昧，合空三昧，起空三昧，如實不分別空三昧，不捨空三昧，得離不離空三昧。是菩薩得如是等十空三昧門上首，百千萬空三昧門現在前；如是十無相三昧門上首，百千萬無相三昧門現在前；如是十無願三昧門上首，百千萬無願三昧門現在前。

《論》曰：此空三昧有四種差別：一觀，二不放逸，三得增上，四因事。除第四三昧〔即第一空三昧〕，有五三昧，是名爲觀：一、觀眾生無我，如《經》「得信空三昧」故；二、觀法無我，如《經》「性空三昧」故；三、取彼空觀，如《經》「第一義空三昧」故；四、依彼阿黎耶識觀，如《經》「大空三昧」故；五、觀轉識，如《經》「合空三昧」故。不放逸者，第四三昧分別善修行故，修行無厭足故，如《經》「第一空三昧」故。得增上者，第七三昧得增上功德，如《經》「起空三昧」故。因事者，餘三種三昧，智障淨因事，如《經》「如實不分別空三昧」故；教化眾生因事，如《經》「不捨空三昧」故；願取有因事，如《經》「得離不離空三昧」故。如是願取有、遠離煩惱染、而隨順諸有故，名離不離。

案：此《論》中以第五「大空三昧」爲「依彼阿黎耶識觀」。此語不能表示阿黎耶識爲眞淨。不知世親此時心中如何想阿黎耶識。如阿黎耶識爲眞淨，則以「觀轉識」解第六「合空三昧」，轉識亦眞淨乎？依《攝論》，除阿賴耶外，其餘諸識統名轉識。轉是轉現

義，諸識都由本識轉現而起，故曰「轉識」。如「心意識」中，心爲第七識，意爲第六識，識爲前五識，此皆可曰轉識。則此轉識不得爲眞淨也。何故「依彼阿黎耶識觀」解「大空三昧」，阿黎耶識即必爲**眞淨**始足使「空三昧」爲「大」乎？

卷第八論現前地中又有一段（此在上引經文前）云：

《經》曰：是菩薩如是十種逆順觀因緣集法，所謂因緣分次第故，一心所攝故，自業成故，不相捨離故，**三道不斷故**〔案《經》前文曾有云：「是中無明愛取三分不斷是**煩惱道**，行有二分不斷是**業道**，餘因緣分不斷是**苦道**。先際後際相續不斷故，是**三道不斷**。如是**三道離我我所**，但有生滅故，猶如束竹」。天台言三道本此。〕，觀先後際故，三苦集故，因緣生故，因緣生滅縛故，隨順有盡觀故。

《論》曰：復有二種異觀：一、大悲隨順觀；二、一切相智分別觀。大悲隨順觀者有四種：一、愚癡顛倒；二、餘處求解脫；三、異道求解脫；四、求異解脫。云何愚癡顛倒？隨所著處愚癡及顛倒此事觀故。以著我故，一切處受生；遠離我故，則無有生。云何愚癡？無明闇故。如《經》「是菩薩觀世間生滅已，作是念：世間所有受身生處差別，皆以貪著我故。若離著我，則無世間生處故」。〔此《經》語見本卷前文〕。愚癡所盲，貪著于我，如是顛倒及有相支中疑惑顛倒。如《經》「菩薩復作是念：此諸凡夫愚癡所盲，貪著于我，無智闇障，常求有無。」如是等故。〔此《經》語緊接上《經》語〕。

云何餘處求解脫？

是凡夫如是愚癡顛倒，常應於阿黎耶識及阿陀那識中求解脫，乃于餘處我我所中求解脫，此對治。如《經》「是菩薩作是念：三界虛妄，但是一心作」，乃至「老壞名死」故。〔此《經》語見本卷前文〕。

〔餘略〕

案：于此「餘處求解脫」中，說「常應于**阿黎耶識**及**阿陀耶識**中求解脫」，此可對治愚癡顛倒。阿陀那識，依《解深密經》，顯非**清淨心**。阿黎耶識，在此《論》文之語脈中亦不能表示是真淨。

又卷第十論第八不動地中有：

《經》曰：入一切法本來無生，無成，無相，無出，不失，無盡，不行，非有有性，初中後平等，真如無分別、入一切智智。是菩薩遠離一切心意識憶想分別，無所貪者，如虛空平等，入一切法如虛空性，是名得無生法忍。

《論》曰：復次，彼忍於四種無生中應知。四種無生者，一、事無生；二、自性無生；三、數差別無生；四、作業差別無生。

是中事無生者，實有七種事。一、淨分法中本有實，此對治。如《經》「入一切法本來無生」故。二、新新生實，此對治。如《經》「無成」故。三者相實，此對治。如《經》「無相」故。四、後際實，此對治。如《經》「無出」故。五、先際實、染分中煩惱障故，此對治。如《經》「不失」

故。六、盡實諸眾生，此對治。如《經》「無盡」故。七、雜染實淨分中，此對治。如《經》「不行」故。

自性無生者，是法無我，彼法無我，自體無性故。如《經》「非有有性」故。〔案：當作「非有自性」〕。彼觀事故，是此忍不得言無所有觀，法無我無二相故。

數差別無生者，于三時中染淨法不增減故。如《經》「初中後平等」故。

作業差別無生者，于眞如中淨無分別佛智故。如《經》「眞如無分別入一切智智」故。

如是無生法忍觀示現。

次示現遠離報分別境界想，攝受分別性想故。如《經》「是菩薩遠離一切心意識憶想分別」故。想者遠離障法想，非無治法想，彼治想。於下地中有三種勝事：一、無功用自然行，如《經》「無所貪著」故。二、遍一切法相，如《經》「如虛空平等」故。三、入眞如不動，自然行故。如《經》「入一切法如虛空性，是名得無生法忍」故。

如是八地「得淨忍」分已說，次說「得勝行」分。

案：「是菩薩遠離一切心意識憶想分別」。阿黎耶識是否在此心意識」內？如在，不得謂爲眞淨。如不在，則爲眞淨。

《經》曰：又，佛子！如是成就法忍，菩薩即時得是第八菩薩不動地，得爲深行菩薩，難可得知，無能分別，離一切相，離一切想、一切貪著，無量無邊，一切聲聞辟支佛所不

能壞，寂靜一切寂靜而現在前。佛子！譬如比丘得具足神通
心得自在，次第入滅盡定，一切動心憶想分別，皆悉盡滅。
佛子！菩薩亦如是。住是第八菩薩不動地，即離一切有功用
行、及諸憶念，得無功用法，離心口意，「務」住報行成
〔《論》「務」作「復」〕。佛子！譬如有人夢中見身墮在
大河，是人爾時發大勇猛，施大方便，欲出此河。發勇猛
時，忽然便寤，寤已即離一切勇猛方便憶事。佛子！菩薩亦
如是。從初已來見諸眾生墮四大河，發大精進力，廣修行
道，至不動地，即離一切想有功用行。是菩薩一切不行二
心，諸所憶想不復現前。佛子！譬如生在梵天，欲界煩惱一
切不行。如是佛子，菩薩住此菩薩不動地，一切心意識等不
行，一切佛心、菩提心、菩薩心、涅槃心不行，何況當行世
間心？

《論》曰：是中得勝行者，得深行故。深行有七種：

一、難入深，如《經》「又，佛子！如是成就法忍，菩薩即
時得是第八菩薩不動地，得為深行菩薩，難可得知」故。

二、同行深，諸淨地菩薩同故，如《經》「無能分別」故。

三、境界深，能取可取〔「可」當為「所」〕不現前故，如
《經》「離一切相，離一切想，一切貪著」故。「護」一切
障想故，言「離一切貪著」。〔「護」字不明〕。

四、修行深，自利利他行故，如《經》「無量無邊」故。

五、不退深，如《經》「一切聲聞辟支佛所不能壞」故。

六、離障深，如《經》「寂靜」故。

七、對治現前深，如《經》「一切寂靜而現在前」故。真如

一切寂靜故。

「滅盡定」喻者，示彼行寂滅故。如《經》「佛子！譬如比丘」，乃至「離身口意，務住報行成」故。

「一切動心憶想分別皆悉盡滅」者，無彼依止故。〔「依止」一作「依心」〕。

「即離一切有功用行」者，過「功用行地」故。

「得無功用法」者，得彼對治法故，以得無功用法自然行故。

「住報行成」，示現得「有功用行相違法」故。

「復住報行成」者〔案：「復」《經》作「務」，不知孰是〕，善住阿黎耶識真如法中故。

〔下略〕

案：此文中「阿黎耶識真如法」連說，好像阿黎耶識即真如法，唯此一處似示阿黎耶為真淨。因為既「離身口意」，「一切心意識等不行」，「離一切有功用行，及諸憶念，得無功用法」。此「無功用法」即「自然行」。此「自然行」與「有功用行」相違。得「有功用行相違法」即是一種「報」，「心意識不行」之自然結果為「報」。世親解釋此「報」云：這是因為「善住阿黎耶識真如法中故」。可見超過「功用行地」所住之「阿黎耶識真如法」不能不是真淨。否則焉能說無功用自然行？若據此文，則說慧光系（南道派）近《地論》本義，似亦不錯。若以此處為準，則凡前引《論》解中凡提及阿黎耶識者皆應視作真淨。但前引卷第八《論》解「餘處求解脫」云：「是凡夫如是愚癡顛倒，常應于阿黎耶識及阿陀那

識中求解脫，乃于餘處我我所中求解脫。此對治。如《經》『是菩薩作是念：三界虛妄，但是一心作』，乃至『老壞名死』故」。據此文，則以阿黎耶識爲眞淨，似又不類。于阿黎耶識中求解脫，引《經》「三界虛妄」乃至「老壞名死」，此明示與于十二緣中求解脫無以異。然則阿黎耶識則不必爲眞淨。又與阿陀那識連稱，阿陀那識亦眞淨乎？

以阿黎耶識爲眞淨不合通常之習慣。如世親作此《地論》時，其老兄無著之《攝大乘論》已成，則不應不知。而《攝論》中之阿黎耶識並非眞淨。《解深密經》中之阿陀那識亦非眞淨。世親亦不應不知。《地論》爲世親之早期作品。其後來之作品皆不以阿黎耶識爲眞淨。然則㈠《地論》爲不成熟之作；㈡對於阿黎耶識無明確之解釋；㈢南道派似乎有近《地論》本義處，然亦無必然；㈣以阿黎耶識爲眞淨不合一般之習慣。《地論》師于此分兩派，顯因《地論》本身對于阿黎耶識無明確表示故。如意義顯明，何至有菩提流支與勒那摩提之異解？這些梵僧號稱三藏，難道連原文尚不通曉乎？

又卷十一論第九善慧地：

> 《經》曰：是菩薩如實知眾生諸心種種相：心雜相，心輕轉生不生相，心無形相，心無邊一切處眾多相，心清淨相，心染不染相，心縛解相，心幻起相，心隨道生相，乃至無量百千種種心差別相，皆如實知。
>
> 《論》曰：是中心行稠林差別者，心種種差別異故，如《經》「是菩薩如實知眾生心種種相」故。彼心種種相有八

種：

㈠差別相，**心意識六種差別故**，如《經》「心雜相」故。
〔案：「心意識六種差別」此語中之心，就經文語勢說，當
該是直承「衆生心種種相」之心而說。但就實義說，亦可即
是指作爲第七識之心而說。蓋心意識中，作爲第七識之心亦
是總說之心，與此處經說「衆生心」之心同也。總說的作爲
第七識的心（衆生心）自其分化而爲意與前五識而言則有六
種差別。如連帶其自身而言，則有七種差別。《經》「心雜
相」即衆生心之雜多相，《論》即以第六意識與前五識之六
種差別解經文之「雜相」。又《經》說「衆生諸心種種
相」，「諸」字無多大意義，故《論》即自一心說也。〕

㈡行相，住異生滅行故，如《經》「心輕轉生不生相」故。

㈢第一義相，觀彼心，離心，心身不可得故，如《經》「心
無形相」故。〔案：此即眞如心、心眞如也。〕

㈣自相，順行無量境界取故，如《經》「心無邊一切處衆多
相」故。

㈤**自性不染相**，如《經》「心清淨相」故。〔案：此即自性
清淨心。衆生心自其第一義不可得，而非心行故，即此清淨
相。〕

㈥同煩惱不同煩惱相，如《經》「心染不染相」故。〔案：
此即《勝鬘經》不染而染。〕

㈦同使不同使相，如《經》「心縛解相」故。〔案：此即在
纏出纏。〕

㈧因相，諸菩薩以願力生，餘衆生自業力生故，如《經》

「心幻起相」故，「心隨道生相」故，「乃至無量百千種種
心差別相皆如實知」故，以**自性清淨心**故。

第六、第七「心染不染」故，「心縛解」故，此二句煩惱染
示現。第八句「心隨道生」故，生染示現。〔案：第六第七
指上文第六句第七句言，故云「此二句」云云，非指第六識
第七識言也。下又云「第八句」可證。又案心之因相即隨染
淨緣起染淨法，亦即賢首所說之「隨緣不變，不變隨
緣。」〕

案：此第八種「因相」中提到「自性清淨心」。此「**自性清淨心**」
能說是**阿黎耶識**乎？心之「因相」者即以心爲因而生起一切差別之
謂，故即以經「心幻起相，心隨道生相」明之。此「心之幻起
相」，在菩薩是以願力生，在其他眾生則是以其各自之業力而生。
于此所生起之「無量百千種種心差別相」，第九地菩薩「皆如實
知」。其所以能「如實知」，「以自性清淨心故」。菩薩自性清淨
心朗現，故能「如實知」心之種種差別相也。在此《地論》中，亦
無明文表示阿黎耶識即此「自性清淨心」。

此處言「自性清淨心」只就菩薩之「如實知」言。但如果一切
眾生皆有此「自性清淨心」，則此「自性清淨心」亦可爲流轉還滅
之因，（心染不染相，心縛解相），此即成《**起信論**》之系統，
《攝論》師眞諦亦向此趣，《地論》師之北道道寵，繼承菩提流支
者，亦持此義。此俱不以阿黎耶識爲眞淨也。是故南道慧光，繼承
勒那摩提者，恐是一時不成熟之見。如世親撰此《地論》時，有慧
光所說之義，則亦是一時不成熟之見。世親後來不但不以阿黎耶識

爲眞淨，且根本不言如來藏自性清淨心。其《佛性論》亦言如來藏，但偏於理言，不偏于心言。故玄奘承之而成爲後期之唯識學，所謂正宗之唯識，與《地論》師之道寵系（北道派），《攝論》師之眞諦，以及《起信論》（此綜而爲一，可曰早期唯識學），皆異也。

又，此言心之因相是就心一般地說，不定指「自性清淨心」言。其爲因而生起一切法，在菩薩以願力生，是自性清淨心；在餘衆生以自業力生，則不是自性清淨心。故此處說「心行稠林差別」（即心無量百千差別，如稠林然，叢叢雜雜，無量無邊），是就心一般現象學地說之。如果預設一切衆生皆有自性清淨心，衆生在迷，雖以業力生，而業力亦必憑依自性清淨心而生，則即成《起信論》之說法，由自性清淨心轉陷而爲阿黎耶。此即後來華嚴宗「性起」說之所本。《地論》師、《攝論》師、《起信論》，皆「性起」之說也。奘傳唯識乃「阿賴耶緣起」，非「性起」也。而天台宗則言「性具」。如是，乃成「性起」與「性具」之爭，圓不圓亦由此判。依天台宗，**性具**爲圓敎，**性起**乃別敎也。

　　《經》曰：是菩薩如實知諸使深共生心共生相，心相應不相應不離相，遠入相，無始來不恐怖相，一切禪定解脫三昧三摩跋提神通正修相違相，堅繫縛三界繫相，無始來心相續集相，開諸入門集相，得對治實相，地入隨順不隨順相，不異聖道滅動相，略說乃至如實知八萬四千種種使差別相。
　　《論》曰：是中「使」者，隨逐縛義故。此使行稠林差別者，何處隨逐，以何隨逐，此事差別示現。

何處隨逐者，報非報心，如《經》「是菩薩如實知諸使深共
生心共生相」故，心不離現事故。

欲、色、無色、上中下差別，如《經》「心相應不相應不離
相」故。

隨順乃至有頂，如《經》「遠入相」故。

無邊世界，唯智怖畏，如怨賊未曾有聞思修智，是故不滅，
如《經》「無始來不恐怖相」故。

世間禪定等不能滅心隨順行，如《經》「一切禪定解脫三昧
三摩跋提神通正修相違相」故。

以何隨逐者，有六種隨逐。六種隨逐者，六句說：

㈠者，「有不斷」隨逐，以「有不斷」相，似使作縛故。如
《經》「堅繫縛三界繫相」故。

㈡遠時隨逐故，如《經》「無始來心相續集相」故。

㈢一身生隨逐故，眼等諸入門六種生集識同生隨逐故，及阿
黎耶熏故隨逐，如《經》「開諸入門集相」故。

㈣不實隨逐，對治實義故，如《經》「得對治實相」故。

㈤微細隨逐，于九地中六入處煩惱身隨逐故，如《經》「地
入隨順不隨順相」故。

㈥離苦隨逐，出世間行，餘行不能離故，如《經》「不異聖
道滅動相」故，「略說乃至如實知八萬四千種種使差別相」
故。

案：此言「使行稠林差別」。使者「隨逐縛義」。在「以何隨逐」
中，世親分別六種隨逐。六種隨逐中第三種隨逐是就《經》文「開

諸入門集相」說。此可曰「諸入門集相隨逐」。此中世親言及「**阿黎耶識熏故隨逐**」。「阿黎耶識熏」，一般地說，是阿黎耶識受熏。因阿黎耶識受熏，故有隨逐。有隨逐即有縛。迫不由己，如使作縛。使者支使，促使，迫使，此皆是縛義，與解脫相反。「阿黎耶識熏故隨逐」，亦曰「一身生隨逐」，生即十二支中之生支。有生，然後有「眼等諸入門六種生集識同生隨逐」，此可簡稱曰「六入生集識同生隨逐」。有六入出現（生），即有依此六入同生之集識出現。同生之集識出現，即是迫促隨逐。此「一身生隨逐」或「諸入生集識同生隨逐」，實皆由「阿黎耶識熏故隨逐」。其實六種隨逐皆有「阿黎耶識熏故隨逐」，不但此第三種也。

　　如果阿黎耶識為**真淨**，則阿黎耶識是**自性清靜心**。依《起信論》，自性清淨心即真如心，心真如。在纏之真如心、心真如，不但**受熏**，亦能**熏**。但依世親晚年之思想，只阿黎耶識受熏持種，不言自性清淨心，而真如只是理，真如與淨心或淨識或智心並不同一，故不能言真如心，心真如，而**真如理既不能熏**，亦不**受熏**，故內學院依奘傳之唯識學即批評《起信論》之「**真如熏習**」為不通。但如阿黎耶識為真淨，則《起信論》之思想為對。問題是在世親寫此《地論》時，究是否視此阿黎耶識為真淨。如是真淨，則**受熏**亦**能熏**。如不是真淨，則只**受熏**，而不**能熏**，此即同于其後來之所想。究如何，在此《地論》中很難斷定也。

　　然則當時《地論》師分為南北道兩派，實由《地論》本身不明確故也。依《地論》外之思想而分派，則北道派較合一般之想法。如南道派亦有據，則其根據或在此《地論》本身有視阿黎耶識為真淨之傾向。然此亦無明據。如《地論》本身真有此意，則是世親早

期不成熟之作。故《地論》思想之成熟歸宿當向北道派走，此則近于《攝論》師。是故《法華玄義釋籤》云：「加復《攝大乘》興，亦計黎耶以助北道。」北道之《地論》師，以及《攝論》師，其最後成熟之歸宿當為《起信論》。故《起信論》標為馬鳴造，真諦譯，實即真諦之所作也。亦有謂為梁陳間《地論》師所作者，此《地論》師亦是北道《地論》師也。以吾觀之，既標為真諦譯，則當是《攝論》師與北道《地論》師合作而成者。標真諦者，以真諦為梵僧也。說譯而不說造者，造歸馬鳴以增信也。

故世親《地論》之思想，無論如南道派之所說，或如北道派之所說，其最後歸宿當向《起信論》走，因《地論》中明言「自性清淨心」故。南北道之爭只在是否阿黎耶識為真淨，不在有無清淨心也。若如此，就世親本人言，《地論》為其早期不成熟之作。其晚年成熟之思想乃正是奘傳之唯識。然此不成熟之思想，及其發展成熟引發而為另一系統，如《起信論》之所表現者，反高于其晚年成熟之思想，而在印度經論中亦有據也。此所以華嚴宗視《起信論》為高于唯識宗，而判之為終教也。（天台智者大師未判及《起信論》，彼亦很少提及《起信論》，蓋因當時《起信論》尚未流行故也。彼只將《地論》師《攝論》師所傳者一律判為別教，而未能區別真妄心兩系統之不同，此因真諦傳《攝論》即渾淪不分也。但彼又言《地論》師主「真如依持」，《攝論》師主「黎耶依持」。其實《攝論》與《攝論》師不同。《攝論》本身是「黎耶依持」，而《攝論》師真諦卻是主「真如依持」者。以有兩依持故，彼似亦見及真心妄心兩系統之不同。惟不甚能正視之耳。彼又視主「黎耶依持」者「發頭據阿黎耶出一切法」為「界外一途法門」，非通方法

門。但亦同樣視之爲別教。今依華嚴宗所言之始教與終教，將天台宗所說之別教，就眞心與妄心兩系統而分之，分之爲始別教與終別教。《起信論》即終別教，亦屬「眞如依持」也。眞如依持與黎耶依持不是各據一邊的對等者，乃是有高下者。凡此，將于下各章中詳明之。）

第二章
《攝論》與《攝論》師

　　《地論》師而後，復有眞諦三藏譯釋《攝大乘論》，此稱爲《攝論》師，或攝論宗。《攝論》是《攝大乘論》之簡稱。此論是無著造，是正宗唯識宗（所謂虛妄唯識）之基本論典。此論有兩釋，一是世親釋，一是無性釋。論與世親之釋各有三譯。

論之三譯如下：

　　㈠後魏佛陀扇多譯。

　　㈡眞諦譯。

　　㈢玄奘譯。

釋之三譯如下：

　　㈠眞諦譯。

　　㈡隋笈多（達摩笈多）譯。

　　㈢玄奘譯。

無性釋則只有玄奘譯。

　　眞諦雖弘揚《攝大乘論》，然其翻譯不必忠實，多有增益。其所增益者即是參雜之以另一套思想。後來玄奘重譯，力復原來之舊，此則一般稱爲唯識宗，亦曰新法相宗，吾人則名之曰後期唯識學，亦即近時所稱爲虛妄唯識或正宗唯識宗者。至于眞諦之譯釋，

在當時稱爲攝論宗者，吾人則連其前時之《地論》師統名之曰前期
唯識學。此前後期唯識學之差異，主要言之，大體是在前期唯識學
是向眞心走，所謂眞心系，後期唯識學則決定是妄心系，此亦是無
著世親造論所表現的系統的唯識學之舊義也。本章先明《攝論》師
與《攝論》之距離。

第一節
「界」字之異解

　　《攝論》開首引《阿毘達摩大乘經》兩偈及《解深密經》一
偈。

　　㈠佛陀扇多譯云：

　　　……是中初説智依勝妙勝語。如來經中説，謂阿黎耶識。以
　　　阿黎耶識語故，作阿黎耶識語説。如來于《大乘阿毘曇經》
　　　偈中説：

　　　無始已來性　　一切法所依
　　　有彼諸道差　　及令得涅槃

　　　還彼經所説：

　　　一切諸法家　　彼識一切種
　　　故説爲家識　　聰明者乘此

此是經證。然復彼何故名阿黎耶識？有生法者依彼，一切諸
染法作果。於彼，彼亦依諸識作因故，說爲阿黎耶識。或復
眾生依彼爲我故，名阿黎耶識。彼亦名阿陀那識。此中有何
證？如《相續解脫經》〔《解深密經》〕中說：

阿陀那識最微深　喻如水波于諸子
我不爲凡言說此　莫執取之以爲我

(二)眞諦譯云：

〈依止勝相中眾名品第一〉：
……此初說應知依止立名阿黎耶識。世尊于何處說此識及說
此識名阿黎耶？如佛世尊《阿毘達摩》略本偈中說：

此界無始時　一切法依止
若有諸道有　及有得涅槃

《阿毘達摩》中復說偈云：

諸法依藏住　一切種子識
故名阿黎耶　我爲勝人說

此阿含兩偈證識體及名。云何佛說此識名阿黎耶？一切有生
不淨品法，于中隱藏爲果故，此識于諸法中隱藏爲因故，復
次，諸眾生藏此識中由取我相故，名阿黎耶識。阿含云，如

《解節經》〔《解深密經》〕所説偈：

執持識甚細　法種子恆流
于凡我不説　彼物執爲我

云何此識或説爲阿陀那識？能執持一切有色諸根，一切受生取依止故。

㈢玄奘譯：

〈所知依分第二〉：

此中最初且説「所知依」即阿賴耶識。世尊何處説阿賴耶識，名阿賴耶識？謂薄伽梵于《阿毘達摩大乘經》伽他中説：

無始時來界　一切法等依
由此有諸趣　及涅槃證得

即于此中復説頌曰：

由攝藏諸法　一切種子識
故名阿賴耶　勝者我開示

如是且引阿笈摩證。復何緣故，此識説名阿賴耶識？一切有

生雜染品法于此攝藏爲果性故,又即此識于彼攝藏爲因性故,是故說名阿賴耶識。或諸有情攝藏此識爲自我故,是故說名阿賴耶識。

復次,此識亦名阿陀那識。此中阿笈摩者,如《解深密經》說:

阿陀那識甚深細　一切種子如瀑流
我于凡愚不開演　恐彼分別執爲我

何緣此識亦復說名阿陀那識?執受一切有色根故,一切自體取所依故。所以者何?有色諸根,由此執受,無有失壞,盡壽隨轉。又于相續正結生時,取彼生故,執受自體。是故此識亦復說名阿陀那識。

此亦名心。如世尊說心意識三。

觀此三譯,當以玄奘譯較爲順適嚴正。這且不管。但無論誰譯,原論實是以阿賴耶爲所依止,又以此阿賴耶識同于《解深密經》之阿陀那識。故于所引《阿毘達摩大乘經》偈中「無始時來界」一語中之「界」字即以阿賴耶或阿陀那當之。而于解釋云何名阿賴耶識時,則說「一切有生雜染品法于此攝藏爲果性故,又即此識于彼攝藏爲因性故」;于解釋云何此識亦復說名阿陀那識時,則說「執受一切有色根故,一切自體取所依故。」又依《阿毘達摩大乘經》偈及《解深密經》偈,此識又俱名種子識。是則阿賴耶或阿陀那根本是生死流轉之因,雖于餘處一般說爲無覆無記,然其體性本是染

汙。又此識亦名心。《論》引「世尊說心意識三」。此如《華嚴
經・十地品》即說「心意識三」。如果阿賴耶可名曰心，心者集聚
義，此心亦非清淨心。如果「心意識三」中，心是阿賴耶，則意當
該是末那，識則是意識與前五識，如是，則成爲八識。當時《地
論》師如南道派，以心爲第七識，則意與識爲前六識，如是，則爲
七識，而阿黎耶則爲眞如法性，爲自性清淨心。此是《地論》師之
解釋，而世親之《十地經論》雖爲其早年作品，似亦不至以阿黎耶
爲自性清淨心也。此見上章。是則就《攝論》而言，阿賴耶爲執持
識，爲染汙識，爲種子識，爲生死因，本甚明顯。

　　但經偈說「無始時來界，一切法等依，由此有諸趣，及涅槃證
得。」如果阿賴耶是染汙識，則似乎只能說「由此有諸趣」，而不
能說「由此有涅槃證得」。如果亦可以說「由此有涅槃證得」，則
「由此有諸趣」與「由此有涅槃證得」，此中兩「有」字不能爲同
一意義。前「有」字是直接地順承而有，順承識體之本迷，故有生
死流轉一切雜染品法也。然而後句之「有」字則不是直接地順承而
有。吾人不能說由阿賴耶緣起可以直接地順承地緣起「證得涅槃」
中一切無漏功德法。經偈原意不得而知。如果以無著之《攝論》以
及世親之《唯識三十頌》爲本，依阿賴耶緣起而仍可以說「由此有
涅槃證得」，則此語中之「有」字必須另解。此有字是間接地曲折
而有也。其爲間接或曲折之方式依唯識系統中之如何「轉識成智」
而定。此如說由「聞熏習」而可轉識成智。此即示「涅槃證得」之
正面直接根據乃在「聞熏習」，而不在阿賴耶識。依此，我們不能
直接而順承地說「由阿賴耶識而有涅槃證得」。但「聞熏習」亦是
熏習阿賴耶識中的無漏種子。是則吾人仍可說以阿賴耶識爲中心

（或焦點），環繞此中心，始可說「涅槃證得」也。此即吾所說的
間接而曲折之方式。此大體是正宗唯識宗意解「由阿賴耶識而有涅
槃證得」之方式（如果他們意識到此問題而欲說明之時）。

　　但人們亦可不以此方式解「由阿賴耶識而有涅槃證得」一語。
他們可視「由阿賴耶識而有涅槃證得」與「由阿賴耶識而有諸趣」
兩語中之「有」字為同一意義，因此，可以同一方式解之。此即示
「諸趣」底直接而順承的根據固是阿賴耶，而「涅槃證得」底直接
而順承的根據亦在阿賴耶。此即是真諦之思路。

　　真諦順《攝論》固須以阿賴耶充當「無始時來界」語中之
「界」字，但他對於阿賴耶卻有不同的解釋。他視阿賴耶不但為
「流轉」之因，且亦為「還滅」之因。他說阿賴耶是「以解為性」
（此即所謂「解性賴耶」）。如是，則不是以迷染為性。其迷染而
為「流轉」之因，只是其在纏而不覺。但其本身卻是清淨的，有覺
解性的。是則其為「流轉」之因只是流轉雜染法之憑依因，而不是
其生因。其為「還滅」之因倒是無漏清淨法之直接的生因。此則便
成另一系統。此則當然不合《攝論》之原義。如此講《攝論》，當
然有許多剌謬處。

　　真諦譯世親之釋「界」字偈如下：

　　此界無始時　一切法依止
　　若有諸道有　及有得涅槃

釋曰：今欲引《阿含》證阿黎耶識體及名。《阿含》謂《大
乘阿毘達磨》。此中佛世尊說偈。此即此阿黎耶識界以解為

性。此界有五義：

一、體類義。一切眾生不出此體類。由此體類，眾生不異。

二、因義。一切聖人法四念處等緣此界生故。

三、生義。一切聖人所得法身，由信樂此界法門故，得成就。

四、真實義。在世間不破，出世間亦不盡。

五、藏義。若應此法自性善故，成內若外。此法雖復相應，則成穀〔殼〕故。

約此界，佛世尊說：「比丘！眾生初際不可了達。無明為蓋，貪愛所縛。或流或接，有時泥黎耶〔地獄〕，有時畜生，有時鬼道，有時阿修羅道，有時人道，有時天道。比丘！汝等如此長時受苦，增益貪愛，恆受血滴。」由此證故，知「無始時」。如《經》言：「世尊！此識界是依是持是處，恆相應及不相離不捨智無為恆河沙等數諸佛功德。世尊！非相應、相離、捨智有為諸法是依是持是處。」故言「一切法依止」。如《經》言：「世尊！若如來藏有，由不了故，可言生死是有。」故言「若有諸道有。」如《經》言：「世尊！若如來藏非有，于苦無厭惡，于涅槃無欲樂願。」故言「及有得涅槃」。

復次，「此界無始時」者即是顯因。若不立因，可言有始。「一切法依止」者，由此識為一切法因故，說「一切法依止」。「若有諸道有及有得涅槃」者，此一切法依止，若有是道，則有果報；亦由有此果報，眾生受生，易可令解邪正兩說分別有異；後復能得上品正行，應得勝得；由煩惱依止

故，生極重煩惱及常起煩惱。是果報等四種差別名依止勝
能。翻此四種，名依止下劣。生死中不但道等非有，涅槃義
亦非有。〔案：兩「非」字當刪。與下笈多及玄奘譯文比觀
可知。〕何以故？若有煩惱，則有解脫。

此譯文，前半部釋界字之五義及引經證悉爲眞諦所增加。「復次」
以下，則與笈多及玄奘所譯相平行。彼釋「界」字之五義全就「如
來藏自性清淨心」說阿黎耶識，故視阿黎耶識「以解爲性」。此全
從正面覺解性體（自性清淨）說阿黎耶，此與《攝論》及世親之唯
識論說「賴耶唯妄」者異也。其所引經證大體俱是《勝鬘夫人經》
語。而《勝鬘經》卻正是以「如來藏自性清淨心」爲依止，並非以
阿賴耶識爲依止者。《經》云：「世尊！生死者依如來藏。以如來
藏故，說本際不可知。世尊！有如來藏，故說生死。是名善說。
……世尊！世間言說故，有死有生。死者諸根壞，生者新諸根起。
非如來藏有死有生。如來藏離有爲相，如來藏常住不變。〔案此即
眞諦說「界」字之眞實義之所本。〕是故如來藏是依是持是建立。
世尊！不離不斷不脫不異不思議佛法。世尊！斷脫異外有爲法依持
建立者是如來藏。世尊！若無如來藏者，不得厭苦樂求涅槃。」眞
諦所引是此經文之節略，可以現有《勝鬘夫人經》對校。（語句疏
解可參看印順《勝鬘夫人經講記》）。但問題是在《阿毘達磨大乘
經》偈說「界」字是否即是《勝鬘經》之如來藏呢？無著造論依經
偈，眞諦釋「界」字亦引經證。但所依之經不同。《阿毘達磨大乘
經》卻是以阿賴耶識說界字，而造論者且視阿賴耶識爲迷染，並非
「以解爲性」也。是故對于同一阿賴耶識有兩種解釋，遂成兩個系

統。眞諦譯世親釋，于前半加釋外，復以「復次」粘合世親釋原
文，不知此是另一系統（阿賴耶緣起），與如來藏系統不同也。

　　隋笈多譯世親釋文如下：

> 界體無始時　諸法共依止
> 由此有諸趣　及涅槃勝得

> 釋曰：世尊于《阿毘達磨阿含》中說阿黎耶識名阿黎耶識者
> 即是此論初所說《阿毘達磨修多羅》。此中「界」者是因
> 義。「諸法共依止」者，由是因故，一切法共同依止，謂依
> 止此以爲因體。有此一切法依止故，諸趣果報由此得生；于
> 無量生中有力，于善說惡說法中能解其義；若復越次得于勝
> 得；又爲煩惱依止體，由此得有極重煩惱及牢固煩惱。此等
> 四種果報中，勝者身有堪能。翻此者無堪能。應知「一切」
> 者，于生死中隨何趣，非唯諸趣，亦有涅槃勝得。以有煩
> 惱，即有涅槃故。此阿含顯應知依止是阿黎耶識。

此與眞諦所譯「復次」以下文相平行。玄奘譯此釋文則如下：

> 無始時來界　一切法等依
> 由此有諸趣　及涅槃證得

> 釋曰：此中能證阿賴耶識，其體定是阿賴耶識。阿笈摩者謂
> 薄伽梵，即初所說《阿毘達磨大乘經》中說如是頌。「界」

者謂因，是一切法等所依止，現見世間于金鑛等說「界」名
故。由此是因故，一切法等所依止。因體即是所依止義。
「由此有」者，由一切法等所依有。「諸趣」者，于生死中
所有諸趣，「趣」者謂異熟果。由此果故，或是頑愚瘖瘂種
類；或有勢力能了善說惡說法義；或能證得上勝證得；又爲
煩惱所依止性，由此故有猛利煩惱，長時煩惱。如是四種異
熟差別所依止故，無有堪能。應知翻此，名有堪能。非唯諸
趣由此而有，亦由此故，證得涅槃。要由有雜染，方得涅槃
故。

此亦與眞諦所譯「復次」以下文相平行。此當是世親釋之原文。據
此釋文，世親只列舉「四種異熟差別」（四種果報）依止于阿賴耶
識，而此「四種異熟差別」皆雜染法也。但既是「一切法等依」，
則此「一切」中亦應賅括清淨法（涅槃證得）。世親釋此卻只說
「要由有雜染，方得涅槃故」。此即示阿賴耶識只間接而曲折地爲
「涅槃證得」之所依也。清淨法之依止于阿賴耶與雜染法之依止于
阿賴耶其方式不同。此亦顯示阿賴耶識本是迷染爲性（無覆無記式
的迷染），並非「以解爲性」。若如眞諦之加釋，以「如來藏自性
清淨心」視阿賴耶，則「一切法等依」當有不同之說法，此如《起
信論》之所說。眞諦將如來藏系統與阿賴耶系統粘合爲一，非是。
（上列對於世親釋文之三譯文，除四種果報及說明「由此有涅槃證
得」之故，意義顯明外，中有一句意義不明，譯文亦違異。此如玄
奘所譯「如是四種異熟差別所依止故，無有堪能。應知翻此，名有
堪能。」而笈多譯則爲：「此等四種果報中，勝者身有堪能。翻此

者無堪能。」真諦譯則爲：「是果報等四種差別名依止勝能。翻此
四種名依止下劣。」三譯相違，而語意皆不明。可見譯事之難。豈
梵文原文真如此隱晦乎？此待解文者之刊定。）

第二節
出世清淨種之所依止以及其所因而生

《攝論》既以迷染的阿賴耶爲「無始時來」的界，復進而詳細
說明一切染淨法皆共依于此界——阿賴耶。《論》（以玄奘譯爲
準）云：

> 如是已安立阿賴耶識異門及相。復云何知如是異門及如是相
> 決定唯在阿賴耶識，非于轉識？由若遠離如是安立阿賴耶
> 識，雜染清淨皆不得成，謂煩惱雜染、若業雜染、若生雜
> 染、皆不成故，世間清淨、出世清淨、亦不成故。

此下廣釋雜染法之依止于阿賴耶識，此即「由此有諸趣」一偈語之
所示。惟雜染法依止于阿賴耶，反過來，阿賴耶亦因生諸雜染法。
此即示「由此有諸趣」語中之「有」其「有諸趣」是直提而順承地
有之也。「世間清淨」雖是清淨，猶是有爲清淨，依有漏道而引
生。嚴格言之，此亦是雜染品類，其依止于阿賴耶而爲阿賴耶所引
生亦是直接而順承地也。但是「出世清淨」則有不同。出世清淨是
無爲無漏的清淨。依《攝論》，它是由正聞熏習而來的。正聞熏習
所熏成之淨心種子雖亦依持于阿賴耶識中，然而此出世淨心卻不由

已迷染的阿賴耶識爲因種而引生。它另有一超越根據。此即示阿賴
耶識爲流轉因，並非爲還滅因；亦示諸法之「依」並不同于作爲因
性的「界」，即依寬而界狹也。吾人即依此作爲因性的界與諸法之
依于此界之依之不同，而言「由此有諸趣」之有與「由此而有涅槃
證得」之有之不同。前有是直接而順承地有，即以阿賴耶識爲生
因；後有是間接而曲折地有，即不以阿賴耶識爲生因。然若無阿賴
耶識，則正聞熏習所熏成之淨心種子亦無寄存處，即無攝持處。此
即《攝論》所謂若遠離阿賴耶識，出世清淨亦不得成。所謂間接而
曲折地「由此有涅槃證得」者，因證得涅槃之淨心種子亦攝持于阿
賴耶識中，而引生此淨心種子之直接根據卻不在阿賴耶識。依《攝
論》，出世淨心是「從最清淨法界等流正聞熏習種子所生」。此語
待解。試看《攝論》關此之說明：

> 云何〔若遠離如是安立阿賴耶識〕，出世清淨不成？謂世尊
> 說，依他言音及内各別如理作意，由此爲因，正見得生。此
> 他言音，如理作意，爲熏耳識？爲熏意識？爲兩俱熏？若于
> 彼法如理思惟，爾時耳識且不得起，意識亦爲種種散亂餘識
> 所間。若與如理作意相應生時，此聞所熏意識與彼熏習久已
> 過去，定無有體，云何復爲種子能生後時如理作意相應之
> 心？又此如理作意相應是世間心，彼正見相應是出世心，曾
> 未有時俱生俱滅，是故此心非彼所熏。既不被熏，爲彼種子
> 不應道理。是故出世清淨，若離一切種子異熟果識，亦不得
> 成。此中聞熏習攝受彼種子不相應故。

案：此段文先說明出世清淨若離阿賴耶識亦不得成。其所以不得成之故是說：若沒有阿賴耶識（一切種子異熟果識），則無有能攝持出世清淨種子不令喪失者。出世清淨（正見）是由聽他言音（聖教）的正聞（聞慧）與「如理作意」的正思惟為因而得生。這似乎是離阿賴耶識而得成。然則所謂離阿賴耶識亦不得成是說沒有能持其種子不令喪失而完成之者。這個成是持種之成。而其種子之熏成卻另有來源，此即正聞熏習。正聞與如理作意的正思惟也是一種活動，故有其影響力，此即所謂熏。不只一聞一思就可完成「證得涅槃」的出世清淨，必須數數聞與數數思，此即成功所謂「熏習」。但是數習而熏，熏什麼呢？我們的生命有兩面。啓自聖教的正聞與正思以至正見，這是光明面。但亦有陰闇的無明面。數習是展開我們的光明面；但同時它亦有一種影響力來熏那陰闇面而對治之。這陰闇面，徹底窮源說之，就是無始無明，在唯識宗即以阿賴耶識當之。然則正聞熏習，就是熏阿賴耶識也。數數習而數數熏，就有一種力量足以引起或促成後來的習與熏，擴大光明面，減小陰闇面。這種力量對後來的習與熏言就名曰種子——潛力。縱使我們的正聞與正思有時間斷，那潛力亦並非即斷滅而消失。然則這潛力寄存于何處呢？依唯識宗，即寄存于阿賴耶識處。徹底窮源的阿賴耶識能攝受而任持之不令喪失。如是，這潛力即可以為後來的正聞熏習所熏而恢復其影響力而促成後來的正聞正思之擴大，這便使「積學」之積為可能。此即「出世清淨離阿賴耶識亦不得成」之意。蓋成者為的是成「積」也，持種而使「積」為可能也。若是習種無存，則正聞正思瞬起瞬滅，慣習不成也。

　　無著辯論說：假使沒有阿賴耶識，則正聞正思熏習，熏什麼

呢？它熏耳識，還是熏意識，還是兩者俱熏？若說熏耳識，則當我
們由正聞而如理作意以思時，「耳識且不得起」，何所熏呢？若說
熏意識，則意識時起時滅，並非常住，它常為「種種散亂」的餘五
識所間隔，焉能常存而被熏？熏耳識熏意識既不可能，則兩者俱熏
亦不可能。當我們的正聞起時，我們的意識活動可為此正聞所熏
（所影響）。但當繼正聞而起的「如理作意」的正思惟起時，縱復
有與此如理作意的正思惟相應的意識生起，而此時彼正聞熏習以及
其所熏的意識「久已過去，定無有體。」既已謝滅無體，「云何復
為種子能生後時〔與〕如理作意相應之心（意識）？」此即示正聞
熏習所影響之意識不可能常住持種（攝持正聞熏習底影響力）以為
後起的與如理作意的正思惟相應的意識生起之因種。又，進一步，
此與如理作意的正思惟相應的意識，雖是與正思惟相應，卻仍然是
世間心。而那與「正見」相應的意識卻是出世間心。這兩者從未
「俱生俱滅」。是故此與正思惟相應的意識（世間心）非彼與「正
見」相應的意識（出世間心）之所熏。它既不被出世間心所熏，它
即不能轉而為此出世間心之種子。此即示：與正思惟相應的意識
（世間心）亦不能常住持種（攝持正聞正思底影響力，即所熏成之
種子）以為與正見相應的意識（出世間心）生起之因種。其所以不
能為出世間心之因種，是因為它是有漏世間心，而又時起時滅，不
能常住，因此，它亦不能被出世心所熏而攝持其種，轉而為彼出世
心之因種。若說它攝受彼出世心之種子，這是與它的自性不相應
的。它既不能攝受彼出世心之種子，它即不能為出世心所熏，反而
為其因種。然則能攝受正聞正思熏習所成的出世清淨正見之種子而
被熏因而復轉而為後來的出世清淨之擴大之因種者是誰呢？這除阿

賴耶外，沒有別的。只阿賴耶識能攝持一切種子不令喪失。設有正
聞正思，則亦攝持出世清淨心之種子。既持種常存，則可被出世心
所熏，而其所攝持之出世淨心種子，即因被熏而起現實之作用，轉
而復為出世淨心之擴大之因種。如此熏習既久，則出世清淨可累積
而成，而終至于大解脫。有持種者始可積。意識不能擔負此責也。
故出世清淨離阿賴耶識亦不得成。（原文最後一句「此中聞熏習攝
受彼種子不相應故」，語意嫌晦。不是「聞熏習攝受彼種子不相
應」，乃是與正思惟相應的有漏意識（世間心）「攝受彼種子不相
應」。「此中」之「此」指上文的與正思惟相應的有漏意識（世間
心）說，但是隔的太遠，難看出。而「此中」下接之以「聞熏
習」，而以「聞熏習」為主詞，亦略辭耳。世親釋此句云：「『此
中聞熏習攝受彼種子不相應故』者，謂在世間意識之中故。言『此
中聞熏習』者，依他言音正聞熏習。『攝受彼種子』者，在意識中
攝受出世清淨種子。」此即以「聞熏習」指表世間有漏意識也。印
順《攝大乘論講記》云：「（出世清淨離阿賴耶不成。）不成的主
要理由，是『此』世間的有漏意識『中』，對于依他言音的正『聞
熏習』，沒有適合『攝受（持）彼』出世清淨正見『種子』的條
件。」（頁137）。「聞熏習」前加「對于」二字，語意亦晦。且
原文無此可加「對于」二字的迹象。故印順此語亦不甚清。）

　　以上說明出世清淨亦須依阿賴耶而得成。此下再論出世淨心之
種子從何而來。《攝論》繼上錄文進而復云：

　　　　復次，云何一切種子異熟果識為雜染因，復為出世能對治彼
　　　　淨心種子？又出世心昔未曾習，故彼熏習決定應無。既無熏

生，從何種生？是故應答：從最清淨法界等流正聞熏習種子
所生。

這是說阿賴耶識（一切種子異熟果識）既為雜染法之因，如何又能
為「出世而能對治彼雜染法」的淨心之種子？阿賴耶識中本無淨心
種子。它既本無淨心種子，它自不能受熏而為出世淨法之因，也就
是說它沒有受熏的淨心種子被熏起而為出世淨心之因種。何以故？
因為眾生從無始以來盡在迷中，從未習過出世淨心。既未習過，自
然不能習成出世淨心之種子寄存於阿賴耶識中而被熏。然則出世淨
心「從何種生」？答曰：從正聞熏習種子所生。正聞熏習依何而
定？答曰：依聖教而定。聽聞聖教謂之正聞。否則不得謂之正聞。
數數聽聞聖教，即曰正聞熏習。有正聞熏習，即可成種而寄存於阿
賴耶識中。成種寄存，再經受熏，即為出世淨心之因種。再問：聖
教何以是正？這不是只訴諸權威而已。聖教之所以為正乃有其客觀
的根據。是故答曰：聖教之所以為聖為正乃是因為它是「從最清淨
法界如如相應地而流出（等流）故」。它就是最清淨法界之「等
流」。聖教是諸佛世尊親證「最清淨法界」後說出的文字般若。如
如相應地證即如如相應地說。故聖教即是從「最清淨法界」如如相
應地而流出，因而也就是其等流。眾生聽聞這如如相應地流出的言
音（經教）即名之曰正聞。正聞熏習所熏習成的種子就是出世淨心
之種子。是故總答曰：出世淨心是從最清淨法界如如相應地流出的
聖教之正聞熏習所熏成的正聞種子而生。

　　正聞熏習熏成種後，此種即寄存於阿賴耶識中而為阿賴耶識所
攝持。種子是潛力。故一說種子，即與現行相對。一有種子攝持於

阿賴耶中，則即可受熏而起現行。故正聞熏習所成之種子通過後來的數數聽聞之熏習去熏它後，它便即引發現行的出世淨心而為此現行的出世淨心之因種。種愈積愈有力，現行亦因而愈容易愈擴大愈清淨，而終至於大解脫。總說是熏阿賴耶識，對應現行而具體地說是熏其所持之種。熏任何一個種即等於熏阿賴耶識。如果所熏的是正聞熏習所成之種，則熏阿賴耶識是對治。如果所熏的是雜染法之種子，則熏阿賴耶識是助染，即愈助成其迷染。依前者使「轉識成智」為可能，依後者則說明何以有生死流轉。但依《攝論》，正聞熏習所成之種子是新生後起的，不是阿賴耶中無始已來本有的，因為聽聞他言音，雖是正聞，亦是經驗的故。因此，就「涅槃證得」而言，這必是漸教。此問題下面再論。現在且說正聞熏習所成之種子既是出世淨心之種子，如何能寄於阿賴耶識中而為其所攝持？又如何能是那阿賴耶識底對治者之種子？

關此，《攝論》繼上錄文復進而論曰：

> 此正聞熏習為是阿賴耶識自性？為非阿賴耶識自性？若是阿賴耶識自性，云何是彼對治種子？若非阿賴耶識自性，此聞熏習種子所依云何可見？乃至證得諸佛菩提，此聞熏習隨在一種所依轉處，寄在異熟識中，與彼和合俱轉，猶如水乳；然非阿賴耶識，是彼對治種子性故。

這辯論是說：這正聞熏習所熏成的種子是與阿賴耶識為同一自性呢？還是與阿賴耶識為不同一自性呢？若說它的自性就是阿賴耶識的自性，那它就是迷染的。它既是迷染的，它如何能是那阿賴耶識

底對治者之種子？它當該只是助染者之種子，而不是對治者之種子。若說它的自性不就是阿賴耶識底自性，則如何能見出它依止於阿賴耶，以阿賴耶為「所依」？這個兩難是容易解除的。正聞熏習既是出世淨心之種子，它當然不會與阿賴耶識為同一自性。它的自性是正，是清淨，不是妄染。它既不是妄染，它又如何能存於妄染者中呢？依《攝論》，這是可以的。須知一言種子，就是一種潛力。它的自性之作用是待熏而起現的。若無熏力以熏之，它只是在睡眠狀態中。阿賴耶識以迷染為性，它只任運攝持此種，雖不能促醒之，然亦不能改變其自性。這種「攝持依存」底關係好像水與乳底關係，既不排拒，亦不變性。當水乳和合為一時，兩者分不開，水就是乳，乳就是水。然經過提煉後，仍可分得開，水仍是水，乳仍是乳。這譬喻可明淨心種子與阿賴耶識底混融為一。當兩者混融為一時，迷識只是任持此種，而此種子亦只是在睡眠狀態中，故兩者相處不覺突兀。這不是臭味相投，只是種子底圭角不顯。因不顯故，故令人看起來好像識就是種，種就是識。即依此一相，吾人說，淨種依存於阿賴耶。但阿賴耶既只是任持之，而不能改變其自性，故經過修行工夫後，淨種底自性起作用，故又能反而對治阿賴耶。此時逐顯出賴耶仍是賴耶，淨種仍是淨種，其性仍不同也。這樣，淨種雖性不同，而仍可依存於阿賴耶；雖依存於阿賴耶，而不改其自性（並不即與阿賴耶為同性），故仍可為對治阿賴耶的淨法之種子。是則便無兩難之可言。

　　正聞熏習所成之淨種實是依存於阿賴耶。從六道眾生起，「乃至證得諸佛菩提」止，隨他是那一種眾生，在其「所依」（即阿賴耶識或異熟識）轉現之處，此正聞熏習所成之淨種即寄存於該「所

依」中，而與該「所依」「和合俱轉，猶如水乳。」它雖與所依異熟識「和合俱轉」，然它的自性卻「非阿賴耶識」，即自性與彼不同，因為它是那阿賴耶識底能對治者之「種子性」故。就是說，它的自性是淨法底種子之性，而不是阿賴耶底迷染性。

它的自性既是淨法之種子性，經過熏起而成為淨法（現行的出世淨心），它即能對治那阿賴耶。這種對治是依數數正聞熏習而成的由淺至深由低至高的正聞熏習底連續增長擴大之方式而對治之，也就是說，依漸修之方式而對治之。是以《攝論》關此即繼上錄文復云：

> 此中依下品熏習成中品熏習，依中品熏習成上品熏習，依聞思修、多分修作，得相應故。

這就是說，依數數（多分）的正聞修作與正思惟修作，得以形成由淺至深由低至高的下中上三品級的聞熏習。句中「得相應故」的相應，就是說聞熏習之所以可分為下中上三品乃是因為「多分修作」即可如此分，「相應」即是應合或適合那三品級之分之事而足以形成之。

《攝論》繼此復云：

> 又此正聞熏習種子下中上品，應知亦是法身種子，與阿賴耶識相違，非阿賴耶識所攝；是出世間最清淨法界等流性故，雖是世間，而是出世心種子性。又，出世心雖未生時，已能對治諸煩惱纏，已能對治諸險惡趣，已作一切所有惡業朽壞

對治，又能隨順逢事一切諸佛菩薩。雖是世間，應知初修業菩薩所得亦法身攝。聲聞獨覺所得，唯解脫身攝。

案：此正聞熏習所熏成之種子既是出世淨心之種子，應知亦即是法身之種子。蓋出世淨心滿，證得涅槃，即是法身之顯現。正聞熏習種子其自性既與賴耶識性相違，故「非阿賴耶識所攝」，乃是「法身」所攝（就菩薩言），或「解脫身」所攝（就小乘言）。前言淨心種子亦寄存於阿賴耶識而為阿賴耶識所攝時或攝受，此又言「非阿賴耶識所攝」，此似是矛盾。其實不然。蓋「攝」字鬆緊虛實有別耳，又其所意謂者不同耳。就「一切法等依」言，淨心種子依止於阿賴耶識中而為阿賴耶識所攝持或攝受，此攝字為緊為實，重在「持」字。但就自性言，則淨心種子之自性不與阿賴耶識為同類，即非其流類，故亦非其所攝，此「攝」字是類屬義，當該說為攝屬，重在「屬」字。此則為鬆為虛。

又前言出世淨心「從最清淨法界等流正聞熏習種子所生」，此中之「等流」，一般皆說為是指聖教經教而言，即聖教經教是「最清淨法界」之等流。正聞即是聞此作為最清淨法界之等流的聖教或經教。但此處又說「此正聞熏習種子是出世間最清淨法界等流性故，雖是世間，而是出世心種子性。」此中之「等流性」又是指「正聞熏習種子」而言。是則不但經教聖教是「最清淨法界」之等流，即「正聞熏習種子」亦是「最清淨法界」之等流。蓋它既亦是法身之種子，與法身為同一流類，為法身所攝屬，則說它是最清淨法界之等流，亦未始不可。「等流」者平等相似之流類也。但不如說聖教為「最清淨法界之等流」那樣顯明。在該處，吾人解說聖教

為最清淨法界之等流是說聖教是相應最清淨法界如如地而流出。就此語轉為名詞，就說聖教是最清淨法界之「等流」。平等相似之流類以「相應如如」來規定。此亦恰如《易傳》說「易與天地準，故能彌綸天地之道」，又說「與天地相似故不違」。聖人如如相應地證即如如相應地說。但聽聞者其始主觀地說不必能相應如如地聽。但客觀地說，正聞熏習種子既為法身所攝屬，亦可終於是相應如如地聽。有如如地說即有如如地聽。故正聞熏習種子亦可是最清淨法界之等流也。因「是出世間最清淨法界等流性故」，所以「雖是世間（聞熏習雖正亦仍是世間心），而是出世心種子性」。因「是出世心種子性」，故能對治阿賴耶識。

《攝論》繼上復云：

> 又此熏習非阿賴耶識，是法身解脫身攝。如如熏習，下中上品次第漸增，如是如是異熟果識次第漸減，即轉所依。既一切種所依轉已，即異熟果識及一切種子無種子而轉，一切種永斷。

正聞熏習種子既與法身為同一流類，為法身所攝屬，則此種子雖亦依存于阿賴耶識而為阿賴耶識所攝持，但現在是把它提出來就其被攝屬于法身而為能治者之種子說，故此段文說阿賴耶識（異熟果識）及其中「一切種子」完全是就雜染品類說。

吾人如聖教所說而如如地聽聞熏習，則下中上三品即「次第漸增」，而異熟果識及其中一切雜染種子亦如彼「次第漸增」而「如是如是」地「次第漸減」。到最後即轉「一切法等依」所依的以迷

染爲性的「界」而爲清淨的法身，即本以阿賴耶識爲「所依」者，
現在改轉而以「法身」爲其所依。旣一切雜染法底種子之所依（迷
染識）被改轉已，則此時的名爲異熟果識（迷染識之果相）及具有
一切雜染種子（迷染識之因相）的阿賴耶識性即成爲無雜染種子而
被轉變，即一切雜染種子永斷。

　　一切雜染種子永斷，則「非阿賴耶識性」的一切清淨種子便增
長。前言迷染的阿賴耶識之持種作用與出世淨種之關係「猶如水
乳」，雖交融爲一，而又可以分離。故《攝論》最後又解釋此喻
云：

　　　　復次，云何猶如水乳，非阿賴耶識與阿賴耶識同處俱轉，而
　　　　阿賴耶識一切種盡，非阿賴耶識一切種增？譬如于水，鵝所
　　　　飲乳。又如世間得離欲時，非等引地熏習漸減，其等引地熏
　　　　習漸增，而得轉依。

這是說「非阿賴耶識性」的聞熏淨種「與阿賴耶識同處俱轉」，猶
如水乳，如何又能阿賴耶識中一切雜染種子斷盡，而非阿賴耶識性
的一切淨種增長呢？旣是「同處俱轉」，爲什麼不共存亡呢？《攝
論》解釋說：譬如于水，鵝所飲的只是乳，而不是水，乳飲完了，
水仍存在。這個解釋也許不甚妥貼。因爲正當飲的時候，鵝飲乳亦
飲水。水乳雖和合爲一，終可分離。只說經過化煉後，乳被提煉
出，而水仍分別存在，這就行了。《攝論》又舉修禪定者從「非等
引地」轉至「等引地」爲例以明之。「非等引地」指欲界說。「等
引地」指色無色界說。平等所引的「定心」叫「等引地」。當行者

修初禪得離欲界時，則「非等引地」的欲界熏習即逐漸減少，而上二界「等引地」的熏習便逐漸增多，因此增減而得轉依，即得轉離欲界依而進至色無色界依。這種禪定的工夫還是世間的。世間工夫如此，捨染種之所依（阿賴耶識）而轉得淨種之所依（法身）亦復如此。

此段文，眞諦譯如下：

> 若本識與非本識共起共滅，猶如水乳和合，云何本識滅，非本識不滅？譬如于水，鵝所飲乳。猶如世間離欲時，不靜地熏習減，靜地熏習增。世間轉依義得成，出世轉依亦爾。

其譯世親釋文如下：

> 釋曰；前引世間所了事爲譬，〔指水乳言〕，後引世間智人所了事爲譬〔指離欲界進至上二界言〕。如世間離欲人，于本識中，不靜地煩惱及業種子減，靜地功德善根熏習圓滿，轉下界依，成上界依。出世轉依亦爾。由本識功能漸減，聞熏習等次第漸增，捨凡夫依，作聖人依。聖人依者，聞熏習與解性和合。以此爲依，一切聖道皆依此生。

案：此中有「聖人依者，聞熏習與解性和合」之語。但玄奘所譯者則無此語。玄奘所譯如下：

> 釋曰：非阿賴耶識與阿賴耶識雖同處俱轉，而阿賴耶識盡，

非阿賴耶識在。還即以前水乳和合，鵝所飲時，乳盡水在，譬喻顯示。又如世間得離欲時，于一阿賴耶識中，非等引地煩惱熏習漸減，其等引地善法熏習漸增，而得轉依。此中轉依，當知亦爾。

不但玄奘所譯世親釋文無「聞熏習與解性和合」之語，即隋笈多譯亦無此語。此語當是眞諦之所加。《攝論》本身亦無此義。依《攝論》，只說捨染種所依之阿賴耶識而轉得淨種所依之法身。淨種是出世淨心之種子，亦是法身之種子，爲法身所攝屬，與法身爲同一流類，不與阿賴耶識爲同一流類（非阿賴耶識性），是故當轉依時，它即依法身，不復再依異熟果識。異熟果識，眞諦名曰「凡夫依」。法身，眞諦名曰「聖人依」。此無關緊要。但說「聖人依者，聞熏習與解性和合」，此一增益之意解所關甚大。蓋眞諦本是把作爲「無始時來界」的阿賴耶識視爲「以解爲性」的，他是以《勝鬘夫人經》的「如來藏自性清淨心」說此「界」。此與《攝論》不合。這無形中把《攝論》系統改轉爲《起信論》系統。阿賴耶「以解爲性」，這個「解性」是它的「超越的性。」當它在纏時，它是迷染的。這迷染性不是它的超越的自性，乃是它的客性（暫寄的後天性）。故當通過正聞熏習而得轉依時，它恢復了它的超越的自性（解性）。當其在纏時，吾人就其迷染之客性（不染而染）而名之曰阿賴耶。當其出纏時，吾人就其超越的自性而名之曰「如來藏自性清淨心」，此時它只是一「解性」呈現，它就是法身——聖人依。故眞諦說：「聖人依者，聞熏習與解性和合」。此一解說完全與《攝論》本義不合。它可能是推進了一步，比《攝論》

爲高，但卻非《攝論》之原義。

印順于講「此聞熏習爲是阿賴耶識自性爲非阿賴耶識自性」一段處有附論云：

> 聞熏習不是賴耶，卻與它和合，這頗不易于理解，也是學者諍論的所在。妄心派以妄識爲中心的，這又以妄識的細心賴耶爲主體。賴耶與妄染的種子無異無雜〔也有不一義〕，而清淨種子卻寄于其中，不就是賴耶，也不離賴耶，説它是非一非異。眞心派是以清淨的心性〔如來藏〕爲中心。這現起虛妄的在纏眞心也可以叫做阿賴耶。它與清淨的稱性功德〔淨種〕無異無雜〔也有不一義〕，而説一切虛妄熏習不離于如來藏藏識，然也並非即是眞心，結果又是個非一非異。眞心派説虛妄熏習是客，眞常的如來藏藏識是主體。妄心派説正聞熏習是客，虛妄的異熟藏識才是主體。
>
> 我們可以看出眞妄兩派所説的事實是一樣的，不過各依其一據點説明罷了。以妄心爲主體的，有漏法的產生很容易説明，而清淨寄于其中，從虛妄而轉成清淨〔轉依〕，就比較困難了。以眞心爲主體的，無漏法的生起很容易明白，而雜染覆淨而不染，及依眞起妄，又似乎困難了些。（《攝大乘論講記》頁142-143）

案：此段話表明兩派的差異甚爲扼要而明白。典型的眞心派是《大乘起信論》，此將于下第五章述之。《攝論》及後來玄奘所傳的世親護法之《成唯識論》皆是典型的妄心派。眞諦本人的思想是嚮往

眞心派的。他雖講《攝論》，因而在當時遂被稱曰攝論師，然而他
卻是以眞心派的如來藏自性清淨心主體解《攝論》的阿賴耶主體
的。這是兩派的混擾，對《攝論》而言爲攪亂。不知他何故如此。
是故意如此呢？還是不知兩派之差異呢？抑還是照顧到眞常經而欲
彌縫《攝論》而使之更爲圓滿呢？這且不必去追究。無論如何，他
之解釋《攝論》（譯世親釋而增釋又不加表明）不合《攝論》原義
乃是事實。

　　眞心派之眞心「不染而染」（《勝鬘經》語）及依眞起妄，這
並無困難，見下《起信論》章。妄心派以妄心爲主體，有漏法的產
生固容易說明，即淨種寄于賴耶中，如《攝論》之所說，亦無困
難，而從虛妄轉淸淨之轉依，若安于漸教，這轉依本身亦無什麼困
難。困難是在：這樣下去，究竟是否能得最後的轉依，轉依是否有
必然性？轉依是否不終于是一無限的歷程而不能達？轉依是否不終
于是一偶然而並無必然？這些問題都集中在淨種（亦曰無漏種）之
新熏一問題上。

第三節
本性住種與世親的《佛性論》中之理性佛性

　　淨種只是經過新熏而有，並非本有，這是《攝論》的主張。依
此主張，轉依終于是一無限歷程而永不能達，亦無必然，即成佛是
一無限歷程而永不能達，即或有能達，亦只是偶然，而並無必然，
亦無衆生皆可成佛之必然。何以故？因並無成佛之超越的根據故。
這是一個純理論的問題（敎義問題）。唯識宗內部似乎已意識到這

個問題，故有關于新熏與本有的討論。關此，吾引印順的話以明
之。他于上節所錄《攝論》最後一段文（解釋「猶如水乳」者）處
有附論云：

> 無漏最初的一念從何而生，這在薩婆多的三世實有思想中，
> 是不成問題的。清淨無漏法本來早存在，不過假藉現在的有
> 漏加行善把它引生起來就是。所以他們最初一念的無漏沒有
> 同類因，因爲從不曾有過無漏；但有俱有、相應因等，所以
> 還是從因緣生。在否認本來實有而主張現在有的，這最初一
> 念無漏心產生的因緣確乎很成問題。小乘學者有幾個不同的
> 解說：㈠經部本計。他說聖道無漏種子現在就存在的，不過
> 有爲無漏法還沒有生。他從薩婆多出來，卻主張現在有。他
> 的「聖道現在」不過把有部的本來有拉到現在來而已。化地
> 末計也有這個意見。㈡經部譬喻師。他不承認凡夫現有無漏
> 爲性的無漏種。無漏法的產生是由有漏法轉成的，也可以叫
> 做無漏種。㈢大乘與分別說者主要心性本淨就是無漏的根
> 據。
> 綜上小乘諸說，一說有本有無漏因；二說有漏將來可以轉成
> 無漏；三說有漏無漏間有一共通的心性。
> 唯識家主張唯有現在，不承認本來實有，它怎樣解答這問題
> 呢？在《瑜伽・本地分》、《莊嚴論》等，主張有本有的無
> 漏種子，叫做本性住種。這是採取經部本計與化地末計的，
> 也就是有部本來法的現在化。本論的見解，本有無漏種不能
> 成立。本論的定義：「內種必由熏習而有」。沒有熏習是不

成種子的。無漏種是什麼時候熏成的呢？論主不贊同本性住種的主張，所以採取了經部的思想，另闢路徑，建立聞熏習的「新熏」說。但這思想是否圓滿呢？種子從熏習而有。熏習的定義是「俱生俱滅，帶彼能生因性」。有漏世間心熏成的聞熏習能否成為出世清淨心因呢？本論的見解，是可能的。但自有人覺得有待補充。那末，除採用經部的新熏說以外，只有兩條路可走：

㈠在新熏〔生〕以上，加上《本地分》的本有種，像護法《成唯識論》所說。他的解說是：因本有種的深隱，《攝論》所以不說：其實，這聞熏習只是引生無漏心的增上緣，親生的因緣還是本有無漏種。他雖然很巧妙地會通了，但與本論「內種必由熏習而有」的定義是否吻合呢？

㈡在新熏種以外承認有本有種，但不同于《瑜伽》、《莊嚴》的有為無漏本性住種，而是諸法法性本具的一切無為功德〔接近心性本淨說〕。世親的《佛性論》說二種佛性。在行性佛性外，還有理性佛性。這本有的佛性是一切眾生所共有的如來藏性，沒有離纏的有情雖不能顯現，但是本來具足的。實際上，〈本地分〉的無始傳來的六處殊勝的本性住種和世親說的理性佛性，蘊界處中的勝相——如來藏，原是一個。只要把瑜伽的六處殊勝與《楞伽》、《密嚴》、《無上依》、《最勝天王般若》等的如來藏〔界〕比較一看，就可知道。不讀大乘經的唯識學者，理性佛性上再加《瑜伽》的本性住性、習所成性，真是頭上安頭。但承認這個思想，就得承認唯是一乘，不能說有究竟三乘。這麼一來，又與《瑜

伽》不合了。

案：印順關于此第二條路說的有相刺謬處。首先說此第二條路在新
熏以外亦「承認有本有種，但（此本有）不同于《瑜伽》、《莊
嚴》的有爲無漏本性住種，而是諸法法性本具的一切無爲功德」。
下接著即言世親的《佛性論》中之「理性佛性」。是則此「諸法法
性本具的一切無爲功德」之本有即是指此「理性佛性」而言，此與
《瑜伽・本地分》所言的「本性住種」不同。但是下文又說「實際
上」此兩者「原是一個」。此是相刺謬者一。（印順或可說「實際
上原是一個」，而名稱不同。若如此，則不能獨自成一條路，實即
第一條路。）既原是一個，則于「理性佛性」上再加《瑜伽》的
「本性住性」自是「頭上安頭」。既已肯定說這是頭上安頭，可是
又說若「承認（理性佛性）這個思想，就得承認唯是一乘，不能說
有究竟三乘。這麼一來，又與《瑜伽》不合了。」既說本性住種與
理性佛性原是一個，則承認理性佛性，就得承認唯是一乘，承認本
性住種，也得承認唯是一乘，何以又與《瑜伽》不合？要不，就是
《瑜伽》本身自相衝突。既言本性住種同于理性佛性（函著唯是一
乘），又言三乘究竟，這是自相矛盾。要不，則本性住種與理性佛
性不能「原是一個」，而于理性佛性上再加本性住種不能算是「頭
上安頭」。

原則上，以迷染的阿賴耶識爲主體而視正聞熏習爲客的唯識系
統不能承認有本有種。《攝論》原是自身一致的。世親的《唯識三
十頌》還是繼承其老兄的規模而前進，趨于更整齊更嚴密，基本上
不能有違。及至根據世親的《唯識三十頌》而成的《成唯識論》

（玄奘雜糅諸家說而成，折中于護法），也還是這個阿賴耶緣起。
護法加上本有種，這種增加是隨意的，並非在《攝論》規範以外另
有依原則而來的必然性。「因本有種的深隱，所以《攝論》不
說」。這不成理由，《攝論》亦並非如此。依《攝論》，原則上就
不能說，並非因其深隱而不說。只是因護法遭遇到這個問題，而欲
加強轉染為淨底可能之根據，始隨便加上一個本有種。而此無漏種
之本有，說是「法爾本有」。「法爾」者，無始來自然而有也。而
若套在「種子──熏習──現行」這個鍊鎖內，這個本有與「超越
的真心」之為本有不同。這個法爾本有的無漏種之本有並非是超越
的。這與遺傳學上說先天同，「先」者先于父母的遺傳，祖先的遺
傳，或甚至種族的遺傳而已。這還是在時間中為描述的先而已。如
此說「本有」，此其所以為隨意的。說到家，仍是在經驗的（後天
的）熏習中，不過難指其開始而已。所以最後終于是新熏。《攝
論》所以不說本有，蓋亦有故。否則以無著之老練豈不知《瑜伽・
本地分》有「本性住種」耶？而何況其寫《大乘莊嚴經論》亦順彌
勒原偈而言性種與習種？但到其自造《攝論》，則斷然只言新熏，
蓋亦洞徹到「本性住種」之終于不能停住其本有，故不言也。

　　言「法爾本有」底論典根據是《瑜伽師地論・本地分》（此論
是有宗之大論，亦如《大智度論》為空宗之大論）。茲查《瑜伽師
地論・卷第三十五本地分・菩薩地第十五・種姓品第一》有云：

　　　　云何種姓？謂略有二種。一、本性住種姓。二、習所成種
　　　　姓。本性住種姓者，謂諸菩薩六處殊勝有如是相，從無始世
　　　　展轉傳來，法爾所得，是名本性住種姓。習所成種姓者，謂

先串習善根所得，是名習所成種姓。此中義意，二種皆取。
又此種姓亦名種子，亦名爲界，亦名爲性。

而《大乘莊嚴經論》（無著造，唐波羅頗蜜多羅譯，全名波羅頗迦
羅蜜多羅）〈種性品第四〉亦云：

偈曰：性種及習種，所依及能依。

應知有非有，功德度義故。

釋曰：菩薩種性有四種自性。一、性種自性。二、習種自
性。三、所依自性。四、能依自性。

此中所謂「性種及習種」即《瑜伽・本地分》之「本性住種姓」與
「習所成種姓」，而「性種」亦當是「從無始世展轉傳來法爾所
得」。「性種」者菩薩法爾所得無始世傳來本有之種子。本有如此
之種子，儼若其本性如此，故曰「性種」。此性種當然是意指「無
漏種」而言，但卻是「有爲無漏」。吾不以爲此有爲無漏本有之性
種可與世親《佛性論》中「理性佛性」爲同一。「理性佛性」至少
須是「無爲無漏」。性種既是「有爲無漏」，當然由造作熏習而
成，雖然不知其始于何時。由于不知其始于同時，遂說是「法爾本
有」（法爾所得），故此「本有」是隨便說的。此只是把無漏種拉
長至久遠以前而已。又此性種由菩薩「六處殊勝」而見。六處即
「蘊處界」（五蘊六處十八界）之處。六處皆殊勝，此由無始世熏
陶培養而來，故有此清淨之勝根，此若依宋儒詞說之，此仍是屬于
氣性或才性的，是形而下的，仍非形而上的，故屬「有爲」。「法

爾本有」者只就現在世而言，所謂生而如此也。此種先天是生物學的先天，非超越義的先天。就其「從無始世傳來」而言，仍屬於熏習造作有為範圍內也。是故無著雖於《大乘莊嚴經論》言「性種」，而到作《攝大乘論》，作系統的陳述時，遂唯言熏習，不言本有也。蓋此種有為無漏之法爾本有不能有若何本質上不同之新決定也。

至若世親《佛性論》中之「理性佛性」既與「性種」不同，則於「理性佛性上再加《瑜伽》的本性住性習所成性」，不能算是「頭上安頭」。吾人試看世親《佛性論》如何講佛性。

世親《佛性論·（眞諦譯）卷第二顯體分第三·三因品第一》有云：

> 復次，佛性體有三種。……
>
> 三種者，所謂三因，三種佛性。
>
> 三因者，一應得因，二加行因，三圓滿因。
>
> 應得因者，二空所顯眞如。由此空故，應得菩提心及加行等，乃至道後法身，故稱「應得」。〔案：「應得因」者所應得者之因也。此因是就我法二空所顯眞如理而言，就此因性而言佛性體也。〕
>
> 加行因者，謂菩提心。由此心故，能得三十七品、十地十波羅蜜助道之法，乃至道後法身，是名加行因。〔案：此以菩提心為「加行」之因，就此因性而言佛性體也。〕
>
> 圓滿因者，即是加行。由加行故，得因圓滿及果圓滿。因圓滿者，謂福慧行。果圓滿者，謂智斷恩德。〔案：此以加行

爲圓滿之因。由此因性而言佛性體也。由加行而得「因圓
滿」。因圓滿謂福慧行，即福行與慧行。福行亦曰行行或曰
福德莊嚴。慧行亦曰智行，或曰智德莊嚴。果圓滿者謂智斷
恩德。智德由慧行而滿，斷德由福行而滿。恩德即是三寶。
由福慧行而至智德滿斷德滿，自然有三寶恩德利物也。〕

此三因，前一則以無爲如理爲體，後二則以有爲願行爲體。
〔案：前一當即是「理性佛性」，此略相當於《大涅槃經》
之正因佛性，所謂中道第一義空。後二當即是「行性佛
性」。此略相當於《大涅槃經》之緣了二佛性。加行因佛性
略相當於了因佛性，圓滿因佛性略相當於緣因佛性。〕

三種佛性者，應得因中具有三性。一、住自性性。二、引出
性。三、至得性。記曰：住自性者，謂道前凡夫位。引出性
者，從發心以上，窮有學聖位。至得性者，無學聖位。
〔案：此就應得因佛性而言三種佛性也。佛性之「住自性
性」者眞如空理之佛性之在其自己而未顯者，故曰此是修道
以前之凡夫位。佛性之「引出性」者即眞如空理之佛性通過
有學加行而顯出者。十地中六地以前爲有學聖位。故「引出
性」斷至「有學聖位」而止。七地以上爲「無學聖位」，故
佛性之「至得性」是就「無學聖位」而言。佛性之「至得
性」者眞如空理之佛性之自然地滿現也。〕

由此可見，依世親，理性佛性是就眞如空理（應得因佛性）而言，
三種佛性亦是就眞如空理（應得因佛性）之佛性之三種性由顯與未
顯示者而言。世親明言應得因佛性「以無爲如理爲體」，則《瑜

伽‧本地分》之「有爲無漏本性住種」不得與此「理性佛性」爲同
一甚顯。

　　又，不但「本性住種」不與理性佛性爲同一，且即此理性佛性
亦不能與「如來藏自性淸淨心」爲同一。印順以「諸法法性本具的
一切無爲功德（接近心性本淨說）」來意指世親的理性佛性，據上
世親文，未見其是。世親說理性佛性只是「我法二空所顯眞如，以
無爲如理爲體」，並非即是眞如心，心眞如，是以亦不能說其「本
具一切無爲功德」。印順括號中加注云「接近心性本淨說」，以
「接近」說之，未敢說是「即是」。實則亦並不「接近」也。世親
明言「加行因」佛性與「圓滿因」佛性「以有爲願行爲體」，此
「行性佛性」尚無「無爲功德」，能說「應得因」佛性（眞如空
理）本具「一切無爲功德」乎？「無爲」只指「如理」而言。「如
理」自是無爲的。一說功德，皆屬加行因與圓滿因，「以有爲願行
爲體」。至果圓滿而成法身，則法身上的一切功德當然是無爲。但
不能說這是眞如空理所本具。因爲世親的「理性佛性」並不是「如
來藏自性淸淨心」也。心可說具有無量無漏功德，但「如理」不能
說具有功德。以在世親，心與如理（智與如）爲二故。此義更可由
五法（一相，二名，三分別思維，四聖智，五如如）之攝屬三性
（遍計執性，依他起性，圓成實性）而明之。

　　《佛性論‧顯體分第三‧三性品第二》有云：

　　　問曰：于五法中，幾法攝第一性〔遍計執性〕？
　　　答曰：五法並不可攝。何以故？爲無體故。〔案：此言遍計
　　　　　　執虛妄無體，故不可由五法來攝屬。但《辯中邊頌》

則說「名、遍計所執」。此示遍計所執攝在「名」中，或「名」一法攝在遍計所執中。〕

問曰：第二性〔依他起性〕幾法能攝？

答曰：有四法攝。〔案：此言有相、名、分別思維、聖智，這四法來攝之。《辯中邊頌》說「相、分別，依他」。此示「相」及「分別」二法攝在依他中。反過來說此二法攝依他亦可。世親說四法攝之亦可。〕

問曰：第三性〔圓成實性〕幾法能攝？

答曰：唯「如如」一法能攝。〔案：此言只「如如」一法能攝圓成實性，圓成實性只屬如理也。但《辯中邊頌》則說「眞如及正智，圓成實所攝」。《楞伽經》偈亦說「正智、眞如、是圓實。」此點關係重大。〕

問曰：若依他性爲「聖智」所攝者，云何說依他性緣分別性得成？

答曰：依他有二種。一染濁依他，二清淨依他。染濁依他緣分別得成，清淨依他緣如如得成故。

案：此最後一問答即簡別四法之攝屬依他起性。就清淨依他而言，聖智即可攝屬之，但不可說如如亦攝屬之。聖智屬心，如如屬理故。屬理之如如只可攝屬圓成實性，此亦示圓成實性（眞諦譯爲眞實性）只是眞如空理，並非智心也。聖智攝依他起（清淨依他），故可言有無爲功德。聖智不攝圓成實，只「如如」一法攝之，故於眞如空理不可言無爲功德。「清淨依他緣如如得成」，此只示以「如如」理境爲所緣而得成就清淨依他。既成就已，便說其屬「聖

智」，不屬「如如」。按理，「聖智」攝之，「如如」亦可攝之。（此在眞心派自可如此說）。但在世親嚴格分析之頭腦，則不如此說。「如如」只是淸淨依他所緣之境，但並不能反過來說「如如」攝屬淸淨依他，然而卻可說聖智攝屬之。何以故？于聖智可言起，而于眞如空理（圓成實性）並不可言起也。此即示妄心派言賴耶緣起，轉識成智後，成爲淸淨依他，而總不可言「眞如緣起」也。此即智如之嚴格分別，爲二而不能一也。

夫世親旣如此言「以無爲如理爲體」的理性佛性，則唯識學者于理性佛性上再加本性住種，不算「頭上安頭」。而彼輩即言有本性住種，亦不能使其成爲一乘究竟。《瑜伽》系的唯識思想終于言三乘究竟，這是始終一致的。其言法爾本有種，這並不能決定什麼也。（即于其本質並不能產生什麼決定性的影響。）

依以上的疏解，不但本性住種與世親的理性佛性不同（並非「原是一個」），即世親的理性佛性亦並非如來藏自性淸淨心。他的《佛性論》雖亦依傍《勝鬘經》而言如來藏，然卻不是眞心派。以下試疏解此義。

《佛性論・顯體分第三・如來藏品第三》：

> 復次，如來藏義有三種應知。何者爲三？一所攝藏。二隱覆藏。三能攝藏。
>
> 一、所攝名藏者，佛說約「住自性」如如，一切眾生是如來藏。〔案：此言一切眾生爲如來之所攝藏或攝持。〕
>
> 言「如」者有二義：一如如智，二如如境。並不倒故，名如如。

言「來」者，約從「自性」來，來至「至得」，是名如來。
〔案：此言約從作為「應得因」的真如空理佛性之「住自性
性」，即「住自性性」的如如，通過其「引出性」，來至其
「至得性」，這就名曰「如來」。這裡須注意真如空理自身
並不起現功德法，乃是行者依此空理而加行始有功德法。
「來」是這樣地來，不是如理自身能活動地來也。〕

故如來性雖因名「應得」，果名「至得」，其體不二，但由
清濁有異。在因時，為違二空，故起無明，而為煩惱所雜，
故名染濁。雖未即顯，必當可現，故名「應得」。若至果
時，與二空合，無復惑累，煩惱不染，說名為清。果已顯
現，故名「至得」。譬如水性，體非清濁，但由穢不穢故，
有清濁名。若泥滓濁亂，故不澄清。雖不澄清，而水清性不
失。若方便澄渟，即得清淨。故知淨不淨名，由有穢無穢故
得，非關水性自有淨穢。應得、至得、二種佛性亦復如是。
同一真如，無有異體。但違空理，故起惑著。煩惱染亂，故
名為濁。若不違二空，與如一相，則不起無明。煩惱不染，
所以假號為清。

所言「藏」者一切眾生悉在如來智內，故名為藏。以如如智
稱如如境故，一切眾生決無有出如如境者，並為如來之所攝
持，故名所藏眾生為如來藏。……

二、隱覆為藏者，如來自隱不顯，故名為藏。言「如來」
者，有二義。一者現「如」不顛倒義。由妄想故，名為顛
倒。不妄想故，名之為「如」。二者現常住義。此如性從
「住自性性」來至「至得」，如體不變異，故是「常」義。

如來性住道前時，爲煩惱隱覆，衆生不見，故名爲藏。
〔案：此言常住不變只分解地就如理而言。空如之理自不會
變異。但此決非《大涅槃經》之言佛性常樂我淨，法身恆常
不變。〕

三、能攝爲藏者，謂果地一切過恆沙數功德，住如來「應得
性」時，攝之已盡故。若至果時，方言「得」性者，此性便
是無常。何以故？非始得故。故知本有，是故言常。〔案：
此就住「應得性」時即攝盡果地一切功德而言常，即就功德
之本有（本具）而言常。常是指那「應得性」說。「應得
性」即眞如空理之佛性在其「住自性性」時即已蘊函著其所
應得之一切功德法。若此「應得性」之「得」性至果時方可
說，則此「得」性便是現在始有，並非本有。若是原無有，
現在始有，則此「應得性」之「得」性便是始生之無常法，
而非本有之常。不過這個常與那說如理本身之常並不相同。
說如理本身之常是就其本身之自性而實說，而說如理之「應
得性」之常則是關聯著非如理自身所生起之功德法而卻爲其
所函蘊（所攝持，憑依地所攝持，非生起地所攝持）而虛說
此應得性之「得」性之常。即，依此眞如空理，應得一切功
德法，遂說爲如理之應得性。此應得性不是就其自身能生起
功德法而說其應得性，乃是憑依之，吾人可得有菩提心及加
行等乃至道後法身，這樣地說其應得性。這樣的「應得性」
因其本具一切功德法而說其是常。這只是把果地所得者倒轉
過來從因地說。吾人現實上所已得到者本是吾人憑依如理所
已可能得到者。因此，說此「得」性是常。若此「得」性只

能從現實上所已得者說，而此現實上所已得者不是憑依如理
所本可能得者，則此得性是始有，不是本有，因此，是無
常，不是常。這樣的「得」性及其是常皆是虛籠著說的。這
既不是說如理本身常住不變，亦不是說本具的功德法常住不
變，如《法華》之說「世間相常」者然。關于此等處須確
認。〕

據以上世親所說如來藏三義以及吾人對于其詞語之確認，則知其所
說之如來藏全不是如來藏自性清淨心。在他的分析中，不見有心
字。他是依他所說的三因佛性底能所關聯來分析如來藏。「以無為
如理為體」的應得因佛性所謂「理性佛性」是所，「所」者依「是
所顯者」之義來規定。而「以有為願行為體」的加行因佛性與圓滿
因佛性所謂「行性佛性」則是能，能者以「能顯那真如空理」來規
定。這一種能所關係即以「應得因」佛性之三種性，即住自性性，
引出性，與至得性，之關聯來明之亦得。假定「行性佛性」方面總
略言之，簡單地略說為智，則此種能所關係即是智與如底關係，而
智與如是二，有差別：聖智只攝屬清淨依他，並不攝屬圓成實。這
一種分析的解釋是把如來藏分析撐架成一種對列之局，以此對列之
局所成的整體關係來規定如來藏。這是世親所規定的如來藏。此中
實是以「應得因」為主，即是以「所」為主。至于「能」方面，則
仍是以阿賴耶為中心，依轉識成智那一套說。故此《佛性論》亦言
遍計執，依他起，圓成實，這三性與五法之攝屬關係。（凡瑜伽系
之論典皆處處言三性，如《大乘莊嚴經論》，《辯中邊論》，皆
然。）是故知此《佛性論》之言如來藏乃是適應阿賴耶主體之唯識

系統者，是妄心派之如來藏，並非是眞心派之「如來藏自性清淨心」。這恰如朱子把孟子之「本心即性」分析爲心性情三分，因此而成爲橫列系統。儒家之朱子蓋與佛家之世親爲同一心態也。

世親雖亦依《勝鬘經》之五藏而言佛性之「自體相」，但《勝鬘經》五藏中之「自性清淨藏」是就「如來藏自性清淨心」言，而世親卻只能言「如來藏自性清淨理」。

《佛性論‧辯相分第四‧自體相品第一》：

> 復次，佛性一切種相有十義應知。言十相者，一自體相，二因相，三果相，四事能相，五總攝相，六分別相，七階位相，八遍滿相，九無變異相，十無差別相。
>
> 一、自體相者，有二種：一者別相，二者通相。別相有三種。何者爲三？一者如意功德性，二者無異性，三者潤滑性。
>
> 所言如意功德相者，謂如來藏有五種。何等爲五？
>
> 一、如來藏，「自性」是其藏義。一切諸法不出如來自性。無我爲相故，故說一切諸法爲「如來藏」。
>
> 二者正法藏，「因」是其藏義。以一切聖人四念處等正法皆取此性作境，未生得生，已生得滿，是故說名爲「正法藏」。
>
> 三者法身藏，「至得」是其藏義。此一切聖人信樂正性，信樂願聞。由此信樂心故，令諸聖人得于四德及過恆沙數等一切如來功德，故說此性爲「法身藏」。
>
> 四者出世藏，「眞實」是其藏義。世有三失。一者對治可滅

盡故，名爲世。此法則無對治，故名出世。二、不靜住故名
爲世，由虛妄心果報念念滅不住故。此法不爾，故名出世。
三、由有倒見故，心在世間，別恆倒見。如人在三界，心中
決不得見苦法忍等。以其虛妄故名爲世。此法能出世間，故
名眞實爲「出世藏」。

五者自性清淨藏，以秘密是其藏義。若一切法隨順此性，則
名爲內。是正非邪，則爲清淨。若諸法違逆此理，則名爲
外。是邪非正，名爲染濁。故言自性清淨藏。

故《勝鬘經》言：「世尊！佛性者是如來藏，是正法藏，是
法身藏，是出世藏，是自性清淨藏。」由說此五藏義故，如
意功德而得顯現。

此下繼言「無異性」與「潤滑性」二別相。至于通相，則是「自性
清淨相」（並非自性清淨心）。合此通別四相名爲佛性之「自體
相」。（其他九相各成一品，直貫至卷三卷四盡。不錄。）可是此
有五藏義之自體相，皆是就「以無爲如理爲體」的「應得因」佛性
而言。是故雖依《勝鬘經》說五藏，而所說的卻是指「如來藏自性
清淨理」而言，並非指「如來藏自性清淨心」而言。眞心派並非不
言如理，但如理與眞心爲一，故成以「如來藏自性清淨心」爲主體
之另一系統。

　　世親如此言如來藏並非是錯，乃是因適應賴耶緣起而始如此
言。如此言之，即成另一系統下之如來藏。若取分解之路，言如來
藏要當以《勝鬘經》之「如來藏自性清淨心」爲準。《起信論》即
相應此「自性清淨心」而建立者。眞諦亦向此路而趨。惟其以此解

《攝論》則不諦。近時南京支那內學院歐陽竟無門下因宗奘傳之唯識，故力反《起信論》。呂秋逸又力言《楞伽經》之「如來藏藏識」為「如來藏名藏識」，阿賴耶藏識即如來藏，一識兩名，非有兩層。此則又將如來藏拖降于阿賴耶識矣。此要非講如來藏之正宗。《楞伽經》亦未必是此意。《楞伽經》言「如來藏藏識為善不善因」，並未詳細分疏。然即就此語而言，「如來藏藏識」亦未必即是阿賴耶。蓋阿賴耶只是不善因，並非是善因。（蓋因起于正聞熏習，而正聞熏習是客）。然則把「如來藏藏識」解為生滅與不生滅和合之阿賴耶，如《起信論》之所說，豈定不通？而何況《楞伽經》亦言「如來藏藏識本性清淨」？縱使《楞伽經》詞語其義是呂秋逸之所解，而《勝鬘經》與《起信論》又何獨是邪說？只是兩個系統而已。而若就分解之路說，依理真心派實高于妄心派也。而無論真心派或妄心派，依天臺宗之判教，皆屬別教，理未至圓。

《法華玄義·卷第五下》于三法妙中言別教三法云：

> 明別教三法者，以緣修觀照為乘體，諸行是資成。以此二法為緣修智慧。慧能破惑顯理，理不能破惑。理若破惑，一切眾生悉具理性，何故不破？若得此慧，則能破惑。故用智為乘體。故《大經》云：「無為無漏名菩薩僧。」即是一地二地，乃至十地智慧，名智慧莊嚴。以此智慧運通十地，故為乘體。
> 然《攝大乘》明三種乘：理乘，隨乘，得乘。理者即是道前真如。隨者即是觀真如慧隨順于境。得者一切行願熏習熏無分別智，契無分別境，與真如相應。

此三意一往乃同于三軌，而前後未融。何者？九識是道後眞如。〔案：眞諦言九識，《攝論》不言。見下章。〕眞如無事。智行根本種子皆在黎耶識中。熏習成就，得無分別智光，成眞實性。是則理乘本有，隨、得、今有。道後眞如方能化物。此豈非縱義？若三乘悉爲黎耶所攝，又是橫義，又濫冥初生覺。既縱既橫，與眞伊相乖。

元夫如來初出，便欲說實。爲不堪者，先以無常遣倒，次用空淨蕩著，次用歷別起心，然後方明常樂我淨。龍樹作論，申佛此意。以不可得空洗蕩封著，習應一切法空，是名與般若相應。此空豈不空于無明？無明若空，種子安在？淨諸法已，點空說法，結四句相。〔案：即結成「諸法不自生，亦不自他生，不共不無因，是故知無生」之四句。〕此語虛玄，亦無住著。如病除已，乃可進食，食亦消化。那得發頭據阿黎耶出一切法？本之見慢全自未降，封此新文若長冰添水。〔案：荊溪《釋籤》解云：「故惑猶存，新惑更重。」〕故知彼論非逗末代重著眾生，乃是**界外一途法門**耳。〔荊溪《釋籤》解云：「于彼界外尚是一途，何得界內博地執諍？」又云：「從故知去判屬界外，仍非界外通方法門，故云一途。」案界外即三界外。藏通二敎屬界內有量四諦，不管是藏敎之生滅四諦，抑或是通敎之無生四諦，以未進至「如來藏恆沙佛法佛性」故。《攝論》可以進至「如來藏恆沙佛法佛性」，然如世親所講之如來藏乃適應賴耶緣起者。故雖進至如來藏恆沙佛法佛性，可至無量四諦，此屬界外，然亦是界外之「一途法門」，未是「界外通方法門」。

若言「界外通方法門」，就分解之路言，當該是眞心派。〕

又阿黎耶若具一切法者，那得不具道後眞如？若言具者，那言眞如非第八識？恐此猶是方便，從如來藏中開出耳。

若執方便，巨妨眞實。若是實者，執之又成語見。多含兒蘇，恐將天命。若能善解破立之意，於諸經論淨無滯著也。

案：如智者所言，《攝論》以及世親之《唯識論》，以阿賴耶爲主體，而正聞熏習是客者，「乃是界外一途法門」，「恐此猶是方便，從如來藏中開出耳。」若就分解之路，言「如來藏自性清淨心」之眞心派亦是「從如來藏中開出」之一途法門；雖高于妄心派，亦可說是分解中之「通方法門」，然猶是方便，故仍屬別教，非圓實教。蓋「偏指清淨眞如」而唯眞心，「緣理斷九」故也。（此將于後〈天臺部〉詳論）。天臺宗說別教主要是就眞心派說。妄心派雖亦判屬別教，然只是界外別教一途法門，也可以說是別教之旁枝。華嚴宗說其是大乘始教，而《起信論》爲大乘終教。若就此始終兩途言，說妄心派是始別教亦可。此種判教當于後〈天臺部〉詳論之。

妄心派之所以爲別教之旁枝，以「無始時來界」之界若視爲阿賴耶（以迷染爲性），則不能爲清淨法之因故。是故智者難之云：「阿黎耶若具一切法者，那得不具道後眞如？若言具者，那言眞如非第八識？」此言「眞如」乃指眞如心，心眞如而言，非如妄心派所言者之只是空如之理。眞諦說阿賴耶「以解爲性」，這便具道後眞如（無爲無漏功德法，因是自性清淨心故），而第八識亦即是眞如心，即有解性的阿賴耶，亦即眞常心之在纏。此則便無難。但此

便成眞心派。故眞心派雖是別教，然而可說是「界外通方法門」。妄心派之阿賴耶實不具道後眞如（眞常心之無漏功德法），彼亦不是以解爲性，而是以迷染爲性，故于第八識亦不能說是眞如心。故于此系統說「一切法等依」此界，須對于生滅雜染法與「涅槃證得」中之無漏清淨法之依此界之「依」字作不同方式的解說。此如前第一節所述。

又，若眞心派與妄心派俱可說是「從如來藏中開出」之一途法門（眞心派把如來藏定爲「如來藏自性清淨心」，妄心派把如來藏定爲「如來藏自性清淨理」），此皆是由分解之路而成者，則天臺宗說如來藏便不是依分解之路說，而是依圓教方式說。此將于天臺部詳論。而上錄智者文中「淨諸法已，點空說法，結四句相」，「如病除已，乃可進食，食亦消化」，諸語可作啓示也。蓋凡「一途法門」俱有病。病者偏滯之義。若知是方便權說，則不妨眞實。眞實者圓實說也。

附錄一
《究竟一乘寶性論》後魏勒那摩提譯

　　此論不知何人所造。有云世親，有云堅慧。世親既作《佛性論》，當不至再有此論。此論全依《勝鬘經》「如來藏自性清淨心」義而發揮，思路不與《佛性論》同，故非世親作。世親《佛性論》亦依《勝鬘經》說，但與此《寶性論》不同。如是世親作，是自相矛盾耶？抑是不滿其一而有所改作耶？（不管不滿的是那一論）。此恐不然。故當屬另一人作。說爲堅慧，亦或然也。若依《大乘法界無差別論》之爲堅慧造，則此亦當爲彼造。蓋思路同也，對于如來藏之意指同也。

　　此論甚單純，無許多義理曲折。只肯認一因位如來藏自性清淨心爲煩惱所纏及出纏後之無量功能而已。

　　說到爲煩惱所纏，以九種譬喩說明：一、華、佛譬喩。二、蜂、蜜譬喩。三、糩（皮殼），實譬喩。四、糞、金譬喩。五、地、寶譬喩。六、果、芽譬喩。七、衣、像譬喩。八、女、王譬喩。九、模、像譬喩。

　　唯于爲何義說佛性之答同于《佛性論・緣起分》之所說。如：

　　〈爲何義說品第七〉：

　　問曰：餘修多羅中皆說一切空，此中何故說有眞如佛性？偈言：

處處《經》中說　內外一切空
有爲法如雲　及如夢幻等
此中何故說　一切諸眾生
皆有眞如性　而不說空寂

答曰：偈言：

以有怯弱心　輕慢諸眾生
執著虛妄法　謗眞如實性
計身有神我　爲令如是等
遠離五種過　故說有佛性

此或抄自《佛性論》也。亦是共許義。
　〈無量煩惱所纏品第六〉：

《經》中偈言：

無始世來性　作諸法依止
依性有諸道　及證涅槃果

此偈明何義？「無始世來性」者，如《經》說言，諸佛如來
依如來藏說諸眾生無始，本際不可得知故。所言「性」者，
如《聖者勝鬘經》言：世尊！如來說如來藏者，是法界藏，
出世間法身藏，出世間上上藏，自性清淨法身藏，自性清淨

如來藏故。「作諸法依止」者,如《聖者勝鬘經》言:「世
尊!是故如來藏是依,是持,是住持,是建立。世尊!不離
不離智,不斷、不脫、不異、無爲不思議佛法。世尊!亦有
斷、脫、異、外、離、離智有爲法,亦依亦持亦住持亦建
立,依如來藏故」。「依性有諸道」者,如《聖者勝鬘經》
言:「世尊!生死者依如來藏。世尊!有如來藏故,説生
死。是名善説故」。「及證涅槃果」者,如《聖者勝鬘經》
言:「世尊!依如來藏故有生死,依如來藏故證涅槃。世
尊!若無如來藏者,不得厭苦,樂求涅槃。不欲涅槃,不願
涅槃故」。

此以「性」字譯《阿毘達磨大乘經》偈中之「界」字,並以《勝鬘
經》之如來藏爲此性,此性即佛性。《佛性論》未引此經偈,而
《攝論》引之,世親釋之爲阿賴耶,而堅慧卻釋之爲如來藏。

又,此論中偈言:

不空如來藏　謂無上佛法
不相捨離相　不增減一法
如來無爲身　自性本來淨
客塵虛妄染　本來自性空

此偈明何義?「不減一法」者,不減煩惱。「不增一法」
者,眞如性中不增一法。以不捨離清淨體故。偈言「不相捨
離相,不增減一法」故。是故《聖者勝鬘經》言:「世尊!

> 有二種如來藏空智。世尊！**空如來藏**，若離若脫若異一切煩
> 惱藏。世尊！**不空如來藏**，過于恆沙不離不脫不異不思議佛
> 法故」。

此引《勝鬘經》言空不空如來藏。世親《佛性論・卷第四》亦有偈
說此空不空義，如：

> 無一法可損　　無一法可增
> 應見實如實　　見實得解脫
> 由客塵故空　　與法界相離
> 無上法不空　　與法界相隨

此偈與《寶性論》中者似略同。而以「與法界相離相隨」說空不
空，便又不同。世親之意解不必同于《勝鬘經》。此偈未說是經
偈。如是論主之偈，則不知誰參考誰而有所改正。

　　此兩論有許多彷彿相似處，一、俱引《勝鬘經》而意解不同，
二、「為何義說佛性」之答同，三、空不空偈貌同。因有此三點，
故或以為此《寶性論》亦世親作也。然此《寶性論》與其《唯識三
十頌》相差甚遠，而《佛性論》卻相近，或至少可以通貫，故不視
之為彼所作。非然者，則世親之思想必多矛盾，或有前後之轉變。
視為堅慧作，與《法界無差別論》一律，可與世親分開。

附錄二

《大乘法界無差別論》堅慧造、唐提雲般若等譯

稽首菩提心，能爲勝方便。

得離生、老、死、病、苦依、過失。

菩提心略說有十二種，是此論體。諸聰慧者應如次知：所謂果故，因故，自性故，異名故，無差別故，分住故（住當作位），無染故，常恆故，相應故，不作義利故，作義利故，一性故。此中最初顯示菩提心果，令見勝利。次即說彼所起之因，然後安立此出生相，及顯異名，而無差別，于一切位無有染著，常與淨法而共相應，不淨位中無諸功用，于清淨位能作利益，一性涅槃應知。

如是十二種義，今此論中次第開闡。

〔一、菩提心果〕

何者名爲菩提心果？

謂最寂靜涅槃界。此唯諸佛所證，非餘能得。所以者何？唯佛如來能永滅一切微細煩惱熱故。于中無「生」，永不復生意生諸蘊故。無「老」，此功德增上殊勝，圓滿究竟，無衰變故。無「死」，永捨離不思議變易死故。「無病」，一切煩惱所知障病及與習氣皆永斷故。無「苦依」，無始時來無明住地所有習氣皆永除故。無「過失」，一切身語意誤犯不行故。此則由菩提心爲最上方便不退失

因，一切功德至于究竟而得彼果。彼果者，即涅槃界。何者為涅槃界？謂諸佛所有轉依相不思議法身。以菩提心是不思議果因，如白月初分，故今頂禮。

復次，頌曰：

> 能益世善法、聖法、及諸佛。
> 所依寶處如①，如地、海、種子。

復次，菩提心如地，一切世間善苗生長所依故。如海，一切聖法珍寶積聚處所故。如種子，一切佛樹出生相續之因故。

如是，已說菩提心果。

〔二、因〕

云何此因？頌曰：

> 信為其種子，般若為其母。
> 三昧為胎藏，大悲乳養人。

復次，云何此因積集？應知如轉輪王子，其中于法深信為菩提心種子；智慧通達為其母；三昧為胎藏，由定樂住，一切善法得安立故；大悲為乳母，以哀愍眾生，于生死中無有厭倦，一切種智得圓滿故。

---

① 「如」一作「因」。另譯本，七字偈，則無此字。

〔三、自性〕

云何自性？頌曰：

> 自性無染著，如火、寶、空、水。
> 白法所成就，猶如大山王。

復次，應知此菩提心因積集已，有二種相：謂離染清淨相，白法所成相。「離染清淨相」者，謂即此心自性不染，又出客塵煩惱障得清淨。譬如火、摩尼寶、虛空、水等，為灰、垢、雲、土所覆翳時，雖其自性無所染著，然由遠離灰等故，令火等得清淨。如是一切眾生自性無差別心，雖貪等煩惱所不能染，然由遠離貪等故，其心得清淨。「白法所成相」者，謂如是自性清淨心為一切白法所依，即以一切白淨法而成其性。如說須彌山，眾寶所依，即以眾寶而合成故。

〔四、異名〕

云何異名？頌曰：

> 至于成佛位，不名菩提心。
> 名為阿羅訶，淨我樂常度。
> 此心性明潔，與法界同體。
> 如來依此心，說不思議法。

復次，此菩提心永離一切客塵過惡，不離一切功德成就，得四種最上波羅蜜，名如來法身。如說：「世尊！如來法身即是常波羅蜜，樂波羅蜜，我波羅蜜，淨波羅蜜。如來**法身**即是**客塵煩惱**所染**自性清淨心**差別名字」。又如說：「舍利弗！此清淨法性即是法界。我依此**自性清淨心**說不思議法」。

〔五、無差別〕

云何無差別？頌曰：

> 法身眾生中，本無差別相。
> 無作無初盡，亦無有染濁。
> 法空智所知，無相聖所行。
> 一切法位依止，斷常皆悉離。

復次，此菩提心在于一切眾生身中，有十種無差別相。所謂「無作」，以無為故。「無初」，以無起故。「無盡」，以無滅故。「無染濁」，以自性清淨故。「性空智所知」，以一切法無我，一味相故。「無形相」，以無諸根故。「聖所行」，以是佛大聖境界故。「一切**法所依**」，以**染濁諸法所依止**故。「非常」，以是離染，非常法性故。「非斷」，以是清淨，非**斷**法性故。

〔六、分位〕

云何分位？頌曰：

不淨眾生界，染中淨菩薩。

最極清淨者，是說爲如來。

復次，此菩提心無差別相故，不淨位中名眾生界。于染淨位名爲菩薩。最清淨位說名如來。如說：「舍利弗！即此法身爲本際無邊煩惱藏所纏，從無始來生死趣中生滅流轉，說名眾生界。復次，舍利弗！即此法身厭離生死漂流之苦，捨于一切諸欲境界，于十波羅蜜及八萬四千法門中，爲求菩提而修諸行，說名菩薩。復次，舍利弗！即此法身解脫一切煩惱藏，遠離一切苦，永除一切煩惱隨煩惱垢，清淨、極清淨，最極清淨，住于法性，至一切眾生所觀察地，盡一切所知之地，昇無二丈夫處，得無障礙無所著一切法自在力，說名如來應正等覺。是故舍利弗！眾生界不異法身，法身不異眾生界。眾生界即是法身，法身即是眾生界。此但名異，非義有別。」

〔七、無染〕

云何無染？頌曰：

譬如明淨日，爲雲之所翳。

煩惱雲若除，法身日明顯。

此復云何？于不淨位中，現有無量諸煩惱，而不爲染。譬如日輪爲雲所覆，而性常清淨。此心亦爾。彼雜煩惱但爲客故。

〔八、常恆〕

云何常恆？頌曰：

> 譬如劫盡火，不能燒虛空。
> 如是老病死，不能燒法界。
> 如一切世間，依虛空起盡。
> 諸根亦如是，依無爲生滅。

復次，云何于此現有生老死，而言是常？譬如虛空，雖劫災火起，不能爲害。法界亦爾。是故經言：「世尊！生死者但隨俗說有。世尊！死者諸根隱沒，生者諸根新起。非如來藏有生老死，若沒若起。世尊！如來藏過有爲相。寂靜常住，不變不斷故。

〔九、相應〕

云何相應？頌曰：

> 如光明熱色，與燈無異相。
> 如是諸佛法，于法性亦然。
> 煩惱性相離，空彼客煩惱。
> 淨法常相應，不空無垢法。

復次，云何未成正覺，而言於此，佛法相應？譬如光、明、熱、色等與燈無有異相。諸佛法于法身亦如是。如說：「舍利弗！諸佛法

身有功德法。譬如燈有光、明、熱、色，不離不脫。摩尼寶珠光色形狀亦復如是。舍利弗！如來所說諸佛法身智功德法不離不脫者，所謂過恆河沙如來法也。」復次，如說：「有二種如來藏空智。何等為二？所謂**空如來藏**，一切煩惱若離若脫智。**不空如來藏**，過恆河沙不思議佛法不離不脫智。」

〔十、不作義利〕

云何不作義利？頌曰：

> 煩惱藏纏覆，不能益眾生。
> 如蓮華未開，如金在糞中。
> 亦如月盛滿，阿修羅所蝕。
> 〔釋文略，易解故。又「義利」當作「益利」。〕

〔十一、作義利〕

> 〔頌釋俱略〕。

〔十二、一性〕

云何一性？頌曰：

> 此即是法身，亦即是如來。
> 如是亦即是，聖諦第一義。
> 涅槃不異佛，猶如冷即水。

> 功德不相離，故無異涅槃。

若如來法身異涅槃者，經中不應作如是說。如彼頌曰：

> 眾生界清淨，應知即法身。
> 法身即涅槃，涅槃即如來。

復次，如有經言：「世尊！即此阿耨多羅三藐三菩提名涅槃界，即此涅槃界名如來法身。世尊！無異如來，無異法身，言如來者即法身也。」

復次應知此亦不異苦滅諦。是故經言：「非以苦壞名苦滅諦。言苦滅者，以從本已來無作無起，無生無滅，無盡離盡，常恆不變，無有斷絕，自性清淨，遠離一切煩惱藏，具足過恆河沙不離不脫智不思議佛法，是故說名如來法身。世尊！即此如來法身，未離煩惱藏，說名如來藏。世尊！如來藏智是如來空智。世尊！如來藏者，一切聲聞獨覺本所不見，本所不證。唯佛世尊永壞一切煩惱藏，具修一切苦滅道之所證得。」是故當知，佛與涅槃無有差別。譬如冷觸不異于水。

復次應知唯有一乘道。若不爾者，異此，應有餘涅槃故。同一法界，豈有下劣涅槃，勝妙涅槃耶？亦不可言：由下中上勝劣諸因而得一果。以現見因差別，果亦差別故。是故經言：「世尊！實無勝劣差別法證得涅槃。世尊！平等諸法證于涅槃。世尊！平等智，平等解脫，平等解脫見，證得涅槃。是故世尊！涅槃界者名為一味。所謂平等味解脫味也。」

　　案：以上《大乘法界無差別論》竟。所引諸經文皆《勝鬘
經》。凡言如來藏者皆當以《勝鬘經》爲準。世親《佛性論》不甚
相應也。

　　又案：此論末後有注語云：

> 此論《丹藏》與《國》、《宋》二藏不同。此則《丹》本。
> 有五字四句二十四頌。間挾七言一偈〔案：「不作義利」處
> 有此七言偈〕。離爲十二段，段段各釋。吾祖賢首《疏》所
> 釋者，此本也。按彼《國》、《宋》兩本，有七字四句二十
> 偈，一舉並出，後方次第釋之。其初偈曰：「法界不生亦不
> 滅，無老病死無蘊過。由彼發勝菩提心，是故我今稽首禮」
> 者是也。今按《開元錄》及賢首《疏》，並以此論爲單譯。
> 而《國》、《宋》兩本與此《丹》本，文雖有異，義則無
> 殊。必是開元之後，後代重譯也。但未詳何代何人之譯。此
> 須待勘。二藏〔案：即《國》、《宋》二藏〕直以爲提雲般
> 若譯者錯耳。

據此，則《國》、《宋》二本不知何人譯。「文雖有異，義則無
殊」。不另錄。此所錄者是《丹》本，賢首《疏》亦是此本。此則
爲提雲般若譯也。

第三章
真諦言阿摩羅識

　　眞諦順《攝論》之以阿賴耶識爲「界」而以如來藏自性淸淨心說之，如是，遂說阿賴耶「以解爲性」。此自不合《攝論》原義。于他處，凡到言「轉依」時，眞諦則把此「轉依」拆爲滅阿賴耶識證阿摩羅識，如是遂轉八識爲九識。此于翻譯上亦是一種增益的譯解。于《攝論》，此種增益的譯解則見之于其譯世親之釋文。此兩種增益表面詞語雖不同，然可合流。此示眞諦思路之一貫而始終與以阿賴耶爲中心者有不同也。茲先從其譯《決定藏論》說起。

第一節
眞諦之譯《決定藏論》

　　眞諦譯《決定藏論・卷上心地品第一之一》有云：

> 一切行種煩惱攝者，聚在阿羅耶識中。得眞如境智，增上行故，修習行故，斷阿羅耶識，即轉凡夫性，捨凡夫法，阿羅耶識滅。此識滅故，一切煩惱滅。
>
> 阿羅耶識對治故，證阿摩羅識。

阿羅耶識是無常，是有漏法；阿摩羅識是常，是無漏法。得
真如境道故，證阿摩羅識。

阿羅耶識為粗惡苦果之所追逐，阿摩羅識無有一切粗惡苦
果。

阿羅耶識而是一切煩惱根本，不為聖道而作根本。阿摩羅識
亦復不為煩惱根本，但為聖道得道得作根本。阿摩羅識作聖
道依因，不作生因。

阿羅耶識于善無記不得自在。阿羅耶識滅時有異相貌。謂來
世煩惱不善因滅，以因滅故，則于來世五盛陰苦不復得生；
現在世中一切煩惱惡因滅故，則凡夫陰滅，此身自在，即便
如化。捨離一切粗惡果報，得阿摩羅識之因緣故，此身壽命
便得自在。壽命因緣能滅于身，亦能斷命，盡滅無餘，一切
諸受皆得清淨。乃至如經廣說。一切煩惱相故，入通達分
故，修善思維故，證阿摩羅識故，知阿羅耶識與煩惱俱滅。

案：《決定藏論》共三卷，即《瑜伽師地論・攝決擇分》之別名。
〈心地品〉者即「五識身相應地意地」之別名。〈攝決擇分〉順
〈本地分〉中十七地一一予以決擇。真諦所譯者只「五識身相應地
與意地」之決擇，題名曰〈心地品〉。而「攝決擇」則譯為「決定
藏」。「決擇」者決定簡擇之謂，即重新予以分解考查之意。
「攝」字為動詞，真諦則轉為名詞「藏」字。藏者攝聚而為一庫
也。

上錄譯文，玄奘譯為「轉依」者，真諦皆進譯之以阿摩羅識。
「轉依」是虛述語，即轉「一切法等依」之阿賴耶識也。嚴格言

之，當該是轉一切法之種子（不管是染種或淨種）之所依止者——阿賴耶識。阿摩羅識是實體字，把那虛述語直實之以轉滅阿賴耶識而證阿摩羅識。好像如此坐實無大關係，其實影響甚大。

試看玄奘之譯文：

> 復次，修觀行者，以阿賴耶識是一切戲論所攝諸行「界」故，略彼諸行于阿賴耶識中總爲一團一積一聚。爲一聚已，由緣眞如境智、修習多修習故，而得轉依。轉依無間，當言已斷一切雜染。當知轉依，由相違故，能永對治阿賴耶識。
>
> 又，阿賴耶識體是無常，有取受性。轉依是常，無取受性。緣眞如境聖道，方能轉依故。
>
> 又，阿賴耶識恆爲一切粗重所隨，轉依究竟遠離一切所有粗重。
>
> 又，阿賴耶識是煩惱轉因，聖道不轉因。轉依是煩惱不轉因，聖道轉因。〔案：此「轉」字是轉現義。〕應知但是建立因性，非生因性。〔案：此語是指「轉依」言。轉依但是聖道法轉現之「建立因」，並非其「生因」。即，憑依此轉依，吾人可建立地說聖道法之轉現，此是虛說的邏輯關係。至于聖道法之生因即其實的因果關係，則是由于正聞熏習種子而生。正聞熏習成種子後，此種子雖已依存于阿賴耶識中，但阿賴耶識以迷染爲性，故阿賴耶但是煩惱法底生因，不是聖道法底生因。眞諦既譯轉依爲阿摩羅，復亦順原文之簡別而譯爲「阿摩羅識作聖道依因，不作生因」，這便有問題。〕

又，阿賴耶識令于善淨無記法中不得自在，轉依令于一切善淨無記法中得大自在。

又，阿賴耶識斷滅相者，謂由此識正斷滅故，捨二種取，其身雖住，猶如變化。所以者何？當來後有苦因斷故，便捨當來後有之取；于現法中一切煩惱因永斷故，便捨現法一切雜染所依之取。一切粗重永遠離故，唯有命緣暫時得住。由有此故，契經中言：爾時但受「身邊際受」，「命邊際受」。廣說乃至即于現法一切所受究竟命盡。如是建立雜染根本故，趣入通達修習作意故，建立轉依故，當知建立阿賴耶識雜染還滅相。（《瑜伽師地論・攝決擇分》，「五識身相應地意地」之一）

讀者可將此譯文與眞諦譯文對看。當然玄奘譯文其語法較爲淸晰而嚴整。此段譯文，如依眞諦譯，問題只在：既譯「轉依」爲阿摩羅識，則於阿摩羅識如何又能說其只「作聖道依因，不作生因」？眞諦言阿摩羅識大體雖由還滅工夫所證顯者而言，然若此第九識不是始起，而是本有（若非本有則不得是常），又若此第九識即「是自性淸淨心，但爲客塵所汙，故名不淨」（見下〈十八空論〉），則它不但是聖道之依因（建立因或憑依因），而且亦即是其生因，一如虛妄阿賴耶不但是一切雜染法之所依，而且亦即是其因種。蓋既是自性淸淨心，雖爲客塵所染，亦自有一種能生聖道之力量。通過工夫而去客塵，此工夫只是助緣。塵染一去，其自身即是聖道之直接生因。而且即此去客塵之工夫，雖有賴於外緣之引起，而其本質的內因還是在此「自性淸淨心」本身。若內部全無一種發自眞常心

之推動力，則全靠外力必是扶得東來西又倒，終不得大覺。若以
「阿摩羅識——自性清淨心」爲主體，以虛妄熏習爲客塵，則明是
眞心派。旣是眞心派，不得復言此眞心只「作聖道依因，不作生
因」。〈攝決擇分〉如此簡別，乃是因爲以阿賴耶識爲主體，以正
聞熏習爲自外來之客位之故。《攝大乘論》及《成唯識論》皆是此
規模。玄奘譯爲「轉依」，就此而言「但是聖道之建立因性，非生
因性」，應知這乃是以妄心派爲背景的。在妄心派，正聞熏習旣是
客，從「最清淨法界之等流」而生，則此虛述語之「轉依」自不是
正聞熏習所類屬之聖道之「生因」。聖道從正聞「最清淨法界之等
流（聖敎）」而生，依世親之《佛性論》，即是從「依我法二空之
眞如空理而起加行」而生，（見上章），而此眞如空理之自身並不
生。故聖道亦不是由眞如空理而生起。聖道但只憑依眞如空理而
生，並非以之爲生因。此亦可說眞如空理但是聖道之憑依因或建立
因，而非其生因。但依眞諦，阿摩羅識旣是自性清淨心，眞常心，
它就是眞如心，心眞如，境智無差別：心與理一，智與如一。眞如
空理旣與眞心爲一，而又從主名之曰心（眞實心），則它即是聖道
（無爲功德法）之生因，非但「憑依因」而已也。（若「轉依」在
妄心派背景下只爲憑依因，非生因，則轉依中之聖道是否能成爲無
爲無漏道亦成問題。）

　　又轉依是轉阿賴耶依而爲法身依。「轉依」這個虛述語可只作
聖道之建立因（憑依因），然其所轉到之「法身」卻是實體字。依
《攝論》，正聞熏習種子，熏成後，雖亦依存於阿賴耶識中，然其
本性卻是法身（或解脫身）所攝屬，亦是法身之種子。所以到轉依
後，由它所生的一切清淨法亦當攝屬於法身而且依止于法身。此實

體字之法身能不能作爲聖道法之生因？按理說，當該能。但在妄心系統中，這是不好說的。因爲法身是所證顯而修至者，它是一個複合詞，它有眞如理以支持之，卻並無眞如心以支持之。眞如理是本來如此，可說本有。但在妄心系統中，卻並無本有之眞如心。因此，依眞如空理而加行以至于證得法身，這開始由正聞熏習而來之加行以及數數加行中之一切清淨法不能說是由所證得之法身而生起，以法身爲其生因，因爲這樣便成循環論證。而且在加行中法身並未出現，何由得爲加行中清淨法之生因？由法身而至報身化身，這是佛法身底如如作用（亦說受用），當然可說這些作用以法身爲生因。但在行者，由正聞熏習而加行這一套卻不能說是以法身爲生因。在此，似亦只可說佛法身是其憑依因，而非其生因。即，憑依佛法身可建立聖道法，而非以法身爲生因，由之而生起聖道法。此亦如憑依眞如空理而應得加行，但眞如空理並不生起加行。又在妄心系統中，眞如空理可說本有，但法身並不能說是本有。所以宗奘傳唯識者堅主「自性寂」，並不主「自性覺」。法身既證顯後，當然恆常不變。但「常」有是本有者，有不是本有者。普通說者常謂如非本有，而是始有，則成無常。其實這不必然。此中有詞語之歧義。衆生可不本有此法身，然不礙法身自身是常。衆生不本有，而始有，這種無常是得不得之無常，而非法身自身因此而爲無常。故唯識宗可主法身是常，而不礙亦主衆生非本有。非本有者正因本無眞如心（眞常心，自性覺）也。故不能說法身爲聖道之生因。此雖不圓滿，然並非不可說。唯如此說，應有一定之後果。

若依眞諦，此法身即是如來藏自性清淨心。在纏名如來藏，出纏名法身。它既是自性清淨心，它自本具無量無漏功德，因而亦自

能爲功德法之生因。通過加行工夫，只把它連同其本具之功德法顯現出來而已。此亦可說即工夫即本體。而同時即此加行亦以此自性清淨心之解性（亦就是本覺性）爲內在的主要動力，並非完全自聞熏習決定或引起也。此亦可說即本體即工夫。如此，則法身不但是常，而且亦是本有，它自可爲一切聖道之生因。是以眞諦譯世親之釋《攝論》云：「由本識功能漸減，聞熏習等次第漸增，捨凡夫依，作聖人依。聖人依者，聞熏習與解性和合。以此爲依，一切聖道皆依此生。」（見上章第二節）。「凡夫依」者，即阿賴耶。「聖人依」者即法身。「聞熏習與解性和合」即與「自性清淨心——出纏之賴耶覺性」和合，和合而顯法身，而且即此解性即是法身。聞熏習與之和合即融聞熏習于解性，即工夫便是本體。而同時亦即本體便是工夫。故云「以此爲依，一切聖道皆依此生」。既「皆依此生」，如何不爲聖道之生因？眞諦譯瑜伽系之論典，而又依眞心派之思路，益之以眞心系之義理，故顯出刺謬也。

第二節
眞諦所譯之《轉識論》

眞諦譯《轉識論》云：

> 識轉有二種。一轉爲眾生，二轉爲法。一切所緣不出此二。此二實無，但是識轉作二相貌也。〔案：「轉」者轉現義。〕
>
> 次明能緣有三種。一果報識，即是阿梨耶識。二執識，即阿

陀那識。三塵識，即是六識。〔案：此言阿陀那識相當于第
七末那識。但在《攝論》則是阿賴耶之異名。〕

果報識者，爲煩惱業所引故，名果報；亦名本識，一切有爲
法種子所依止；亦名宅識，一切種子之所棲處；亦名藏識，
一切種子隱伏之處。

問：此識何相何境？

答：相及境不可分別，一體無異。

問：若爾，云何知有？

答：由事故，知有此識。此識能生一切煩惱業果報事。譬如
　　無明，當起此無明，相境可分別不？若可分別，非謂無
　　明。若不可分別，則應非有。而是有非無，亦由有欲瞋
　　等事，知有無明。本識亦爾，相境無差別。但由事故，
　　知其有也。就此識中，具有八種異，謂依止處等，具如
　　〈九識義品〉説。

案：此所謂〈九識義品〉即《決定藏論》之〈心地品〉，亦即《瑜
伽師地論・攝決擇分》之「五識身相應地及意地」。圓測《解深密
經疏・卷三》有云：「眞諦三藏依《決定藏論》立九識義，如〈九
識品〉説。」此〈九識品〉即現存《決定藏論》之〈心地品〉。因
言阿摩羅識而爲九識也。

又賴耶識「相境無差別」，此識之執受爲「相」，所執受之種
子爲「境」。「相」即其見分，「境」即其相分。此種分別是吾人
對之加以反省所成之方便解説。尅就其本身之冥運而言，實無此分
別。它是執受與種子混融爲一的，並未顯明地分化而爲見分之執受

識與相分之種子，即，其見分冥運而未突出，其相分亦冥存而未突出，此所以彼亦名爲「無覆無記」也。此「相境無差別」義近《攝論》，如是，則爲一種七現。但至世親之《唯識論》，則言八識現行，重在分別說的見分相分之差別。此見下章。

《轉識論》于言本識後，復分別言其餘七識，如是，作綜結云：

> ⋯⋯
> 如是七識于阿梨耶識中盡相應起，如衆影像俱現鏡中，亦如衆浪同集一水。
> 問：此意識于何處不起？〔案：此關于第六識之問答。〕
> 答：離無相定及無想天，熟眠，不夢，醉悶，絕心暫死，離此六處，餘處恆有。
> 如此識轉不離兩義。一能分別，二所分別。所分別既無，能分別亦無。無境可取，識不得生。以是義故，唯識義得成。何者？立「唯識義」意本爲遣境遣心。今境界既無，唯識又泯，即是說唯識義成也。此即淨品，煩惱及境界並皆無故。又說，唯識義得成者，謂是一切法種子識如此如此造作迴轉，或于自于他互相隨逐，起種種分別及所分別，由此義故，離識之外，諸事不成。此即不淨品，但遣前境，未無識故。

案：「如此識轉」以下，「識轉」即七識「于阿梨耶識中盡相應起」，在能熏受熏底關係中相應起現。此中言「唯識義」分別兩

類。一是就淨品而言唯識。淨品者，「遣境遣心」，「境界既無，唯識又泯」。由境識俱泯立唯識義，或唯識義成，所立所成者唯一阿摩羅識也。另一是就不淨品而言唯識。不淨品者，遣境不遣心，因為所言唯識本為「境不離識唯識所變」故。此所唯之識即雜染之八識也。

......

問：遣境存識，乃可稱唯識義。既境識俱遣，何識可成？

答：立唯識，乃一往遣境留心。卒終為論，遣境為欲空心，是其正意。是故境識俱泯，是其義成。此境識俱泯即是實性。實性即是阿摩羅識。亦可卒終為論，是阿摩羅識也。

案：初言唯識只為明境無獨立實在性，只是識之變現，即只由執識之取著性而似現。但如此說，尚是半途之論。「一往」者順一義一直說下去尚未轉頭也。文章並未完，故是半途之意。既知境只是執識之似現，則若無執識，則似現之境固無，即執識亦轉也。執識既轉，則只剩一淨識，即阿摩羅識，此是「卒終為論」之「唯識義」成也。唯八執識是無常，是有漏，而阿摩羅識是常，是無漏，則前者是經驗的，後者是超越的，兩者異質而異層。既異質而異層，則名後者曰阿摩羅識不若名之曰「真常心」或「自性清淨心」。蓋「識」字依字訓雖為了別義，此是中性的，但若套在唯識系統中，或套在十二緣生中，則不是中性的，而本是以執染為性的。如是，則于「境識俱泯」時而復名之曰「識」，則有矛盾之嫌，又有混淆

之嫌。故言阿摩羅識不如言「自性清淨心」也。言阿摩羅識，立九識義，是到《起信論》之過渡，一時之方便之言。

……

若人修道，智慧未住此唯識義者，二執隨眠所生眾惑不得離滅，根本不滅故。由此義故，立一乘，皆令學菩薩道。若謂但唯有識現前起此執者，若未離此執，不得入唯識中。〔案：不得入唯一阿摩羅識中〕。若智不更緣此境，二不顯現，〔案：境識二者俱不顯現，即境識俱泯義〕，是時行者名入唯識。何以故？由修觀熟，亂執盡，〔案：「亂執」當爲「亂識」〕，是名無所得，非心非境。是智名出世無分別智，即是境智無差別，名如如智；亦名轉依，捨生死依，但依如理故，粗重及二執俱盡故。粗重即分別性，執即依他性，二種俱盡。是名無流界，是名不可思惟，是名眞實善，是名常住果，是名出世樂，是名解脫身，于三身中即法身。

案：此唯一阿摩羅識是「境智無差別」，「非心非境」，（無所得），亦可曰「非智非境」。「非智」者無智相。智而無智相，始可曰眞智，此名「如如智」。「非境」者無境相。境而無境相，始可曰實性境，此名「如如境」。「無差別」者，非境之境即是智，非智之智即是境，混而爲一，只是一眞常心朗現也。此心無心相，故名眞如心，心眞如，此即是眞實性，亦名法身。從唯亂識起，到唯眞心止，空如之理始終從主體說也。此與妄心派之境智分能所而作差別說者異矣。要者是在妄心派以阿賴耶爲主，而以正聞熏習爲

客，眞如境始終是在正聞熏習所成之出世淨心之仰企中，亦在其所緣中，因此，始終是在對列之局中（一如朱子），而未能以眞心爲提綱，融眞如理于眞心中，而爲一實踐存有論之縱貫系統也。流轉還滅兩來往即函一佛家式的實踐的存有論。而此存有論之完成是在唯眞心之縱貫系統下始完成，雖不是終極的圓實的完成。（依天台判教，此是別教。至天台部詳明。）心理爲一即是縱貫系統。心理爲一的眞如有內熏力，能生無漏功德法，所謂「性起」，即是縱貫系統。（在生死流轉方面只是緣起）。此與妄心派言眞如理不生起，既不能熏，亦不受熏，賢首所謂「凝然眞如」者，異矣。眞諦是向此而趨，但又依附瑜伽系論典而寄意，故處處雖顯特色，亦顯剌謬也。此前期唯識學，眞諦所傳者，當然使無著世親之唯識學面目不清，故有玄奘之發憤西遊也。

（此《轉識論》見於《大藏經》第六一冊。題下注曰「從《無相論》出」，陳代眞諦譯。《無相論》不知何人所作。）

第三節
眞諦所譯之《三無性論》

眞諦譯《三無性論》（亦出《無相論》）如下：

> 論曰：立空品中，人空已成，未立法空。爲顯法空故，說諸
> 　　　法無自性品。
> 釋曰：前說空品，後說無性品，欲何所爲？
> 答曰：前說空品爲顯人空，但除煩惱障，是別道故。後說無

性品爲顯法空，通除一切智障及煩惱障，是通道故。

……，爲顯此用，故說斯論。此即第一、明用分也。

論曰：外問於何法中立此無性？應先安立此法。若能如是，

則無相理有所相應，實虛兩境即便可見。

答曰：一切諸法不出三性，一分別性，二依他性，三眞實

性。分別性者，謂名言所顯諸法自性，即似塵識分。

依他性者，謂依因依緣顯法自性，即亂識分，依因内

根，緣内塵起故。〔案：「内塵」一作「外塵」。〕

眞實性者，謂法如如。法者即是分別依他兩性；如如

者即是兩性無所有。分別性以無體相故，無所有。依

他性以無生故，無所有。此二無所有，皆無變異，故

言如如，故呼此如如爲眞實性。此即第二、相應分，

即是立名。

次約此三性說三無性。由三無性，應知是一「無性」

理。約分別〔性〕者，由相無性，說名無性。何以

故？如所顯現，是相實無。是故分別性以無相爲性。

約依他性者，由生無性，說名無性。何以故？此生由

緣力成，不由自成。緣力即是分別性。分別性體既

無，以無緣力故，生不得立，是故依他性以無生爲

性。約眞實性者，由眞實無性，故說無性。何以故？

此理是眞實故。一切諸法由此理故，同一無性，是故

眞實性以無性爲性。

釋曰：「約眞實性，由眞實無性故說無性」者，此眞實性更

無別法，還即前兩性之無是眞實性，眞實是無相無生

故。〔案：此末語中之「真實」是副詞。〕一切有為法不出此分別依他兩性。此二性既真實無相無生〔案：此語中之「真實」亦是副詞〕，由此理故，一切諸法同一「無性」。此一「無性」真實是無，真實是有。真實無此分別依他二有，真實有此分別依他二無故，不可說有，亦不可說無。不可說有，如五塵；不可說無，如兔角。即是非有性，非無性，故名「無性」性。亦以「無性」為性，名「無性」性，即是非安立諦。若是三性並是安立，前兩性是安立世諦，體實是無，安立為有故。真實性即是安立真諦。對遣二有，安立二無，名為真諦。還尋此性離有離無，故非安立。三無性皆非安立也。此即第三、相分、明三種體相也。

論曰：此三種性如是無性，已說其相。今須說成立道理。分別性者，無有體相。何以故？此性非五藏所攝故。若法是有，不出五藏。五藏者，一相，二名，三分別，四如如，五無分別智。〔案：此「五藏」亦曰「五法」。〕一、相者，謂諸法品類為名句味所依止。名者，即是諸法品類中名句味也。分別者，謂三界心及心法。如如者，謂法空所顯聖智境界。無分別智者，由此智故，一切聖人能通達如如。此五法中，前三是世諦，後二是真如。一切諸法不出此五。若分別性體是有法，則應為此五攝。以不攝故，故知體無也。

案：三性三無性是唯識學之通義，亦是諸行無常諸法無我凡緣生者之通義，大體亦無異解。即龍樹《中論》「因緣所生法，我說即是空，亦爲是假名，亦是中道義」之說法亦與此三性三無性說不相違。各種說法皆是「緣生無性」（緣起性空）一語之分析的抽繹。此是佛家之通義。龍樹學與唯識學之不同不在此分也。此爲吾所已屢明者。

　　「分別性」，玄奘譯爲「遍計所執性」（亦簡稱遍計執）。「眞實性」，玄奘譯爲「圓成實性」。「依他起性」則無異譯。

　　又，上錄文中，「若是三性並是安立，前兩性是安立世諦，體實是無，安立爲有故。」分別性與依他性此兩者既是安立世諦，而五法中前三（相、名、與分別）亦是世諦，則何故分別性「非五藏（五法）所攝」？它不是「如如」與「無分別智」所攝，但它應當是「相、名、與分別」此三者所攝。何以故？俱是世諦故。世親《佛性論》說到五法與三性之攝屬關係，亦說遍計執性不爲五法所攝，依他起性爲前四法所攝，因依他中有清淨依他故。至于圓成實性則只爲「如如」一法所攝。（見上章第三節）。分別性所以不爲五法所攝，因「無體」故（上錄文說「無有體相」）。但「體實是無，安立爲有故」，亦得說是世諦。既是世諦，故亦應當爲「相、名、與分別」此三世諦法所攝。是則就其「無體」而言，則說其非五法所攝；就其被安立爲世諦而言，則亦當說其爲前三法所攝。否則分別性不應當說爲世諦。既說爲世諦，而又說其非五法所攝，似乎有點矛盾。

　　歷來說眞俗二諦者是就依他起說俗諦，就空如無性（眞實性或圓成實性）說眞諦，但並不就遍計執說俗諦。遍計執是虛妄（體實

是無），根本不是諦。故泯遍計執，不泯依他起。依他起雖是「生無性」（以無生為性），然體是有（此體是事體之體），與遍計執性之所執根本不同也。故就依他起泯遍計執即見圓成實。但就上錄真諦譯文而觀，則分別與依他俱可安立為世諦。蓋因依他就是染濁依他，其中就有分別性。依他與分別糾結于一起而不可分。雖于義有別，而同一事體故，故可俱安立為世諦也。此義自今日觀之，當有可取處。依康德，範疇（純粹概念或法則性的概念）決定成種種相。此種種相，依唯識學之三性觀之，當該即是遍計執性之所執。但此種種相卻是科學知識所以可能之基本形式條件。因此，吾人當稍正視此遍計執，而予以積極之價值。體雖是無，為科學知識故，安立其為有。科學知識始真可謂為俗諦也。此在以前，不甚能正視。如以繩為依他起，見為蛇則喻遍計執，是則遍計執純為虛妄，此不甚能盡遍計執之全義也。至于依他起，則兩頭通。在阿賴耶識系統中，它根本就是執之依他而起。若不計執，則頓見如幻如化，此即是空如無性之幻化依他，亦即無生依他。此種依他即是無著世親所稱之清淨依他，可承認其為幻有，而不可泯滅也。計執之依他，壞不在依他，而在計執。因計執故，而成為有自性之依他，有生可言之依他，此則非是。但若于依他而不加以計執而使之成定相，有定性，則亦根本不能有科學知識。古人講唯識重在除煩惱，得解脫，不重在成科學知識也。故不依遍計執說俗諦。而若只于依他起說俗諦，則亦可俗即是真，故古人于此喜歡趕快地說真俗不二。其于此說俗諦者，亦只示于如幻如化的依他起中，吾人可過現實生活，此亦是俗諦之一義。但科學知識亦是世俗之諦（真理）。欲成此諦，則必須正視遍計執之積極意義。吾人不但于幻化依他中

過幻化的現實生活，而且亦當在計執中過獲得科學知識的現實生活。此自不是究極，然此方便之權亦當有也。

上錄真諦譯文，于依他起，無清淨依他義。試看以下之說明：

……

論曰：……若略說分別，不出三種：一分別依止，二分別體，三分別境界。若說分別體，謂三界心及心法。依止與境界更無別體，以似塵義類爲依止，以似塵義類之名爲境界耳。〔案：此文前廣明分別性品類差別，皆略。〕

次辨相惑、粗重惑。若分別性起，能爲二惑繫縛衆生。一者相惑，二者粗重惑。相惑即分別性；粗重惑即依他性。此二惑所以得立者，于依他性中執爲分別性，故得立。

釋曰：呼分別性爲相惑者，相謂相貌，說相貌爲惑；能爲惑緣，故說爲惑。但依他性是正惑。而說輕重者，分別性但是惑緣說惑，故說爲輕。依他性正是惑體，故說粗重。由相惑故，能障無分別智，不合無分別境，分別相貌故。由粗重惑，正感後生、得諸苦等。兩必相由而有，故言二惑繫縛衆生也。

論曰：若人不得、不見此二性，從此二惑即得解脫。言不得者，謂不得分別性。此性永無有體，故無所得。言不見者，謂不見依他起性。依他性雖有體，以心不緣相故，此性亦不有，故云不見。此〔二〕性所以不得不

見，由二種道。一見道，二除道。由見道故，分別
〔性〕即無，故言不得。由除道故，依他性即滅，故
言不見。

釋曰：昔由未見理故，起邪分別。非有謂有，呼曰邪見。由
此邪見，能障治道。今既見理，即達昔所見非有，故
云「分別性即無」。由此正道能除昔邪見，故云「依
他性即滅」。昔分別依他更無兩體，今見除二道亦一
而無兩也。

案：此即明分別性與依他性「相由而有」，互為因果。依他起根本
是迷執的依他起，所謂「亂識」。故由此迷執的依他起即必然有分
別性隨之而來。有分別性隨之而來，更復依此分別性而有進一步的
依他起，此所謂交引日下。分別性以執「相」為性。所執之「相」
永無有體，故于分別性言無性即以無相為其「無」性，言以「無
相」性之「無」為其性也。無相性即《解深密經》所謂「相無自性
性」。不知此無而迷執相之為有，即曰「相惑」，故以相惑說分別
性。依他起性以執有「生」義為性。而此生義實不可得，故于依他
起性言無性即以無生為其「無」性，言以「無生」性之「無」為其
性也。無生性即《解深密經》所謂「生無自性性」。不知生之無自
性而迷執實有生義可解，即曰「粗重惑」，故以粗重惑說依他起
性。迷執的依他起性是「惑體」，故曰「粗重」。有迷執的依他
起，即有各法底相貌顯現。緣此相貌而再起虛妄分別，此即分別性
之相惑。緣「相」起惑，故于分別性之相惑說「輕」。實則此兩者
「相由而有」，「更無兩體」，只是一迷執為體也。不過就執相執

生而說爲兩性耳。

　　此下又說依他性云：

……

論曰：此性〔依他性〕體相云何？

答曰：惟是相類及粗重惑類。

問曰：此類云何説爲依他也？

答曰：互爲因緣，共相成故。所以然者，由緣相故，粗重得

　　　成，由緣粗重、相類得成故，説此兩類名依他性。何

　　　以故？無異體故。並名依他性，約義終不同也。

問曰：若爾，云何此性由無生故，名無生性。

答曰：所以得名無生性者，由他力故生。他既無體，自無能

　　　生。以無因無體，是故無生也。〔案：「因」無自

　　　性，體不可得，是故無生。無生者，生無自性，不可

　　　解也。而生相宛然，故如幻化。此幻化之生非由因

　　　生，非無因生，故不可解。當下體其無自性，即是

　　　「無生忍」，此曰「體法空」，非「析法空」也。〕

問曰：此性云何？不知爲有爲無耶？

答曰：此性如所分別，不如是有，故不可言有。不一向是

　　　無，亦不可説無。不如是有，故非有。不一向無，故

　　　非無。若解意者，則一切種名並不可説。亦可説有，

　　　亦可説無。亦可説亦有亦無，亦可説非有非無。皆不

　　　相違。

問曰：此言有者，爲是物有？爲假名有？

答曰：具有兩義，故可説有。不如是有，名假名有。非一向

無，故名物有，謂有物也。

問曰：既説爲有，爲是俗有？爲是眞有？

答曰：皆是俗有。何以故？非無分別境界故。

案：此言不管是物有，或是假名有，皆是俗諦有。此言俗諦有亦包
括分別性在內。蓋因依他性與分別性一體無異故。只「緣起性空」
一語。若不知「性空」，就「緣起」而迷執，即含有迷執的依他性
與相惑的分別性。若不迷執，則即除分別性（遍計執性）而恢復緣
起底實相。《中論》：「因緣所生法，我説即是空，亦爲是假名，
亦是中道義」，便是實相的緣起。此中即函著不迷執。故《中論》
開首即説「八不」。八不的緣起即是實相的緣起。但有能如是觀緣
起，亦有不能如是觀緣起。衆生在迷，即不能作如是觀。就衆生在
迷，復開出迷執的依他性與相惑的分別性，因而復開出三性，三無
性。就三無性言，亦知相無自性性，生無自性性，是故遣遍計執，
見「生無自性性」的實相緣起，即見圓成實（眞實性）。此與《中
論》無二致也。除小乘之析法空，不能作實相的緣起觀外，大乘各
宗皆能知之。是故《中論》所説觀法乃共法也，各宗之異不在此
也。

此下由眞諦而言眞實性。

....

眞諦者謂七種如如：一生，二相，三識，四依止，五邪行，

六清淨，七正行。

一、生如如者，謂有爲法無前無後。有爲法者但兩性攝，謂分別、依他。此法無前無後，凡有三種：㈠約二性辨無前後。若說依他在前，無有分別性，依他不成。若說分別性在前，無有依他性，分別性不成。是故二性遞互相須，無有前後，以相生故。分別性既無，依他性不有。二俱無故，即是如如也。㈡約因果辨無前後。若因定在前，更無所因，則不成因。若無因緣，自然有因者，因則無量。若果定在前，既無有因，則不成果。若無因緣，自然有果，果則無窮。是故因果無定前後，轉轉相望，望前則爲果，望後則爲因，故生死無初。如是因果，體即分別依他。分別既無，依他不有，即是如如也。㈢約生滅辨無前後。若生在前滅在後者，有二過失。一則未有老死，已便得生。二則未捨此生，便得彼生。若爾，又有兩失。一者生則無用：此既已生，何用彼生？未捨報故。二者生則無窮；已生復生，轉轉而討，豈得有窮也？若爾，復有兩失。一者但生不滅，則應是常。二者若有多生，是多眾生。若爾，則因果無有相發生義。又若恆生，則無涅槃也。若滅在前生在後者，既未有生，滅何所滅？又應先涅槃，後受生死，先有滅故。是則解脫已，還受繫縛。是故生滅無有前後，亦不離分別依他，故曰如如也。〔案：此言「故曰如如」是省文。詳言之，當與㈠㈡兩辨同。生滅無有前後，亦不離分別與依他。分別既無，依他不有，是即無生無滅，故曰如如也。〕

二、相如如者，謂人法二空。此二空相所以名如如，有三義。㈠離戲論。戲論者，謂執眞與俗或一或異等四謗通稱戲

論。若執真與俗定一，則不勞修道並皆解脫。悉見真故，皆是聖人。又若真俗定是一，則真不能遣俗。真既不能遣俗，俗惑不除，無解脫義。但唯凡夫，無有聖人也。若執真定異俗，則依俗不能通真，真即不可會，無方便故。是故二空離此戲論，故名如如。㈡是無分別智境界。此智無顛倒，無有俗諦堪為境者。是故此智所會即是如如。㈢是真實性。若違此性，則成生死。若順此性，則得涅槃。此性為一切法真性，故名如如。是故二空名相如如。非言相空，乃以相空為相也。〔案：此言這並非說執相是空名「相如如」，乃是說以人法二我相之空這種空為相，即就這種空相名「相如如」。此「相如如」即是人法無我之實相，亦即真性。此就真性實相自身說如如也。〕

三、識如如者，謂一切諸行但唯是識。此識二義故，稱如如。㈠攝無倒，㈡無變異。攝無倒者，謂十二入等一切諸法但唯是識，離亂識外，無別餘法故。一切諸法皆唯識攝。此義決定，故稱攝無倒。無倒故如如。無倒如如未是無相如如也。〔案：事實上只唯一亂識，即如此事實而說，即為無倒。故于此說如如，即為「無倒如如」，尚不是「無相如如」也。〕無變異者，明此亂識即是分別依他似塵識所顯。由分別性永無故，依他性亦不有。此二無所有，即是阿摩羅識。唯有此識獨無變異，故稱如如。前稱如如，但遣十二入。小乘所辨一切諸法，唯十二入非是顛倒。今大乘義破諸入並皆是無，唯是亂識所作故。十二入則為顛倒，唯一亂識則非顛倒。故稱如如。此識體猶變異。次以分別依他遣此亂

識，唯阿摩羅識是無顛倒，是無變異，是真如如也。前唯識
義中亦應作此識說。先以唯一亂識遺於外境。次阿摩羅識遺
於亂識故，究竟唯一淨識也。

〔此下「依止如如」說苦諦，「邪行如如」說集諦，「清淨
如如」說滅諦，「正行如如」說道諦，略。〕

案：此七如如即是真實性。就中「識如如」分兩層說。「攝無倒」
是唯亂識義成，「無變異」是唯阿摩羅識義成。於前者說如如，只
是「無倒如如」，尚不是「無相如如」。於後者說如如，方是「無
相如如」，是「真如如」。「亂識」（亂者盲目義非混亂義）是就
迷執的依他性與相惑的分別性而說，「此二無所有，即是阿摩羅
識」，即是轉染識為淨識。依無著世親的唯識論，只言八識，轉染
成淨後，也是淨八識，並不以淨識——阿摩羅識為第九識。言九識
者好像是在八識以上復推高了一層。這是因為把八識視為迷執的一
味，轉依後，似只剩下一孤高的淨識。其實只是一清淨心（境智無
差別）之流行，並非孤懸也。順染八識而在名言層次上說為第九
識，而在轉依以證得之後，則只是一淨心之流行，一「無分別智」
之流行，一「境智無差別」之流行，不再與前所說之八識列層次
也。「無分別智」之淨心亦並非便無耳目鼻舌身意之作用，那當該
只是「無分別智」之所運耳。是故「此二無所有」一語，嚴格言
之，並不是分別性與依他性皆無所有，皆被泯遣。此兩者當分別
看。分別性無體，一往當泯遣。依他性有體，泯者只泯其執，而泯
其執即是泯分別性。泯分別性卻並非泯依他起。泯了分別性之執的
依他起即是無生的依他起。此在《中論》即是實相的緣起，而起而

無起；在唯識學即是清淨依他，清淨依他亦是無生無起的緣起。此
在真諦，即名之曰「真如如」境（泯遣亂識後的真實境）。境者不
只是抽象的空如之理這個空性，而是在即於無生實相的緣起中的如
境，否則不得言清淨依他（言之無用）。這個整一的具體的如境，
真諦即名之曰境智無差別——阿摩羅識。因爲清淨依他是無生無起
的依他，故是智中的依他——智是如如智（無分別智），而依他之
境，亦是如如境。進一步，只是一淨識，故言境智無差別。淨識流
行起而無起，生而無生，是境義（如境之境亦是非境之境）亦是智
義（如智之智亦是非智之智），故境智無差別，即是智如不二也。
是一體的不二，不是關聯的不離。如是後者，尚有差別也。真諦譯
文中對此「依他」無簡別，一往視爲迷執的染依他，又不見有清淨
依他之語。然依理當該有此簡別。否則阿摩羅識真成孤懸矣。

　　此義見於《三無性論・卷下》言分別性與依他性各有五事。

　　　論曰：……分別性具五事用者，㈠能生依他性，㈡於依他性
　　　　　　中能立名言，㈢能起人法兩執，㈣能成立二執粗重，
　　　　　　㈤能作入眞實性依止事。

　　　釋曰：初即能生義體。次能生義上名言。第三即能生起人法
　　　　　　二相。第四能生煩惱。第五即能解脱。前三明能作起
　　　　　　惑得解方便。第四正明起惑。第五明得解。有此次第
　　　　　　者，必有體故，立名言。由有名言故，所以起人法兩
　　　　　　執。由人法兩執故，增長起諸煩惱。前唯起人法兩
　　　　　　執，此則輕微。由此後，起無量惑。由此以後，久久
　　　　　　輪轉，方能依止此分別依他得入眞實性，故得解脱

也。

論曰：依他性五事者，㈠生成煩惱體，㈡能為分別、真實、
兩性依止，㈢能起人法兩執名言依止，㈣能為人法兩
執粗重依止，㈤能為入真實性依止。

釋曰：㈠「生成煩惱體」者，謂依他性有體，異于分別性無
體，故能為煩惱體也。㈡「能為分別、真實、二性依
止」者，謂依他性執為人法我者即為分別性作依止。
若知依他性由分別起，分別既無性相，故依他性不
生。不生故，即為真實性依止也。㈢「能起人法兩執
名言依止」者，謂名言必有所依。依他性起，故言
「能起人法兩執名言依止」也。㈣「能為人法兩執粗
重依止」者，謂能生上心粗重人法兩執也。㈤「能為
入真實性依止」者，謂依他性不生，即知分別無相，
為入真實性方便也。亦得言前解分別性無相，即達依
他無生，為入真實性依止也。夫入真實者，初在聞思
慧中，必須具解分別性無相、依他性無生，然後見真
實性。

案：「分別性無相」，知「無相」而不執即泯分別性。但「依他性
無生」，知無生而不執，卻不即泯無生無起而幻化的緣起，實相如
相的緣起。泯者只泯生之自性性。故了達「生無自性性」即成「清
淨依他」也。而「清淨依他」即是真實性，即是阿摩羅識之境智無
差別。是故于分別性與依他性說「泯」當有不同的意義，此則可順
通而明者。故前言「識如如」處「由分別性永無故，依他性亦不

有，此二無所有，即是阿摩羅識」，以及言「生如如」處亦屢言
「分別旣無，依他不有」，「此二無所有」一語嫌籠統。須知分別
性之「無所有」與依他性之「無所有」不同也。讀者須達意，不可
生誤解。若不知依他性之「無所有」是順「無生」而言，而無生是
無「生之自性」，而把「緣起」義一起無掉，一如泯分別性，則眞
實性眞成頑空矣。

第四節
眞諦之《十八空論》

　　《大藏經》第六十二冊，載有《十八空論》一卷，注明龍樹菩
薩造，陳天竺三藏眞諦譯。案此論非龍樹造，乃是眞諦詳釋世親之
《辯中邊論》中之主要部分。《辯中邊論》中之頌語（偈語）是彌
勒菩薩說。只頌無釋。玄奘將此頌語全部譯成一卷，題曰《辯中邊
論頌》，附載于世親之《辯中邊論》三卷之下。《辯中邊論》是頌
語之解釋，嚴格言之，當該是《辯中邊頌論》。此論亦是釋論也，
如《大智度論》釋《般若經》之被名曰釋論。世親之論釋簡略，故
眞諦復就〈辯相品第一〉中之釋十八空及〈辯眞實品第三〉中之釋
十種眞實而詳論之。所謂詳論亦只詳論十八空，至于十種眞實，則
只論及其中「差別眞實」（眞諦譯曰「分破眞實」）及「善巧眞
實」（眞諦譯曰「勝智眞實」），而于此後者亦只是略論不全。題
名曰《十八空論》者，蓋偏重言耳。即此偏重亦不恰當。因不恰當
而又誤注曰龍樹造，此乃誤會中之誤會。

　　彌勒造頌原以頌語隱括十六空義。此當是參考《大般若經》中

所列之十八空而隱括于《辯中邊頌》之系統中，故世親之論釋即以十八空中之十六空釋頌語。眞諦詳釋復開爲十八空。十八空名大體同于《般若經》而不盡同。茲比列于下：

《般若經》之十八空	《辯中邊論》依玄奘譯之十六空	《十八空論》之十八空
1.內空	1.內空	1.內空
2.外空	2.外空	2.外空
3.內外空	3.內外空	3.內外空
△ 4.空空	4.大空	4.大空
5.大空	△ 5.空空	△ 5.空空
6.第一義空	6.勝義空	6.眞實空（第一義空）
7.有爲空	7.有爲空	7.有爲空
8.無爲空	8.無爲空	8.無爲空
△ 9.畢竟空	△ 9.畢竟空	△ 9.畢竟空
△ 10.無始空	△ 10.無際空	△ 10.無前後空
* 11.散空	* 11.無散空	* 11.不捨離空（不散空）
△ 12.性空	△ 12.本性空	△ 12.性空（佛性空）
△ 13.自相空	△ 13.相空	△ 13.相空（自相空）
△ 14.諸法空	△ 14.一切法空	△ 14.一切法空
△ 15.不可得空	△ 15.無性空	△ 15.有法空（非有空）
△ 16.無法空	△ 16.無性自性空	△ 16.無法空（非有性空）
△ 17.有法空		△ 17.有法無法空
△ 18.無法有法空		△ 18.不可得空

據上表，只有十一有＊號者名義皆異；至於有△號者，名同而義解不同。其餘名義同者，而行文與龍樹之《大智度論》亦不同。如此，此《十八空論》注曰龍樹造者實隨便妄注也。此實眞諦造釋以詳釋世親之《辯中邊論》中之主要部分也。而此詳釋亦非依序逐一詳釋，故多有跨節。若不與世親論釋比看，則覺極突兀無頭緒。世親論釋，玄奘譯，眞諦亦譯。彼之詳釋是以其譯文爲底據也。

茲先依玄奘譯文明頌語所隱括之十六空。

《辯中邊頌》及《論》於〈辯相品第一〉中，首先由虛妄分別中之能取所取（能執所執）二者都無自性，由其無自性，即見唯有空性。空性不離此二取而見。「虛妄分別中有空性，空性中有虛妄分別」，是則妙契中道。虛妄分別由亂識起現。由此成立唯識變似，乃至唯識三性：遍計所執性，依他起性，圓成實性。于此唯識變似中，第八識在《辯中邊頌》中名曰「緣識」，蓋爲其餘諸識之生緣故。是故世親即以藏識即阿賴耶識釋之。此是彌勒菩薩首立唯識學之規模。

由唯識變似而知空性。此所知之空性有種種名：眞如，實際，無相，勝義性，法界，等等。此種種名即是空性之異名（異相）。《頌》云：「由無變、無倒、相滅、聖智境、及諸聖法因，異門義如次」。《論》曰：「由無變義，說爲眞如，眞性常如，無變異故。由無倒義，說爲實際，非諸顚倒依緣事故。由相滅義，說爲無相，此中永絕一切相故。由聖智境義，說爲勝義性，是最勝智所行義故。由聖法因義，說爲法界，以一切聖法緣此生故。此中界者即是因義。無我等義如理應知。」此中所謂「法界」爲諸聖法之因，嚴格言之，此因是憑依因，非生因，言緣此眞如空性而可以生起諸

聖法也。

　　說空性異名已，即進而說「空性差別」，即于空性可分別地說之。首先可分別地說之爲雜染與淸淨。在「有垢位，說爲雜染；出離垢時，說爲淸淨。」雜染空性即未對治客塵前之空性。淸淨空性即已對治客塵而解脫後之空性。嚴格言之，空性只是空如理，其本身無所謂淸淨不淸淨，或其本身只是純如，而此純如爲分析語。然說淸淨不淸淨，或染不染，則是綜合語，即關聯著心性說的空性。故後文《頌》云：「非染非不染，非淨非不淨。心性本淨故，由客塵所染。」此一頌非常重要，它是系統分歧的關鍵所在。如果「心性本淨」就是「自性淸淨心」，而爲「客塵所染」，則成「眞心爲主虛妄是客」之眞心派。（眞諦譯則爲「心本淸淨故，煩惱客塵故」。語意同。）但是彌勒之頌與世親之論還仍是以阿賴耶爲中心的唯識學。如果扣緊妄心系統，而「非染非不染，非淨非不淨」又原是指空性說，則「心性本淨」亦可解爲心之空如性本淨，而心並非本淨。但此解恐非頌語之語意。眞諦譯文逕直地即是「心本淸淨」。是則「心性本淨」就是「自性淸淨心」，同于「心本淸淨」。眞諦意識到此中的分歧，故總想向眞心派走。彌勒雖說此頌，恐未意識到此中可能有的分歧。無著世親繼之前進，亦始終未把此頌凸出，使之成爲一領導原則，而成爲眞心派。至無著世親顯明地成爲妄心派時，此頌便成爲無關緊要的了。

　　繼上「空性差別」之分爲雜染與淸淨兩面，進而復言十六空的「空性差別」，即從十六方面而言空性也。十六空者「謂內空，外空，內外空，大空，空空，勝義空，有爲空，無爲空，畢竟空，無際空，無散空，本性空，相空，一切法空，無性空，無性自性

空。」此十六空中前十四空，以下列頌語隱括之：

> 能食及所食，此依身所住。
> 能見此如理，所求二淨空。
> 爲常益有情，爲不捨生死，
> 爲善無窮盡，故觀此爲空。
> 爲種性清淨，爲得諸相好，
> 爲淨諸佛法，故菩薩觀空。

世親解此頌云：

論曰：

「能食」空者，依內處説，即是「內空」。〔案：處即六處。「內處」即內六根。此名曰「能食」。此能食法空即是「內空」。〕

「所食」空者，依外處説，即是「外空」。〔案：外處即是外六處即六塵。此名曰「所食」。此所食法空即是「外空」。〕

「此依身」者，謂能所食所依止身。此身空故，名「內外空」。

諸器世間説爲「所住」。此相寬廣，故名爲大。「所住」空故，名爲「大空」。〔案：此就空間説。「空間」法空名曰「大空」。言寬廣如空間這個屬于「不相應行法」，以今語言之，屬于「形式的有」的法，亦空也。〕

「能見此」者，謂智能見內處等空。空智空故，說名「空空」。〔案：此說「空智」亦空名曰「空空」。此與《大智度論》解「空空」稍異。《智論》是就「空破一切法已，空亦應捨」說「空空」。其餘諸空是就法說，「空空」是就「空」說。是則不限定于就「空智」說「空空」也。〕

「如理」者，謂勝義，即如實行所觀眞理，此即空故，名「勝義空」。

菩薩修行爲得「二淨」，即諸有爲無爲善法。此二空故，名「有爲空」及「無爲空」。

爲于有情常作饒益而觀空故，名「畢竟空」。〔案：此于「畢竟」義未能說明。眞諦《十八空論》詳釋云：「畢竟空，爲恆利益他，菩薩修空。畢竟恆欲利他，至衆生盡誓恆教化，此心有著。今此觀心，此心定令捨畢竟之心，自然利益，方是眞實智，名畢竟空也。若作畢竟心能爲利益，不作不益，不復自然恆利益，不空此畢竟之心。」是則爲于有情能自然地常作利益之故，必須空卻作意的畢竟之心。有意地想恆常利益衆生，便不能恆常利益衆生。此解與《智論》所解亦異。《智論》解云：「畢竟空者，以有爲空無爲空破諸法，令無有遺餘，是名畢竟空。」是則「畢竟」者究極徹底之謂，一空空到底，更無遺餘也。〕

生死長遠無初後際，觀此空故，名「無際空」。不觀爲空，便速厭捨。爲不厭捨此生死故，觀此無際生死爲空。〔案：此言爲不厭捨生死故而觀此無際生死爲空。究竟是「無際的生死」爲空呢？抑還是「無際」本身爲空呢？依《智論》，

衆生無始，此「無始法」亦空。「無始空」是破「無始
見」，而破「無始見」，亦不墮「有始見」。此則爲美。〕
爲所修善，至無餘依般涅槃位，亦無散捨，而觀空故，名
「無散空」。〔案：依眞諦《十八空論》之詳釋，不捨離空
是：「一切諸佛于無餘涅槃中亦不捨功德善根門」，此名不
捨離（無散）。「語言說涅槃不捨功德，而涅槃中亦無不捨
之意，故名不捨空。」《智論》名曰「散空」，而此名曰
「無散空」，正好相反。而義解亦不同。《智論》說散空是
說諸法因因緣和合而有，因因緣離散而無。是則因離散而空
也。〕

諸聖種姓自體本有，非習所成，說名本性。菩薩爲此速得清
淨，而觀空故，名「本性空」。〔案：此一則承認有本性住
種，一則是爲此「本性住種」期速得清淨故，而觀空，名曰
「本性空」。玄奘此譯文與眞諦所譯不同。眞諦把玄奘所譯
之頌語「爲種性清淨」譯爲「爲清淨界性」；譯世親論語則
爲：「性義者種類義，自然得故，故立名性。此空名性
空。」而于《十八空論》中詳釋云：「問：空何所爲？答：
爲清淨佛性即空故名性空。問：何故名性空？答：佛性者即
是諸法自性。何以故？自然有故。」是則那「清淨界性」即
是佛性，而此佛性就是那作爲「諸法自性」的空。如是，則
清淨佛性不必是「本性住種」。此其一。又，此「清淨佛性
即空故名性空」，不是「爲本性住種速得清淨故而觀空故名
曰本性空」。此其二。究竟誰對呢？則很難說。但不管是眞
諦譯，抑或是玄奘譯，此言性空是就佛性或諸聖種姓說。而

《智論》則是就「諸法性常空」名曰「性空」，不限于佛性也。〕

菩薩爲得大士相好，而觀空故，名爲「相空」。〔案：「性空」既限于佛性或諸聖種姓，故「相空」亦限于就佛之「相好」而說。此亦與《智論》所解異。《智論》是就一切法之總相別相而說「相空」。〕

菩薩爲令力無畏等一切佛法皆得清淨，而觀此空故，名「一切法空」。〔案：此「一切法空」亦限于佛十力四無所畏等一切佛法而說，《智論》無此限。〕

以上爲十四空。後二空是無性空，無性自性空（眞諦譯爲非有空，非有性空。于《十八空論》詳釋時，則名爲有法空，無法空。）此則隱括于下列之頌語：

補特伽羅法，實性俱非有。
此無性有性。故別立二空。
論曰：補特伽羅〔人〕及法實性俱非有故，名「無性空」。此「無性空」非無自性。空以無法爲自性故，名「無性自性空」。于前所說能食空等，爲顯空相，別立二空。此爲遮止補特伽羅、法、增益執，空損減執，如其次第，立後二空。

案：此「無性空」（非有空）是說人法二者俱無實性（「人及法二者之實性俱非有故，名無性空」。）此就無「實性」而說的空卻「非無自性」，蓋此空即「以無性爲自性故」。就其「以無性爲自

性」而言，則又進而名之曰「無性自性空」。意即「以無性爲自性」的空，此非言無性的自性亦空也。蓋前「無性空」是遮，遮其「實性」也。不知人法無實性而執其有實性，此爲「增益執」。是故遮者即遮此「增益執」也。此「無性自性空」是表，表此空是「以無性爲其自性」也。若不知實有此無性之道理，而撥無此道理，則便是于此空起「損減執」。故表者即遮此「損減執」也。此種爲遮增益執與損減執而說的二種空就是爲顯空之體相（于前所說之能食空第十四空這種空之體相）而立二種空。眞諦于《十八空論》中詳釋此二空云：「第十五有法空〔非有空〕，第十六無法空〔非有性空〕，此二空通出前十四空體。言有法空者，謂人法二無所有，爲除增益謗。言無法空者，謂眞實有此無人無法之道理，除衆生妄執，謂無此道理，故名無法空，爲除損減謗。離增離減，則非有無，故名爲空體也。故此兩空還屬前十四空所攝也。」

　　案：此兩空之義解甚清晰，但立名，無論是玄奘譯名，或眞諦譯名，皆別扭，當如義解而了解之。此爲比附《般若經》之有法空與無法空而就另一義以立名。《智論》釋「有法空」與「無法空」即不如此釋也。《智論》釋云：「無法空者，有人言：無法名法已滅，是滅無故，名無法空。有法空者，諸法因緣和合生故有法，有法無故，名有法空。」又云：「有法空破一切法生時住時。無法空破一切法滅時。」即生滅俱不可得也。此義顯豁，名義亦順。蓋亦符合般若之精神而言也。

　　彌勒之頌與世親之論只言十六空。眞諦于《十八空論》中復就上兩空（十五十六）而言第十七「有法無法空」，此只是前兩空之總言。眞諦釋云：

第十七有法無法空。此一空出諸空相。所言「有法無法空」者，明此空體相決定無法，即名決定無；有此無人法之道理故，名決定有。此無此有是空體相。體、明理無增減：相、明其體決定。決定是無，決定是有，即是眞實無，眞實有；眞實無人無法，眞實有此道理。

彼復比附《般若經》而再立「不可得空」：

第十八出空果。所言「不可得空」者，明此果難得。何以故？如此空理，非斷非常，而即是大常。常義既不可得，故斷義亦不可得。無有定相可得，故名難得。何以故？此之空理非苦非樂，而是大樂：非我無我，而是大我：非淨非不淨，而是大淨。

此亦與《智論》之釋「不可得空」異也。《智論》以「諸法實無故，不可得，非智力少也。」此釋正與眞諦相反。眞諦是就此空理難得而說不可得。空理深奧玄秘而難得，正顯出眾生之「智力少」也。此自亦成立。《智論》是就諸法實無自性，無所有，故不可得。「不可得」者因其無有自性，如幻如化，實無所有，故不可得。既無所有，還得什麼呢？此就般若蕩執而言也。

　　大抵《辯中邊論》所解之十六空以及眞諦所再增加之二空合爲十八空，名雖同於《般若經》，而義解多半以上皆不同也。此如上列表中△號之所示。《智論》釋十八空是就般若蕩執而說，《辯中邊頌》及《論》是依唯識學之規模而說。

說「空性差別」已，進而即綜結之以此空性一方須說雜染，一方須說清淨。何以故？頌云：

> 此若無雜染　一切應自脫
> 此若無清淨　功用應無果

此則易解。從雜染方面說，則「非淨」；從清淨方面說，則「非不淨」。從清淨方面說，則「非染」；從雜染方面說，則「非不染」。而清淨則是其本性，雜染則由於客塵故。是故頌云：

> 非染非不染　非淨非不淨
> 心性本淨故　由客塵所染

眞諦譯此頌則爲：

> 不染非不染　非淨非不淨
> 心本清淨故　煩惱客塵故

此頌顯然由《勝鬘經》之「不染而染」而來。吾人可視此兩譯爲同一意指，無語意之分歧。此即示無論「心性本淨」或「心本清淨」皆同于「如來藏自性清淨心」也。此亦示彌勒尙有「自性清淨心」義，然未能決定表現出《辯中邊頌》之唯識學規模究是阿賴耶中心，抑是眞常心（如來藏自性清淨心）中心。此由于開端而然也。至後來無著世親自己造論則顯然明確地成爲以阿賴耶爲中心——妄

心是主，正聞熏習是客，而不復言「如來藏自性清淨心」矣。然而
眞諦卻總是向以「如來藏自性清淨心」爲中心一路走。雖其譯世親
之《辯中邊論》《中邊分別論》，譯文與玄奘譯無大差異（不如玄
奘譯文之清晰嚴整），然而于其《十八空論》之詳釋則明顯地言
「阿摩羅識是自性清淨心」，又以此說空性之「非染非不染，非淨
非不淨」。是則前文十六空或十八空所分別之空性即此阿摩羅識自
性清淨心也。此即加重彌勒之頌語，而至少世親之論雖不能反對自
性清淨心，但彼卻並無阿摩羅識之思想，彼後來亦未凸出此「自性
清淨心」以爲一領導原則也，眞諦詳釋「非淨非不淨」云：

> 若言空定是不淨，則一切眾生不得解脫。何以故？以定不淨
> 不可令淨故也。若言定是淨，則修道無用。何以故？未得解
> 脫無漏道時，空體本已自然清淨故，則無煩惱爲能障，智慧
> 又能除，則不依功力，一切眾生自得解脫。現見離功力，眾
> 生不得解脫。知此空非是定淨。復由功用而得解脫，故知此
> 空非定不淨。是名「淨不淨」、「不淨淨」道理也。……
> 問：若爾，既無「自性不淨」，亦應無有「自性淨」。云何
> 　　分判法界非淨非不淨？
> 答：阿摩羅識是自性清淨心。但爲客塵所汙，故名不淨。客
> 　　塵盡故，立爲淨 。

案：此言空性即是阿摩羅識自性清淨心，即是眞實，即是法界。此
是空性眞心融而爲一。空性非但指緣起無性之「空如之理」而言
也。又須知「阿摩羅識是自性清淨心」，此言清淨是分析語，故是

定淨。而「非淨非不淨」則是綜和語，是關聯著客塵煩惱說，故非定淨，亦非定不淨。非定淨者，不染而染故。非定不淨者，以可由功力而恢復其本淨故。雖其本身之淨是分析的淨，而不妨其在纏而不朗現，因眾生在迷故。因有此分析的本淨，故眾生雖在迷，而終可覺醒而恢復其本淨。若此空性只是空性，而不是自性清淨心，則工夫是客位的正聞熏習，故終成漸教。若是自性清淨心，則工夫之本質的動力是清淨心自己，故雖漸而不妨頓，以有頓現底可能之根據故。真諦總向自性清淨心走，理應有此歸結也。

《辯中邊頌‧辯真實品第三》說十種真實：

> 真實唯有十、謂根本、與相、無顛倒、因果、及粗細真實、極成、淨所行、攝受、並差別、十善巧真實、皆為除我見。
> 論曰：應知真實唯有十種：㈠根本真實，㈡相真實，㈢無顛倒真實，㈣因果真實，㈤粗細真實，㈥極成真實，㈦淨所行真實，㈧攝受真實，㈨差別真實，㈩善巧真實。

此中所謂「根本真實」即三自性：遍計執，依他起，圓成實。其餘九種真實皆依此「根本真實」而得建立。

「相真實」者，謂「于根本真實相中無顛倒故，名相真實」。即，于遍計執中知「相無自性性」，不以無為有，是即遍計執性之真實相；于依他起中知「生無自性性」，不以生為有自性，是即依他起性之真實相；于圓成實中知「勝義無自性性」，知真實無生無相，真實是無，而又知真實有此無生無相之道理，真實是有，不以有為無，不以無為有，是即圓成實性之真實相。

　　「無顛倒眞實」者，謂依三性無「無常、苦、空、無我」之四
倒故。

　　「因果眞實」者，謂四聖諦。

　　「粗細眞實」者，謂世俗諦與勝義諦。

　　「極成眞實」者，謂「世間極成眞實」與「道理極成眞實」。
「世間極成眞實」依遍計所執而立。如約定俗成，世間同執此事，
如地非火，色非聲等，是名「世間極成眞實」。依止三量（現量比
量證量）證成道理，施設建立，是名「道理極成眞實」，此依根本
三眞實立。

　　「淨所行眞實」者，謂「煩惱障淨智所行眞實」與「所知障淨
智所行眞實」，此依圓成實立。

　　「攝受眞實」者，謂三性攝五法。五法中之「名」爲遍計所執
所攝；「相」及「分別」則爲依他起所攝；「眞如」與「正智」則
爲圓成實所攝。《辯中邊頌》云：「名、遍計所執。相、分別、依
他。眞如及正智，圓成實所攝。」但世親《佛性論》卻說：于遍計
執，五法並不可攝；前四法攝依他起；唯如如一法能攝圓成實。正
智（亦曰聖智）既攝清淨依他，爲何不攝圓成實性，只「如如」一
法攝之耶？此緣世親爲嚴格的分解頭腦，取智如差別論，圓成實既
是無爲境（所），故只爲「如如」一法攝。實則正智既攝清淨依
他，而卻不攝圓成實，這是說不通的。彼以爲清淨依他，雖是清
淨，而仍是依他，即與如性非一，此是性相差別論。實則染濁依他
有相，清淨依他，既清淨矣，雖依他而即無相，是即圓成實相。故
正智攝清淨依他而不攝圓成實是說不通的。《楞伽經頌》亦說：
「名、相、分別，二自性攝。正智、眞如，是圓成實。」此與《辯

中邊頌》同也。頌是說三性攝五法，世親《佛性論》則是反過來說五法攝三性，此無關緊要。如以五法為總，則說五法攝三性。如以三性為根本，則說三性攝五法。前二性攝屬之參差亦無關緊要，不必執諍。惟圓成實性與「正智及眞如」之攝屬關係不可有差。此雖只言攝屬，然正智可攝圓成實，或正智為圓成實所攝，則可進而言智如不二，境智無差別。若如世親《佛性論》所說，只如如一法攝圓成實，則智如斷不能為一矣。

「差別眞實」（眞諦譯為「分破眞實」）略有七種：㈠流轉眞實，㈡實相眞實，㈢唯識眞實，㈣安立眞實，㈤邪行眞實，㈥清淨眞實，㈦正行眞實。案此即《三無性論》中之七種眞如，已見前節。此中第三「唯識眞實」，眞諦于《十八空論》中詳釋云：「第三明唯識眞實，辨一切諸法唯有淨識，無有能疑。廣釋如《唯識論》。但唯識有兩。一者方便，謂先觀唯有阿黎耶識，無餘境界，現得境識兩空，除妄識已盡，名為方便唯識也。二明正觀唯識，遣蕩生死虛妄識心及以境界一皆淨盡，唯有阿摩羅識清淨心也。」此與《三無性論》中所說「識如如」同也。方便唯識是唯識（唯阿黎耶識），而正觀唯識則是唯阿摩羅識，實即唯眞常心也。

「善巧眞實」（眞諦譯為「勝智眞實」）有十種，為欲除遣十我見故。此不詳錄，可參看原論。

以上十種眞實，于「攝受眞實」及「唯識眞實」特加注意，蓋在明眞諦傳唯識學之趣向也。彌勒有「自性清淨心」義，眞諦即依之而向眞心走，是即示彌勒學亦可建立為眞心系統也。但其繼承者無著世親卻自建立為妄心系統。

彌勒除作《辯中邊頌》，又造《大乘莊嚴經頌》，而無著則作

《大乘莊嚴經〔頌〕論》以釋之，一如世親之造《辯中邊〔頌〕論》以釋《辯中邊頌》。《大乘莊嚴經頌》內容規模自主要綱領言之，同于《辯中邊頌》。如《大乘莊嚴經論》（無著造，唐天竺三藏波羅頗迦羅蜜多羅譯）〈真實品第七〉：

釋曰：已說隨順修行，現說第一義相。偈曰：

非有亦非無　非一亦非異
非生亦非滅　非增亦非減
非淨非不淨　此五無二相
是名第一義　行者應當知

釋曰：無二義是第一義，五種示現。「非有」者，分別依他二相無故。「非無」者，真實相有故。「非一」者，分別依他二相無一實體故。「非異」者，彼二種如無異體故。「非生非滅」者，無為故。「非增非減」者，淨染二分起時滅時法界正如是住故。「非淨」者，自性無染，不須淨故。「非不淨」者，客塵去故。如是五種無二相是第一義相應知。

案：此同于《辯中邊頌》之「非淨非不淨」，而且關聯著三性說非有非無，非一非異，非生非滅，非增非減。第一義相即是真實相（圓成實相）。如果《辯中邊頌》之「非淨非不淨」是說的「自性清淨心」，則此處亦然。而且此自性清淨心即是如來藏第一我（大

我），說爲眞實法界法身亦可。如〈菩提品第十〉云：

偈曰：

如前後亦爾　及離一切障
非淨非不淨　佛説名爲如

釋曰：此偈顯示法界清淨相。「如前後亦爾」者，所謂非
　　　淨，由自性不染故。「及離一切障」者，所謂「非不
　　　淨」，由後時客塵離故。「非淨非不淨佛説名爲如」
　　　者，是故佛説是如非淨非不淨，是名法界清淨相。
偈曰：

清淨空無我　佛説第一我
諸佛我淨故　故佛名大我

同品又有偈云：

如空遍一切　佛亦一切遍
虛空遍諸色　諸佛遍衆生

釋曰：此偈顯示佛體一切遍，與虛空相似。……譬如虛空遍
　　　一切色聚，佛體亦爾，遍一切衆生聚。若以衆生現非佛故，
　　　言佛體不遍者，是義不然，未成就故。

同品又有偈云：

> 非體非非體　如是說佛體
> 是故作是論　定是無記法

　　釋曰：此偈顯示法界無記相。「非體」者，人法二相不可說
　　　　故。「非非體」者，如相實有故。「如是說佛體」
　　　　者，由此因緣故說佛體「非體非非體」。「是故作是
　　　　論定是無記法」者，「無記」謂死後有如來，死後無
　　　　如來，死後亦有如來亦無如來，死後非有如來非無如
　　　　來，如是四句不可記故。是故法界是無記相。

案：此言「無記」是不可說義，不可思議義，非中性義。同品又有
偈云：

> 一切無別故　得如清淨故
> 故說諸眾生　名為如來藏

　　釋曰：此偈顯示法界是如來藏。「一切無別故」者，一切眾
　　　　生、一切諸佛，等無差別，故名為如。「得如清淨
　　　　故」者，得清淨如以為自性，故名如來。以是義故，
　　　　可說一切眾生名為如來藏。

案：此亦如《華嚴經》所說「心佛與眾生是三無差別」。但此一籠

統地說的如來藏我，清淨法界，在無著心目中不必能凸出以「如來藏自性清淨心」為中心的眞心系統，故到其自造《攝論》仍明確地歸於妄心系統。即彌勒本人說此等偈亦不必眞能自覺地成一眞心系統，故於〈述求品第十二之一及二〉仍是說阿黎耶自界以及三性之唯識學之規模。但此規模若以「如來藏自性清淨心」為主綱，依眞諦之思路去理解，則便成眞心系統。阿黎耶以及三性並非不可講，惟須套於「眞心為主虛妄是客」之系統去說。但依無著之思路去理解，則成妄心系統。在此系統中，如來藏我，清淨法界亦非不可講，但卻套於「妄心是主正聞是客」之系統中說之。但在彌勒頌中明說「自性清淨心」，明說「一切無別故〔眾生諸佛等無差別〕，得如清淨故〔得清淨如以為自性〕，故說諸眾生名為如來藏」。既如此，而「自性清淨心」卻不得成為主體，豈得為的當乎？豈是此「清淨如」只是一理佛性，而不是一覺佛性乎？豈是于諸眾生只可說「自性寂」，而不可說「自性覺」乎？豈是自性清淨心，既是清淨心而不可說「本覺」義乎？若無本覺義，說諸眾生同一「佛體」，是如來藏，有何義用乎？說「自性清淨故寂靜，客塵煩惱故不寂靜」，有何意義乎？是故依此等名言，向眞心系統走，乃名正言順者。後來無著世親歸於妄心系統不得不謂之為歧出。彼等作論釋彌勒頌，乃只是順語作解，自性清淨心實未能進入於心中以為領導原則也。故如來藏我，清淨法界，乃成籠統之詞語，人皆可說，而可左右講者。實則如來藏自性清淨心不染而染，乃本於《勝鬘經》，本有其明確的規模（空如來藏不空如來藏，既為生死依，復為涅槃依），焉可作左右講？又焉可作簡擇，偏取某一義，如世親《佛性論》之所說？

　是則彌勒開端，無著世親不得謂之爲善紹（至少亦不是唯一的
紹述），眞諦之紹述亦不得謂其爲無根也。

第四章
《攝論》與《成唯識論》

　　吾人旣已由眞諦所傳的唯識學見到可開出眞心爲主與妄心爲主的兩系。彌勒的《辯中邊頌》及《大乘莊嚴經頌》雖都有「自性淸淨心」義，然未能自覺地明確地建立以「如來藏自性淸淨心」爲主的眞心系統。無著世親繼之而前進，卻自覺地明確地建立成以阿賴耶爲主的妄心系統。眞諦是向眞心系統走，其以眞心系統解《辯中邊頌》及《論》尙可相應，但以之解《攝論》則不相應。此皆如前所說。此旣釐淸，現在再進而略論妄心派的「賴耶緣起」之大體規模。

第一節
《攝論》之「義識」與其所似現的「相識」與「見識」之關係：一種七現

　　《攝論》在「所知相」中就本識因果成立唯識義時，有如下之語句：

　　　若處安立「阿賴耶識」識爲「義識」，應知此中餘一切識是

其「相識」，若「意識」識及所依止是其「見識」。由彼相
識是此見識生緣相故，似義現時，能作見識生依止事。如是
名為安立諸識，成唯識性。

案：阿賴耶識這個識是本識，是一切雜染法之所本故；《辯中邊
頌》名之曰「緣識」，一切雜染法緣此而生故；在此亦曰「義
識」，一切雜染境相由此而起現故。「義」者觀念性的「境」之
意，言其非實境也，故亦曰「似義」，言似之而非也，即幻現而
貌似境也。「似義」，真諦譯作「似塵」。塵與義俱是「境」底意
思。「顯現為義」即顯現為塵，為似塵似義。以本識為「義識」即
以本識為能顯現「相識」及「見識」這能現之「塵識」（魏譯作塵
識）。塵識、義識、皆偏就種子識而立名。故本識為義識即示本識
不只是一現行之覺了活動也。它是識，它亦「變似義、有情、我、
及了」。（《辯中邊頌》語）。「此境實非有，境無故識無」。
（同上）。義、有情、我、及了、此四者既皆可曰「境」，則
「義」有「境」義可知。（此藉《辯中邊頌》語以明。彌勒頌是四
者分別言，各有特指，「義」即指色等諸境而言，此是「義」境之
當身義。《攝論》言「義識」是取總持義，即本識所似現者皆
「義」也。此即不但指色等諸境言。）四境是存在法。是則本識不
只是一現行之覺了活動（識相），而且同時亦即是一切雜染存在法
（一切義境）之根源。側重此義而言，故名本識曰「義識」。亦可
曰「塵識」，「境識」；亦可曰「種子識」，種子者存在法之種子
也。它變似存在法是由其所持之種而變似也。

依以上錄文，《攝論》是主張第六意識（意識識）及其所依止

的染汙意（即末那）是本識所變似的「見識」，而其餘的一切識
（即前五識等）則是本識所變似的「相識」。見識與相識直接地說
是縱列的，間接地說亦有相對為橫義。它所變似的「見識」是吾人
的主體性，第六與第七皆主觀的主體性也。它所變似的「相識」
（前五識等）是吾人所對的客體性——客觀的色聲臭味觸等存在
法，而此等存在法是繫屬於耳目鼻舌身而言，故由五官而起現的覺
識（了別）即曰「相識」，以取境相為主也。當然第六第七亦有其
境相。第六意識底境相是「法」（概念），第七末那底境相是
「我」。第六識本身是見識，但其所執為「法」，對於此法之了別
亦屬相識。第七末那是見識，其所執之「我」亦是主體，主體意味
重，故只好單屬「見識」。見識與相識相對而言是橫義。見識中的
第七固是執我，但通過第六之執法，依康德，亦與相識之客觀存在
法相關聯。（即不說依康德，說依「比量」亦可。）見識相識相對
為橫，這是本識之所變似（似現），亦可以說是它的分化。若以阿
賴耶識為冥初的主體，則此主體即是客觀的迷染主體。客觀者以尚
未分化而為見識與相識故。

　　見識與相識亦可以說都是本識所似現而分化的相。見識是它所
似現而分化出的主觀相，相識是它所似現而分化出的客觀相。此兩
相既皆是「義」，則本識之被名曰「義識」似亦可被名曰「相
識」，即一切所似現之主客觀之相皆由之而似現也。但前五識既名
曰相識，則此本識只好名曰義識或塵識。在此，「相」取義狹，義
或塵取義廣。此種廣狹並無定準，方便說耳。如此，吾人可再詳細
規定「義識」之意如下：能變似一切各別的若主（見識）若客（相
識）之虛幻義相（觀念性而無實性的境相）者即名曰「義識」，即

「本識」。是則本識即名曰「法相識」亦無不可。見識相識皆幻義也，亦即皆虛幻法相也。

《攝論》言十一識，再把這十一識綜爲相見二識。十一識者，身識，身者識，受者識，彼所受識，彼能受識，世識，數識，處識，言說識，自他差別識，善趣惡趣生死識。此中「身者識」是染污末那。「受者識」是無間滅意，是六識生起所依的無間滅「意根」。「身者」與「受者」就是《攝論》所說的二種意（意識識及所依止），此二種意爲見識。其餘一切識則爲「相識」。皆由本識轉現而成。相識不只前五識，即意識所執取之法（概念），對於此等法之了別亦曰「相識」。

本識叫義識，塵識，或種子識。其餘七識，《攝論》名之曰「轉識」。「轉」者「轉現」義，就是現起或生起底意思，言由本識而轉現起也。此等轉識又名「能受用者」。《攝論》於論「所知依」中有云：

> 復次，其餘「轉識」普於一切自體諸趣，應知説名「能受用者」。如《中邊分別論》中説伽陀曰：「一則名『緣識』，第二名『受者』。此中能受用、分別、推、心法。」如是二識更互爲緣。如《阿毘達磨大乘經》中説伽陀曰：「諸法于識藏，識于法亦爾，更互爲果性，亦常爲因性。」

本識與餘轉識底關係是互爲因果的。就轉識之現起以本識爲因種而言，本識是因，轉識是果。就本識受熏始能現起而言，則轉識是因，本識是果。受熏者受諸轉識底種種動作來熏染也，熏染本識中

的潛伏種子而使之凸出足以生起現行法也。所以它是因亦是果；而
轉識是果亦是因。這種互為因果的關係，縱貫地言之，名曰「一種
七現」，即一本識為種，七轉識為現行也。無著說此義並引《辯中
邊頌》以明之。

　　《辯中邊頌》是把本識名為「緣識」，即阿賴耶識，言以之為
緣而足以生起諸餘識也。此諸餘識則被名曰「受者」（能受用
者）。印順以為此「受者」識可分別地依其主要的特性而分為三
類：一曰「能受用」，二曰「分別」，三曰「推」。此三類統名曰
「心法」，即諸轉識（受者識）之異名。「能受用」可指前五識
言。前五識依五根受用五塵，感受底意味特別強。「分別」指第六
識言。第六意識以分別計度為特性。「推」指第七識言。第七末那
恆審思量，推執第八以為自我。（《攝大乘論講記》頁109）。但
世親《辯中邊論》解釋此頌卻不是如此，他是把「心法」解為「心
所法」，即「能受用」、「分別」、與「推」此三「心法」是諸轉
識底「心所」（幫助心者）。彼云：

> 「緣識」者，謂藏識，是餘識生緣故。藏識為緣，所生轉
> 識，受用主故，名為「受者」。此諸識中，受能受用；想能
> 分別；思、作意等諸相應行能推。諸識此三助心，故名「心
> 所」。

案：這是以「受、想、行」三蘊來說「能受用、分別、與推」三
者。此三者為心所有能幫助心而助成之，故名「心所」。這「心
所」是說諸識的，故云：「諸識此三助心，故名心所」，意即諸識

有此三者以助心，故此三者名爲「心所」。玄奘于頌語中之「心法」即譯爲「心所」（眞諦譯爲「心法」），但《攝論》亦是他譯的，于此《攝論》中他又譯爲「心法」。是則此「心法」在其心目中即是其所譯之《辯中邊頌》及《論》中之「心所」也。「心法」者即「心所有法」也。普通說「心、心所法」即心法與心所法，此兩者固有別。但在此說「心法」是就「能受用、分別、與推」此三者說，而此三者又以「受想行」三蘊說之，而受想行固是「心所」也，故此「心法」即「心所法」。此三心所法旣爲諸識所有，則不能分別地以「能受用」指前五識，以「分別」指意識，以「推」指末那。此三心所法中之「能受用」（受蘊）與代表諸轉識的「受者」識（「能受用者」識）不同。諸轉識之所以得名曰「受者」，因爲它們是「受用主故」。「受用主」是就諸轉識而總言之。三心所中之「能受用」是就此「受用主」而言其「能受用」性（受蘊），不專指前五識而言也；其中之「分別」是就此「受用主」而言其分別性（妄想，想蘊），不專指意識而言也；其中之「推」是就此「受用主」之「思作意等諸相應行」（不相應行在外）而言其推度造作性（行蘊即思蘊），不專指末那而言也。當然若分別說諸識之心所，則可各有其偏勝，或多或少，或相出入。但若籠統說諸識有此三心所，亦無不可。（依《成唯識論》，此三心所屬遍行類。而且心所甚多，共有五十一心所。配屬起來，不但諸識有心所，即第八識亦有心所。《辯中邊頌》及《論》未言至此。《攝論》亦未言至此。）

依世親的論釋，此三心所屬諸轉識；依印順的解釋，此三心所是分別地指前五識及第六第七識說，而亦俱說爲「心所法」者是說

五識及六、七識是本識底心所法，是從賴耶心王所生起者，此恐不是說心所法之通義。但印順如此解亦有依據。他是根據《大乘莊嚴經論》而如此說的。《大乘莊嚴經論・卷第五述求品第十二之二》：

偈曰：

所取及能取　　二相各三光
不真分別故　　是說依他相

> 釋曰：此偈顯示依他相。此相中自有「所取相」及「能取相」。所取相有三光，謂句光，義光，身光。能取相有三光，謂意光，受光，分別光。「意」謂一切時染汙識，「受」謂五識身，「分別」謂意識。彼所取相三光及能取相三光，如此諸光，皆是不真、分別故，是依他相。

此釋明說「意」是指染汙識，即第七末那說，「受」是指前五識說，「分別」是指意識說。「意光」就是《辯中邊頌》中的「推」，「受光」就是其中的「能受用」，「分別光」就是其中的「分別」。能取相三光既分別地指三類識而言，則《辯中邊頌》中的「能受用、分別、與推」亦當指三類識而說。

　　此解固通，世親論釋亦通。印順解是就總說的「受者」識而分別地指目之，惟于此亦說為「心所」，則不甚順，不如直就「心

法」作解，諸轉識即諸心法也。世親釋是就已知的諸轉識（受者
識）而再具體地進之以三類心所法（受、想、行三蘊）。

第二節
《辯中邊頌》之本識之變現似塵、根、我、了：
一種七現

本識與諸轉識（能受用者）底互爲因果之關係，若縱貫言之，
是一種七現。《辯中邊頌‧辯相品第一》有頌云：

> 識生變似義　有情我及了
> 此境實非有　境無故識無

> 論曰：「變似義」者，謂似色等諸境性現。「變似有情」
> 　　　者，謂似自他身五根性現。「變似我」者，謂染末那
> 　　　與我癡等恆相應故。「變似了」者，謂餘六識了相粗
> 　　　故。「此境實非有」者，謂似義似根無行相故，似我
> 　　　似了非眞現故，皆非實有。「境無故識無」者，謂所
> 　　　取「義」等四境無故，能取諸識亦非實有。

案：頌首句之「識」就是本識，眞諦即譯作「本識」。本識生起
時，就變現「似義、似有情、似我、及似了」四境。「變」是動
詞；「似」是狀詞，直貫四境。這四者俱是本識所變現的境。所變
現的「似義」是指「色等諸境」而言，即以作爲五識底對象的色聲

香味觸諸境爲本識所變現的「似義」（似塵）。所變現的「似有
情」是指「自他身五根」而言，即以此五根爲本識所變現的「似有
情」。所變現的「似我」是指「染末那」而言，（所以名之曰
「我」者，是因染末那恆與我痴我慢我見我愛等恆相應故），即以
此染末那爲本識所變現的「似我」。所變現的「似了」是指其餘六
識而言，即以此餘六識爲本識所變現的「似了」。此所變現的四種
境相（《攝論》所謂「相識」及「見識」，似義似根爲相識，似我
似了爲見識），既是變現，似之而非，即非實有。此四境既非實
有，則本識亦非實有，故云「境無故識無」。此語中之「境」自是
指四境而言，「識」自是指本識而言。但世親的論釋于此卻說「所
取義等四境無故，能取諸識亦非實有」。既知境是「義等四境」，
是本識所變現的，「所取」的，則「能取」即是本識，云何說「能
取諸識」，又加一「諸」字？這是無形中又把語意滑轉了，把四境
又轉成「諸識」底境了。這也許是玄奘譯時的誤解。

　　眞諦譯文可無此滑轉，如下：

　　偈曰：

　　塵、根、我、及識，本識生似彼。
　　但識有、無彼。彼無故識無。

　　「似塵」者，謂本識顯現相似色等。「似根」者，謂識似五
　　根于自他相續中顯現〔謂本識變現似五根于自他相續中顯
　　現〕。「似我」者，謂意識與我見無明等相應故。〔案：此

語中之「意識」即染汙意即第七末那〕。「似識」者，謂六
種識。「本識」者謂阿黎耶識。「生似彼」者，謂似塵等四
物。「但識有」者，謂但有亂識。「無彼」者，謂無四物。
〔案：既無四物，則「識有」之識自是「本識」。「亂識」
亦指此「本識」言，本性迷染散亂故。〕何以故？似塵似根
非實形「識」故。〔案：「識」字衍。玄奘譯爲「無行相
故」。〕似我似識顯現不如境故。〔玄奘譯爲「非眞現
故」。〕「彼無故識無」者，謂塵既是無，識亦是無。
〔案：當爲塵等四既無，本識亦無。〕是識所取四種境界，
謂塵、根、我、及識所攝，實無體相。所取既無，能取亂識
亦復是無。

據此譯文，眞諦明標本識（阿黎耶識）變現四物，亂識亦指本識
說。此則並未滑轉爲「諸識」也。四物是本識之所取（非「諸識」
之所取），則「能取」者即是本識（亂識）。此當是彌勒頌之本
義。

此種能取所取底關係即是一種七現。這是縱貫地說。當然所取
者一旦變現出來，則似我似了諸見識方面亦有其所了之境，即有能
所關係，但此是橫列地說，是低一層者。焉可由縱滑轉爲橫？玄奘
譯文有此滑轉，可能是以「八識現行各有所取」之橫列關係爲背
景。此固是世親唯識論之所重。但是他釋《辯中邊頌》可能不以此
爲背景。若眞以此爲背景，則此滑轉由世親負責，玄奘譯不誤，眞
諦譯是依義改正。若世親釋原不如此，則此滑轉由玄奘負責。無論
如何，此一滑轉顯出「一種七現」與「八識現行」間的差別。

　　《大乘莊嚴經論》由阿黎耶識自界起能取所取二光，亦是「一種七現」。此論卷第五〈述求品第十二之二〉有：

　　偈曰：

　　自界及二光　癡共諸惑起
　　如是諸分別　二實應遠離

　　　釋曰：「自界及二光，癡共諸惑起」者，「自界」謂自阿黎
　　　　　　耶識種子。「二光」謂能取光所取光。此等分別，由
　　　　　　共無明及諸餘惑，故得生起。「如是諸分別，二實應
　　　　　　遠離」者，「二實」謂所取實及能取實，如是「二
　　　　　　實」染汙，應求遠離。

能取所取底分別是因着與無明及諸餘惑共而由阿黎耶識種子生起，此是「一種七現」的縱貫關係。所生起的「二光」，即能取與所取底關係則是橫列關係。同品又有偈說明此「二光」如下：

　　偈曰：

　　所取及能取　二相各三光。
　　不眞、分別故　是說依他相。

　　　釋曰：……所取相有三光，謂句光，義光，身光。能取相有

> 三光，謂意光，受光，分別光。意謂一切時染汙識，
> 受謂五識身，分別謂意識。……

此釋全文已見前。「所取相」中之三光，「句光」指「器世間」
說，「義光」指塵說，「身光」指根說。于似塵似根以外，加一
「器世間」。「能取相」中之三光，「意光」指染汙末那說，「受
光」指五識身說，「分別光」指意識說，即諸轉識也。此思路同于
《辯中邊頌》，惟縱橫並言而已。縱貫之「一種七現」是綱，橫列
中諸轉識之能取所取是緯。我們也可以說「能取光」是本識所變現
之「似我」與「似了」，「所取光」是本識所變現之「似塵、似
根、及似器世間」。《辯中邊頌》只就縱貫關係說能取所取。茲可
表列如下：

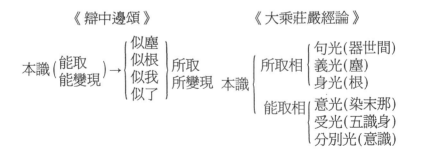

第三節

《解深密經》之一「本現」與六「轉現」以及世親《唯識三十頌》之「八識現行」

　　世親唯識論重在八識現行之橫列關係者乃本諸《解深密經》。《解深密經》于〈心意識相品第三〉中說「一切種子心識」這個本識雖然也是種與識不一不異，混融爲一，然卻能顯示出這個本識之識的見性——主體性，即現行性，不純然從其爲種子以變現根、塵、我、了說，如《辯中邊頌》，《大乘莊嚴經論》，以及《攝論》之所說。不過它是一「本現」六「轉現」的七識說。這不關緊要。要者是在本識亦現行，這就是偏重在「識」義，而《辯中邊頌》等則偏重在「種子」義，七與八無關也。《解深密經》說心、意、與識這三法（一般經教皆說心意識三，《攝論》亦引世尊說心意識三，不過展開解釋有不同），是以「一切種子心識」說心，而此「心」亦名阿賴耶，亦名阿陀那，三名同說一本識。「意」由本識之阿陀那義開出，還是指的這本識。依止于這阿陀那，遂有六轉識起現。「識」即指五識身與第六意識這六轉識而言也。是則最後只有七識。心、意、阿賴耶、阿陀那，這四名同指一本識而言。這個「意」是很微細的，與第六「意識」不同。爲免重複起見，「意識」實當名曰「自覺識」，或「分別識」。

　　《解深密經・心意識相品第三》有云：

　　廣慧！當知：于六趣生死，彼彼有情墮彼彼有情眾中，或在

卵生，或在胎生，或在濕生，或在化生，身分生起。于中最
初一切種子心識成熟；展轉和合，增長廣大，依二執受：一
者「有色諸根及所依」執受，二者「相、名、分別、言說、
戲論習氣」執受。有色界中具二執受，無色界中不具二種。

案：此是說于一切有情眾生身中，「一切種子心識」即已成熟，並
且依著二種「執受」而得以「展轉和合」（與名色和合），「增長
廣大」（完成生命體底六根）。這恰是無明緣行，行緣識（一切種
子心識成熟），識緣名色（依二執受與名色展轉和合），名色緣六
入（六根完具的增長廣大）。這增長廣大當然還可以包括其他，不
過這須在出生後有六轉識時始可說。總之，不管由結胎到出生，或
出生後的一切現實活動，皆是由「一切種子心識」在作主。此心識
底二種執受，一是「有色諸根及所依」執受，即攝持諸根及其所依
之塵（色聲味香觸）。執受即「攝持」義，或「取」義，執持而取
受之不令失壞。根塵成已，即執受根塵。根塵未成，即執受可以成
為根塵之根塵種子。此種執受是橫的關係，顯本識之主體性。但通
過受熏，其所攝持之根塵種子即成為現行之根塵，此是縱的關係。
但本識執受根塵，則特顯本識之現行性（主體性，見性），另一種
執受是「相、名、分別、言說、戲論習氣」執受，即攝持「相、
名、分別、言說、戲論習氣」不令散失，通過受熏後，可更增長
「相、名、分別、言說、戲論習氣」等虛妄表現。它執受此類習
氣，更顯其現行性（主體性，見性）。《辯中邊頌》及《大乘莊嚴
經頌》是沒有這一類似現的。它們只說本識變現根、塵、我、了
（《莊嚴經頌》加上「器世間」）。這是偏重本識之「種子」義而

說的。我們只由本識之二種「執受」而說《解深密經》顯本識之「識」義（主體性，見性，現行性）。「識」者了別義。一切種子心識（本識）亦有其任運的執受攝取之了別。

同品繼上錄文又說：

> 廣慧！此識亦名阿陀那識。何以故？由此識於身隨逐執持故。亦名阿賴耶識。何以故？由此識於身攝受，藏隱，同安危義故。亦名爲心。何以故？由此識依色聲香味觸等，積集滋長故。

案：此是說同一本識而有三名。以其「於身隨逐執持故」，名之曰阿陀那。它隨逐於身而執持之，即是本識之阿陀那義。是則阿陀那以「執身爲我」爲其特殊的作用。故阿陀那即是「染汙意」，亦即末那也。經文未明說「意」，故解者即以本識之阿陀那義當之。又，以其攝受根身而又隱藏（或依住）於根身，而又與根身同其安危，依此三義，名本識曰阿賴耶。又，所以名之曰「心」者，是因爲此本識是由色、聲、香、味、觸、法等所熏習，因而得以「積集滋長」的緣故。「積集滋長」是謂述本識的，不是謂述色聲香味觸的。（經文譯語，語意模稜。依一般解者，作如此解。若如此解，「色聲香味觸等」一語當補一「依」字。）「心」者集聚總持義。其所集聚而總持之的是因著熏習底積集滋長而亦「積集滋長」。

同品繼上錄文又說：

> 廣慧！阿陀那識爲依止爲建立故，六識身轉，謂眼識，耳、

　　鼻、舌、身、意識。

依「一切種子心識」之阿陀那義即可建立（起現）六轉識。此中並
無末那（染汙意）一轉識。故只有六轉識，並無七轉識。蓋因《解
深密經》說「一切種子心識」偏重在其「識」義之主體性，見性，
亦即現行性，而此即於其阿陀那義見，而它本身即是阿陀那，故除
本識以外，不應再別立「末那」一轉識。此即所謂一「本現」六
「轉現」也。故成七識論。

　　《辯中邊頌》，《大乘莊嚴經頌》，以及《攝論》，則重在本
識之「種子」義，故縱貫地變現根塵我了。此中之「我」即染汙末
那，與我癡我見我慢我愛四惑相應。依《解深密經》說，它本是本
識底現行性（取性現行）。但因於本識偏重其種子義，故將此現行
性分離出來，建立爲末那，說它是本識之變現，故亦成爲一轉識。
再加上其餘六轉識（所變現的「了」），故成七轉識。此即是「一
種七現」的八識論。

　　至世親的《唯識三十頌》，則依據《解深密經》之偏重本識之
現行性（識義），並根據其先行者彌勒無著之由本識變現末那，遂
成爲「八識現行」之差別論，而特彰八識現行之橫列關係，即各有
其相分與見分。就阿賴耶識言，識本身是見分，種子是其相分。對
此相分詳細言之，即是根身，種子，以及器世間（亦名曰處）。它
能了亦即執受根身、種子、以及器世間。就末那識言，它能了賴
耶，即執賴耶爲我。就六識言，此六識能了六塵。此便是八識現行
（三能變）底橫列關係，與「一種七現」者異也。

　　但是這種差異並非本質的，亦非不相容。只因偏重點不同，故

有「一種七現」與「八識現行」間的差異。橫列關係並不排拒縱貫
關係。本識雖有其現行性，有其自身之能所，然自其持種受熏而有
異熟果而言，則亦是縱貫關係。縱橫兼備，這可說更完整，更整
齊。八識雖各有其能所，然有現行性的賴耶變現爲末那，亦並非不
可。《解深密經》不開末那可，開之亦未嘗不可。所以「一種七
現」與「八識現行」不是本質的差異。這只是賴耶緣起系統內部的
小差異。

　　不過世親頭腦明晰，喜分析，而乏理想主義之情調（到《攝
論》時已經如此），大體喜作能所之分別，爲對列順取之形態，與
儒家朱子相似。故彼之思想成爲平列的八識現行之差別論。重八識
現行，即是將八識之「能」義凸出。「能」義凸出，「所」義亦凸
出。染識中能所差別，淨識中亦能所差別。故眞如只成「凝然眞
如」，爲如如智之境，而不允「境智無差別」，而如來藏亦只成爲
理性佛性，實亦只是一「凝然眞如」。依此，其爲漸敎，三乘究
竟，乃是必然的。這是由《攝論》所定的規範而來的必然結果。
（彌勒可兩面通。眞諦引之向眞心走也。）

　　《攝論》于「所知依」中釋「心意識三」句中之「心」字時
說：

> 心體第三，若離阿賴耶識，無別可得。是故成就阿賴耶識以
> 爲心體。由此爲種子，意及識轉。何因緣故亦説名心？由種
> 種法熏習種子所積集故。

案：前文先已說明了意與識，最後說「心」字，故列爲第三。阿賴

耶識亦名爲「心」者，是因爲它是種種法所熏成的種子之所積集處
故；即使不說「所積集處」，而直說爲「所積集成」亦無不可。對
諸轉識而言，全部阿賴耶識是一種子，全部「心體」是一種子。而
全部阿賴耶識（心體）自身旣是所熏成的種子之所積集處（依止
處），同時亦就是一大堆種子之所積集成。它是可以「積集滋長」
的（《解深密經》語）；它隨種子之累積集合而亦滋長壯大（膨
脹）。離卻種子底積集便無阿賴耶識，亦無心體。這是對于阿賴耶
識心體所作的描述的說法。若分解地言之，種是種，識是識，種集
存于識，識攝持乎種，也可以說離種有識，若是離種有識，便是八
識現行。若是離種無識，便是一種七現。

印順于其《攝大乘論講記》中釋此文後加一「附論」云：

> 心是一切種子心識。從種子現起的是染末那與六識。心、
> 意、識不是平列的八識，是一種七現。這不但在這心、意、
> 識的分解中是這樣。「所知相」中說阿賴耶識爲種子，生起
> 「身者」〔染意〕及「能受」的七識；安立「義識」段，說
> 阿賴耶是「義識」〔因〕，「所依」〔意〕及「意識」是
> 「見識」；十種分別中的「顯識分別」也是「所依意」與六
> 識；總之，從種生起的現識〔轉識，轉即是現起〕只有七
> 種。本識是七識的種子，是七識波浪內在的統一。它與轉識
> 有著不同。這不同像整個的海水與起滅的波浪，卻不可對立
> 地平談八識現行。《攝論》、《莊嚴》與《成唯識論》的基
> 本不同就在這裡。
> 眞諦說：染末那就是阿陀那。這是非常正確的。末那是意，

意是六識的所依。「阿陀那識爲依止爲建立故，六識身
轉」。〔案：此是《解深密經》語〕。這不是六識的所依
嗎？本論說阿陀那是賴耶的異名。它執持色根，執取一期生
命的自體。攝取自體，世親說就是攝取一期的自體熏習。我
們應該注意，染末那也是緣本識種相而取爲自我的。事實
上，六識以外，只有一「細識」。這「細識」攝持一切種
子，叫它爲心；它攝取種子爲自我，爲六識的所依，就叫它
爲意。可以說：意是本識的現行。要談心、意、識，必然是
一種七現〔除〈抉擇分〉及〈顯揚論〉〕。從種現的分別上
說，阿陀那〔取〕就是染末那。細心本是一味而不可分析
的：種子是識〔分別爲性〕的，識是種子的。在這「種識渾
然」的見地，那執持根身攝取自體的作用也可建立爲本識的
作用，就是賴耶異名的阿陀那。這執持根身的作用，據《密
嚴經》說，是染末那兩種功能的一種。
　　細心是一味的。種子是識的，識是種子的。分出「攝取自體
攝取根身爲自我」的一分我執，讓它與「種子心」對立起
來，建立心意的不同。不應把染意與賴耶看爲同樣的「現
識」。假定純從能分別的識性上說，那末，末那就是阿陀
那。（《攝大乘論講記》頁61-62）

　　印順如此說固不錯。但據我上面的疏釋，一種七現與八識現行的不
同，不是賴耶緣起中本質的差異，差異到成兩個系統，乃是同一系
統的兩面觀。于縱貫的一種七現以外，再說說橫列的八識現行亦未
嘗不可。㈠說染末那就是阿陀那固不錯，但把賴耶的阿陀那義（攝

取根身以及自體熏習以爲自我的取性，主體性，現行性）開出來以
爲末那亦未嘗不可。㈡開出末那以後，亦名爲心的賴耶，自其持種
而言，若分解地橫列觀之，說它亦是「現行」亦未嘗不可。不過它
的現行是任運而冥運的，是無覆無記的；而末那的現行是有覆染汙
的，與我癡我見我慢我愛四惑相應的，特顯迷執性與貪著性。只因
有此不同，所以才可把阿陀那義特爲開出而立末那。若完全不准開
爲末那，末那就是阿陀那，阿陀那就是阿賴耶，則成一「本現」，
六「轉現」，而不是「一種七現」。既准開出末那，則賴耶只成種
子義，因此，遂有縱貫的「一種七現」。就其種子義言，它固是種
子，但須知它亦是「識」。凡識俱有現行性。就其對七轉識而言，
它是種子。就其自身之無覆無記地任運持種而言，分解地觀之，它
亦是無覆無記地任運現行。此無覆無記地任運現行不妨礙其爲受熏
的種子義，但同時亦不妨礙其橫列的持種之現行義。賴耶豈如亞里
士多德所言之純質料之爲純潛能耶？它能持種，是橫列的能所之
能。它受熏而能似現根塵我了，是縱貫的能所之能。從縱貫的能
言，它是種子。從橫列的能言，它是現行。一往以橫列的態度看八
識，賴耶是任運的現行，末那是執我的現行，意識是分別計度的現
行，前五識是取五塵的現行。此之謂八識現行。此亦不妨礙言一種
七現也。如果《解深密經》的一本現六轉現（七現行）成立，則八
識現行亦可成立。你可說這似乎有點重複。其實亦不必定是重複。
因爲阿賴耶與阿陀那雖一物兩名，然亦是就著其不同的義而立此兩
名，甚至再加上心以立三名。既有不同的義，則亦可說賴耶的現行
性與末那的現行性有不同。非必一言現行即爲重複也。是以一種七
現，或一本現六轉現，或八識現行，俱可說。這只是同一系統中的

內部差異。這差異只由于對于本識底種義與識義而起的偏重觀而然。而本識亦原有此兩義。而此兩義之成以及對此兩義之畸輕畸重，則源于此本識本身既是識，又有其所持之種子，而其識義與其所持之種子又是不一不異而混融為一的。以下試解此義。

第四節
賴耶體中的種子與識之不一不異

《攝論》於講本識與種子之同異時有云：

> 復次，阿賴耶識中諸雜染品法種子為別異住？為無別異？非彼種子有別實物于此中住，亦非不異。然阿賴耶識如是而生，有能生彼功能差別，名一切種子識。

印順《講記》解此文云：

> 因轉識的熏習，「阿賴耶識中」具有能生彼「諸雜染品法」的功能性，就是「種子」。本識與種子還是「別異住」，還是「無別異」？說明白點，就是一體呢？別體呢？這就太難說了！本識與種子各別呢？本識是一味的，那種子應該是各各差別了；但在沒有生果以前，不能分別種子間的差別。本識是無記性的，那種子應該是善惡了；但種子是無記性的。假使說沒有差別。種子要在熏習後才有，不熏習就沒有，但不能說本識是如此的。又，本識中所有某一種能生性的種

子，因爲感果的功能完畢，或受了強有力的對治的關係，它的功能消失了，但不能說本識也跟它消失。這樣，非「非一非異」不可。種子是以識爲體性的，並非有一種子攢進賴耶去。在種子潛在與本識混然一味的階段〔自相〕，根本不能宣說它的差別。不過從刹那刹那生滅中，一一功能的生起，消失，及其因果不同的作用上，推論建立種子的差別性而已。（《講記》82頁）

印順于此段解文後加一「附論」云：

世親釋論曾這樣說：「若有異者，……阿賴耶識刹那滅義亦不應成。」這是很可留意的。爲什麼本識與種子差別，本識就不成其爲刹那滅呢？有漏習氣是刹那，《楞伽》曾明白說過。本識離卻雜染種子，就轉依爲法身，是眞實常住，也是本論與《莊嚴論》說過的。賴耶，在本論中，雖都在與染種融合上講，是刹那生滅；但它的眞相就是離染種而顯現其實本來清淨的眞心。眞諦稱之爲不生滅的解性黎耶，並非刹那生滅。本論在建立雜染因果時，是避免涉及本識常住的，但與「《成唯識論》連轉依的本識還是有爲生滅」不同。（《講記》83頁）

案：這段「附論」有問題。第一，《攝論》的阿賴耶識是否就是「其實本來清淨的眞心」，即「自性清淨心」？眞諦稱之爲不生滅的「解性賴耶」，這是眞諦的增益解釋，非《攝論》的本義，不可

取以爲證。《攝論》的阿賴耶識是以迷染爲性，不是以解爲性。它不是「本來清淨的眞心」。眞諦以「如來藏自性清淨心」說之，故說它「以解爲性」。這個「解性」就是它的超越的自性，亦即指示它的「眞常心」性。眞常心無所謂生滅。但阿賴耶縱使到轉依離染種時也不必就是眞常心。因爲《攝論》不承認有本有無漏種。凡無漏種都是後天新熏成的。這什麼時候能使阿賴耶全成爲無漏種呢？此其一。又，無漏種現起而爲清淨法，這是清淨的依他，旣依他，能說不生滅嗎？此其二。第二，世親說若阿賴耶識與種子有異，則其生滅義亦不應成。這是可以說的。不但與染種有異時如此，即使與淨種（無漏淨種）有異時亦如此。不但在逐步新熏成的無漏種之起現爲無漏法時是生滅的依他，即使全成爲無漏種（這依後天新熏而言是永遠達不到的，只可視爲一理想永遠向之而趨），如若以種現關係說之，還是生滅有爲，這是就清淨依他可分析而得的。世親就是這樣分析的頭腦。所以他只能承認如理爲「無爲」，無生滅。依他（縱使是清淨）而不生滅，這是自相矛盾的。（就依他而說生滅與龍樹就緣起性空而說「不生不滅」不同，不可混。）你可以說這只是世親依分析的頭腦體會的不善巧，只作一條鞭的分析說；清淨心（淨八識）還是不生不滅的。曰不然。根本是在無漏種爲新熏而又以種現關係說。是故淨識不是眞常心；眞常心隨緣不變，不變隨緣，亦不是種現的關係，因眞常心非熏成的無漏種故。第三，印順說「本識離卻雜染種子，就轉依爲法身，是眞實常住」。這話亦有歧義。依《攝論》，無漏種雖亦寄存于阿賴耶識中，但它與阿賴耶識不同其性。它是最清淨法界之等流而可與最清淨法界爲同性，到轉依時，它是攝屬于最清淨法界的；它亦是法身之種子，故到轉

依時亦依止而攝屬于法身。但它本身並不就是法身。佛法身常住不變，而淨識之種現關係仍可是依他起，還是生滅有為。這自然不是究竟了義，但《攝論》的規模就是如此，不可多有增益。世親于此是相應的。

以上是順印順的「附論」作一簡別。茲再進而論本識與種子之不一不異。

種子與本識（識心）渾然為一，當然不是「別異住」，識與種非異體。無量種子亦非各別地散列于本識中。種子在本識中只是渾然潛伏而不顯異相的潛伏功能（勢用）。因為「識」是心能。諸法熏習，到熏成種子而寄存于本識中時，也就與識之心能渾融為一而亦為心能。在熏習諸法時，法是各別的。但到熏成種子而持于識時，則轉化而為心能，成為心中的潛伏力量，並不是那些各別的法跑進識中而為照樣各別的種子。譬如一人專門學著罵人，說罵人的話。學、說久了，就成為一種習慣力潛伏于心中。到後來一遇機緣，他就以各種罵人的姿態出現。當其罵這罵那，今天罵，明天罵時，這些罵的行動是各別的。但卻並不是這些各別的罵的行動跑進心中而為照樣各別的種子，只是形成一種習慣力混融于心而成為有顏色的心能。這種心能到後來一遇機緣時，也可以順著以往的習慣，以前怎樣罵，現在照樣罵出來，一一對應，但也可以創造新的罵語，以各種新的罵人姿態出現，不必機械地死對應。這就是心能底習慣力之觸類旁通。心能有此習慣力就是有顏色的心能。故「一切種子心識」就是有種種顏色的心能，雖然這些顏色（習慣力）在本識中只是潛伏而不顯。這是熏習的基本義，其實也只是常識。然則

⑴種識間的「不一」究如何說？

⑵種子的差別性與多數性究如何說？

⑶種識的「不異」究如何說？

⑷種子與種子間在本識中的「無異」究如何說？

　　首先，種識的「不一」是**分解地言之**，因爲當我們說阿賴耶識時，就說它持種，即就此「持種」二字即可分解地說它們不一。種子是一種習慣力。當諸法熏習熏成一種習慣力融化于心識而爲心識底一種心能，或使心識成爲一種有顏色的心能（雖然在心識中顏色不顯），這只是說種子（習慣力）並非如各別的法那樣而亦各別地照樣寄存于心中。這層意思並不表示種與識完全同一而不可分解地說示之。心識是總持地說的一種心能，種子是它受熏後所容受的與它融化而爲一的一些內容（潛伏不顯顏色的一些習慣力）。心識是一個整全，而種子是其中的一個潛伏的特殊的決定。心識是不知其起于何時的亘古常存，雖亦可說它刹那生滅如瀑流（這個刹那生滅的瀑流實亦是就其本身底不停止的活動性而由種子底不斷的生起與消失而印上去的），但卻是總持整全的瀑流。此一整全的心識之有，無論在染在淨，它總是亘古常存的，因此，就說它是一個總持整全的常體亦無不可。此常當然不是死常，定常，或「形式的有」之常，因此，你說它不常不斷亦可；它當然亦不是「常樂我淨」的那個真常。種子在熏習後才有，不熏習就沒有，因此，它不是亘古就有的。又當其功能完畢或被對治時，它可消失，但心識不消失，因此，種子不是常存。種子是由其生起消失以及其因果對應的關係（「決定」與「引自果」）上而被見出，因此，亦見其與心識不

一。因此，種識之異（不一）是由種子之生起消失與因果對應關係
而倒映進來的。當種子未顯爲因果對應關係而潛伏于心識中時，它
是與心識渾然爲一而不呈現此異相的。但此渾然之一不是純一，而
是潛伏地有顏色的一。因此，此渾然爲一之一自然就是潛伏地有異
相。潛伏的異與渾然的一並不衝突。

其次，種子積集于本識，雖然與本識融和而爲一，成爲本識底
一種不顯顏色的習慣力，然旣云「積集」（這是外延或廣度的詞
語，習慣力是內容或強度的詞語），當然有「多」義與「差別」
義，不過在本識中只是潛伏的多與差別，而實未凸顯出「多」相與
「差別」相，因此，只是渾然而無異地潛伏著。及至受熏受感而各
引自果時，則「多」相與「差別」相即被顯出，因而每一種子即彰
顯地成爲心識底一特殊顏色，一特殊決定，一特殊習慣力。因此，
種子底「多」相與差別相也是因著種子之生起與消失以及其因果對
應關係而被顯出。

其次，種識間的「不異」，這是對于阿賴耶識的**描述的說法**，
也就是具體的說法。種子與本識融化而爲一，成爲本識底一種不顯
顏色的習慣力，吾人此時不知何者爲識，何者爲種。種子不是「有
別實物」于識中住。識之爲見分不顯，種子之爲相分亦不顯。此即
種識之渾然爲一。但此一旣不是純一，只是描述地說的渾一，不是
分解地抽象地說識自身之純一性，則此種識底不異而爲渾然的一只
是一個積集體之潛伏的未分化，而畢竟還有潛伏的積集義，潛伏不
顯的各別顏色義，以及潛伏不顯的見分相分義。即依此故，遂說種
識渾一而不顯能所異相。及至受熏，種子凸出而各有其因果對應關
係，則種識之異顯矣。種識之異旣顯，則識爲能種爲所之分別亦

顯。是則渾然的一與潛伏的異亦不衝突。

　　最後，種子間的無異而不顯多相只是隨著渾然之一而來。在與本識渾融爲一時，不但種識之異不顯，即種子與種子間之異亦不顯。它們的不一之異也是由其各有因果對應關係而倒映進來的。在其潛處於本識中時，則是渾然而不顯此異相的。但是既云積集，則渾然爲一之「無異」就是潛伏的不一之異。因此，種子之渾一相與衆多差別相亦不衝突。

　　因此，我們綜結說：種識不一不異；種子非一非多，亦非差別非無差別。但此並不表示它們神秘不可說，只表示有這許多不同方面的意思而已。

　　又，總起來須知，此所云「種子」非元素義，非單位義，非原子義，乃是「功能」義，「力用」義。說到「功能」，更易見其與本識混融不可分。識之自體就是虛妄分別（根本分別）的功能，這是總功能。其中「功能差別」是種子與現行底因果對應上的一些小支流。對應某一果法限定地說，是此功能或彼功能之所生，此即是種子義，亦即是「功能差別」。然總起來，卻都是阿賴耶識之所生現。此所以說：種識雖非一非異，「然阿賴耶識如是而生，有能生彼（諸雜染法）功能差別，名一切種子識。」「如是而生」者，即阿賴耶識如是這般（即如受熏而起的種現關係那樣）而生起諸雜染法。即就其「如是而生」，而見其有能生彼諸雜染法之功能差別，即見其「有能生彼之因性」（此亦《攝論》講熏習中語），是故名阿賴耶識爲「一切種子識」。名之爲「一切種子識」，亦可名之爲「一切功能差別識」。總起來說，它是識。從感果上散開說，它便是那些「功能差別」的全體，也就是「一切種子」。潛伏地從其自

身說，它是種識混一；彰顯地散開說，某一功能可以隨時消失，也可以由於新熏而隨時增加上（積集上）新功能，但識體本身亘古常存。這恰如大海水之與小波浪一樣。小波浪就是功能差別，大海水就是識體自身。小波浪與大海水不一不異。小波浪可以隨時消失，亦可以隨時生起，但大海水則常體不移，此是「不一」。但小波浪也就是大海水全體顯現。大海水舉體盡成為小波浪，非離水體別有一小波浪之自體，此是「不異」。小波浪由於風吹而起，否則就與大海水融一而無「異」相。這恰如「功能差別」是因著識體受熏而在因果對應上顯現。若潛伏地自識體本身說，則只是一總功能，「功能差別」之異即不呈現。〔印順在上錄解《攝論》文中也知：「在種子潛在與本識渾然一味的階段（自相），根本不能宣說它的差別。不過從剎那剎那生滅中，一一功能的生起消失及其因果不同的作用上，推論建立種子的差別性而已。」這話自是明白。此中「差別性」自是用來說「種子」的。可是到他順通《攝論》原文「然阿賴耶識如是而生，有能生彼功能差別，名一切種子識」時（順通的語句也不錯），卻加簡別云：「本識與種子是不一不異的渾融。功能差別不是說種子與種子或本識間的不同，是說能生彼法的功能性有特勝的作用。」（《講記》頁83）。把「差別」解為「特勝」，這一簡別乃成錯誤的多餘。前解文明說「推論建立種子的差別性」，今卻又說這「功能差別不是說種子與種子……間的不同。」這明是自相矛盾。據我看，這正是說「種子與種子間的不同」，此不同就是「功能差別」。原文只說「功能差別」，並未說「功能殊勝」，顯然也不是說「阿賴耶識如是而生，有能生彼（諸雜染法）的殊勝功能（即其能生彼法的功能性有特勝的作用）」。

「殊勝」用在此是失旨的。〕

　　這一總功能而有能生彼諸雜染法的「功能差別」，所以即名之曰「一切種子識」，此即所謂「一種」；而其餘諸識（見識與相識）則由此「種」起現，即曰「七現」。此即所謂「一種七現」之因果流轉。至世親之《唯識三十頌》及玄奘宗護法所雜糅成之《成唯識論》，則成爲平談八識現行。賴耶雖亦持種受熏，然亦是現行，是則即在賴耶亦有能所差別。「一種七現」爲一能變，「八識現行」爲三能變。此雖是重大的轉變，然亦未嘗不可說。此只是賴耶緣起中內部的差異。自此而言，亦不甚重大。重大而有本質的差別者乃在「賴耶中心」與「如來藏自性清淨心中心」之不同。眞諦如就彌勒的《辯中邊頌》及《大乘莊嚴經頌》向以「如來藏自性清淨心」爲主體的眞心系統走，這是有可向此走的契機的。但如就《攝論》而向此引，則是誤引。印順的《攝大乘論講記》亦有此誤引的傾向。此則簡別不諦之故。

第五節
簡濫與抉擇

　　《攝論》開頭以十處顯大乘經教殊勝。此十處的第一處就是「阿賴耶識說名所知依」。印順《講記》解此語云：

　　　一切所應知法的依處就是阿賴耶識，一切都依此而成立。世親說「所知」是統指雜染清淨的一切法，就是三性。無性說「所知」但指一切雜染的有爲法。〔玄奘傳護法的思想，近

於無性。眞諦傳的思想近於世親。〕

本論對於三性有兩種的見解：一、徧計執與依他起是雜染，圓成實是清淨。二、徧計執是雜染，圓成實是清淨，依他起則通於雜染清淨二分。賴耶在三性的樞紐依他起中佔著極重要的地位。因爲一切依他起法皆以賴耶爲攝藏處。所以根據「所知依即阿賴耶識」的道理來觀察上面的兩種見解，照第一義説，賴耶唯是虛妄不實，雜染不淨的。照第二義説，賴耶不但是虛妄，而且也是眞實的，不但是雜染，而且也是清淨的，不過顯與不顯轉與不轉的不同罷了。無性偏取第一種見解，世親卻同時也談到第二種見解。無著的思想確乎重在第一種，因他在説明賴耶緣起時，是側重雜染因果這一方面的。但講到轉依與從染還淨，卻又取第二見解了。眞諦法師的思想特別的發揮第二見解，所以説賴耶本身有雜染的取性與清淨的解性。賴耶通二性的思想不但用於還淨方面，而且還用於安立生死雜染邊，與《起信》的眞妄和合説合流。玄奘門下的唯識學者大多只就雜染一方面談。我們從另外的兩部論——《佛性論》、《一乘究竟寶性論》〔西藏説是世親造的〕去研究，覺得他與眞諦的思想有很多的共同點。（《攝大乘論講記》頁21）

案：此解語疏闊，頗有問題。首先，阿賴耶識爲一切法之所依止，「由此有諸趣，及涅槃證得」。世親説「一切法」是統指雜染清淨的一切法而言，而雜染清淨的一切法又可概括之以三性，那就是説，統三性皆依止於阿賴耶。這只是順偈語而如此説，而其解説清

淨法亦依止於阿賴耶者又只是「要由有雜染，方得涅槃」。這一解
說不能決定什麼，即不能由此便說「眞諦傳的思想近於世親」，或
轉過來，說世親近於眞諦所傳的思想。因爲眞諦以「如來藏自性淸
淨心」說「界」，又粘附著《攝論》說阿賴耶「以解爲性」，但世
親並不如此說。焉能因其籠統的解說，便說眞諦和他相近？《攝
論》說無漏種雖依止於阿賴耶，但其生因卻另有來源。世親能違反
此解說乎？無性分別「依」與「因」不同。阿賴耶是一切雜染法之
生因，非淸淨法之生因，豈不同於此乎？是以關於「一切法等
依」，世親與無性表面的差異不能有本質的不同。關此，詳見前第
二章第一節。

　　其次，關於依他起之雜染性與通二分性，這並不能說是二種見
解。順阿賴耶識說下來，它就是雜染的；轉識成智後，它就是淸淨
的。它不是決定地一於雜染，因此說它通二分。這能是兩種見解
乎？轉後爲淸淨依他。無性玄奘等豈不承認有淸淨依他乎？通二分
以及承認轉後的淸淨依他豈便同於眞諦所傳的「賴耶本身有雜染的
取性與淸淨的解性」？眞諦的思想可「與《起信論》的眞妄和合說
合流」，但無著，世親，護法，玄奘，甚至無性，卻並不與《起信
論》合流。因此，通二分以及轉依後的淸淨依他並不表示阿賴耶是
自性淸淨心，以解爲性。阿賴耶識本性並不淸淨。故須依另一來源
而轉之。轉之後成爲淨八識，這並不是眞心系統也。焉得因著依他
起之通二分便想到這是眞諦之「解性阿賴耶」耶？世親依通二分而
說淸淨依他，仍是徹底的妄心派，並不因而成爲眞心派。故其《佛
性論》雖亦依《勝鬘經》說如來藏是「自性淸淨藏」，但卻只說
「如來藏自性淸淨理」，並不說「如來藏自性淸淨心」。「自性淸

淨」是佛性自體相中的「通相」。那得一見「自性清淨」，便說其近於眞心派？是故不能依其《佛性論》便說「他與眞諦的思想有很多的共同點」（這雖是一個鬆泛籠統的說法，但其比對的語脈來歷不對）。關此詳見前第二章第三節。

至于《一乘究竟寶性論》，那完全是如來藏自性清淨心之思想，與《大乘法界無差別論》同。此後者爲堅慧所造，且有賢首疏，則前者亦當爲堅慧造，至少非世親造。西藏傳說不必有據。至少《寶性論》與《佛性論》思路不同。若衡之以世親一貫之思路，不能說此書爲其所造。關此詳見前第二章附錄。

《攝論》講到「果斷」時有云：

> 如是已說增上慧殊勝，彼果斷殊勝云何可見？斷謂菩薩無住涅槃，以「捨雜染，不捨生死，二所依止轉依」爲相。此中「生死」謂依他起性雜染分。「涅槃」謂依他起性清淨分。「二所依止」謂通二分依他起性。「轉依」謂即依他起性對治起時，轉捨雜染分，轉得清淨分。

印順《講記》于解此文後有「附論」云：

> ………
> 識的對方是義。義相顯現的時候，就不知它是識。所以修唯識觀到義相不現的境地，就是識的眞相現前。吾人心上的似義相，平時不知道是識，認爲是實有的。一經觀慧的觀照，知道義相不是實有，只是識所現起的假相。雖說沒有義，還

有似唯識相在，這仍然是義相。所以進一步的印定這識也不可得，就眞正的達到無義的境地。最初，一層進一層的觀察，到證悟時一切義相不顯現，通達了唯識的寂滅相。

根本智偏于證眞，觀無義而不能了達唯有識。從此所起的後得智觀唯識相現，即不能通達無義，它所見的義相還是顯現，不過能知道是識。根本智通達義相皆無，卻不見唯識；後得智知非實有，義相仍然存在。所以根本後得二智不能並觀。若因止觀的聞熏力，將賴耶中的雜染分漸去，義相也就漸捨漸微。這樣，五地以上，唯識無義，無義唯識，二智才有並觀的可能。不過只在觀中，一出觀，義相又現〔但能知它無實〕，那又不行了。八地菩薩，無分別智任運現前；直到成佛，才能圓見唯識無義，無義唯識。唯識無義的眞相徹底開顯，這就是圓證無住涅槃。

根本智通達法性，後得智觀察法相，二智差別，性相也就不一。但唯識無義本是一體的兩面，二智是一體義別，性相也融然一味，這名爲最清淨法界。初地的清淨法界其實只見到法界的無義邊。不應偏執這無義邊的法界，唱導佛智生滅的差別論。

《攝論》《莊嚴論》的思想，在安立雜染緣起分的流轉門，「依他」用染種所生義，「性相」用差別義，用平常所說一樣。在安立轉染還淨的還滅門，「依他」用「通二分」義，「性相」用圓融義，與眞心論大致吻合。染淨都在依他起上說，染淨諸法也都以依他中心的賴耶本識爲中心。在雜染，是唯識；在清淨，那一切法唯識，也就是唯智。通二分的依

他中心，向下看，叫它是識，向上看，就叫它是法性〔初地顯現〕，是眞性法界智〔佛地圓滿〕。在「染淨性不成」上說，吾人的本識隨染如此，隨淨如彼，它是依他無固定性的。但從另一方面說，卻不這樣。雖隨染分，清淨的圓成實性不變。否則，圓成就成爲無常了。這樣，這通二性的依他起，就等于取性與解性和合的賴耶了。這染識中心光明性的全體開顯，從它的寂滅離戲論邊，稱之爲無住涅槃。（《講記》頁474-476）

案：印順這個「附論」和他講《攝論》開頭「阿賴耶識說名所知依」一語時的話完全相同。他是以眞諦所傳的「取性與解性和合的賴耶」看《攝論》的賴耶，這樣，阿賴耶成了自性清淨心不染而染了，《攝論》等于《起信論》了！「取性與解性和合的賴耶」等于眞常心之在纏。以這樣的賴耶看《攝論》中的賴耶緣起中之依他起之通二分，則通二分成了《起信論》的一心開二門了。印順以爲用如此之通二分義，《攝論》可至「性相融然一味」，「與眞心論大致吻合」。但是《攝論》的阿賴耶不是不染而染，其依他通二分亦不是一心開二門之眞心系統。性相圓融，自「緣起性空」一義普遍地成立以後，只要不笨至析法空，大體都可說，這已成了共義了。《中論》的「因緣所生法，我說即是空，亦爲是假名，亦是中道義」，這是性相圓融；就依他起遣除遍計執而見圓成實，這也是性相圓融。就遍計執說依他（染依他），則性相固有別，但此中之相無體，根本是無，（此所以泯遍計執，不泯依他起），人們不于此說性相圓融或不圓融也。而一說依他起，便知生無自性性；旣知生

無自性性，便不計執而已成為淨依他，在此性相乃無別。此中之相是無自性的依他之相而無相，而相相宛然也，此方是性相圓融。豈有性相差別義與圓融義之兩說耶？如此說性相圓融，是妄心系統下的性相圓融——性是空如理，相是依他起之無相之相，相相宛然。此猶近于《中論》，不過套于唯識上說而已。至于眞心系統下的性相圓融，性是眞常心（眞如心心眞如，心理爲一之性），相是不空如來藏，此是積極的性相圓融。豈是一說性相圓融便是眞心論耶？

　　性相圓融，人皆可說。但是智如不二，所謂境智無差別，則卻稍有不同。只要你所說的如境與如智（無分別智）不是就眞常心說，則無眞正的「智如不二」之可言。眞常心系統，主要地言之，是一個縱貫的豎立系統；而《攝論》與《成唯識論》，主要地言之，則是一個橫列對立的系統。

　　在妄心系統下的「性相圓融」這個最清淨法界中，佛智固可如法性如理那樣，同爲無爲，無生滅。但這只是描畫佛智如此說。而《攝論》以及《成唯識論》之理論不必能極成此事實。空如理是無爲，無生滅，這是決定的。但佛智亦可說無爲，亦可說有爲，亦可說不生滅，亦可說是生滅。這不只初地菩薩「只見到法界的無義邊」，是如此，即在佛地亦同樣是如此。只要你沒有超越的眞常心，你不能有眞正的無爲無生滅智，這層意思是決定于無眞常心者必爲漸教。即使肯定一眞常心，而眞常心只是隨緣不變，不變隨緣，不能即具十法界，則亦不能有眞正而圓滿的無爲無生滅智。此即是說，設不能至無量無作四諦，到需要時，須依神通作意起現，則佛智便是有爲有生滅。這層意思決定于教義之圓不圓。世親玄奘等唱導佛智生滅有爲與法界無義邊的法性如理之無爲不生滅，這種

差別論，雖其于佛智面體會的不很善巧，然順妄心系統之理論規模，如此說亦大體不差。試以轉識成智後的四智明之。

《攝論》于最後「果智」章亦講四智。阿賴耶識本是攝持一切種子以及似現七轉識（見識）及根塵器界（相識）。到通過正聞熏習而起轉依時，轉識依而爲智依，而成爲大圓鏡智，也同樣攝持一切無漏淨種以及似現無漏五根，清淨佛土（相）及其餘三智（見）。這是由後天的正聞熏習而逐步轉成的。這究竟是否能有最後的轉到（因爲它不是由超越的眞常心之朗現而成，而是由聞熏習逐步轉成），這且不論。可是只要一說持種，而且有種現的因果關係，則憑此淨種以及淨種現的因果關係（淨依他）而起的智便是有生滅有爲的。因爲淨種有生滅，淨種底現行有生滅，所以此中的智，雖是無執，也不能不有生滅。或者可這樣說：淨識有生滅，而智之自性無生滅，它只隨淨識之生滅而爲起伏隱顯。可是這樣說亦不見得好。因爲這是預設一智體之自性。智實不是一個自體而有其自性。它是個虛意字，一如無生之依他之空性之爲虛意字（或亦說爲抒意字）；它只是淨識之無執。淨識是個底子，其無執性，因此得名曰清淨，就是智了。淨識底生滅就是智底生滅。或問智既是一虛意，非實物，實物有生滅，虛意無生滅。答：這自是可說的。但既即是淨識之虛意，則亦隨淨識之生滅而爲有無：淨識起，有此虛意之智；淨識滅，無此虛意之智。虛意不可以生滅論，因無物故，但可以有無論，如影隨形故。影隨形之生滅而爲有無。吾人即以此「隨有無」而定智之生滅義。虛影之智本身無爲無生滅，但隨淨識之生滅有爲而爲有無，則其或有或無亦成有無底生滅有爲了。這雖是「生滅有爲」之提升一層說，意義亦隨之而不同，然而未嘗不可

這樣說。只要它隨生滅有為而為有無，它即不是定常實法之無為無生滅，因為實處在淨識故。此與由眞常心說智者不同。眞常心就是智心，兩者是一，皆是實法，故皆是無為無生滅也。眞常心不可以種子說，只有隱顯，而無生滅。其隱顯亦不是種子與現行底因果關係。只因《攝論》是以妄心為準，轉為淨識亦持種，始不能使智眞成為無為無生滅。在阿賴耶識，種識不一不異；在大圓鏡智，也是淨種與淨識不一不異，只此便使大圓鏡智亦為生滅有為。此世親之所以說本識與種子「若有異者，阿賴耶識刹那滅義亦不應成」。世親、護法、玄奘等說佛智亦生滅有為，正是其本身系統一貫之論，而華嚴宗之賢首據此斥其眞如為「凝然眞如」，「只以業相為諸法生起之本」，「縱轉成四智，亦唯是有為，不得即理」，彼等亦無辭以對也。難道《攝論》能拒此斥責乎？徒說性相圓融有何益哉？焉能因此而說「與眞心論大致吻合」？

　　大圓鏡智既如此，其餘三智——平等性智，妙觀察智，成所作智，亦如此。從根本智，後得智，無分別智，這三智說亦如此。而智如分能所，則是妄心為主的唯識學之通義。此不可隨便加顏色也。

　　以上是隨順印順的解語而加以簡別。以下再作一總決擇。

　　《攝論》的一種七現與《成唯識論》的八識現行所成的這一「妄心為主正聞熏習是客」的賴耶緣起系統，從其以妄心（虛妄的異熟識）為主這一方面說，它積極地展示了「生死流轉」這一面；從其以正聞熏習為客這一方面說，它消極地說明了「涅槃還滅」這一面之經驗的可能。從其展示「生死流轉」一面說，依其中的遍計執性與染依他，它可含有一現象界的存有論，即執的存有論。此一

存有論，我們處於今日可依康德的對於知性所作的超越的分解來補充之或積極完成之。所謂補充之，是說原有的賴耶緣起是不向這方面用心的，雖然它有可以引至這方面的因素，如「計執」這一普遍的底子以及「不相應行法」這一些獨特的概念便是。所謂積極完成之，是說只有依著康德的思路，我們始可把這「執的存有論」充分地作出來。假定賴耶緣起是一深度心理的分析，我們可在此深度心理分析的底據上凸出康德式的「知性之超越的分解」，以此來完成執的存有論，即對於經驗現象底存在性作一認識論的先驗決定。

可是在「涅槃還滅」方面，因為這一系統主張正聞熏習是客，即，是經驗的，這便使「涅槃還滅」無必然可能底超越根據。成佛底可能是靠著正聞熏習所熏得的種性（或種姓）；而得什麼種姓，這全無定準的，即使可得一成佛的種姓，亦是偶然的，不能保其必然，亦不能保一切眾生皆可得，因此，此一系統必主「三乘究竟」。這還是就經驗地可向「還滅」這一方向走而籠統地概略地如此說。若「還滅」只依靠於經驗的熏習，則是否能終於走向「還滅」一路亦成問題。因為正聞熏習是靠「聞他言音」而成，而聞到聞不到，這是全無定準的。就此而言，連三乘究竟亦不可得而必。

在涅槃還滅中可有清淨依他底呈現，此即函有一「無執的存有論」。但因為成佛無必然可能底超越根據，故此無執的存有論亦不能積極地被建立。因為此無執的存有論是靠一無限心之呈現才是可能的。而此一系統，因為「正聞熏習是客」故，正不能有眞常的無限心之呈現，因此，無執的存有論不能徹底地被完成，亦不能超越地被證成。

無限心，就佛家說，就是如來藏自性清淨心──眞常心。此一

概念是就「如來藏恆沙佛法佛性」而說的。依天台宗，達到「如來藏恆沙佛法佛性」，始可進入「無量四諦」，即無量法門也。而無量法門是靠無限心來提掣來保證的。如無無限心，便不能積極地肯定無量法門。既是「恆沙佛法佛性」，則佛性必具有無量法門，而佛性即無限心也。有了作爲佛性的無限心，成佛始有必然的根據，始可說「一乘究竟」，而同時亦保證了「無執的存有論」之可能。無量四諦，不但是無量滅諦，無量道諦，而且苦集諦亦是無量苦，無量集。成佛必就無量數的苦集滅道而成佛。以阿賴耶識爲中心，執持「正聞熏習是客」者，不但不能證成無量滅、道，且亦不能證成無量苦、集。因爲於阿賴耶識，我們只能說其無始以來就有，而不能積極地肯定它究是無限，抑是有限。我們不想肯定它有限，（因爲佛不能有限故），但是卻想肯定它無限。只有「如來藏恆沙佛法佛性」始能保住它的無限。如來藏自性清淨心，無論在迷在悟，俱有無量法門。而無量法門，無論在染在淨，在執與無執，俱是「恆沙佛法佛性」之所具。在染，成立執的存有論，現象界的存有論；在淨，成立無執的存有論，本體界（智思界）的存有論。執的存有論所涉及的現象究是有限抑是無限，阿賴耶識自身不能決定，因此，執的存有論自身亦不能決定。這是靠恆沙佛法佛性才能決定的。

　　賴耶緣起系統不能真至無量四諦，雖向此趨而不能至。因此，此一系統只可算是大乘始教，若依天台判教說，它當屬於始別教。天台宗智者大師說它是「界外一途法門」，「恐此猶是方便，從如來藏中開出耳。」（見《法華玄義·卷第五下》，論別教三法處）。說它是「界外」，故列之於別教，實則是向界外無量四諦

趨，而未能至，故只好視之爲始別教。說它是「界外一途法門」，即示「非界外通方法門」（荊溪《釋籤》語）。「界外通方法門」才算眞正地達至無量四諦而始可說爲眞正的別教。此可曰終別教。此將在〈天台部〉詳論。

說賴耶緣起系統是從「如來藏中開出」之一途方便法門，可見其不是「如來藏恆沙佛法佛性」之正義（通方義）。它當然有價值，它是學佛者所必須經過者，但不能說它已至究竟。因此，吾人須進而看如來藏系統──「眞心爲主虛妄熏習是客」之系統。

吾人必須把「正聞熏習是客」倒過來始能眞正達至無量四諦而說終別教。

第五章
《楞伽經》與《起信論》

　　《勝鬘夫人經》首言空如來藏，不空如來藏。「空如來藏，若離若脫若異一切煩惱藏。不空如來藏，過于恆沙不離不脫不異不思議佛法。」又言如來藏既為生死依，又為不思議佛法之所依。又言「自性清淨如來藏」，又言「自性清淨心」，此兩者為同一事。

　　繼《勝鬘經》後，《楞伽經》亦言如來藏，亦言藏識，又合言「如來藏藏識」。《勝鬘經》無此合言。此一合言之名引起爭論。說者謂《起信論》誤解了此合言之名。因此，本章首言《楞伽經》言如來藏之意義，次言《起信論》之一心開二門。

第一節
《楞伽經》「如來藏藏識」一詞之意義

　　近時歐陽竟無先生于《楞伽疏決序論》【編校案：引文可參看國史研窒編印之《內學年刊》，第一至四輯，p.238-9民62年影印一版】中有云：

　　　「佛以性空、實際、涅槃、不生，是等句義說如來藏」。是

爲淨八識。〔卷二〕。〔案：「淨八識」當該是「淨第八識」。〕

「無始僞習所熏，名爲藏識」。〔卷二〕。是爲染八識。〔案：此亦當爲「染第八識」。〕

「八識謂：如來藏名藏識，意及意識，並五識身」〔卷五〕。是爲染淨一處。〔案：此言「八識」是說八種識。「是爲染淨一處」是指「如來藏名藏識」言。〕

《攝論》無漏寄賴耶中，據是聖言。〔案：「據是聖言」即據「如來藏名藏識」染淨一處之聖言也。但《楞伽經》之如來藏之淨是否可說爲「無漏種」？「《攝論》無漏寄賴耶中」是否同于「如來藏名藏識」之染淨一處？〕

稽考《楞伽》，凡稱如來藏必曰「如來藏藏識」。文不一見，略舉六條：

一、「而未捨如來藏藏識之名」。

二、「應淨如來藏藏識之名」。

三、「若無如來藏名藏識者，則無生滅」。

四、「如來藏藏識本性清淨」。

五、「如來藏藏識與七識俱起」。

六、「如來藏名藏識與意等習氣俱」。

因是而談，則凡言如來藏者，非獨特說「無我如來藏」也，亦連類說同居阿賴耶識藏也。故曰：「如來藏是善不善因，能遍興造一切趣生。」是以賴耶爲不善因也。若非賴耶，無漏如何能爲不善因耶？故曰：「甚深如來藏，而與七識俱。」八以七爲俱有依也。「客塵」、七識也。「爲客塵所

染」，八七俱有依，相依也。「現識以不思議熏變爲因。」
賴耶爲無明熏變，非如來藏爲無明熏變也。七八異體，而能
熏變，故稱不思議熏也。

慧日容光，纖毫難混。《楞伽》不明，相似教興。長夜迷
淪，哀我眾人。如何無明能熏眞如？如何眞如受無明熏？如
何心性本淨，客塵所染，心性非識，唯是眞如？如何不生不
滅與生滅和合？〔案：此四問即駁斥《起信論》，問語亦有
驚嘆意。〕

《楞伽》：外道有實性相，名不生滅。〔卷二〕。内法但
以凡夫虛妄，起生滅見，不如法性，而言諸法離于生滅〔卷
五〕。遮義則是，表義則非。

有塵有根有識，稱三和合。有不生不滅，有生滅，稱不生
不滅與生滅和合，是豈如《楞伽》聖言耶？是豈合《勝鬘》
「如來藏藏識與七識俱起」耶？〔案：此語是《楞伽》之稱
述，《勝鬘》中無此語。〕

案：據歐陽先生意，《楞伽》中「佛以性空、實際、涅槃、不生，
是等句義說如來藏」。此如來藏是「無我如來藏」，亦即「本性清
淨」的如來藏。此籠統說的「本性清淨的如來藏」豈即是《攝論》
之持種之清淨的第八識耶？豈定不可以「自性清淨心──眞常心」
說之耶？「無我如來藏」之「無我」豈定是「無我」而不准說
「我」耶？《涅槃經》說「常樂我淨」豈虛妄耶？性空、實際、涅
槃、不生、無相、無願，是等句義所說的「如來藏」豈定是如中觀
家以及虛妄唯識家所說之不生不滅不常不斷的緣起性空之「空如之

理」耶？此等句義豈定不可就眞常心而言之耶？

又，「無始僞習所熏，名爲藏識」，此是染汙第八識，即染賴耶，此固不錯。然經文「爲無始虛僞惡習所熏，名爲藏識」，是承「如來之藏是善不善因，能遍興造一切趣生」云云而來。然則豈不可視首言之如來藏「爲無始虛僞惡習所熏」，遂得轉名爲藏識耶？豈是空頭言藏識爲無始虛僞惡習所熏耶？（歐陽竟無與呂秋逸俱是這樣空頭看藏識，不准言如來藏爲無始虛僞惡習所熏，此豈定是《楞伽》義耶？）如果是如來藏爲無始虛僞惡習所熏，而如來藏又不只是緣起性空之空如之理，則如何不可說「無明能熏眞如，眞如受無明熏」？如何不可說「心性本淨，客塵所染，心性非識，唯是眞如」？《辯中邊頌》及《大乘莊嚴經頌》俱有此義，豈皆誤耶？如果如來藏爲無始虛僞惡習所熏，始可說「如來藏爲善不善因」。如果如來藏只是空如之理，不受熏，焉能爲善不善因耶？此正是賢首所謂「凝然眞如」也。

又，「八識謂：如來藏名藏識，意及意識，並五識身」。此中之「如來藏名藏識」是「染淨一處」，此亦不錯。但此「染淨一處」之「如來藏名藏識」豈即是《攝論》之無漏種寄于賴耶中耶？豈即是以阿賴耶識爲如來藏耶？如果如來藏爲無始虛僞惡習所熏，遂得轉名爲藏識，則此藏識正是本性清淨之如來藏之不染而染。若然，則此藏識正是「不生不滅與生滅和合」。「不生不滅」是就本性清淨之如來藏之無我之我，眞常之常，而說。「生滅」是就其不染而染而在識念中說。它爲無始虛僞惡習所熏，不染而染，因此，遂轉爲藏識。此藏識就其本身而言，就是識念，就是生滅。而不生不滅則是其超越的本性，此即眞諦所說之「解性」。因此，「如來

藏名藏識」這個「染淨一處」正示藏識爲如來藏之不染而染，這其
中有一曲折跌宕，不是空頭言藏識受熏，即此名爲如來藏也；亦示
藏識爲一輻湊點，有其超越的「解性」，亦有其現實的「取性」，
這就是不生不滅與生滅之和合。「和合」一詞雖不甚善巧，說的呆
板一點，然其實義卻正表示藏識爲一輻湊點，表示如來藏之不染而
染這一曲折與跌宕。「和合」一詞，豈只准用來說根塵識三者耶？
「不生不滅」豈只准如中觀家所說之「緣起性空」之緣起法不生不
滅乃至不常不斷耶？豈不可用來說涅槃法身之常樂我淨耶？涅槃法
身豈只是緣起性空之空如之理耶？「遮義」固是，「表義」豈定非
耶？若如所言，則只有龍樹之《中論》爲是，其餘皆非矣。然而于
佛教之敎義，其問題之發展固應不止于《中論》也。虛妄唯識是進
一層，眞常唯心又是進一層。豈可一槪論耶？就《楞伽經》而言，
歐陽竟無與呂秋逸以妄心系統之賴耶緣起視經所說之「無我如來
藏」，「藏識」，以及「如來藏名藏識」，未見其是，至少不能決
定《楞伽》必如是，至少亦不能決定彼等之解釋比《起信論》爲更
順爲更佳。如果《楞伽》眞只是賴耶中心，則只講一「賴耶藏識」
即可，何須又提出「如來藏」，「藏識」，「如來藏名藏識」，這
一些嚕嗦，以增加糾纏？如果只有一孤立的《楞伽經》，則如彼等
所說，亦或者其可。但《楞加》以外，有《勝鬘經》，有《涅槃
經》，會通觀之，則言「如來藏」者比只言「阿賴耶藏識」者爲更
多一點，或更進一步，必矣。焉能只以賴耶緣起範域之耶？

　　至于呂秋逸（呂澂）則更沾滯。他有〈起信與禪——對于《大
乘起信論》來歷的探討〉一文，中有云：

《起信》理論的重心可說是放在「如來藏緣起」上面的。而首先要解決的即是如來藏和藏識的同異問題，這些原來也是《楞伽》的主題。〔據西藏佛教史家所傳，現存《楞伽》即屬大本中〈如來藏品〉一品。見王沂曉譯多羅那陀的《印度佛教史・第二十章》，刊本第45頁。〕

但原本《楞伽》〔這據梵本和宋譯共同之處而言，以下並同〕，是將如來藏和藏識兩者看成一個實體。它之所以作這樣看法，有其歷史根源。因為在各種大乘經典裡，都要求說明他們所主張眾生皆可成佛的根據何在而作出種種唯心的解析。最初《般若經》泛泛地說為自性清淨心，《涅槃經》說為佛性；比較晚出的《勝鬘經》更切實說為如來藏；《阿毘達磨經》又說為藏識：最後《楞伽》將這些統一起來，特別指出如來藏和藏識不過名目之異，其實則二而一者也。〔案：如呂氏所解，《楞伽》不是把這些統一起來，乃只是把如來藏確定為藏識。「將如來藏和藏識兩者看成一個實體」，此語有歧義。把如來藏只確定為藏識，這是「一個實體」；把兩者統一起來，綜和地說之，也是「一個實體」，不過有解性與取性之兩面，分解地說之，解性是如來藏，取性是藏識。呂氏當然取前一義。但能確定《楞伽》必如此嗎？〕

因此，在經文裡常常說「名為如來藏的藏識」，有時又說「名為藏識的如來藏」，以見其意。《楞伽》確定了這一基本觀念，還有一段文章說明染淨緣起之義，歸結于眾生之有生死〔流轉〕、解脫〔還滅〕，都以如來藏〔藏識〕為其根

本。〔這一段見于宋譯《楞伽》卷四，藏要本第56-57頁。
《楞伽》用八識說來解析人的意識，而以其基層部分爲第八
識。這就一部分含藏著能生其餘七種識等一切染法的習氣而
言，即稱爲藏識；又就其能含藏淨法的習氣發起修行以孕育
如來而言，也稱爲如來藏。名稱雖有不同，其實都說的是基
層的意識。〕〔案：這注語只是以《攝論》的思想說《楞
伽》。歐陽先生還有「無我如來藏」，染賴耶（藏識），
「如來藏名藏識」（染淨一處），這三義。豈只是染第八識
一義耶？即歐陽先生以《攝論》的思想說這「染淨一處」亦
未必原是《楞伽》「如來藏名藏識」這「染淨一處」之本
義，即使可以這樣解釋，亦未必是最佳最順之解釋。呂秋逸
把「如來藏名藏識」只確定爲藏識，因此遂說「衆生之有生
死〔流轉〕、解脫〔還滅〕，都以如來藏〔藏識〕爲其根
本」。以如來藏爲根本等于以藏識爲根本。然而《楞伽》說
染淨緣起那段文劈頭說「如來藏爲善不善因」，豈即是此義
耶？〕

魏譯《楞伽》也很重視這段文章，特別開爲一品，題名爲
〈佛性品〉，以引起讀者的注意。但在文內卻充滿著異解，
甚至是誤解，而構成另外一種的說法。如原本《楞伽》說：
「名叫如來藏的藏識如沒有轉變〔舍染取淨〕，則依它而起
的七種轉識也不會息滅。」〔宋譯：「不離不轉名如來藏藏
識，七識流轉不滅。」〕這是用如來藏和藏識名異實同的基
本觀點來解析八識的關係的。但魏譯成爲「如來藏不在阿黎
耶識〔即藏識〕中，是故七種識有生有滅，而如來藏不生不

滅。」這樣將如來藏和藏識分成兩事，說如來藏不生滅，言外之意即是藏識是生滅，這完全將《楞伽》的基本觀點取消了。〔案：此在譯文上可能不忠實，但如來藏與藏識亦實可分別看。因「無我如來藏」本性清淨，實可說不生不滅，而藏識即依原文亦實是生滅，何用說「言外之意」？〕

其次，原本說：「爲無始虛僞之所熏習，名爲識藏〔藏識〕，生無明住地，與七識俱，如海浪身，常生不斷。」〔用宋譯經文，下同。〕這是說明流轉方面的緣起的。而魏譯成爲：「大慧，阿黎耶識者名如來藏，而與七識共俱，如大海波，常不斷絕。」它將「虛僞所熏」一語改屬上文，插入「大慧」、「如來藏」兩詞，便像是如來藏與七識俱起，乃成爲藏識，而海波譬喻也變了如來藏的翻起藏識波瀾，都和原本異樣了。〔案：在文句組織上與宋譯不同，意思未見得有什麼「異樣」。魏譯也是「阿黎耶識者名如來藏」。如依呂氏解，這也是以阿黎耶識（藏識）爲如來藏。藏識既可名如來藏，則此名如來藏的藏識便「與七識共俱，如大海波，常不斷絕」。這與宋譯有什麼不同？只是缺少了「生無明住地」一語。而呂氏卻看成「像似如來藏與七識俱起，乃成爲藏識」，這倒是誤解了魏譯。「與七識共俱」的還是藏識（名如來藏的藏識），不是「如來藏與七識共俱，乃成爲藏識，……翻起藏識的波瀾。」若如此，成何義理？呂氏所以有此誤看，恐是由于他把「名如來藏而與七識共俱」作一句讀，「名」一字貫全句，以此全句來形容阿黎耶。但我不如此讀。我的讀法是「阿黎耶識者名如來藏，而與七識共

俱。」這樣，便不至有呂氏那樣不通的誤解。又須注意者，宋譯「爲無始虛僞之所熏習，名爲識藏」，「所熏習」的是誰呢？誰「爲無始虛僞之所熏習」呢？依語脈看，這不會是「名爲識藏」的藏識，乃是此段文首出之作爲「善不善因」的如來藏。呂氏空頭言藏識，只成此藏識「爲無始虛僞之所熏習」了。這不合原文語勢。〕

還有，原本說：「其餘諸識有生有滅，……不覺苦樂，不至解脫。」這是說明還滅方面的緣起的。而魏譯成爲：「餘七識者，心、意、意識等，念念不住，是生滅法，……能得苦樂故，能離解脫因故。」它將原來說「七識不能感苦樂，故不起解脫要求」的，變爲能感而不求，又成了異說。〔案：魏譯也不是說七識「能感而不求」。它是說七識「是生滅法」。何以故？「能得苦樂故，能離解脫因故。」此中所說的苦樂是生滅的苦樂。這也許與原文所說的「不覺苦樂」意思不同。但義理自通。〕

以上都是魏譯《楞伽》改變原本的地方，自然會含有誤解在內。

再看《起信》關于如來藏的理論，如將如來藏和藏識看成兩事，如說如來藏之起波瀾，如說七識〔因眞如熏習〕能厭生死，樂求涅槃等，〔案：「因眞如熏習」是代爲補入，呂氏原無〕，莫不根據魏譯《楞伽》的異說，並還加以推闡。所以說：

依如來藏故有生滅心，所謂不生不滅與生滅和合，非一非異，名爲阿黎耶識。〔案：《楞伽》原有如來藏與藏識的分

別說。《起信》此文就是把「如來藏藏識」之染淨一處作真
心系統的解釋。〕

又說：

如是眾生自性清淨心〔即如來藏〕，因無明風動，心與無明
俱無形相，不相捨離，而心非動相。……若無明滅，相續則
滅，智性不壞故。

由此推演，還說此淨心即是真心，本來智慧光明，所謂本
覺，所有修爲亦不待外求，只須息滅無明，智性自現。這樣
構成返本還源的主張。〔案：此即真心派之主張。「返本還
源」是真常經共有之義，不是《起信論》的新發明。能說
《楞伽》一定不如此嗎？即使《楞伽》不如此，能說其他皆
不如此嗎？而如此者能說爲非佛法乎？能說《起信論》這些
主張皆「根據魏譯《楞伽》的異說」而成的嗎？〕

又說：

以〔真如〕薰習因緣故，即令妄心〔即七識〕厭生死苦，樂
求涅槃。〔案：此是真心派承認真如〔即真常心〕有內熏
力，故令七識如此。不是七識本身自如此，此義不是根據魏
譯《楞伽》而來。魏譯《楞伽》只說「七識是生滅法，……
能得苦樂故，能離解脫因故。」並無如《起信論》此文之所
說。〕

《起信》之重蹈魏譯《楞伽》誤解而自成其說，還不止于中
心的理論。其餘重要論點亦很多這樣的情形。試舉數例：
有如論文一開始泛說一心二門，提出了如來藏。依照元曉的
舊解，這是脫胎于魏譯《楞伽·第一品》末「寂滅者名爲一

心，一心者名爲如來藏」兩句。但用原本來對照，這兩句實在說的是三昧境界，「一心」是「一緣」〔即心專一境〕之誤，而《起信》卻跟著它錯解了。〔案：《起信論》言一心二門，此「一心」即眞常心，爲「大總相一法界法門體」。此一思想之醞釀成熟豈完全脫胎于魏譯《楞伽》此二句之誤譯耶？即使如原本義，彼亦仍可言此眞常之「一心」也。元曉舊解亦呆滯，此不過經生家之尋章摘句而已。〕

又如論二門中的生滅門，貫串著覺和不覺兩義，覺的體相，用鏡像來做譬喻，說有如實空鏡，遠離一切心境界相，無法可現；又有因熏習鏡，如實不空，一切世間境界悉于中現。這些說法又顯然脫胎于魏譯《楞伽經·佛性品》末結頌所說：「甚深如來藏，與七識俱生。取二法則生，如實知不生。如鏡像現心，無始習所熏。如實觀察者，諸境悉空無。」二頌。但對勘原本，頌文之意實係說的不覺。「如實知」是別有智者之知，並非如來藏的本身，而魏譯錯解了，《起信》即照它說的那樣若隱若現。〔案：魏譯「如實知不生」等于第二頌中「如實觀察者，諸境悉空無」，亦「並非如來藏的本身」，爲能據此說《起信》脫胎于魏譯？呂氏成見誤解，還說人家誤譯。試看宋譯，則知魏譯此二頌與宋譯無異。何得把「如實知」看成是如來藏的本身？魏譯無表示此意之痕跡，亦無人能如此看。《起信》之言空與不空與此無關。汝何不說它是根據《勝鬘經》之空如來藏與不空如來藏而言耶？〕

以上廣引呂氏文，並加案語以示其所說未見其諦，《楞伽》亦未必
是如此，茲案《楞伽》編輯「雜亂」，「雜廁無叙」。（歐陽竟無
語）。故歐陽先生作《楞伽疏決》予以重編。彼于《序論》中又說
「文字不便難」云：

> 名相代有不同，與慣見異，則易生誤，難一。句法顛倒，虛
> 字全無，文既改觀，義無從得，難二。句義略極，文少義
> 多，隱晦澀艱，思索不得，難三。凡此三難。目不數行，況
> 能終卷？今欲疏而通之，有明員珂《楞伽會譯》在。宋、
> 魏、唐三，融取即明，缺一仍昧。宋譯文晦，其義不彰。唐
> 善中文，魏時出義。借唐解文，以魏補義，罄無不宜。然今
> 則逕取唐文，折衷宋、魏，而三難渙矣。

據此，則魏譯不如呂氏所說之劣也。如其所指摘者，大半係呂氏本
人之誤解。即使文句組織上有與宋譯（原本）不同者，而語意無
違。即使時有「出義」者，而所出之義不必與《楞伽》不合。因
《楞伽》言「如來藏」，言「藏識」，言「如來藏藏識」，並不必
即是唯阿賴耶識也。如劉宋求那跋陀羅譯《楞伽經·卷四》論如來
藏一段文（即呂氏所謂「說明染淨緣起」者）如下：

> 佛告大慧，如來之藏是善不善因，能遍興造一切趣生。譬如
> 伎兒，變現諸趣，離我我所。不覺彼故，三緣和合，方便而
> 生。外道不覺，計著「作者」。

為無始虛偽惡習所熏，名為藏識。生無明住地，與七識俱。如海浪身，常生不斷。離無常過，離于我論；自性無垢，畢竟清淨。〔案：這是承上文「如來藏是善不善因」而來。如來藏「為無始虛偽惡習所熏，名為藏識〔即藏識〕。轉成藏識，則「如海浪身，常生不斷」。然其「自性畢竟清淨，離無常過，離于我論。」此即是「無我如來藏」。豈即是與藏識為同一耶？此言藏識豈是空頭言耶？〕

其餘諸識有生有滅。意、意識等，念念有七。因不實妄想，取諸境界，種種形處；計著名相，不覺自心所現色相；不覺苦樂，不至解脫，名相諸纏，貪生生貪。若因、若攀緣、彼諸受根滅，次第不生餘自心妄想，不知苦樂，入滅受想正受，第四禪，善真諦解脫，修行者作解脫想。不離不轉名如來藏藏識，七識流轉不滅。所以者何？彼因攀緣，諸識生故。非聲聞緣覺修行境界。不覺無我，自共相攝受，生陰界入。見如來藏、五法、自性〔即三性〕，人法無我，則滅。地次第相續轉進，餘外道見、不能傾動。是名住菩薩不動地。得十三昧道門樂；三昧覺所持，觀察不思議佛法、自願；不受三昧門樂及實際，向自覺聖趣；不共一切聲聞緣覺及諸外道所修行道，得十賢聖種性道及身智意生〔即智意生身〕，離三昧行。是故大慧！菩薩摩訶薩欲求勝進者，當淨如來藏及識藏名。

大慧！若無識藏名如來藏者，則無生滅。大慧！然諸凡聖悉有生滅。修行者自覺聖趣，現法樂住，不捨方便。大慧！此如來藏識藏，一切聲聞緣覺心想所見，雖自性清淨，客塵所

覆故，猶見不淨，非諸如來。大慧！如來者，現前境界，猶
如掌中視阿摩勒果。

大慧！我于此義，以神力建立，令勝鬘夫人及利智滿足諸菩
薩等，宣揚演說如來藏及識藏名，七識俱生，聲聞計著見人
法無我〔案：意即令計著的聲聞見人法無我〕。故勝鬘夫人
承佛威神，說如來境界，非聲聞緣覺及外道境界。如來藏識
藏，唯佛及餘利智依義菩薩智慧境界。是故汝及餘菩薩摩訶
薩，於如來藏識藏；當勤修學，莫但聞覺作知足想。

爾時世尊欲重宣此義，而說偈言：

甚深如來藏，而與七識俱。二種攝受生，智者則遠離。
如鏡像現心，無始習所熏。如實觀察者，諸事悉無事。
如愚見指月，觀指不觀月。計著名字者，不見我眞實。
心爲工伎兒，意如和伎者。五識爲伴侶，妄想觀伎眾。

試看此段宋譯文是否有必然可作如呂氏之所解者。此譯語意隱晦。
試再看唐實叉難陀譯（依歐陽漸《楞伽疏決》重整文）：

大慧！如來藏是善不善因，能遍興造一切趣生。譬如伎兒，
變現諸趣，離我我所。以不覺故，三緣和合，而有果生。外
道不知，執爲作者。

無始虛僞惡習所熏，名爲藏識。生于七識，無明住地。譬如
大海而有波浪，其體相續，恆注不斷。本性清淨，離無常
過，離于我論。

其餘七識，意、意識等，念念生滅。妄想爲因，境相爲緣，和合而生。不了色等自心所現。「計著名相，起苦樂受」。〔案：此句與宋譯意異，與魏譯意同。〕名相纏縛，既從貪生，復生于貪。若因、及所緣、諸取根滅，不相續生自慧分別、苦樂受者，或得滅定，或得四禪，或復善入諸諦解脫，便妄生于得解脫想；而實未捨未轉如來藏中藏識之名。若無藏識，七識則滅。何以故？因彼及所緣而得生故。然非一切外道二乘諸修行者所知境界。以彼唯了人無我性，于蘊界處取于自相及共相故。若見如來藏、五法、自性、諸法無我，隨地次第而漸轉滅，不爲外道惡見所動，住不動地：得于十種三昧樂門；爲三昧力諸佛所持，觀察不思議佛法及本願力；不住實際及三昧樂，獲自證智；不與二乘諸外道共，得十聖種性道及意生智身，離于諸行。是故大慧！菩薩摩訶薩欲得勝法，應淨如來藏藏識之名。

大慧！若無如來藏名藏識者，則無生滅。然諸凡夫及以聖人悉有生滅。是故一切諸修行者，雖見內境，住現法樂，而不捨于勇猛精進。

大慧！此如來藏藏識本性清淨，客塵所染而爲不淨。一切二乘及諸外道臆度起見，不能現證。如來于此，分明現見，如觀掌中庵摩勒果。

大慧！我爲勝鬘夫人及餘深妙淨智菩薩，說如來藏名藏識，與七識俱起，令諸聲聞見法無我。大慧！爲勝鬘夫人說佛境界，非是外道二乘境界。大慧！此如來藏藏識是佛境界；與汝等比，淨智菩薩、隨順義者、所行之處，非是一切執著文

字、外道、二乘之所行處。是故汝及諸菩薩摩訶薩于如來藏
藏識當勤觀察，莫但聞已便生足想。

爾時世尊重說頌言：

甚深如來藏，而與七識俱。執著二種生，了知則遠離。
無始習所熏，如像現于心。若能如實觀，境相悉無有。
如愚見指月，觀指不觀月。計著文字者，不見我眞實。
心如工伎兒，意如和伎者。五識爲伴侶，妄想觀伎衆。

案：此唐譯文除說「其餘七識……計著名相，起苦樂受」與宋譯相
違反外，其餘大體皆相符順。㈠同肯定「如來藏是善不善因」。此
同于《勝鬘經》言如來藏爲生死依亦爲清淨無漏功德依。經文簡
略，未詳細解釋如何爲生死依，如何爲清淨無漏功德依。如果如來
藏同于阿賴耶藏識，則其爲兩者之所依，就生死言，是生因，就清
淨無漏功德言，不是生因，此如《攝論》之所說。如果不同于阿賴
耶藏識，則又是另一種說法，此如《起信論》之所說，見下節。㈡
同肯定「如來藏本性清淨，離無常過，離于我論」。如果如來藏同
于阿賴耶藏識，則藏識能說「本性清淨」乎？如可如此說，則眞諦
說賴耶「以解爲性」不算錯。賴耶本性是虛妄迷染，無覆無記，是
妄心派所共認的。如是，焉能說如來藏同于藏識，兩者爲一事之異
名？㈢同肯定藏識是由「如來藏爲無始虛僞惡習之所熏」而轉名，
如是，遂有「如來藏藏識」一複合名。然則焉能說此一複合名表示
兩者爲同一事？如非同一事，則此複合名當如何解？此除依《勝鬘
經》之「不染而染」作解，如《起信論》之所說，無其他解釋。取

性（迷染性）是它的內指的本性，解性是它的超越的本性。就取性而言，它是雜染生死法之所依，亦是其生因。就解性而言，它是清淨功德法之所依，亦是其生因。如是，如來藏必是自性清淨心，而不只是自性清淨理（空如之理），如世親《佛性論》之所解者。四同提到《勝鬘經》之說「如來藏名藏識」（唐譯）或「如來藏及識藏名」（宋譯）。（唐譯是「佛為勝鬘夫人說如來藏名藏識」云云，宋譯則是「佛以神力令勝鬘夫人宣揚演說如來藏及識藏名」云云。宋譯為諦當。）但《勝鬘經》中無藏識名，亦無「如來藏名藏識」一複合名。這不要緊，加上亦可，因為俱是佛說或佛意故。若彼經加上「如來藏藏識」不表示兩者是一事，而且是以「如來藏自性清淨心」為中心，則此經之屢言「如來藏藏識」亦不表示此兩者是一事，而如來藏本性清淨亦必是「如來藏自性清淨心」。然則《楞伽》不必如呂氏之所解甚顯。不但不必如呂氏之所解，而且呂氏之所解倒反更不恰合。呂氏之所解不過是以無著世親之賴耶緣起看《楞伽》耳。而故意忽視「本性清淨」一語而不提，此尤不可也。

宋譯《楞伽·卷第二》有云：

> 爾時大慧菩薩摩訶薩白佛言：世尊！世尊修多羅說如來藏自性清淨，轉三十二相入于一切眾生身中，如大價寶，垢衣所纏。如來之藏常住不變，亦復如是，而陰界入垢衣所纏，貪欲恚癡不實妄想塵勞所汙，一切諸佛之所演說。云何世尊同外道說我，言有如來藏耶？世尊！外道亦說有常作者，離于求那，周遍不滅。世尊！彼說有我。

> 佛告大慧：我説如來藏，不同外道所説之我。大慧！有時説
> 空，無相，無願，如，實際，法性，法身，涅槃，離自性，
> 不生不滅，本來寂靜，自性涅槃。如是等句，説如來藏已，
> 如來、應供、正覺爲斷愚夫畏無我句，故説離妄想無所有境
> 界如來藏門。大慧！未來現在菩薩摩訶薩不應作我見計著。
> 譬如陶家，于一泥聚，以人工水木輪繩方便，作種種器。如
> 來亦復如是，于法無我，離一切妄想相，以種種智慧善巧方
> 便，或説如來藏，或説無我。以是因緣故，説如來藏，不同
> 外道所説之我。是名説如來藏。開引計我諸外道故，説如來
> 藏，令離不實我見妄想，入三解脱門境界，希望疾得阿耨多
> 羅三藐三菩提。是故如來、應供、等正覺作如是説如來之
> 藏。若不如是，則同外道。是故大慧！爲離外道見故，當依
> 無我如來之藏。

唐譯與此相符。歐陽先生《楞伽疏決》將此段文列于卷六，與上錄
「如來藏是善不善因」一段相啣接，而宋譯本卻在不同之卷次。讀
者試看此段言「無我如來藏」者，能將《楞伽》之如來藏視同阿賴
耶藏識耶？佛説如來藏貌似梵我，而實不同。然而《涅槃經》亦直
説「如來藏即是我義」。此無我之我即是「中道第一義空」。此不
過將一切法統于眞常心，就其空如無相而一起寂滅之，法寂故心寂
而亦無我相也。此即是空如來藏。然而就一切法之寂滅無相而爲清
淨功德言，則亦即是不空如來藏。法不寂而有相，則心即轉爲識
心。然而心性本淨。本淨之心不染而染，即有生死。復其本淨，即
有涅槃。此是「以眞心爲主虛妄熏習爲客」之説法也，與阿賴耶中

心者異矣。

　　是故只有兩系統：賴耶與如來藏系統。如果如來藏不能即同于阿賴耶藏識，則「返本還源」不爲誤矣。蓋「修多羅中說如來藏自性淸淨，轉三十二相入于一切衆生身中，如大價寶，垢衣所纏」。旣「入于一切衆生身中」，即爲一切衆生所本有；旣爲「垢衣所纏」，則不礙其本來淸淨。如何不可說「返本還源」耶？何便即是「相似敎」耶？歐陽、呂氏弘揚無著世親之學可矣，何必排拒其他，而又扭曲《楞伽》以從《攝論》？

　　《楞伽》之糾纏旣經解除，即可進而言《起信論》之「一心開二門」矣。

第二節
《起信論》之「一心開二門」

　　1.《起信論》是典型的「眞心爲主虛妄熏習是客」的系統。順阿賴耶系統中無漏種底問題（正聞熏習是客），我們似乎必須要通過一超越的分解而肯定一超越的眞心，而此眞心不可以種子論。由此眞心爲唯一的根源，在實踐中說明一切流轉法與還滅法之可能，即是說，一切法皆以此眞心爲依止；同時，並說明成佛底眞實可能之超越根據，以及頓悟底超越根據，乃至一乘究竟非三乘究竟底眞實可能之超越的根據。此一系統旣是一系統，當然須通過一分解來展示；但此分解卻是一超越的分解，而不是如以阿賴耶爲中心者之只爲經驗的分解或心理學的分解。此一通過一超越的分解而成的系統，通常名之曰「如來藏緣起」。超越的眞心即「如來藏自性淸淨

心」也。然則如何由此眞心說明一切法耶？《論》云：

> 摩訶衍者，總說有二種。云何爲二？一者法，二者義。
> 所言法者，謂衆生心。是心則攝一切世間法出世間法。依于
> 此心顯示摩訶衍義。何以故？是心眞如相即示摩訶衍體故；
> 是心生滅因緣相能示摩訶衍自體相用故。
> 所言義者，則有三種。云何爲三？一者體大，謂一切法眞如
> 平等不增減故；二者相大，謂如來藏具足無量性功德故；三
> 者用大，能生一切世間出世間善因果故，一切諸佛本所乘
> 故，一切菩薩皆乘此法到如來地故。

案：此是總標大乘之所以爲大乘的法與義。摩訶衍意即大乘。《大
乘起信論》主要地即在說明大乘之所以爲大乘。大乘所以爲大乘，
從法體方面說，即是「衆生心」。此心，依《起信論》的超越分
解，即是一切衆生所本有之眞常心，即荊溪所謂「唯眞心」也。此
唯一眞心即是大乘所以爲大乘之法體。此一眞心法「攝一切世間法
出世間法」。至于大乘所以爲大乘之「義」即是此眞心法在體相用
三方面的意義：體大、相大、用大。「體大」是指一切法底眞如性
說。此眞如性平等不二，不增不減。此眞如性即眞心之「眞如相」
也。眞心體遍，故眞如性遍，遍一切處皆然，故云「體大」。「相
大」是指此眞心法（如來藏）具足無量稱性功德說。「用大」是指
此眞心法「能生一切世間出世間善因果」說，又指其有車乘之用
說：一切諸佛皆本乘此眞心法而爲佛故，一切菩薩皆可乘此眞心法
而至如來地故。諸佛本已如此，諸菩薩亦將如此，一切衆生皆可成

佛亦須如此。此眞心法是成佛之內在根據，不是外在地以正聞熏習
爲主因也。如此所成之大乘法義即是「一乘究竟」之佛乘之法義。

　　由此進而再詳細解釋此大乘法義便是一心開二門。一心是法，
二門便是其義也。《論》云：

　　　顯示正義者，依一心法有二種門。云何爲二？一者心眞如
　　　門，二者心生滅門。是二種門皆各總攝一切法。此義云何？
　　　以是二門不相離故。

案：一心雖開二門，然任一門皆可「各總攝一切法」。生滅門是流
轉地總攝一切法。眞如門是還滅地總攝一切法。但「還滅」是就生
滅門所流轉地起現的一切法而還滅之，因而總攝之，並不是有另一
套法爲其所總攝。「心眞如」是就「心生滅」而如之，因而成爲心
眞如。心眞如即是心生滅法底實相，並不是離開生滅法底空如性而
別有一心眞如也。分別說，有二門。就二門不相離而說其各總攝一
切法，則是圓融地說。

　　2.此下分別解說二門，先說心眞如門。《論》云：

　　　心眞如者，即是一法界大總相、法門體，所謂心性不生不
　　　滅。
　　　一切諸法唯依妄念而有差別。若離心念，則無一切境界之
　　　相。是故一切法從本已來，離言說相，離名字相，離心緣
　　　相，畢竟平等，無有變異，不可破壞，唯是一心，故名眞
　　　如。

以一切言說假名無實，但隨妄念，不可得故。言眞如者，亦
無有相。謂言說之極，因言遣言，此眞如體無有可遣，以一
切法悉皆眞故。亦無可立，以一切法皆同如故。當知一切法
不可說不可念故，名爲眞如。

案：當初《般若經》「不壞假名而說諸法實相」。空、如、法性、
實際、實相，皆就法說，不立唯心。龍樹《中論》總之以「緣起性
空」，法就是緣起法，法空就是緣起法之無自性，以空爲性。就
「緣起性空」而說諸法不生不滅，不常不斷，不一不異，不來不
去，此即是其實相一相所謂無相，亦不立唯心。但通過唯識，進而
說唯心——唯一眞心，亦無不可。但須知「心眞如」之眞心亦是就
心生滅法之空如無性，假名無實，而說。去除心生滅中之妄念而如
之，即是眞心。心生滅，心生滅法統屬于心，心眞如，眞如亦統屬
于心。生滅法之空如無性即是心眞如之眞心，亦即是化妄念之執著
（因執著而有差別）而爲無執無差之眞心。心之眞以生滅法之空如
無性而爲眞，心之常亦以生滅法之空如無性之實相平等無二，無有
變異，而爲常。此眞常心亦即是一種般若智心也。實相般若即是心
眞如也。實相與唯心並非不相函。從《般若經》之實相般若，依遣
執蕩相之妙用作用地言般若，進而言心眞如之眞心，使作用的般若
成爲實體性的般若，亦並非不可。此蓋由《般若經》只言般若作用
地具足一切法，而對于一切法卻並無一根源的說明，即，只有作用
的具足，而無存有論的具足，是故再進而言存有論的具足，由此進
一步的說明所必至者。一心開二門，二門各總攝一切法即是存有論
的具足也。依心生滅門，言執的存有論；依心眞如門，言無執的存

有論。是則由實相般若進而言心真如之真常心，此乃由問題之轉進所必至者。惟須知此真常心仍是就諸法之空如無性而說者。只因生滅法繫屬于生滅心，故法之空如無性之實相亦繫屬于真心，因而言真常心或真如心。心真即法真，心如即法如；反之，法如即心如，法真即心真。此是存有論的智如不二，亦即心法不二（所謂色心不二），尚不只是作用的實相般若也。此種分解地說的唯真心之存有論地具足一切法尚不是真正的圓教，此待後〈天臺部〉詳簡之。

　　心真如之真心既是就諸生滅法之空如無性，假名無實，而說，故依智如不二，色心不二，此真心就是「一法界大總相法門體」。「一法界」者，統一切諸法而為一整一法類，就此整一法類而言「一整一法界」也。「界」底直接意思就是類義。如眼界，色界，十八界，乃至天臺宗所說的十法界（六道眾生加聲聞、緣覺、菩薩、佛），就是類義，此是各別地說的法類。統一切法類而為一完整的總法類就是一完整的總法界。但任一法類，當可以說一類一界時，就含有所以成類成界的原則，此原則就是類底因性，類底性，故「界」亦有因義，性義，如「無始時來界，一切法等依」，此中之「界」字便取因性義，一切法依此因性，便成一完整的法界。各別的法類如此，總法類亦如此。總法類，總法界（一整一法界），其因性就是心真如之真心，此就是其「大總相」。「大總相」亦就是平等性（絕對的普遍性）。「大」者相應總法界之總（整一）而言也。是故「心真如者即是一法界底大總相而且同時亦即是一切法門之體也。」每一法是一個門，故云「法門」。心真如是一切法門之體，此「體」是尅就空如性說，亦如言以空為性。心真如之真心就是一切法門之如性、真性、實相，而實相一相，所謂無相，故就

如性、眞性、實相，而說「體」，此體字是虛意的體，非有一實物曰體也。故文云：「言眞如者，亦無有相，……亦無可立……」此作爲「一法界」底「大總相」而且作爲一切「法門」之「體」的「心眞如」就是「不生不滅」的「心性」。「心性」者，即心之眞如性（亦說「心眞如相」）之性也。心眞如性者，即是不起念而直證「諸法無差別之如性之眞常淨心」也。法之眞如性即是心之眞如性，以一切法統于心故。心之眞如性即是法之眞如性，以此眞心爲諸法門之體，爲一法界之大總相故。此是存有論的智如不二，色心不二也。心生滅門中，生滅心起現一切法，而且念念執著，故有差別相，境界相，心緣相，儼若一切法有自性者，此是「妄念」（亦曰「心念」）之計執。假若化念還心，捨染著爲眞淨，則心眞即法眞，心如即法如，反之亦然，故心眞如即是一法界之大總相而且爲諸法門之體。心眞如性不生不滅實即原本通過實相般若所見之緣生法不生不滅（無生法忍，體法空），以一切法繫屬于心故，故將不生不滅移于心上說，而說爲不生不滅，亦即心之眞如性（空淨心，眞如心）也。空淨心，以爲法門之體故，故爲（虛意的）實體性的心，而同時實亦即是作用的無心之心也。

　　《般若經》只言空、如、法性、實際、實相、法位，不言法界，蓋無對于一切法作根源的說明之故。《攝論》依據《阿毘達磨大乘經》之經偈以阿賴耶爲一切法之所依止，始有「最淸淨法界」之說，此是賴耶系統中之法界。《起信論》將一切法統于如來藏自性淸淨心，而有「一法界」之說，此是如來藏系統中之法界。本此系統盛談法界圓融而至其極者，則爲華嚴宗。但只盛談法界本身之圓融並不眞是圓敎。如此圓融之法界是性起乎？抑性具乎？若如此

考慮始決定是否為圓教。此則將在〈天台部〉中詳簡之。

3.心真如之真心既是「一法界大總相法門體」，故此真心即有空不空之兩義。《論》云：

> 復次，此真如者，依言說分別，有二種義。云何為二？一者如實空，以能究竟顯實故；二者如實不空，以有自體具足無漏性功德故。
>
> 所言空者，從本已來，一切染法不相應故。謂離一切法差別之相，以無虛妄心念故。當知真如自性非有相，非無相，非非有相，非非無相，非有無俱相；非一相，非異相，非非一相，非非異相，非一異俱相。乃至總說，依一切眾生，以有妄心，念念分別，皆不相應，故說為空。若離妄心，實無可空故。
>
> 所言不空者，已顯法體空無妄故，即是真心常恆不變，淨法滿足，則名不空；亦無有相可取，以離念境界，唯證相應故。

案：此言空不空是依《勝鬘經》空如來藏與不空如來藏而說。空不空皆就心真如之真心說。空是遠離妄念所起的一切計執——差別相。不空是真心這個法體恆常不變，而且具足無量無漏性功德。緣起法無自性。但一切無自性的緣起法皆統屬于一真心，此真心為其體，則此真心即是有自性有自體的——此真心本身就是性就是體，因而這就是它的自性，它的自體。它雖然可以是作用的無心之心，亦無有相，亦無可立，然而它畢竟是一個實體性的心。只有這樣的

心始可說「有自體」。緣生無性，以空爲性。但我們不能說有實體性的空，此所以又說「空空」，以空爲抒義字，非實體字故。

此眞心一方既是空，一方又是不空，空與不空融而爲一，此即是中道。此中道是就空不空的眞心說。天台宗有所謂「但中」與「不但中」之說，「但中」即指此「空而又不空」的眞心說。「但中」者，意即只是分解地說的眞心這個中理（一切衆生皆本有這個眞心中理），但此眞心中理卻並不性具一切法，乃只隨緣而起現一切法，因此，這個眞心中理其本身便成寡頭的「但中」之理，尚不是「圓中」也。圓中即「不但中」。但無論「但中」或「不但中」，此中之「中」皆非龍樹《中論》「空假中」之中。此須通過「如來藏恆沙佛法佛性」一觀念始能說。實相般若固不能至此，即阿賴耶緣起亦不能至此。《起信論》開始至乎此，但又只是「但中」。此亦須在〈天台部〉中詳論。

4.以上說心眞如門。以下再說心生滅門。《論》云：

> 心生滅者，依如來藏，故有生滅心，所謂不生不滅與生滅和合，非一非異，名爲阿黎耶識。

案：「心眞如」是分解地預定一超越的眞心以爲「一法界大總相法門體」。「心生滅」是憑依此眞心忽然不覺而起念，念即是生滅心。此生滅心即叫做阿賴耶識。但如此說的阿賴耶識不是空頭的阿賴耶識。它是憑依眞心而起，亦就是「不生不滅與生滅和合」。「不生不滅」是指眞如之眞心說，這是它的超越的眞性；「生滅」是指其本身之爲念（心念妄念）說，這是它的內在的現實性（雜染

性或虛妄性）。依它的超越的眞性，說它的覺性（本覺），依它的內在的現實性，說它的不覺性。因爲它有此雙重性，所以此生滅門是要說明流轉與還滅之可能的。這不是空頭的阿賴耶，所以這也不是如智者所斥「那得發頭據阿黎耶出一切法」？

從它的內在的現實性（不覺性）方面說，它是生死流轉之因（生因），這叫做阿賴耶緣起。但它既不是空頭的，它是憑依如來藏眞心而起現，所以阿賴耶必須統屬于如來藏，因此，遂亦方便說爲「如來藏緣起」。說實了，如來藏眞心並不直接緣起生死流轉，直接緣起的是阿賴耶。說如來藏緣起是間接地說，這其間是經過一曲折一跌宕的。這一曲折即是「無明」之插入。只因阿賴耶統屬于如來藏，所以才間接地說爲如來藏緣起。生死流轉底直接生因是阿賴耶，而如來藏則是其憑依因，而非其生因。這恰如「吹皺一池春水」，水本是平靜無皺紋無波浪的。波浪底生因是風吹；但波浪畢竟是水波，不是麥浪，故波浪亦必憑依水體而起現。此即吾所謂憑依因之意。亦如奴僕憑藉主人的勢力作惡事，惡事底直接生因是奴僕，但賬卻記在主人身上。

因無明之插入，間接地說如來藏緣起，這叫做「不染而染」。同一眞心，只因吾人的生命有感性，所以一念昏沈，無明風動，便不染而染，陷于生死流轉。但眞心本性並不因此而改變，所以雖染而爲念，而其自性本淨，這又叫做「染而不染」。不染而染有生死，染而不染有還滅。故如來藏既爲生死依，又爲涅槃依。其爲生死依是間接地爲生死之憑依因，其爲涅槃依是直接地爲無漏功德之生因。這才是「無始時來界，一切法等依，由此有諸趣，及涅槃證得」一偈之完整的解釋。當眞諦說「阿賴耶以解爲性」（爲超越的

真性）」時，其心目中的阿賴耶即是《起信論》中之非空頭的阿賴耶。（如若如一般認為《起信論》出自中國，但又不知何人所造，則吾人亦可方便臆想為即是真諦所造，蓋因真諦本即是此思路故。）如若以空頭的阿賴耶為中心者，則不得言「以解為性」也。「解」就是《起信論》所說的「覺」。

《起信論》說明阿賴耶和合識覺與不覺之雙重性如下：

此識有二種義，能攝一切法，生一切法。云何為二？一者覺義，二者不覺義。

所言覺者，謂心體離念。離念相者，等虛空界，無所不遍，法界一相，即是如來平等法身。依此法身，說名「本覺」。何以故？本覺義者，對「始覺」義說。以始覺者即同本覺。始覺義者，依本覺故而有不覺，依不覺故說有始覺。又以覺心源故，名「究竟覺」；不覺心源故，非究竟覺。此義云何？如凡夫人覺知前念起惡故，能止後念令其不起。雖復名覺，即是不覺故。如二乘觀智，初發意菩薩等，覺于念異，念無異相。以捨粗分別執著相故，名「相似覺」。如法身菩薩等，覺于念住，念無住相。以離分別粗念相故，名「隨分覺」。如菩薩地盡，滿足方便，一念相應，覺心初起，心無初相。以遠離微細念故，得見心性，心即常住，名「究竟覺」。是故修多羅說：若有眾生能觀無念者，為向佛智故。又心起者，無有初相可知，而言知初相者，即謂無念。是故一切眾生不名為覺。以從本來，念念相續，未曾離念，故說無始無明。若得無念者，則知心相生住異滅。以無念等故

〔平等一味〕，而實無有始覺之異〔始覺中之漸次差異〕。
以四相俱時而有，皆無自立，本來平等，同一覺故。

……

所言不覺義者。謂不如實知眞如法一故，不覺心起而有其
念。念無自相，不離本覺。猶如迷人，依方故迷。若離于
方，則無有迷。眾生亦爾，依覺故迷。若離覺性，則無不
覺。以有不覺妄想心故，能知名義，爲說眞覺。若離不覺之
心，則無眞覺自相可說。

〔……〕

案：所言覺或本覺是相應心眞如之眞心法體亦即阿賴耶之超越解性
而說。所言不覺是相應阿賴耶和合識之現實迷染性而說。離念即是
覺，在念即是不覺。覺而名之曰「本覺」者，以眞心法體本來有
故，本來明故；又對「始覺」故而言本覺。「始覺」又對「不覺」
而說。眾生現實上念念相續，本是不覺。通過修行，而有「始
覺」。始覺有漸次。覺至心源，名究竟覺。始覺而至究竟覺，即同
本覺。從覺方面說，有無量無漏稱性功德。從不覺方面說，阿賴耶
與七識俱，而有生死流轉，有種種境界相，執著相，心緣相。凡
此，《論》中皆有廣說。

　　5.如何能由不覺而至始覺？此在佛家名曰「熏習」。但覺底熏
習成，依《起信論》，不只是由于外緣，亦由于內力。如《攝論》
只說正聞熏習爲出世淨法底生因，這便只是由于外緣：覺之熏成全
是後天的，經驗的，亦是偶然的。但依《起信論》，外緣固是重
要，但無論如何重要，總只是助緣，而不是主因。主因要在內力。

此即所謂「眞如熏習」。《起信論》所謂「眞如」即心眞如之眞心，不只是觀緣起無性這無性之空如之理，如中觀家及唯識家之所說。如眞如只是空如之理，則它自然旣不被熏，亦非能熏。但在此，眞如是眞心。心始有活動力，故它亦自有一種能熏力。它旣可以爲無明所熏，不染而染，它亦可以染而不染，能熏無明。唯識家斥「眞如熏習」爲不通，此由于不知雙方所說眞如意義不同故也。眞如心有內熏力（內在的影響力），是即無異于承認成佛有一先天的超越根據，成佛有必然性。此即從無漏種問題，轉進至「超越的根據」之問題，而作爲成佛之超越根據的眞如心不可以種子說也。不但不可以新熏種子說，亦不可以「法爾本有種」或「本性住種」說。蓋種子必對現行而言，它本身只是一潛能，必待受熏而起現行，然而眞心卻自有一種自己湧現之能力。又，種子是散列的，個個差別的，各有其特殊的因果對應，然而眞心卻是遍、常、一，是無爲法，不是有爲法。由此二義，可知眞心不可以種子說。（此如良知不可以種子說）。

《論》云：

> 云何熏習起淨法不斷？所謂以有眞如法故，能熏習無明；以熏習因緣力故，則令妄心厭生死苦，樂求涅槃。以此妄心有厭求因緣故，即熏習眞如，自信己性，知心妄動，無前境界，修遠離法。以如實知無前境界故，種種方便，起隨順行，不取不念，乃至久遠熏習力故，無明則滅。以無明滅故，心無有起；以無起故，境界隨滅。以因緣俱滅故，心相皆盡，名得涅槃，成自然業。

《論》又云：

> 眞如熏習有二種。云何爲二？一者自體相熏習，二者用熏
> 習。
> 自體相熏習者，從無始世來，具無漏法，備有不思議業作境
> 界之性。依此二義，恆常熏習。以有力故，能令眾生厭生死
> 苦，樂求涅槃，自信己身有眞如法，發心修行。
> …………
> 又諸佛法有因有緣，因緣具足，乃得成辦。如木中火性是火
> 正因。若無人知，不假方便，能自燒木，無有是處。眾生亦
> 爾，雖有正因熏習之力，若不遇諸佛菩薩善知識等以之爲
> 緣，能自斷煩惱入涅槃者，則無是處。若雖有外緣之力，而
> 內淨法未有熏習力者，則亦不能究竟厭生死苦，樂求涅槃。
> 若因緣具足者，所謂自有熏習之力，又爲諸佛菩薩等慈悲願
> 護故，能起厭苦之心，信有涅槃，修習善根。以修善根成熟
> 故，則值諸佛菩薩示教利喜，乃能進趣，向涅槃道。

案：此所說的已甚分明。成佛底可能要由于有內因與外緣。內因即
是「眞如自體相熏習」。「起淨法不斷」的那種熏習亦是眞如自體
相熏習。至于外緣則是「眞如用熏習」。「眞如用熏習」者，諸佛
菩薩等底化身所現的種種差別，爲眾生所念所見，于眾生爲外緣，
令其增長善根；或諸佛菩薩等大悲願力同體智力能平等地爲眾生之
外緣而且平等地爲眾生之所見。依前者，說眞如用中之「差別
緣」；依後者，說眞如用中之「平等緣」。差別緣是對未得無生法

忍的菩薩，未入無餘涅槃的二乘，以及一切凡夫，而說。平等緣是對已得無生法忍的菩薩說。到平等緣的「真如用熏習」同時即已復還歸于「真如自體相熏習」。《論》云：

> 用熏習者，即是眾生外緣之力。如是外緣有無量義，略說二種。云何爲二？一者差別緣，二者平等緣。
>
> 差別緣者，此人依于諸佛菩薩等，從初發意始求道時，乃至得佛，于中若見若念，或爲眷屬父母諸親，或爲給使，或爲知友，或爲怨家，或起四攝〔布施，愛語，利行，同事，爲佛菩薩的四種攝生方便，故曰四攝〕，乃至一切所作無量行緣，以起大悲熏習之力，能令眾生增長善根，若見若聞得利益故。
>
> …………
>
> 平等緣者，一切諸佛菩薩皆願度脫一切眾生，自然熏習，恆常不捨。以同體智力故，隨應見聞而現作業，所謂眾生依于三昧，乃得平等見諸佛故。

由于真如之自體相熏習與真如用熏習，眾生得有「始覺」而可成佛。不過《論》中所說「真如自體相熏習」不甚能恰切「內因」之義。如云「以有真如法故，能熏習無明」，又云：此真如法，「從無始世來，具無漏法，備有不思議業作境界之性」，這種說法，易于轉成外緣的「用熏習」，體熏習之「內因」性不甚能持得住。說實了，體熏習本就是一切眾生雖在重迷中，本有其要求解脫之願力與觀法空之智力隨時在躍動。即此願與智之躍動力即足以隨時熏動

無明而趨向于明。蓋一切眾生本有如來藏自性清淨心（心真如之真心），願與智即是真心之所發。此種「真如自體相」隨時在躍動，不能說它沒有一種內在的影響力。眾生雖在重迷中，它亦必默默地起作用，故一遇外緣，便一觸即發。此亦如孟子所說「舜在深山之中，與木石居，與鹿豕遊，其所以異于深山之野人者幾希！及其聞一善言，見一善行，若決江河，沛然莫之能禦」。聞善言，見善行，是外緣，「沛然莫之能禦」是內因。必有一種內在的動力潛伏著，默默任運地熏習著，始能一觸即發，沛然莫之能禦也。若依此方式說「真如自體相熏習」。方切合促成始覺之「內因」義。若只說真如法「備有不思議業作境界之性」，則又轉成外緣義之「真如用熏習」矣。當然，依如來藏自性清淨心而說自發的願與智以成「始覺」，得解脫，這種向上超拔不甚是自明的，亦不見得有必然性，是故在佛家，說來說去，總重視外緣始能引導眾生向那特殊方向走。是則不如儒家之由道德意識入有自明性與必然性。不過這是教之入路底問題。若在佛教方面中，依《起信論》，說「真如自體相熏習」，則必須切合「內因」義而如吾所說者說之也。

　　6.始覺可能，則相似覺，隨分覺，究竟覺，逐步呈現，而成佛亦可能。始覺以成佛，則染法斷，淨法不斷。《論》云：

> 復次，染法從無始已來熏習不斷，乃至得佛後則有斷。淨法熏習則無有斷，盡于未來。此義云何？以真如法常熏習故，妄心則滅，法身顯現，起「用熏習」，故無有斷。

是即所謂「還滅」。還滅者即就生滅門中染執之法，蕩執遣相，真

心朗現，而歸于一相無相也。此即所謂「如來法身」。生滅門中是
流轉地總攝一切法，真如門中則是還滅地總攝一切法。還滅地總攝
一切法，則一切染執有相法皆轉成一相無相之無漏功德法。法只是
這一套法，所爭只在執與不執而已。並非有另一套法爲真如門所攝
也。是故《論》云：

> 復次，真如自體相者，一切凡夫、聲聞、緣覺、菩薩、諸
> 佛，無有增減，非前際生，非後際滅，畢竟常恆，從本已
> 來，性自滿足一切功德。所謂自體有大智慧光明義故，遍照
> 法界義故，真實識知義故，自性清淨心義故，常樂我淨義
> 故，清涼不變自在義故，具足如是過于恆沙不離不斷不異不
> 思議佛法；乃至滿足無有所少義故，名爲如來藏，亦名如來
> 法身。
>
> 問曰：上說真如，其體平等，離一切相，云何復說體有如是
> 　　　種種功德？
> 答曰：雖實有此諸功德義，而無差別之相，等同一味，唯一
> 　　　真如。此義云何？以無分別，離分別相，是故無二。
> 　　　復以何義得說差別？以依業識生滅相示。此云何示？
> 　　　以一切法本來唯心，實無于念，而有妄心，不覺起
> 　　　念，見諸境界，故說無明。心性不起，即是大智慧光
> 　　　明義故。若心起見，則有不見之相；心性離見即是遍
> 　　　照法界義故。若心有動，非真識知，無有自性，非常
> 　　　非樂非我非淨，熱惱衰變，則不自在，乃至具有過恆
> 　　　沙等妄染之義。對此義故，心性無動，則有過恆沙等

淨功德相義示現。若心有起，更見前法可念者，則有
所少。如是淨法無量功德，即是一心，更無所念，是
故滿足，名爲法身如來之藏。

案：具有無量無漏稱性功德的眞如自體相隱名如來藏，顯名法身。
茲就「顯名法身」而說，此法身之所以具有這些稱性功德，乃是因
爲就染執方面的無量妄染而對翻故。對翻妄染而寂滅之，便成無漏
功德。是則功德者即是如來法身之豐富的意義。雖說無量，而實
「無差別之相，等同一味，唯一眞如」。無量之「諸」是對應妄染
而顯示出的。在妄染方面，有「差別相」，故可實言「諸」字。今
旣寂滅之而一相無相，則自無差別相，故「諸」字是對應妄染有相
而虛言也。雖一相無相，而又可說是無量無漏的豐富功德，豐富意
義。此即「如來法身」之實義。

若就「隱名如來藏」而說，則此潛具的諸功德即是「過于恆沙
不離不斷不異不思議佛法」，故此如來藏即是「因地」意義的「佛
性」，此亦名曰「如來藏恆沙佛法佛性」。是以當說「佛性」或
「法身」時，即已總攝一切法門在內矣。不過就佛性或法身之當體
自己說，恆沙佛法只是功德；事象意義即緣起意義的法是因著寂滅
之而爲功德而被帶進來的。功德雖亦可說爲「法」，但此「法」字
是第二序上的，亦如「眞如心」之爲法，此不是緣起的事法，而是
作爲功德的「意義法」。但意義法不離事法。就事法可說「法
界」，故眞如心即是「一法界大總相法門體」。當整一法界從體而
一相無相時，則全部法界即是法身之全部功德，此亦可名曰「最清
淨法界」。「清淨」者去染執而一相無相也。「最清淨法界」，說

法界可，說功德聚亦可。如果要說此功德意義的清淨法界是真如心之所起現（例如說真如心爲無漏功德因），則亦是起而無起，此方便名曰「性起」，而不可說「緣起」。而「性起」是起而無起，故全部清淨法界實只是真如心這個性體之實德。說緣起者是就所寂滅之而爲功德這所寂滅者說，亦即就功德所由之而對翻的那事法底據說。是以嚴格言之。生滅門之流轉法可以說緣起，而真如門之功德法則不可說緣起，只好方便說爲「性起」。先記住這些基本觀念，方可進而了解華嚴宗。

　　7.以上是就「真如自體相」說「法身」，說「如來藏恆沙佛法佛性」。以下再就「真如用」說「應身」與「報身」。

　　《論》云：

> 復次，真如用者，所謂諸佛如來本在因地發大慈悲，修諸波羅蜜，攝化衆生；立大誓願，盡欲度脫等衆生界，亦不限劫數，盡于未來。以取一切衆生如己身故，而亦不取衆生相。此以何義？謂如實知一切衆生及與己身真如平等，無別異故。以有如是大方便智，除滅無明，見本法身，自然而有不思議業種種之用，即與真如等，遍一切處。又亦無有用相可得。何以故？謂諸佛如來唯是法身智身之身。第一義諦無有世俗境界，離于施作，但隨衆生見聞得益，故說爲用。
>
> 此用有二種。云何爲二？一者，依分別事識，凡夫二乘所見者名爲應身。以不知轉識現故，見從外來，取色分齊，不能盡知故。〔案：分別事識即第六意識，轉識即第七識末那。〕

二者，依于業識〔案：即轉識〕，謂諸菩薩從初發意，乃至菩薩究竟地，心所見者，名爲報身。身有無量相，相有無量好；所住依果亦有無量種種莊嚴。隨所示現即無有邊，不可窮盡，離分齊相；隨其所應，常能住持，不毀不失。如是功德皆因諸波羅蜜等無漏行熏及不思議熏之所成就，具足無量樂相，故説爲報身。

案：據此所論，凡夫與二乘所見的佛之相好（正報）與國土（依報）實只是佛之應化身。凡夫二乘這樣見是依其「分別事識」而見。故其所見的相好與國土以爲是外來的，是外在地如此的，不知是其轉識或業識之所現。因爲凡夫二乘不能徹了一切唯識所現故，故只停于「分別事識」之境界。因依分別事識而見，又以爲是外在的，故于所見的相好與國土執取其色的分齊相，即限定相，不能窮盡地知其無量無邊。實則這不是佛之眞正的正報與依報，而只是其應化身之示現。此即天台宗所謂「恩不及物，智不窮源，功齊界內」，只爲有量生滅四諦也。即在通敎菩薩，雖復兼濟，而仍是「智不窮源，功齊界內」，不過是有量的無生四諦而已。

到了十地菩薩，其所見的相好與國土是依業識而見，此則方可名爲佛之報身。報有依報正報。依報是淨土，正報是無量的相好（不只是三十二相，八十種好）。十地菩薩已能窮一切法之源，故已至無量四諦。因此，其所見的色相有無量相，相有無量好，而所見的依報（淨土）亦有「無量莊嚴，無有邊際，不可窮盡，離分齊相」。但所謂窮源，若只窮至阿賴耶識，則亦不能知如此所見的相好與淨土「常能住持，不毀不失。」必待窮至唯一眞心，知其是

「真如用」，然後方能至此。此即天台宗所謂別教。雖已至無量四諦，然尚未至無作四諦，故非圓教。此則待〈天台章〉詳論之。

又，此十地菩薩雖已見無量相好及國土之無量莊嚴，然既有相好莊嚴可見，便是有相可見，故仍是依于業識，始如此見。若離業識，則無相可見。說實了，報身只是隨菩薩之業識而現為如此這般。若業識滅盡，則無相可見，唯是法身。是故《論》云：

> 復次，初發意菩薩等所見者，以深信真如法故，少分而見，知彼色相莊嚴等事無來無去，離于分齊，唯依心現，不離真如。然此菩薩猶自分別，以未入法身位故。若得淨心，所見微妙，其用轉勝；乃至菩薩地盡，見之究竟。若離業識，則無見相。以諸佛法身無有彼此色相迭相見故。

在十地之過程中，菩薩亦有見與不見的差別；即使至第十法雲地，見之究竟，也是最微妙最清淨的相好莊嚴。這還是未斷盡無明業識者之所見的。若至金剛後心，斷無明盡，離妄染業識，成無上正等正覺，則無有色相可見，因已進入法身故。菩薩已進入法身，則原初所見之佛如何如何實亦只是一法身，一相無相而即歸于無相可見也。「以諸佛法身無有彼此色相迭相見故」。案：依天台圓教，此仍是別教的說法。

> 問曰：若諸佛法身離于色相者，云何能現色相？
> 答曰：即此法身是色體故，能現于色。所謂從本已來，色心不二：以色性即智故，無體無形，說名智身；以智性

> 即色故，說名法身遍一切處。所現之色無有分齊，隨
> 心能示十方世界無量菩薩，無量報身，無量莊嚴，各
> 各差別，皆無分齊，而不相妨。此非心識分別能知，
> 以真如自在用義故。

案：說至此「色心不二」，「真如自在用」，這好像已甚圓滿了。然依天台，這仍只是別教底圓滿，尚非真是圓教。分解的說法取徑紆迴，紆迴至此已算達到極致。既是「從本已來色心不二」，何以「法身」又無色相？「色性即智，無體無形，說名智身；智性即色，說名法身遍一切處」。這個「即」字「即」到什麼程度？是何形態的「即」？平看，這個「即」是存有論的自即，分析的即。如是，則不應說「法身離于色相」。《涅槃經》說如來法身捨無常色，獲得常色。則法身必然有色，只爭在執相與否而已。然依《起信論》無量色相皆是菩薩業識所見。若離業識，則無相可見。如是，則見有色相，全是無明之功。必斷無明，法身乃顯。如是，則法身不即色相，色相不即法身；推之，也就是法身不能即于無明，無明亦不能即于法身。六道眾生、聲聞、緣覺、菩薩，這九界全在迷中（真如在迷能生九界），必斷此九界，始能見法身、成法身也。然則「色性即智，智性即色」，實未真成為「即」也。此「即」字豈只是離于色相之法身能于色相，能現後之「即」耶？若如此，則「法身是色體」不是分析語，「智性即色」亦不是分析語。如是，則「色心不二」亦未能究極完成。到需要時，隨便拿來一說而已。如是，則「真如之自然用」亦不是存有論地分析地必然的，只是隨感而應而已。有是自然地應現，有是神通作意地應現。

此即示真如用不是存有論地分析地必然的。凡以上所說皆是天台宗所注意者。故《起信論》之超越的分解雖高于以阿賴耶爲中心者，然仍是別教，非圓教也。此將于〈天台章〉中詳簡。

以上是《起信論》底義理規模。華嚴宗即本此規模而言「別教一乘圓教」。此是下章之論題。

　　　　　　※　　　　　　　※　　　　　　　※

茲須作一總檢查。自《起信論》依《華嚴》、《密嚴》、《楞伽》、《勝鬘》、《涅槃》等言如來藏之真常經而提練出一個真心後，佛教的發展至一新階段。此一新階段似是一特別的動相。它對內對外俱有特別的意義與作用。就佛教內部言，它實比印度原有的空有兩宗爲進一步。唯識宗的有宗已比《中觀論》的般若學爲進一步，以《中觀論》無對于一切法（即流轉還滅）作根源的說明故。《起信論》又比唯識宗爲進一步，以唯識宗以阿賴耶識爲中心，以正聞熏習爲客，成佛底根據不足夠故；《起信論》提出真心，成佛始有一超越的根據。

此真心之成立可從兩面說。一、從現實的機緣說；二、從義理說。

從現實的機緣說，意即現實上已有佛。真心是佛斷盡無明「呈現如如智證如如境」之如如智。如如境是最清淨法界，如如智亦當是最清淨而無執著的心。《攝大乘論》說「無分別智」（如如智）「非心而是心」。「非心」意即非通常的生滅心，思量心。然而它畢竟亦可以說「是心」。它是心，這心是無分別的智心，亦就是真常心。這是佛通過長劫的修行所呈現的。現實上已有佛，又既肯定一切衆生皆可成佛，必亦肯定其皆有佛性。是則衆生必亦有其與佛

相同之無分別的智心即眞常心，惟在迷中不顯而已。雖不顯而未始不有也。因此，就可成佛言，必肯定其有一眞心以爲成佛所以可能之超越的根據；就流轉還滅言，亦必同時即肯定此眞心爲一切法之所依止。衆生固在迷，但其所以生死流轉亦必不離此眞心，即爲此眞心之隨迷染緣所起現，以一切唯心造故。是故一切生死流轉法亦必依止于此在纏之眞心。此眞心同時即是還滅所以可能之根據，故還滅中一切清淨法亦必依止于此眞心。此眞心旣是成佛所以可能之根據，亦是一切染淨法之所依止。此種肯定是就現實上已有佛，先對可成佛而未成佛的衆生，作如此之肯定。此尚是外部地說。

　　進一步，再從內在的義理說。從內在的義理說者，如如智（無分別智）本是佛所呈現，但它總是清淨心。清淨之所以爲清淨乃是因相應如如境而不起分別，故亦爲如如智。空有兩宗本只如此說。《般若經》「菩薩應無所住而生其心」，即是不住著于色聲香味觸法上而生其心，此即是作爲空慧的般若清淨心。但通過「如來藏恆沙佛法佛性」一觀念，須對一切法有一根源的說明。在此問題上，此般若清淨心，無分別智心，須作一切法之所依止。在此一轉之機上，原初如如智與如如境是平說的，遂轉爲豎說，以如如智心爲主綱，將諸法之如境空性吸收于此如如智心上而與此智心爲一，如此，此智心遂成爲一豎立的眞心而爲一法界之大總相，並且是一切法門之體。眞心即眞如心，心眞如。眞心爲諸法之體（大總相）即是空如爲諸法之體。原初，空如是不能爲體的。緣起性空，依他無性，此無自性之空性是抒義字（抒緣起無性之義），並非實體字。但到「眞心」成立，空如理與眞心爲一，空如理遂因眞心故而亦成爲一實體字。空如爲體，實即眞心爲體。因空如理被吞沒于眞心而

從心故。此成爲一條鞭地唯眞心。原初，原是心從空如性的，清淨心只是佛所浮現，故心與性原是鬆散地平說的。今轉爲豎說，故性從心，而成爲眞心，遂得成爲一法界之大總相，而且是諸法之體。此則眞心便有實體性的意味。眞心是一切法之所依止。在此，亦得說：若見眞心，即見諸法之空如無相。然此眞心本身卻是一個實體性的實有，此即所謂不空如來藏也。

般若清淨心原是因照見如境而清淨。此是鬆散出去說。現在說豎立的眞心，那是如境反射進來而內處于般若清淨心，遂將此般若清淨心映現而爲一豎立的眞心。此是將佛之鬆散的如智與如境之平平境界凸起而爲一緊張的狀態，因對衆生而說其成佛可能並對一切法作一根源的說明這兩問題而凸現爲一緊張的狀態。因此緊張的狀態，般若清淨心遂轉爲豎立的眞心，成爲一有實體性意味的實有。但既是一緊張的狀態，則亦可說是一種權現。既是權現，即可打散。因佛總須平平也。在此緊張狀態中的佛（即唯豎立的眞心系統中之佛）亦是權佛。

豎立的眞心既有實體性的實有之意味，則眞心即性，此性，以今語言之，便可有實體性的本體之嫌，以古語言之，便可有外道梵我之嫌。但嫌疑畢竟是嫌疑，而不是眞實。故須詳爲抉擇。就外道梵我而言，《楞伽經》已有抉擇如下：

> 爾時，大慧菩薩摩訶薩白佛言：世尊！世尊修多羅說如來藏自性清淨，轉三十二相入于一切衆生心中，如大價寶垢衣所纏。如來之藏常住不變，亦復如是，而陰界入垢衣所纏，貪欲恚癡不實妄想塵勞所汙，一切諸佛之所演說。云何世尊同

外道說我，言有如來藏耶？世尊！外道亦說有常作者，離于求那，周遍不滅。世尊！彼說有我。

佛告大慧，我說如來藏不同外道所說之我。大慧！有時說空，無相，無願，如，實際，法性，法身，涅槃，離自性，不生不滅，本來寂靜，自性涅槃。如是等句說如來藏已，如來、應供、等正覺為斷愚夫畏無我句，故說離妄想無所有境界如來藏門。大慧！未來現在菩薩摩訶薩不應作我見計著。譬如陶家，於一泥聚，以人工水木輪繩方便，作種種器。如來亦復如是，于法無我離一切妄想相，以種種智慧善巧方便，或說如來藏，或說無我。以是因緣故，說如來藏不同外道所說之我，是名說如來藏。開引計我諸外道故，說如來藏，令離不實我見妄想，入三解脫門境界，希望疾得阿耨多羅三藐三菩提。是故如來、應供、等正覺作如是說如來之藏。若不如是，則同外道。是故大慧！為離外道見故，當依無我如來之藏。爾時世尊欲重宣此義而說偈言：

人相續陰，緣與微塵。勝自在作，心量妄想。

〔宋譯卷二。唐譯文較暢順。歐陽漸《楞伽疏決》依唐譯重整，將此段文與宋譯卷四言如來藏者相連屬，皆重編于卷六。〕

據此段文，佛親自抉擇簡別，知雖言如來藏，而是無我如來藏，不同外道所說梵我。人只是相續五陰，眾緣以及微塵。至于那「勝自

在作者」只是心之計量妄想。佛以「空、無相、無願、如、實際、法性、法身、涅槃、離自性、不生不滅、本來寂靜、自性涅槃」等句說如來藏。此只是一「離妄想無所有境界」。以此境界爲「如來藏門」乃爲「斷愚夫畏無我句」故，爲「開引計我諸外道故」。此「離妄想無所有境界」，「無我如來藏」，乃是佛所親證至之「如如智與如如境」之境界，不是一個客觀肯定的實體性的無限實有，作爲「勝自在作者」，「常作者」，「離于求那，周遍不滅」的梵我。但爲「愚夫畏無我」故，權說如來藏以引之，令歸依佛法；又爲「開引計我諸外道故」，權說一「無我如來藏」（離妄想無所有境界）以引之，令捨其由「計量妄想」而得的實體性的梵我（勝自在作者）而歸于佛法的「如來藏門」。

此「無我如來藏」，《大涅槃經》就涅槃法身亦說爲「常樂我淨」。此中之「常」亦不是實體性的梵我之常，乃是就涅槃法身中道第一義空說的。此中之「我」亦是權說的無我相之我，不是一個「勝自在作者」。常樂我淨皆是就「離妄想無所有境界」之涅槃法身而方便形容之。空如來藏就是「離妄想無所有」。不空如來藏就是無量無漏功德聚，而聚亦無聚相，功德亦無功德相，只是一最清淨而有豐富意義的「如如智與如如境」之境界。

如來藏「眞心即性」之有「實體性的實有」之意味只因在對衆生而說其成佛可能之根據並對一切法作一根源的說明這兩個問題上始顯出這一姿態，即是說，只在這兩問題所示現的架勢上始顯出這一姿態。這實體性的實有一只是一個虛樣子。如來藏眞心「隨緣不變不變隨緣」之緣起並不是實體性的實有之本體論的生起。它是通過無明妄念（阿賴耶識），不染而染，始隨染緣起生死流轉之雜染

法，它本身並不起現這一切。它本身染而不染，故又能就這一切雜染法而起還滅之功行，因而得有清淨法，此即所謂隨淨緣起淨法（內外眞如熏習即是淨緣）。至還滅功成，無明斷盡，仍是無我如來藏，離妄想無所有境界。此時，那個有實體性的實有之虛樣子的眞心即被打散，而仍歸于最清淨而有豐富意義的涅槃法身，即「如如智與如如境」之境界。

其實體性的實有之虛樣子之打散可分兩步說。一是就此眞心即性之別教當身說，二是就圓教說。就此別教當身說，如適所說，至還滅功成，歸于無我如來藏時，只打散眞心之本體論的生起之架勢。但尚未打散那無我如來藏（離妄想無所有境界）之孤懸性，此即示此眞心系統之緊張性仍未完全鬆散，故爲權佛也。何以故？以眞心不即妄歸眞，乃離妄歸眞故。此即天台宗所謂「緣理斷九」，屬「斷斷」也。因此，涅槃法身本無任何色相，色相只是其應化上之示現，或菩薩依業識之所見，或凡夫二乘分別事識之所見。若離此等識，便無所見。無所見，自亦無所謂示現。因此，「無色相而能現色相」便不是分析地必然的，以所謂「從本已來色心不二」，此「不二」非分析的「不二」故。因此，在法身上，本只是一個「智身」，嚴格講，只能說「如如智」而並無「如如境」之可言。以如如境必即緣起事而爲如如境，而此時，卻並無緣起事故。即華嚴宗就法身所展示的法界緣起亦是因地久遠修行中之事之倒映于法身，因此，亦即是佛法身之映現或示現，隨衆生之所樂見而示現，而其自身卻無此等事，既無此等事，自亦無所謂法界緣起也。此見下章可明。華嚴宗之所以如此，以其義理支持點本在《起信論》故，唯眞心故，此所以同爲別教也。以爲別教，故佛仍是權佛。既

是權佛，則佛法身之孤懸性所顯的緊張相即仍未打散。

　　若想將此孤懸性之緊張相打散，則必須進至于圓教：由「不即」而進至于「即」，由「斷斷」而進至于「不斷斷」。此即是天台宗之所說。此必須看下部方能徹底明白。《起信論》在「對治邪執」中提出五種邪執，表示是對于如來藏真心之誤解。其中說第四邪執云：

> 四者，聞修多羅說：「一切世間生死染法皆依如來藏而有，一切諸法不離真如」，以不解故，謂如來藏自體具有一切世間生死等法。云何對治？以如來藏從本已來，唯有過恆沙等諸淨功德不離不斷，不異真如義故；以過恆沙等煩惱染法唯是妄有，性自本無，從無始世來未曾與如來藏相應故；若如來藏體有妄法，而使證會永息妄者，則無是處故。

案：若唯真心，則自不能說「如來藏自體具一切世間生死等法」。如此說之，即成邪執。但是去此邪執，亦正顯《起信論》之唯真心是「不即」，是「斷斷」。若自「即」與「不斷斷」之圓教立場觀之，則不必唯真心；而如來藏是就迷就事而論，說其體具一切生死等法亦是可能的；說「如來藏體有妄法」，而至「證會」時「永息妄」亦是可能的。這便成圓教底立場。既不唯真心，故亦非邪執。「息妄」者，「解心無染」也。體有世間生死等妄法者，「除病不除法」也。在此，主觀的迷悟染淨與客觀的淨善穢惡法門有異，即兩者可以岔開說。而在《起信論》，則兩者是同一化，故必「緣理斷九」，為「斷斷」而「不即」也。「斷斷」非必是錯，但非圓

教。焉能一聞「如來藏自體具世間生死等法」，便謂是邪執耶？

　　依以上所說，唯眞心最有實體性的實有之意味，亦最有本體論的生起之架勢，然尚且可以打散，不同外道。至于天台圓教之「性具」系統中之法性更不可以實體性的實有之本體論言。此見下部詳解可明。即禪宗六祖惠能所說「何期自性能生萬法」（能含萬法），亦不可以實體性的實有之本體論的生起言。此不可從表面的辭語望文生義。此見下部第二分第一章。惟神會和尚言「靈知眞性」，此則同于「唯眞心」。惠能不如此也。

　　唯眞心雖有實體性的實有之意味，本體論的生起之架勢，然此一系統在佛敎的發展中實是一特別的動相。它對內對外俱有特殊的意義與作用。對內而言，它比阿賴耶系統爲進一步。對外而言，如《楞伽經》所說，它可以接引愚夫之「畏無我」，並開引外道之「計我」。茲再就此點而詳言之，即，因這一實體性的實有之意味，這一本體論的生起之架勢，佛法可以與其他外道以及其他講本體講實有之敎義（如儒家道家乃至耶敎）乃至一切理想主義之哲學相出入，相接引，相觀摩。若與旁人不能相出入，相通氣，完全隔絕，則亦非佛法之福。能相出入，相通氣，而不隔絕，始可言相接引。即不說相接引，亦可相觀摩。眞理是要靠相觀摩而始可各自純淨，各自豐富，各自限制的。凡一切大敎皆非無眞處。判敎可，相非則不可。佛敎發展中唯眞心這一特別的動相有這作用。

　　就佛敎自身言，這一特別的動相未至圓極，因緊張相未全散故。何以要全散始歸圓極？因佛敎畢竟是以「緣起性空」爲通義，故不願亦不能使「性空」之性落于實體性的實有之境也。是故唯眞心之實體性的實有之意味，本體論的生起之架勢，必須打散，觀眞

心之由何而立（從何處來）再回歸其原處。而此系統中佛法身之孤
懸相亦即緊張相亦必須打散，始能歸于圓實佛，即平平佛。天台圓
教即能至此完全鬆散之境，而不失原初之佛法義也。（歸于「實
相」即是歸于原初之佛法義。至「實相」始能至一體平鋪，全體平
平。蓋無孤懸弔起之實相也。）

第六章
華嚴宗

　　華嚴宗是以《華嚴經》爲標的、以《起信論》爲義理支持點、而開成者。由「對於一切法須作一根源的解釋」這一問題起，經過前後期唯識學底發展，發展至此乃是一最後的形態。阿賴耶緣起是經驗的分解或心理學意義的分解，如來藏緣起是超越的分解。順分解之路前進，至華嚴宗而極，無可再進者。由如來藏緣起悟入佛法身，就此法身而言法界緣起，一乘無盡緣起，所謂「大緣起陀羅尼法」者，便是華嚴宗。

第一節
《華嚴經》之大旨

　　所謂以《華嚴經》爲標的者，即是以此經所說之毘盧遮那佛法身爲圓極，故以之爲宗也。毘盧遮那佛（非釋迦老比丘相）在海印三昧中證此法身，即如所如、說此法身。故此經所說爲「稱法本教」，非「逐機末教」。「海印三昧」是佛說華嚴所依之定。海者取廣大義，又取海水淸淨無象不現義。此三昧定能印證無量無邊之法界，喩如大海無象不現，故曰海印三昧。《華嚴經・賢首品第十

二之一 》偈言：

菩薩勤修大悲行　　願度一切無不果。
見聞聽受若供養　　靡不皆令獲安樂。
彼諸大士威神力　　法眼常全無缺減。
十善妙行等諸道　　無上勝寶皆令現。
譬如大海金剛聚　　以彼威力生眾寶。
無減無增亦無盡　　菩薩功德聚亦然。
或有剎土無有佛　　于彼示現成正覺。
或有國土不知法　　于彼為說妙法藏。
無有分別無功用　　于一念頃遍十方。
如月光影靡不周　　無量方便化群生。
於彼十方世界中　　念念示現成佛道。
轉正法輪入寂滅　　乃至舍利廣分布。
或現聲聞獨覺道　　或現成佛普莊嚴。
如是開闡三乘教　　廣度眾生無量劫。
或現童男童女形　　天龍及以阿修羅。
乃至摩睺羅伽等　　隨其所樂悉令見。
眾生形相各不同　　行業音聲亦無量。
如是一切皆能現　　**海印三昧威神力**。

海印三昧出此。又〈如來出現品第三十七之三〉云：

佛子！諸菩薩摩訶薩應云何知如來、應、正等覺、成正覺？

佛子！菩薩摩訶薩應知如來成正覺，于一切義無所觀察；于
法平等，無所疑惑；無二無相，無行無止，無量無際，遠離
二邊，住于中道，出過一切文字言說；知一切眾生心念所
行、根性欲樂、煩惱染習，舉要言之，于一念中悉知三世一
切諸法。佛子！譬如大海普能印現四天下中一切眾生色身形
像，是故共說以爲大海。諸佛菩提亦復如是，普現一切眾生
心念、根性欲樂、而無所現，是故說名諸佛菩提。……爾
時，普賢菩薩摩訶薩欲重明此義而說頌言：

正覺了知一切法　無二離二悉平等。
自性清淨如虛空　我與非我不分別。
如海印現眾生身　以此說其爲大海。
菩提普印諸心行　是故說名爲正覺。

此言如來成正覺能普印普現一切眾生心念，一如大海之印現眾生身
像。即依此正覺說海印三昧也。此三昧亦名「昆盧遮那如來藏身三
昧」。〈普賢三昧品第三〉云：

爾時普賢菩薩摩訶薩于如來前坐蓮華藏師子之座，承佛神
力，入于三昧。此三昧名一切諸佛毘盧遮那如來藏身：普入
一切佛平等性；能于法界示現影像，廣大無礙，同于虛空；
法界海漩靡不隨入；出生一切諸三昧法，普能包納十方法
界；三世諸佛智光明海皆從此生；十方所有諸安立海悉能示
現；含藏一切佛力解脫，諸菩薩智；能令一切國土微塵普能

容受無邊法界；成就一切佛功德海；顯示如來諸大願海；一切諸佛所有海輪，流通護持，使無斷絕。如此世界中，普賢菩薩于世尊前入此三昧，如是盡法界、虛空界、十方三世、微細無礙，廣大光明。佛眼所見、佛力能到、佛身所現一切國土，及此國土所有微塵，一一塵中有世界海；微塵數佛剎，一一剎中有世界海；微塵數諸佛，一一佛前有世界海；微塵數普賢菩薩，皆亦入此一切諸佛毘盧遮那如來藏身三昧。

一普賢菩薩承佛神力入于諸佛毘盧遮那如來藏身三昧，微塵數普賢菩薩皆亦入于此三昧。佛果親證不可說，故假借普賢菩薩以說之（此經主要是借普賢口以說）。普賢者德周法界曰普，至順調善曰賢，即普解普行約因趣果也。有因果可辨，故可說，故假借普賢以說佛果也。普賢亦須入此海印三昧始能證現果海之廣大。故海印三昧中一切皆可以海說：世界海，眾生海，諸佛海，法界海，眾生業海，眾生根欲海，諸佛法輪海，三世海，一切如來願力海，一切如來神變海。（〈世界成就品第四〉）。即就世界海而言，「應知世界海有種種差別形相，……有種種體，……有種種莊嚴，……有世界海微塵數清淨方便海，……有世界海微塵數佛出現差別，……有世界海微塵數劫住，……有世界海微塵數劫轉變差別，……有世界海微塵數無差別，……。」（同上）。「爾時普賢菩薩欲重宣其義，承佛威力，觀察十方，而說頌言：

一微塵中多剎海　　處所各別悉嚴淨。

> 如是無量入一中　一一區分無雜越。
> 一一塵內難思佛　隨眾生心普現前。
> 一切刹海靡不周　如是方便無差別。
> 一一塵中諸樹王　種種莊嚴悉垂布。
> 十方國土皆同現　如是一切無差別。
> 一一塵內微塵眾　悉共圍繞人中王。
> 出過一切遍世間　亦不迫隘相雜亂。
> ……

此無量妙莊嚴世界海亦曰「華藏莊嚴世界海」。〈華藏世界品第五之一〉云：

> 爾時普賢菩薩復告大眾言：諸佛子！此華藏莊嚴世界海是毘盧遮那如來往昔于世界海微塵數劫修菩薩行時，一一劫中親近世界海微塵數佛，一一佛所淨修世界海微塵數大願之所嚴淨。

同品第五之三頌云：

> 華藏世界海 法界等無別。
> 莊嚴極清淨 安住于虛空。
> 此世界海中 刹種難思議。
> 一一皆自在 各各無雜亂。

此華藏世界海乃至種種其他海可說等同于一全法界，此法界乃極高極圓者。此是海印三昧之所證現。如前所言，海印三昧即是毘盧遮那如來藏身三昧。故此三昧中之法界亦即等于此三昧中之法身。如來藏身即如來藏法身也。惟此法身不同于方便教中所說三身中之法身，乃是圓滿教中之法身，華嚴宗以十身佛說之。十身佛者，成正覺佛，願佛，業報佛，住持佛，涅槃佛，法界佛，心佛，三昧佛，本性佛，隨樂佛。（見《經‧離世間品第三十八之一》）。此十佛當然是隨意的列舉，並無必然。你可以說有無量身。然華嚴宗所以特重視此十者，因即以此方便說的十以顯佛身無盡主伴具足故也。以數而言，至十方圓滿。故此十表示圓滿無盡義，非只限于有定之十也。此一圓滿無盡之佛身亦可總言之曰毘盧遮那如來藏法身，當然亦即等于全法界也。自佛言曰法身，自法言曰法界。蓋此法身法界皆由于「如來藏恆沙佛法佛性」而然。一說佛性，即是具有恆沙佛法之佛性，此即名曰如來藏。故自身而言，此具有恆沙佛法之佛性當顯時即名曰法身，即無量無漏功德聚；自法而言，即名曰最高最圓之最清淨法界。此圓滿法身法界即是一大海也。此是總持言之。若曲示其相，即是普入，普即，普攝，一微塵中含無量，無量入于一塵中，總而言之，是圓滿無盡，圓融無礙。此類字眼，經中到處俱是，不可卒舉。此時《華嚴經》之特色。茲引若干經文及偈言以示一般。

〈普賢行品第三十六〉云：

佛子！菩薩摩訶薩住此十智已，則得入十種普入。何等為十？所謂一切世界入一毛道，一毛道入一切世界。一切眾生

身入一身，一身入一切眾生身。不可說劫入一念，一念入不
可說劫。一切佛法入一法，一法入一切佛法。不可說處入一
處，一處入不可說處。不可說根入一根，一根入不可說根。
一切根入非根，非根入一切根。一切想入一想，一想入一切
想。一切言音入一言音，一言音入一切言音。一切三世入一
世，一世入一切三世。是為十。

此十種普入是就世界，眾生，劫，佛法，處，根，非根，想，言
音，三世，十項而說。普入即函普即普攝也。

又〈賢首品第十二之二〉偈云：

一切方中普現身　　或現入定或從出。
或于東方入正定　　而于西方從定出。
或于西方入正定　　而于東方從定出。
或于餘方入正定　　而于餘方從定出。
如是入出遍十方　　是名菩薩三昧力。
……
或現三昧寂不動　　或現恭敬供養佛。
于眼根中入正定　　于色塵中從定出。
示現色性不思議　　一切天人莫能知。
于色塵中入正定　　于眼起定心不亂。
說眼無生無有起　　性空寂滅無所作。
〔于耳于舌于身于意例然，不重複引〕。
……

鬼神身中入正定　一毛孔中從定出。

一毛孔中入正定　一切毛孔從定出。

一切毛孔入正定　一毛端頭從定出。

一毛端頭入正定　一微塵中從定出。

一微塵中入正定　一切塵中從定出。

一切塵中入正定　金剛地中從定出。

……

從這裡入定，從那裡出定，這種出入皆圓通無礙，而亦無所謂出入也。此亦函隱顯俱成義。

經中只是這樣的到處泛述。至華嚴宗，則就經中此類泛述，依「緣起性空」一總原則，作成詳細的有條貫的展示，如法藏賢首《華嚴一乘教義分齊章》義理分齊第十中三性同異，緣起因門六義，十玄緣起無礙，六相圓融，四門之所說。此種詳細的有條貫的展示即成功華嚴宗所謂「法界緣起」，此與阿賴耶緣起，如來藏緣起，層次不同，而意義與作用亦皆不同。此蓋只是就毘盧遮那佛法身法界中之法以緣起觀點觀之而說為法界緣起，因而即如此亦只是緣起性空一義之展轉引申，引申之以表示佛法身法界之無邊無盡圓融無礙也，此與阿賴耶緣起以及如來藏緣起之說明一切法之來源者不同也。此種法界緣起之詳細展示見下。今只就華嚴經海印三昧之旨趣而總說。如此總說之佛法身法界之無礙無盡即是華嚴宗所謂「稱法本教」，亦曰「別教一乘圓教」。此言「別教」與天台宗所言之別教不同，蓋專就毘盧遮那佛法身而說也。「別」亦專就義，唯所專就者乃毘盧遮那佛，非菩薩也，所謂「唯談我佛」也。「一

乘」者佛乘也。「圓敎」者毘盧遮那佛法身法界圓滿無盡、圓融無礙之謂也。佛法身當然是圓，此圓只是**分析的**。

賢首《華嚴一乘敎義分齊章》敎起前後第六中言此「稱法本敎」云：

〔稱法本敎〕者，謂別敎一乘。即佛初成道第二七日，在菩提樹下，猶如日出，先照高山，于海印定中，同時演說十十法門，主伴具足，圓通自在，該于九世十世，盡因陀羅微細境界。即于此時，一切因果理事等，一切前後法門，乃至末代流通舍利見聞等事，並同時顯現。何以故？卷舒自在故。舒則該于九世，卷則在于一時。此卷即舒，舒又即卷。何以故？同一緣起故，無二相故。經本云：于一塵中，建立三世一切佛事等；又云：于一念中即八相成道，乃至涅槃，流通舍利等。廣如經說。是故依此普法，一切佛法並于第二七日一時前後說，前後一時說。如世間印法，讀文則句義前後，印之則同時顯現。同時前後，理不相違。當知此中道理亦爾，準以思之。

此即總述《華嚴經》之旨趣也。天台宗與華嚴宗俱主五時判敎，俱謂《華嚴經》是五時中之第一時說。第一時者，即佛成道後，第二個七日也。初之七日則自受法樂。于第二七日則開始說《華嚴》。（此當然不必是歷史事實。五時判敎是就敎義系統之展示說。）在開始說《華嚴》時，「猶如日出，先照高山」。《經‧如來出現品第三十七之一》云：

復次，佛子！譬如日出，於閻浮提，先照一切須彌山等諸大
山王，次照黑山，次照高原，然後普照一切大地。日不作
念：我先照此，後照于彼。但以山地有高下故，照有先後。
如來應正等覺亦復如是。成就無邊法界智輪，常放無礙智慧
光明，先照菩薩摩訶薩等諸大山王，次照緣覺，次照聲聞，
次照決定善根眾生，隨其心器，示廣大智，然後普照一切眾
生，乃至邪定亦皆普及，爲作未來利益因緣，令成熟故。而
彼如來大智日光不作是念：我當先照菩薩大行，乃至後照邪
定眾生。但放光明，平等普照，無礙無障，無所分別。佛
子！譬如日月，隨時出現，大山幽谷，普照無私。如來智慧
復亦如是，普照一切，無有分別。隨諸眾生根欲不同，智慧
光明種種有異。

此即「先照高山」一喻之所出。先照高山即喻先照菩薩也。《華
嚴》會上只有大菩薩眾，無有聲聞緣覺。佛智雖不作是念：我先照
此，然後照彼，然而稱性極談，如所如說，彼根器差者，自不能
入，故小乘如聾如啞也。此非佛智隔眾生，乃眾生自隔也。此亦如
孟子所說「中道而立，能者從之。」雖是佛智「但放光明，平等普
照，無礙無障，無所分別」，然而畢竟亦未俯就群機而普照之也。
「平等普照」是就佛智自身說，此與俯就普照不同也。故華嚴宗之
「別教一乘圓教」亦不同于天台宗之「同教一乘圓教」。此將于下
文第三節中詳說之。

　　佛于說《華嚴經》時，一方如先照高山，一方亦是在海印定中
「同時演說十十法門」。所謂「十十法門」者，不是十個十，乃是

十而又十，種種十之意。《華嚴經》之特色，就法而言，是無礙無盡。但表示此無礙無盡之方式，則于說法時必以十十出之。全經除講十梵行，十住，十行，十迴向，十地，爲普通之定數位次義外，餘於表達法義時每皆以十十出之，此雖似是隨意之方便，並無必然，然即以此方便之十十表示主伴具足，無礙無盡，此則有義理之必然。茲查〈離世間品第三十八之一〉列舉有二百問語，每一問語皆以十法門答之，是則共有二百種十。〈離世間品〉共有七卷，即說此二百種十也。且不止此。〈十定品第二十七〉共四卷說十定（十三昧）。〈十通品第二十八〉說十通。〈十忍品第二十九〉說十忍。〈佛不思議法品第三十三〉共二卷說十法，十念，十不失時，十智，十普入，十難信受廣大法，十種大功德離過清淨，十種究竟清淨，十種佛事，十種無盡智海法，十種常法，十種演說無量諸佛法門，十種爲衆生作佛事，十種最勝法，十種無障礙住，十種最勝無上莊嚴，十種自在法，十種無量不思議圓滿佛法，十種善巧方便，十種廣大佛事，十種無二行自在法，十種住住一切法，十種知一切法盡無有餘，十種力，十種大那羅延幢勇健法，十種決定法，十種速疾法，十種應常憶念清淨法，十種一切智住，十種無量不可思議佛三昧，十種無礙解脫。〈普賢行品第三十六〉說應勤修十種法，具足十種清淨，具足十種廣大智，得入十種普入，住十種勝妙心，得十種佛法善巧智。〈如來出現品第三十七〉共三卷，說如來出現十相，如來身十相，如來音聲十相，如來音聲有十種無量，如來心十相，乃至其他如來事。至於〈離世間品〉之二百種十，則難一一列舉，一查便知。此種十十之鋪排是《華嚴經》之特色。《華嚴一乘教義分齊章》施設異相第八中以十門說《華嚴經》

稱法本敎之異相（特異處）。其中第九是「法門異」：

> 九者法門異。謂略舉十種以明之。㈠彼有三佛，此有十佛。
> ㈡彼有六通，此有十通。㈢彼有三明，此有十明。㈣彼有八
> 解脱，此有十解脱。㈤彼有四無畏，此有十無畏。㈥彼有五
> 眼，此有十眼。㈦彼説三世，此説十世。㈧彼有四諦，此有
> 十諦。㈨彼有四辯，此有十辯。㈩彼有十八不共法，此有十
> 不共法。餘門無量，廣如經説。

案：此只列舉十種十以明彼此之差別。「彼」指三乘敎説，「此」
指華嚴一乘敎説。經中有百千種十，廣之可説無量種十。惟賢首所
略舉之十種十中第八中之「十諦」則在經中未見。

十十法門表主伴具足，圓滿無盡，此並是佛法身法界之法。而
此佛法身法界無盡之法亦實是因中歷別緣修所修者倒映于佛法身，
並非外此自有一套無盡之法也。亦可以説因中無量四諦轉爲果地即
是佛法身無盡之法。因中普解普行久遠所修者于海印定中一時頓現
即成爲佛法身上之大緣起陀羅尼，亦即佛法身上之法界緣起。故上
引賢首文云：「即于此時，一切因果理事等，一切前後法門，乃至
末代流通舍利見聞等事，並同時顯現。」其顯現也，非如因修中之
歷別次第現，乃是一時頓現，而且是于一塵一念一毛孔中圓融無礙
地現，帝網重重地現。正因如此顯現，始可以説法界緣起。此緣起
非同因地中「隨緣不變不變隨緣」之生滅緣起也。此亦可説是起而
無起，緣而非緣，乃只是「炳然齊頭同時顯現」。説其爲緣起乃只
是因地中之緣起相之倒映于佛法身，而實則是佛法身之實德而非緣

起也。佛身「卷舒自在」，焉可說緣起？卷則退藏于密，寂然無相。舒則彌綸六合，相相宛然。佛身非禿頭者，乃由「如來藏恆沙佛法佛性」而然。故成佛身後，得曰佛法界。正因法界故，就法之為法而言，遂得方便假說為緣起耳。例如「一念中八相成道」，八相在因地中為歷別緣起事，在毘盧遮那佛法身上，則無當初之緣起相，只是于海印定中炳然頓現耳。說緣起者只是因中緣起相之倒映進來而方便假說耳，假說之以展示佛法身法界之無盡與無礙以示「別教一乘圓教」也。若不假說緣起，則是「性海果分，是不可說義。何以故？不與教相應故，則十佛自境界也。」（《一乘教義分齊章》建立一乘第一）。將果分展示為法界緣起（約因中緣起倒映于果上而說），即示教相也。

　　《經》中〈入法界品第三十九〉共二十一卷即展示因中「學菩薩行修菩薩道」而入佛法界之經過。此一久遠修行是藉善財童子來表示。《經·卷七十八入法界品第三十九之十九》云：

　　爾時彌勒菩薩摩訶薩觀察一切道場眾會，指示善財而作是言：諸仁者，汝等見此長者子今于我所問菩薩行諸功德不？諸仁者，此長者子勇猛精進，志願無雜；深心堅固，恆不退轉；具勝希望，如救頭然；無有厭足，樂善知識，親近供養；處處尋求，承事請法。諸仁者，此長者子曩于福城受文殊教，展轉南行，求善知識。經由一百一十善知識已，然後而來至于我所，未曾暫起一念疲懈。

《經·入法界品第三十九之三》（前之一之二兩卷是此會之緣起）

開始提出善財童子。善財童子于福城處會見文殊師利童子。文殊童子告以到某處某人請問「菩薩云何學菩薩行，修菩薩道」。善財如所指示，遂展轉南行，求善知識。如此一一請問，一直經過一百一十善知識，最後乃至彌勒菩薩處請問。于所經過之一百一十善知識，每一善知識皆有其獨特之造詣，境界，與解脫法門，然皆未能知廣大深奧之菩薩行。最後，至彌勒菩薩處。彌勒住處名曰「毘盧遮那莊嚴藏大樓閣」。彌勒告善財言：「善男子！如汝所問：菩薩云何學菩薩行，修菩薩道，善男子，汝可入此毘盧遮那莊嚴藏大樓閣中周遍觀察，則能了知學菩薩行。學已，成就無量功德。」（《經·卷第七十八》）。此即示見毘盧遮那如來藏身，即可知菩薩云何學菩薩行，修菩薩道，而得入法界。善財如所指示，即進大樓閣中，見此樓閣「廣博無量，同于虛空」；「廣博嚴麗，皆同虛空，不相障礙，亦無雜亂。善財童子于一處中見一切處。一切諸處悉如是見。」（《經·卷第七十九》）。「爾時，彌勒菩薩摩訶薩即攝神力，入樓閣中，彈指作聲，告善財言：善男子起！法性如是。此是菩薩知諸法智、因緣聚集、所現之相。如是自性如幻如夢，如影如像，悉不成就。爾時善財聞彈指聲，從三昧起。彌勒告言：善男子！汝住菩薩不可思議自在解脫，受諸菩薩三昧喜樂，能見菩薩神力所持、助道所流、願智所現種種上妙莊嚴宮殿，見菩薩行，聞菩薩法，知菩薩德，了如來願。善財白言：唯然，聖者！是善知識加被憶念威神之力。聖者！此解脫門，其名何等？彌勒告言：善男子！此解脫門名入三世一切境界不忘念智莊嚴藏。善男子！此解脫門中，有不可說不可說解脫門，一生菩薩之所能得。善財問言：此莊嚴事何處去耶？彌勒答言：于來處去。曰：從何處

來？曰：從菩薩智慧神力中來，依菩薩智慧神力而住。無有去處，亦無住處。非集非常，遠離一切。善男子！如龍王降雨，不從身出，不從心出，無有積集，而非不見。但以龍王心念力故，霈然洪霔，周遍天下。如是境界不可思議。善男子！彼莊嚴事亦復如是，不住于內，亦不住外，而非不見。但由菩薩威神之力，汝善根力見如是事。……」（同上）

善財童子于大樓閣中所見之莊嚴藏是「菩薩知諸法智因緣聚集所現之相」，「從菩薩智慧神力中來，依菩薩智慧神力而住，無有去處，亦無住處，非集非常，遠離一切。」此即示此莊嚴藏是菩薩于因地中普解普行久遠修行至成佛時所現之相。它從菩薩智慧神力而來，依菩薩智慧神力而住，這是從修因得果之修行而言。若自其本身而言，則亦無來處，無去處，無住處，非集非常（亦非不常），遠離一切。何以故？法性如是故。此莊嚴藏安住于虛空（此即示無住處），爲菩薩智慧神力所持，如雲持雨。其本身無因緣相，無生起相。因緣生起皆是因地中事。然依菩薩神力可以頓現此莊嚴事，而善財童子亦可仗菩薩神力，依自己之善根力，得見此莊嚴事。就頓現、得見，假說爲法界緣起，此緣起即是因地中緣起事之緣起相之倒映。

善財經彌勒指示，已進此莊嚴藏大樓閣矣，然而尚未眞切地見到普賢境界。是故彌勒更囑其往文殊師利處請問：「菩薩云何學菩薩行，云何而入普賢行門，云何成就，云何廣大，云何隨順，云何圓滿。」（《經·卷第七十九末》）。文殊智慧最高，故最後問。及至文殊處，得見「普賢菩薩如是自在神通境界，身心遍喜，踴躍無量。重觀普賢一一身分，一一毛孔，悉有三千大千世界。風輪水

輪，地輪火輪，大海江河，及諸寶山，須彌鐵圍，村營城邑，宮殿
園苑，一切地獄餓鬼畜生，閻羅王界，天龍八部，人與非人，欲界
色界無色界處，日月星宿，風雲雷電，晝夜月時及以年劫，諸佛出
世，菩薩眾會，道場莊嚴，如是等事，悉皆明見。如見此世界，十
方所有一切世界悉如是見。如見現在十方世界，前際後際一切世界
亦如是見。……」（《經‧卷第八十》）。善財如是見已，普賢菩
薩告善財言：「善男子！我于過去不可說不可說佛剎微塵數劫，行
菩薩行，求一切智。……我以如是助道法力，諸善根力，大志樂
力，修功德力，如實思維一切法力，智慧眼力，佛威神力，大慈悲
力，淨神通力！善知識力故，得此究竟三世平等清淨**法身**，復得清
淨無上**色身**，超諸世間，隨諸眾生**心之所樂**而**爲現形**，入一切剎，
遍一切處，于諸世界廣現神通，令其見者靡不欣樂。」（同上）。
善財必得見到普賢平等法身，無上色身，自在神通境界，始可說是
眞正入法界矣，與海印三昧相應。

　　經于〈入法界品〉中只是這樣鋪排描畫地表示久遠之修行，重
重複複，一直鋪排了十九卷（前兩卷不計）。至于理論展示之入路
則應求之于《起信論》。華嚴宗即依《起信論》之一心開二門而展
示別敎一乘圓敎之因果法也。

第二節
眞如心之「不變隨緣隨緣不變」

　　彌勒菩薩以「毘盧遮那莊嚴藏大樓閣」指示給善財童子，此莊
嚴藏即如來藏也。如果隱名如來藏，顯名法身，則此莊嚴藏即法身

藏，法界藏，亦即如來藏之出纏也。又海印三昧，經亦以「毘盧遮那如來藏身三昧」說之，則此如來藏身即法身也，亦即出纏之如來藏也。是故以「如來藏自性清淨心」之具無量無漏功德說此莊嚴藏大樓閣乃甚為切合者。

　　「如來藏自性清淨心」，《勝鬘經》說之，《起信論》依之說為真如心，或心真如。此清淨心，《勝鬘經》說為「不染而染，染而不染」。賢首云：「不染而染者，明隨緣作諸法也。染而不染者，明隨緣時不失自性。由初義故，俗諦得成。由後義故，真諦復立。如是真俗但有二義，而無二體，相融無礙，離諸情執。」（《一乘教義分齊章》諸教所詮差別第九）。《起信論》將此「不染而染」說為「不生不滅與生滅和合，非一非異，名為阿黎耶識」，由此有生死流轉，即「隨緣作諸法也」。而同時亦正因「染而不染」，始可還滅而歸於「心真如」也。是故《起信論》即根據《勝鬘經》所說「依如來藏有生死，依如來藏有涅槃」，而說一切法皆依于如來藏，此即所謂如來藏緣起（隨緣作諸法）也。此是「真心為主虛妄熏習是客」之系統。而華嚴宗之法藏賢首則即就此真心而說兩義：一是不變義，二是隨緣義。而復以此真心相當于唯識宗之圓成實性，故此真心亦名真實性，亦名真如理。然此「真如理」是「真如心、心真如、心與如理合一」之詞，非如唯識宗所言之圓成實性之只是空如理也。（圓成實性雖不離去執後之依他起，然其本身並不隨緣作諸法，即並不起諸法，故圓成實性只是空如理也，非如《起信論》與華嚴宗之就真如心而言真實性真如理也。依唯識宗，依他起是就阿賴耶識之種子與現行之因果關係說。而《起信論》與華嚴宗則是就真性隨緣不染而染說。）又，此真如理雖是

心與如理合一，然猶是天臺宗所說之「但中」之理，而非「不但中」也，以唯眞心故，又只是隨緣造諸法爲性起非性具故。是則《起信論》與華嚴宗其地位很殊特。依華嚴宗之自判，阿賴耶緣起屬始教，《起信論》是終教，依《起信論》而悟入法界緣起之莊嚴藏則是「別教一乘圓教」，此即是《華嚴經》之所說，華嚴宗之所主者。若依天臺宗之判教而言，則唯識宗當屬始別教，《起信論》是終別教。華嚴宗雖後起，自名曰「別教一乘圓教」，然依智者後之天臺宗師如荊溪與知禮觀之，仍只是別教。唯依《法華經》而說，華嚴宗所名之曰「同教一乘圓教」者，方是眞圓教。是則徒法界緣起之圓滿無盡圓融無礙並不足決定教之爲圓也。此則待後詳論。吾隨文歷述歷點亦足以示之。

　　法藏賢首既以眞心爲眞實性，相當于唯識宗之圓成實性（此是玄奘譯名，眞諦只譯爲眞實性），則由以眞心之「不變隨緣隨緣不變」爲中心，即可吸收唯識宗之三性。此種吸收，可名曰三性之升位，即由阿賴耶識處說者升位而自眞心隨緣處說也。蓋由眞心不染而染，隨緣作諸法，即依他起也。于依他起法而生執著便是遍計執。蓋此三性本是觀因緣生法上的事，可到處應用者。只是隨問題之升轉而升轉耳。如龍樹《中論》當初只說「緣起性空」一義。緣起即依他起。性空實相即眞實性。不知性空，不如實觀，不知「不生不滅，不常不斷，不一不異，不來不去」，而加以執著，便是遍計執。龍樹說「八不」即已函去遍計執，故有性空唯名之實相觀也。唯未提出而特言之耳。龍樹只這樣觀緣起法，卻並未對緣起法作一根源的說明。至唯識宗始有此問題，故將一切法統攝于阿賴耶，正式立三性，此是三性之只就緣起性空說者提升而自阿賴耶識

處說也。阿賴耶緣起並不圓滿，故提升而爲如來藏緣起，因而三性亦提升矣。決定各宗之差異者不在三性，而在是否對一切法有一根源的說明以及此說明之是否圓滿，即圓滿矣，更可進而核定其是否爲圓教（圓滿是通常語，圓教有殊義，非一說圓滿即是圓教也。）

　　法藏賢首就如來藏眞心之「隨緣不變不變隨緣」說三性同異云：

> 三性各有二義。眞中二義者，一不變義，二隨緣義。依他二義者，一似有義，二無性義。所執中二義者，一情有義，二理無義。〔案「眞中二義，眞即眞實性，即眞如心、心眞如、眞心與如理合一之眞實性。〕
>
> 由眞中不變，依他無性，所執理無，由此三義，故三性一際，同無異也。此則不壞末而常本也。經云：「眾生即涅槃，不復更滅」也。
>
> 又約眞如隨緣，依他似有，所執情有，由此三義，亦無異也。此即不動本而常末也。經云：「法身流轉五道，名曰眾生」也。
>
> 即由此三義與前三義，是不一門也。
>
> 是故眞該妄末，妄徹眞源，性相通融，無障無礙。（《華嚴一乘教義分齊章》義理分齊第十、三性同異義）

案：「不壞末而常本」即《般若經》「不壞假名而說諸法實相」義之移于眞常心系統中之三性上說。眞實性中之「不變」是指其「自性清淨」說，即此清淨之自性不因其隨染淨緣而有改變也。即由此

故，雖隨緣而可歸于眞實。依他起性中之「無性」即「性空」也。依他雖似有而實即無性。知無性，則亦當體歸于眞實也。遍計所執性中之「理無」即執相無體也。知無體而不執，則亦歸于眞實也。是故從三性之各前一義說，則「三性一際，同無異也，此則不壞末而常本也。」「不壞末」，依他似有可不壞，而依傳統說法，遍計情有卻必須壞。但依賢首之說法，「情有」是俗情上有，此正是俗諦也，如時空之所表象，範疇之所決定者是。只要知其是「理無」，則亦不須壞也。否則俗諦不成。（依《中觀論》：緣起幻有即是俗，幻有而性空即是眞，不于計執上說俗諦。唯識宗亦只說于依他起上去掉遍計執便見圓成實，此對于遍計執似亦偏重在去掉。「去掉」即須壞。賢首說不壞，則易于遍計執說俗諦。或似有情有合起來爲俗諦亦可。似有情有，順其有而浮現出來，即是俗。知其爲似有情有而不執之以爲實，即是眞，亦不須壞也。眞俗二諦本有升轉，如智者大師說七二諦是也。是故自今日觀之，爲成知識故，于遍計執之情有說俗諦亦無不可。此即對于遍計執較予以正面的價值，予以積極的正視。但這卻不是說增加人的迷執，乃正在點醒其迷執也。）

　　「不壞末而常本」，即三性之同歸于眞實也。此是套在眞常心之系統上說，與《般若經》之只在實相般若上說者異矣。何以故？以彼無對于一切法作根源的說明故。

　　「不動本而常末」，則是無差而差也。此由三性之各後一義而說。眞實性中之隨緣義（「眞如隨緣」，此言眞如即眞如心，不同于中觀家與唯識宗之所理解）即隨染淨緣起現一切染淨法也；而所起現之一切法亦即是緣生無性，故即是「依他似有」也。似有即幻

有，假有，非眞實有自性之有也。故緣起性空而似有本即是實相無
相也。遍計所執性中之「情有」即就似有而執實也。故凡定相如生
滅常斷一異來去乃至時相空相以及因相果相等皆是所執之定相也，
離開似有，並無別體。此等即是執相，故是「情有」，而理上實無
也。若離計執，便是如似有之實相而無相。似有無相便是「不生亦
不滅，不常亦不斷，不一亦不異，不來亦不去」，此即是無生法忍
也，即，雖緣生而實無生也，雖緣起而實無起也。故由隨緣、似
有、情有這三義說，亦三性一際，同無異也，此即「不動本而常末
也」。「不動本而常末」意即不影響眞實性之本，對于眞實性之本
絲毫未有變動，而卻常有隨緣、似有、情有這些末事也。惟這方面
的「三性一際同無異也」可有兩解：㈠就法理拆開來看，眞如隨緣
與依他似有俱是「緣起性空」之一義，因此說這兩者一際無異，這
是分析的語句，但這兩者與「所執情有」亦是同無異也，則是綜和
的，因須加「執」字故。㈡不就法理拆開來看，但就「不染而染」
來看，如是，則隨緣、似有、情有三者之同皆是分析的。因既是不
染而染，則「眞如隨緣」即是迷執，「依他似有」亦是迷執；既皆
是迷執，則情有亦是分析地必然的。〔在唯識宗，依他起與遍計執
本互爲因果，可分別看，亦可合一看，故又有清淨依他與染汙依他
之分。緣起性空是清淨依他，故當體即無生。有相依他是染依他，
故計執即在內。又，不染而染，則有眞如隨緣。此隨緣中，隨淨緣
起淨法，此淨法亦是有漏善。故眞如（眞常心）在迷，能生九界
（六道眾生加聲聞緣覺菩薩爲九界），其生九界全無明功。故自行
化他俱須斷九，始達佛界。眞如隨緣即眞常心之即于無明，此亦是
眞常心之無住性（不守其自性清淨而陷溺即是無住，即是隨緣以俱

赴）。雖無住而即于無明，然其本性本自清淨，此即其不變義。此
即示眞心與無明究屬異體也，故有所覆與能覆。無明爲能覆，眞心
爲所覆。故必須破無明，眞心始顯。破無明即破九界也。此即天台
家如荊溪所說之異體無住也。此爲別教，非圓教義。圓教之無住則
爲同體無住：法性即無明，無明即法性，法性與無明爲同體而無
住。異體無住是分解地說者，故爲別教。同體無住是詭譎地說者，
故爲圓教。別教于異體無住，雖亦說「即」，未得「即」義。故異
體而不眞「即」，即別教也。是則華嚴宗終爲別教也，以順異體之
路前進故。不得因其言法界緣起之圓滿無盡圓融無礙即謂其爲眞圓
教也。此只是「別教一乘圓教」也。吾人于此詞當該諦認。〕

　　以上由三性之各前一義以及各後一義而說三性之同。但亦正因
三性各有不同之兩義，故此即示三性之異也。

　　依此同異，賢首作綜結云：「是故眞該妄末，妄徹眞源，性相
通融，無障無礙。」「眞該妄末」者，眞常心之本源，因通過其
「隨緣」義故，賅盡似有情有幻妄之末而無餘也。「妄徹眞源」
者，幻妄之末，因通過「無性」與「理無」故，而直通至眞性之源
也。從本說性，從末說相。不動本而常末，不壞末而常本，故「性
相通融，無障無礙」也。但此通融無礙猶只是就三性之法理說，尚
不是法界緣起之無礙無盡也。必須通過還滅工夫，本覺朗現，隨緣
還歸不變，似有當體無生，情有寂歸無相，然後始有海印三昧中法
界圓融無礙與圓滿無盡也。賢首于此不甚能點明，然實義自如此，
勿爲其于三性處所說之圓美辭語所迷因而顢頇而混漫也。

　　賢首復進而說明三性各有二義，此二義並不相違。

問：如何三性各有二義不相違耶？

答：以此二義無異性故。何者無異？且如圓成，雖復隨緣成于染淨，而恆不失自性清淨；祇由不失自性清淨，故能隨緣成染淨也。猶如明鏡現于染淨，雖現染淨，而恆不失鏡之明淨；祇由不失鏡明淨故，方能現染淨之相。以現染淨，知鏡明淨；以鏡明淨，知現染淨。是故二義唯是一性。雖現淨法，不增鏡明；雖現染法，不汙鏡淨。非直不汙，亦乃由此，反顯鏡之明淨。當知真如道理亦爾；非直不動性淨成于染淨，亦乃由成染淨方顯性淨；非直不壞染淨明于性淨，亦乃由性淨故，方成染淨。是故二義全體相收，一性無二，豈相違耶？

依他中雖復因緣似有顯現，然此似有必無自性。以諸緣生皆無自性故。若非無性，即不藉緣。不藉緣故，故非似有。似有若成，必從眾緣。從眾緣故，必無自性。是故由無自性，得成似有；由成似有，是故無性。故《智論》云：「觀一切法從因緣生，即無自性。無自性故，即畢竟空。畢竟空者是名般若波羅蜜。」此則由緣生故，即顯無性也。《中論》云「以有空義故，一切法得成」者，此則由無性故，即明緣生也。《涅槃經》云：「因緣故有，無性故空。」此則無性即因緣，因緣即無性，是不二法門故也。非直二義性不相違，亦乃全體相收，畢竟無二也。

所執性中，雖復當情，稱執現有，然于道理畢竟是無。以于無處，橫計有故。如于木机橫計有鬼，然鬼于木畢竟是無。如于其木鬼不無者，即不得名橫計有鬼。以于木有，非由計

故。今既橫計，明知「理無」。由理無故，得成橫計；成橫
計故，方知理無。是故無二，惟一性也。

（同上）

案：以上所說，于依他起性之「似有、無性」二義，遍計所執性之
「情有、理無」二義，無問題。蓋就「依他起性」而言，「似有」
即函「無性」，「無性」即函「似有」，故兩義只是一義，亦可以
說兩義只是「緣起性空」一義之分析地引申。就「遍計所執性」而
言，「情有」即函「理無」，「理無」即函「情有」，此兩義亦只
是一義，亦可以說仍只是「緣起性空」一義之展轉引申。「似有、
無性」是如「緣起性空」之實（不增不減）而說。「情有、理
無」，就「情有」而言，是迷執，是增益，是不如「緣起性空」之
實；就「理無」而言，則是既知其為迷執，為增益，為不如「緣起
性空」之實，故理上斷其無有，而仍歸于「緣起性空」之實也。緣
起性空一義直接地函著依他起之似有無性，間接地函著遍計執之情
有理無。故此兩性只是分析的，其各有之兩義，亦是分析的。

　　但眞常心之眞實性方面則不如此之簡單。眞常心之「不變」義
是分析的。蓋就其自性淸淨而說。但其「隨緣」義卻是綜和的。蓋
此隨緣是由「不染而染」而來。眞常心並不直接地分析地函著隨
緣，而乃是通過無明迷染而始隨緣，這其中有一曲折，有一跌宕。
故《起信論》必主不生不滅與生滅和合始有生滅門也。因此，眞常
心之隨緣之變，不變隨緣，是就生滅門說的，是眞常心之現實面：
「隨緣」義是其經驗的現實性（現實的染汙性），「不變」義是其
超越的理想性（超越的眞性）。因此，賢首說：「雖復隨緣成于染

淨,而恆不失自性清淨」,這是可以說的,但「祇由不失自性清淨,故能隨緣成染淨也」,此語看來好似明白,實則不甚明白。就生滅門說,不能「祇由不失自性清淨,故能隨緣成染淨也」,而乃是由不失而失,不染而染,始隨緣成染淨也。賢首的說法,若把隨緣不變用之于海印三昧中的法界緣起,頓現萬象,則可。其以明鏡現染淨相為例,尤其顯然。但用之于生滅門則不可。蓋生滅門中有迷,海印三昧中頓現萬象,則無迷。然原初就眞常心立「隨緣」義,只為的說明生死流轉。是故「雖復隨緣成于染淨,而恆不失自性清淨」,由此只能說:「祇因不失自性清淨,故雖成染淨而可還滅」,而不能說:「祇由不失自性清淨,故能隨緣成染淨也。」若用之于海印三昧中之法界緣起,則說:「猶如明鏡現于染淨,雖現染淨,而恆不失鏡之明淨,祇由不失鏡明淨故,方能現染淨之相」,此是貼合而顯明的。在此,說「雖復隨緣成于染淨,而恆不失自性清淨,祇由不失自性清淨,故能隨緣成染淨也」,此中之「隨緣」不是原初生滅門中說生死流轉之隨緣,而是海印三昧中隨眾生根欲所樂見而圓頓無礙地示現種種象也。在此,說隨緣不變只是分析的,而兩義亦只是一義,亦皆是分析的,蓋此時之隨緣無經驗義故,無禿頭之法身故。但生滅門之隨緣則是綜和的,亦是經驗的,因而亦是有緣有起的。何以故?因通過無明(不染而染)始隨緣故,眞常心本身不直接起現故,又不即具一切法故(隨緣起現,故不即具),此即荊溪所謂「唯眞心」也,「偏指清淨眞如」故也。

又,即此隨緣雖是經驗的,綜和的,亦只眞實性指眞常心而言始可。若在空宗與唯識宗,便不可言,蓋空宗只言實相般若照見諸

法實相，實相一相，所謂無相，即是如相，此作爲諸法實相之空如之理即眞如理只由緣起無性而見。此空如理並不起現一切法，而空宗亦無對一切法作一根源的說明之工作，因彼無此問題故。《中論》亦有「以有空義故，一切法得成」之語，但此語不是對一切法作一根源的說明中語，乃是因爲有空義故始得成就一切法爲緣生法也：由緣生故無性（空），由無性（空）故緣生，而緣生正是一切法之所在也。此只是「緣起性空」一義之展轉說明，非是對一切法作一根源的說明也。是故空如理亦無所謂隨緣不隨緣。假定以隨緣否問之，則空宗可答曰：此空如理並不隨染淨緣起現染淨法也。以空如理只是一抒義字，非實體字故，尤其非眞常心義故。心有活動義，故于眞心始可言隨緣起現，變造諸法。只是爲抒義字之空如理根本無活動義，亦無心義，焉能隨緣起現變造諸法耶？

　　唯識宗有一「對于一切法作根源的說明」之工作，但卻是以阿賴耶識爲依止，並非以眞常心爲依止。阿賴耶識之種現關係自是因緣生滅的，因而亦是依他起之似有無性的。于似有無性不加執著而見圓成實（眞實性、眞如理、此亦即是實相），這所見之圓成實性卻並不隨緣起現一切法也。隨緣起現者乃是阿賴耶識。阿賴耶識是生滅法，有爲法，而圓成實性卻是不生不滅之無爲法。何以故？以圓成實即眞如理故，非眞常心故，因而其自身亦是抒義字，非實體字故，此亦與空宗所解者同也。是故唯識宗說眞如理既非能熏，亦不被熏。非能熏，故無內在之力用。不被熏，故亦無種子現行之生滅流轉。既非能熏，亦不被熏，焉能隨緣起現一切法耶？此不得因眞如理是識之性，而謂此眞如理亦隨緣也。說眞如理是識之性亦等于說緣生無性以空爲性耳。一切法統於阿賴耶識，此識起現，而其

空如性並不起現也。故在唯識宗，眞如理只有不變義，無隨緣義；隨緣者是阿賴耶識，而此阿賴耶識亦無不變義。以是之故，賢首說唯識宗之眞如爲「凝然眞如」，其不變之常爲「凝然常」，性相未能融通也。是故爲大乘始教，非終教也。（空宗爲空始教，唯識宗爲有始教。）

　　然若知空有兩宗所言之眞如理其意旨不同于賢首所言者，則亦無所謂凝然不凝然，以彼兩宗所言之眞如理根本無所謂隨緣不隨緣故。若可以接受隨緣、不隨緣之衡量，則可以說其凝然或非凝然。今旣不接受隨緣或不隨緣之衡量，故亦不能謂之以凝然或不凝然。如彼眞如理亦是指眞常心而言，則如于此眞常心只理會其不變義，而不知或忽視其隨緣起現義，則可以說你那個作爲眞如理的眞心只是凝然的，頑駻的。今彼兩宗之眞如理並非意謂眞常心，亦根本不可以心言，則「凝然」之譏便用不上。至于性相之融不融，此亦是有分際者。例如就空宗言，「不壞假名而說諸法實相」，則法性之空與緣起幻有之相亦是融通的，「體法空」即是融通的；就唯識宗言，于依他起上不加計執便見圓成實，則圓成實與無執的依他起亦是融通的，唯識宗亦不違「體法空」也。是則焉能說其性相一定不融通？惟須知此種融通只是**觀法**上的，尙不是**存有論的**；空宗根本無存有論的問題，唯識宗有之而不能徹底，故于性相只有觀法上的融通。而賢首所謂性相融通則是**存有論的**，至于觀法上的融通則不是問題也。是故說唯識宗之眞如爲凝然眞如，性相未能融通者，是根本說其無眞常心系統中之存有論的性相融通也。

　　是則說唯識宗爲大乘始教只可就其存有論問題（對一切法作根源的說明之問題）之不徹而說，不必就其所言之眞如不隨緣而說

也，而且似亦不能謂述之以隨緣或不隨緣，凝然或不凝然。至于空宗之為大乘始教，則是因其般若學只說一觀法上之「體法空」，而未能至「如來藏恆沙佛法佛性」上空不空之「真空妙有」也。依天台宗，「空不空」是別教法，依華嚴宗，是終教法。是故「真空妙有」一語只能就如來藏恆沙佛法佛性之「空不空」而言，不能就「體法空」而言也，義各有當，辭不虛設，雖說俱是方便，亦不可濫也。

唯識宗之真如理本不可以隨緣不隨緣說之，因而亦無所謂凝然不凝然。賢首以不隨緣而凝然說之，本不甚諦。但若自系統外而如此譏議之以示其所說之真如為始教之真如，則亦未始不可。但既如此議之，便不應再為之曲解。而賢首復進而為之作解，似以為只是同一真如，唯識宗只就「不變」一義，而說為凝然耳。是則本可隨緣，只唯識宗不說此義耳。是以唯識宗說真如為「凝然常」者，只是表示「真如隨緣作諸法時不失自體」，非謂其「不作諸法，如情之所謂凝然也」。本以其不隨緣而為凝然，今復又說其隨緣而對于「凝然」復作別解（「隨緣作諸法不失自體」）。此則成大混亂。既隨緣，便不可說凝然。那得以凝然說之，而又為之作別解耶？

《華嚴一乘教義分齊章》「義理分齊」第十于直明三性同異後，復進而作抉擇云：

　　問：諸聖教中並說真如為凝然常。既不隨緣，豈是過耶？
　　答：聖教說真如為凝然者，此是隨緣成染淨時，恆作染淨而不失自體，是即不異無常之常，名不思議常。非謂不作諸法，如情所謂之凝然也。若謂不作諸法而凝然者，是

情所計故，即失眞常。以彼眞常不異無常之常。不異無常之常出于情外，故名眞常。是故經云「不染而染」者，明常作無常也；「染而不染」者，明作無常時不失常也。

案：此文先提出「聖敎說眞如爲凝然常」。此「聖敎」即唯識宗之經論。夫唯識宗之經論說「眞如爲凝然常」豈如賢首之所解耶？彼引「不染而染，染而不染」作證，此經語是《勝鬘經》之語。而《勝鬘經》是如來藏自性清淨心系統，非阿賴耶系統。唯識宗之系統豈依《勝鬘經》而成耶？賢首如此混漫，實不可解！豈因「聖敎」故，而故意爲之曲解耶？賢首以爲若不如此，便成「如情所謂之凝然」。夫空有兩宗之眞如皆不隨緣作諸法，且甚至亦不可以隨緣不隨緣說，豈皆是情執之凝然常耶？焉得以眞常心之「隨緣不變不變隨緣」來籠統之而復爲之作解耶？

賢首此種混漫復見于《華嚴一乘敎義分齊章》「諸敎所詮差別」第九中明「心識差別」處。彼云：

心識差別者，如小乘但有六識；義分心意識，如小乘論説。〔案：小乘論即《毘曇》、《俱舍》等論〕。于阿賴耶識，但得其名，如《增一經》説。

若依始敎，于阿賴耶識但得一分生滅之意，以于眞理未能融通，但說凝然不作諸法。故就緣起生滅事中建立賴耶。從業等種辨體，而生異熟報識，爲諸法依。〔從業種惑種識種此等種子作體而生起異熟報識以爲諸法所依。〕

......

若依終教，于此賴耶識，得理事融通二分義。〔案：此言不只阿賴耶生滅一分之義。〕故《論》但云：「不生不滅與生滅和合，非一非異，名阿黎耶識。」以許眞如隨熏和合，成此本識，不同前教業等種生。故《楞伽》云：「如來藏爲無始惡習所熏，名爲藏識。」又云：「如來藏受苦樂，與因俱，若生若滅。」〔案：如來藏隨染緣，在六道中受苦樂果。與七識俱名「與因俱」。〕又云：「如來藏名阿賴耶識，而與無明七識俱。」又《起信》云：「自性清淨心因無明風動」，成染心等。如是非一。

問：眞如既言常法，云何得說隨熏起滅？既許起滅？如何復說凝然常？

答：既言眞如常，故非如言所謂常也。〔非如世間計執之言所謂不動之常。〕何者？聖說眞如爲凝者，此是隨緣作諸法時，不失自體，故說爲常。是即不異無常之常，名不思議常，非謂不作諸法，如情所謂之凝然也。故《勝鬘》中云「不染而染」者，明隨緣作諸法也；「染而不染」者，明隨緣時不失自性。由初義故，俗諦得成，由後義故，眞諦復立。如是眞俗，但有二義，而無二體。相融無礙，離諸情執。是故論云：「智障極盲闇，謂眞俗別執。」此之謂也。

此眞如二義內，前始教中約法相差別門，故但說一分凝然義也，此終教中，約體相鎔融門，故說二分不二之義。此義廣如《起信義記》中說。

案：此明示始教與終教所言之眞如爲同一意旨，只是始教「約法相差別門」，故只就阿賴耶識說生滅，而于眞如則只就其「不變」義而說爲「凝然」。而此「凝然」旣是聖說，故非「情所謂之凝然」，而實是「隨緣作諸法時不失自體」之凝然。此示始教亦意許眞如有隨緣義，只是不說耳。說之而得性相融通，爲終教；不說，則爲始教。此明是以眞常心之眞如籠統唯識宗之眞如，故有此曲爲之解也。始教中之阿賴耶不同于終教中之阿賴耶。前者是無覆無記，只是迷染爲性，並無不生不滅義。後者是以解爲性，故以「不生不滅與生滅和合」定之，此只是如來藏自性清淨心之不染而染，明是如來藏系統，非阿賴耶系統也。系統旣異，故眞如之意指亦異，焉得以同一意指視之耶？阿賴耶系統中之眞如只是觀法上之空如理，而不是存有論地能隨緣作諸法之眞常心之眞如也。彼不可以隨緣說，亦不是情執之凝然。若謂不隨緣之常，便是情執之凝然，則空有兩宗之教豈皆情執耶？彼旣非情執，亦得曰「性相融通」，惟彼只是觀法上之性相融通（體法空），而不是存有論地隨緣作諸法之性相融通也。唯識宗不說眞如隨緣不是因其所言之眞如本有隨緣義，而只是不說，乃是因爲其所言之眞如本不是就眞常心言，故根本不能有隨緣義也。若有而不說，則只是不愼，或忘掉，或故意隱之，此不能極成始教終教之異。始教之所以終于爲始教，只因其眞如理不是就眞常心而說也。故根本不能有如賢首所說之「不變隨緣」之二義，亦根本不能有如其所說之「性相融通」。爲得以眞常心之眞如來混漫，而復曲解其「凝然」爲「隨緣作諸法時不失自體」耶？賢首本應就眞如是否爲心理合一抑或只是理而判始終二教，不知何故只以眞常心之眞如來混漫之。豈因「聖說」而然耶？

如因「聖說」而然，則何須判教。（「凝然」本是賢首所加之譏議辭，並非相宗自有如此之辭。既加之，而又爲之曲解，不知何所取義？不知既隨緣，便不能說凝然——說凝然，乃是自相矛盾者。焉得有所謂情執之凝然與眞常之凝然！）

以上明賢首就眞實性而言「不變隨緣隨緣不變」之義之殊特性。此一殊特性即示此兩語是別教法，而不可以之來籠統唯識宗之眞如（因唯識宗對一切法有一根源的說明，故所籠統者只限于唯識宗）。此一殊特性亦不是賢首之新發明，乃是眞常心系統之本有。自「如來藏恆沙佛法佛性」一觀念成立後，此乃其必然。賢首分解地以「不變隨緣隨緣不變」之兩語說眞實性，此乃恰合「眞常心」者。此亦顯示別教（終教）之有進于空有兩宗者：進于空宗者，以空宗對一切法無根源之說明故；進于有宗者，以有宗雖有之而不徹底故。是故惟此眞實性有殊特性。至于依他起性與遍計執性，則不能有異也。

賢首于眞實性之「不變」與「隨緣」兩義，如就「不變」之常而言，則說「不異無常之常」，何以故？以「隨緣」故。如就「隨緣」之無常而言，則說「不異常之無常」，何以故？以「不變」故。

于依他起性之「似有」與「無性」兩義，如就「似有」之有而言，則說「不異空之有」，何以故？以「無性」故。如就「無性」之空而言，則說「不異有之空」，何以故？以「似有」故。

就眞實性而言，則「不變隨緣隨緣不變」有異于空有兩宗，此其所以爲殊特而得獨標爲別教故。但依他起上之似有無性，則不能有異于空有兩宗，亦不能由此而標爲別教。空宗之空是「不異有之

空」，有宗之有是「不異空之有」。是則兩宗未嘗相違，而兩宗之判亦不能由此而判。賢首說「不異有之空」，「不異空之有」，這樣的圓融亦不能有進于空有兩宗者，亦不能說這是融攝了空有兩宗。因爲那種圓融，空有兩宗本自有之。這只是觀法上的圓融，亦只是「緣起性空」一義之展轉引申，故此圓融乃只是分析的，不能視爲對于空有兩宗之消融也。而空有兩宗之判，亦不能由于似有無性上之或重空或重有而判也。其分判唯在對一切法是否有一根源的說明。空宗無此問題，它只是般若學之實相觀。有宗有此問題而不能徹，它是以阿賴耶爲中心者。是則空宗有宗之名本已不恰矣。空宗之空是「不異有之空」，豈不說有耶？有宗之有是「不異空之有」，豈不解空耶？而別敎（終敎）之所以有進于空有兩宗而不同于空有兩宗者，唯在「如來藏恆沙佛法佛性」一觀念耳。于此而言「眞空妙有」（空不空如來藏），于此而言「不變隨緣隨緣不變」。于此而言有宗，其「有」不同于始敎有宗之有也。（始敎有宗之有無實義。只是阿賴耶緣起耳。而阿賴耶緣起是對一切法作根源的說明之問題，非空有問題，即非「似有無性」上之空有問題，此後者乃不成問題者。「眞空妙有」之有有實義，一對灰斷佛而言故，二對一切法作根源的說明，而至其極故。）這些分際若已明白，則不能就賢首所說「不異有之空」與「不異空之有」而謂其有進于空有兩宗並已消融了空有兩宗，甚顯。

賢首《華嚴一乘敎義分齊章》「義理分齊」第十于抉擇三性中抉擇依他起云：

依他起中〔一〕若執有者，亦有二失：一常過，謂已有體，

不藉緣故，即是常也。〔二斷過，謂〕又由執有，即不藉緣，不藉緣故，不得有法，即是斷也。

問：若說依他性是有義便有失者，何故《攝論》等說依他性以為有耶？

答：聖說依他以為有者，此即「不異空之有」。何以故？以從眾緣，無體性故；一一緣中無作者故。由緣無作，方得緣起，是故即非有之有名依他有。是則聖者不動真際建立諸法。若謂依他如言有者，即緣起有性。〔案：「如言有者」意即如世俗之言之情謂之有〕。緣若有性，即不相藉。不相藉故，即壞依他。壞依他者，良由執有。是故汝意恐墮空故，勵力立有，不惟不達緣所起法無自性故，〔抑且〕即壞緣起，便墮空無，斷依他故也。

二、若執無者，亦有二失。若謂依他是無法者，即緣無所起。無所起故，不得有法，即是斷也。

問：若說緣生為空無故即墮斷者，何故《中論》等內，廣說緣生為畢竟空耶？

答：聖說緣生以為空者，此即「不異有之空」也。何以故？以法從緣生，方說無性。是故緣生有者，方得為空。若不爾者，無緣生「因」，以何所以而得言空？〔案：「因」字承上句似當為「有」〕。是故不異有之空名緣生空。此即聖者不動緣生說實相法也。若謂緣生如言空者，即無緣生。〔案：「如言空者」意即如世俗之言之情執之空者〕。無緣生故，即無空理。無空理者，良由

執空。是故汝意恐墮有見，猛勵立空，不惟不達無性緣
生故，〔抑且〕即失性空。失性空故，還墮情中惡取空
也。

問：若由依他有二義故，是故前代諸論師各述一義融攝依他
　　不相違者，何故後代論師如清辨等各執一義互相破耶？

答：此乃相成，非相破也。何者？爲末代有情，根機漸鈍，
　　聞說依他是其有義，不達彼是不異空之有，故即執以爲
　　如謂之有，則成情有矣。是故清辨等〔青目、清辨、智
　　光等〕破依他有，命至于無，至畢竟無，方乃得彼依他
　　之有。若不至此徹底性空，即不得成依他之有。是故爲
　　成有故，破于有也。又彼有情聞說依他畢竟性空，不達
　　彼是不異有之空，故即執以爲如謂之空。是故護法等
　　〔護法、難陀、戒賢等〕破彼謂空，以存幻有。幻有立
　　故，方乃得彼不異有之空。以若有滅，非眞空故。是故
　　爲成空故，破于空也。以色即是空，清辨義立。空即是
　　色，護法義存。二義鎔融，舉體全攝。若無後代論師以
　　二理交徹全體相奪，無由得顯甚深緣起依他性法。是故
　　相破反相成也。

　是故如情執無，即是斷過。

　又若說無法爲依他者，無法非緣。非緣之法即墮常也。

案：此種疏通甚善。此不過只是「緣起性空」一義之展轉引申。然
不得謂此是融通空有兩宗，好像是賢首之大發明。此只示其于「緣
起性空」能如實了解而已。「依他似有無性」即是「緣起性空」之

轉語。即清辨護法等亦不至低劣到爲情執之空與情執之有也。是故
賢首謂其相破反相成也。言空爲「不異有之空」，言有爲「不異空
之有」，此既不能算是消融了兩宗之對立，而于依他起之似有無性
上言空言有，亦不能由此判兩宗之異；而華嚴宗之「別教一乘圓
教」亦不能由依他起之似有無性上之空有無礙而決定也。何以故？
此蓋是共契故。

第三節
還滅後海印三昧中之「法界緣起」

　　上節就現實面由眞如心之「隨緣不變不變隨緣」立一切法，一
切法者，生死流轉法也。今再就理想面言還滅。「隨緣」者，由于
眞心之「不染而染」，逐隨染淨緣，起現染淨法也。隨染緣起染
法，隨淨緣起淨法。雖起淨法，亦是有漏淨，未是出世絕對清淨
也。是故無論染淨皆在迷中。還滅者，由于眞心之「染而不染」，
隨緣起修，由始覺而還歸眞心之本覺也，此即是般若智德滿與解脫
斷德滿而證顯法身也。此法身即空不空之如來藏身。空者空卻一切
煩惱，一切迷染，離一切相，唯是一眞心之如──「如」即是眞心
之實相，實相一相，所謂無相，即是如相。不空者，即此離一切相
同時即具有無量無邊之清淨功德。此「空不空」即是眞空妙有也。
妙有之清淨功德而言無量無邊者，以此如來藏自性清淨心原初即意
許爲「如來藏恆沙佛法佛性」也。此具有恆沙佛法之佛性即如來藏
性證顯後即曰法身。故恆沙佛法在法身上即是無量無漏功德。此無
量無漏功德是由隨緣起現之一切法通過還滅後而轉成者。當初隨緣

起現之一切法不得直名曰佛法。只當通過還滅後轉成功德時始得名曰佛法。就隨緣起現與隨緣還滅說，此一切法若以四諦說之，便是天台宗所謂無量四諦。但以隨緣起現與還滅故，此無量四諦猶是有作無量四諦，尙非無作無量四諦。還滅必就隨緣起現之生死流轉法隨緣修道諦而至于滅諦。滅諦之滅至佛而後滿。道諦之道至佛而全成爲功德。有無量苦集即有無量道滅，成佛即有無量功德。是故不但六道衆生全在迷中，即聲聞緣覺亦根本未接觸到無始無明。菩薩雖接觸及之，然只能分斷，而不能全斷。以此故，有六道衆生界法，有聲聞緣覺界法，有菩薩界法，有佛界法。此十界的法即成爲十法類，名曰十法界。前九法界皆不能脫離無明。成佛始脫盡。故九法界中的法猶是無明中的法也。故必超過而斷絕九界始能成佛界。此即天台宗所謂「緣理斷九」也。「緣理」者緣空不空如來藏但中之理也。「斷九」者，以此但中之理本不具九法界，故成佛亦須斷九界而始顯佛界也。九界法是由眞心隨緣起現的。故荆溪云「眞如在迷，能生九界」。眞如心全顯成佛，則九界自絕。此意是說九界差別完全是隨緣起現與隨緣修行過程上的事。修行滿而成佛，則過程自捨，而九界差別亦絕。順分解之路而說固自如此也。

　　成佛得法身，此法身就《華嚴經》言，即是毘盧遮那佛法身。此法身若以法界言之，則曰佛法界，此乃于因地普解普行久遠修行所證顯者。佛法身曰功德聚，則佛法界亦可曰無量無邊的功德界。自功德而言，則亦可說無一法可言，只是一豐富之意義，無量無邊之實德——是德而非法。功德者由解行之功所成之德也。如在因地久遠已來修行六度乃至十度便是功，由此功行便顯爲法身之實德。在因地時隨緣起現，隨緣修行，有法可言。修行滿而成佛法身，則

行中之法隨著修功全轉為佛法身之豐富意義或實德而無法相可言。此時只是解脫之清淨，無邊之智慧、性德，與性能。此時若以法言之，那只是因地修行時之法之透映過來；而自佛法身言，則曰佛之神力之所示現，隨眾生根欲之所樂見而自然地示現，依本所經過之修行而自然地無礙地重新示現。若不示現，則寂然無相，無法可言。是以就佛法身而言「法界」，因此得名曰「法界緣起」者，那只是因地之緣起法因著示現而透映過來。因為是佛之示現，它自然是圓融無礙，圓滿無盡。此一法界，就佛之示現言，亦可曰「性起」，即佛之圓明性能性德之所起現，此是直接地起現，而不是「不染而染」通過識念而起現。但若就著「隨眾生根欲之所樂見而起現」而言，則亦可曰「緣起」，即隨眾生機感之緣而起現；此亦可曰隨客觀的染淨緣而起現染淨法，但卻不是真心在迷而起現，故在此，起現即示現。只在此始可有賢首之所說：「猶如明鏡，現于染淨，雖現染淨，而恆不失鏡之明淨，只由不失鏡明淨故，方能現染淨之相」。蓋此時染淨是就客觀的眾生之機感以及佛之所示現者而言，簡單言之，是就客觀之法而言，不是就佛之主觀的心而言也。佛心是絕對的圓明清淨，無染淨相也。此與真心在迷時之「不變隨緣隨緣不變」不同也。

「法界緣起」既是佛之示現，（依《華嚴經》說，即是佛于海印三昧中之所示現，如前第一節所述），又既是佛之示現，則自然是圓融無礙，圓滿無盡。如是，則賢首之由㈠因門六義，㈡十玄緣起無礙，㈢六相圓融，乃至㈣傳說為杜順所說之《華嚴法界觀》（真空絕相觀，理事無礙觀，周遍含容觀之三觀），皆無非是對于此佛所示現之法界緣起而展示其相，而此種展示皆是分析的，即對

于佛法身法界而爲分析的展示；而旣曰法界緣起，則就緣起而言，亦可曰此種展示皆是「緣起性空」一語之展轉引申，亦皆是分析的。故就此佛法身法界而言圓教，所謂「別教一乘圓教」，此圓教義亦是分析的。以下試就四門引文獻以明之。

Ⅰ 緣起因門六義

緣起法中，就因門說有六義。此六義出于《攝論》，即「刹那滅，俱有，待衆緣，決定，引自果，恆隨轉」之六義也。《攝論》說六義是就種子識說，即就阿賴耶緣起說。阿賴耶種子識因受熏而起現行，此種子與現行之關係亦是依他起。凡依他起法皆似有無性，故就之可引出空有二義，又就之而引出有力無力二義，又就之而引出待緣不待緣二義。此三對配合起來有六可能，即以此六可能釋種子識之六義：

㈠空、有力、不待緣。「此是『刹那滅』義。何以故？由刹那滅故，即顯無自性是『空』也。由此滅故，果法得生，是「有力」也。然此謝滅非由緣力，故云『不待緣』也。」（賢首《一乘教義章》「義理分齊」第十中釋「緣起因門六義」文，下引文同此。）

㈡空、有力、待緣。「此是『俱有』義。何以故？由俱有故方有，即顯是不有，是『空』義也。（此言種子與果俱有。旣與果俱有即顯種子不獨自而有，此即是其空義也。）俱故能成有，是『有力』也。（此言種子與果俱故始能成其爲有，雖無自性空而有力也。）俱故非孤，是『待緣』也。（此言種子與果俱時而有，是待果爲緣也。此遮因果異時。）」

㈢空、無力、待緣。「此是『待衆緣』義。何以故？由無自性

故是『空』也。因不生緣生故，是『無力』也。即由此義故，是『待緣』也。」

　　㈣有、有力、不待緣。「此是『決定』義。何以故？由自類不改故，是『有』義。能自不改而生果故，是『有力』義。然此不改非由緣力故，是『不待緣』義也。」（案：此「決定」義是等流因生等流果。）

　　㈤有、有力、待緣。「此是『引自果』義。何以故？由引現自果，是『有』義。（此言由引生現行的自家之果，如色種生色法，不生心法，顯示因是有也。）雖待緣方生，然不生緣果，是『有力』義。（此言色種生色法，雖待他緣而生，然不生緣家之果，心法種子亦然，此即示自家種「有力」義也。）即由此故，是『待緣』義也。（此言雖不生緣家之果，而卻待緣而生自家之果，此即是其『待緣』義也。）」

　　㈥有、無力、待緣。「此是『恆隨轉』義。何以故？由隨他故，不可無。不能違緣，故無力用。即由此故，是待緣也。」案此言種子念念相續，隨他運轉，故曰「恆隨轉」。即由此「恆隨轉」亦可分析出種子之似有、無力、而待緣也。

　　以上空有兩面皆無「無力、不待緣」一可能，因「無力而又不待緣」非「因」義，故不論也。

　　此六義實只是「緣起性空」一義之展轉引申。賢首于此約教辨云：

　　　　若小乘中法執因相，于此六義，名義俱無。〔案：此言小乘雖斷我執，而法執未亡。執諸法為實有體性，不達唯識眞

理，全無因種六義名義。〕

若三乘賴耶識，如來藏法無我因中，有六義名義，而主伴未
具。〔案：「三乘賴耶識」是始教。「如來藏法無我因」是
終教。此兩教中皆有六義名義，而主伴未具，未達圓滿無盡
之境。〕

若一乘普賢圓因中具足主伴，無盡緣起，〔此〕方究竟也。

始教是就阿賴耶識緣起說因種六義。如來藏緣起是就眞常心不
染而染之「不變隨緣隨緣不變」之緣起說因種六義。雖就依他起之
似有無性即緣起性空之法理上說可圓融無礙，然未至主伴具足圓滿
無盡也。惟至由普賢圓因而成昆盧遮那佛法身，始至圓融無礙而同
時亦主伴具足圓滿無盡也。是則無礙無盡之法界緣起唯自佛法身而
言也。以六義而展示其相，此六義者旣非識中之六義，亦非眞心在
迷之「隨緣不變不變隨緣」中之六義，而是昆盧遮那佛法身在海印
定中所示現之法界緣起中之六義也。此是圓六義，即「別教一乘圓
教」中之六義也。普賢圓因是相應圓果而說。佛果自身不可說。約
因地之普解普行及佛之示現始有可說也。有可說即爲教，故此爲
「別教一乘圓教」也。其實因地之普解普行若以義理展示之，即是
終教。唯在終教，尙不是佛法身之圓。圓教唯就佛法身而說也。對
應此佛法身而說普賢圓因耳。

賢首于此六義又云：

又，由空有義故，有「相即」門也。由有力無力義故，有
「相入」門也。由待緣不待緣義故，有同體異體門也。由有

此等義故，得毛孔容剎海事也。思之可解。

案：空有是約法體說，由此說「相即」。有力無力是約力用說，由此說「相入」。待緣不待緣是約資助說，由此說同體異體。相即相入明，則一毛孔容剎海亦可明矣。此須詳細展示。吾人即依此次序先說同體異體，相即相入，一中多，多中一，然後再說十玄緣起無礙門。

Ⅱ　即、入、攝，以及一中多、多中一，一即多、多即一

緣起法就資助說有待緣不待緣二義。待緣亦曰「相由」，是即異體也。不待緣亦曰「不相由」，是即同體也。不相由者，謂同一法體自具眾德故，是即同體中之一中多、多中一，一即多、多即一也。此乃就同一事體而收斂地說耳。于同一因事中即見無盡，不待異門相形對也。何以故？此時異門如虛空故；又因自因全有力不藉餘緣助成故；又因自因具足一切，更無可攝故。

相由者，異體相形對而言也此中就法體說，有空有二義；就力用說，有有力無力二義。就空有義說「相即」；就力無力義說「相入」。賢首解「相即」云：

> 由「自若有時，他必無」，故他即自。何以故？由「他」無性，以「自」作故。二由「自若空時，他必是有」，故自即他。何以故？由「自」無性，用「他」作故。以二有二空各不俱故，無彼不相即。有無、無有、無二故，是故常相即。若不爾者，緣起不成，有自性等過，思之可見。

案：此即異門相由中就法體之空有義說「相即」也。一切法皆緣成。故若自法爲緣而爲有（而存在）時，則他法必因無性而空即無有。如是，他即是自。此「即是」之「即」是緣成的「即」也。因他無性，全由自而作故，故他即自也。反之，若自法因空無性而爲無時，則他必爲緣而爲有。如是，則自即他。此「自即他」亦是緣成地即他也。因自無性，全由他作故，故自即他也。自有他無（空），自無（空）他有，自他不同時俱有，亦不同時俱無。二有二空「自有他有爲二有，自空他空爲二空），既自他各不俱有，是故「無彼不相即」也。若自法有，他亦有，即是自他俱有；自法空，他亦空，即是自他俱空。此即成二有二空自他各俱。如是，則自他不相即矣。蓋若自有，他亦有，他不即自矣。自空、他亦空，自不即他矣。今「自若有時、他必無」，「自若空時他必有」，此即「二有二空各不俱」也。既各不俱，是故「無彼不相即」也。自有他無（有無），自無他有（無有），此二無二致故，「是故常相即」。此即由異體中自他之空有而諸法皆相即而無不相即也。可是若知緣起性空義，一切法無不是空者，則自有亦是緣成的有，雖有而無自性，則雖有而非有。如是他雖由自而緣成，因而他即自，而亦可他無自可即也。是即他空自亦空，他何所即耶？自空他有亦然。他有既亦是緣成的有，亦是雖有而非有。如是，自雖由他而緣成，因而自即他，而亦可自無他可即也。是即自空他亦空，自何所即耶？如是，則總歸成「無不是空者」。此即是泯絕無寄地說諸法實相也。實相一相，所謂無相，即是如相。此時亦無「即」相可言。此即是《般若經》之精神。而賢首于此則是寄空有方便說「相即」以示法界緣起之無礙耳。不可因其說「常相即而無不相即」，

便把此「即」字定死也。是則總歸「即而無即」也。

賢首復就力用說「相入」云：

> 自有全力故，所以能攝他。他全無力故，所以能入自。他有
> 力，自無力，反上可知。不據自體，故非相即。力用交徹，
> 故成相入。又由二有力、二無力，各不俱故，無彼不相入。
> 有力無力，無力有力，無二故，是故常相入。

案：此約力用說「相入」相。由自有力而攝他，他即無力而入自。
此即一攝一切，一切入一也。自有力，他必無力；他有力，自必無
力。此即「二有力無力自他各不俱」。若自有力、他亦有力，他有
力，自亦有力；他無力、自亦無力，自無力、他亦無力，則即不能
相攝相入。實則力、攝、入、亦是方便假說，皆非物理的實體字。
一切事皆緣成。由一緣即攝全緣。是則一緣成，即全緣成。一成一
切成。此即一攝一切、一切入一也。但此「攝」並非表示真有一種
物理力量能攝他而令其入于自，好像磁石之吸鐵然。蓋此一緣亦是
緣成的一緣，其自性空，故亦無有自性力也。「力」亦是一描述的
虛說詞語。是則總歸于一相無相即是如相，而亦無所謂力、攝、入
也。此只假說力用以明相入無礙耳。不可因「常相入而無不相
入」，便把這攝與入定死也。蓋一成一切成，這「成」字亦是虛說
也。此由下說成壞可知。

即此相即相入之分亦是方便權說。是故賢首云：

> 又以用攝體，更無別體故，唯是相入。以體攝用，無別用

故，唯是相即。

案：此即是說法體只是力用，除力用外，更無別體。力用只是法
體，除法體外，更無力用。是則只是一相即，亦可說只是一相入。
而相即相入亦總歸于即而無即，入而無入也。

　　是則同體異體皆可說一中多多中一，一即多多即一：重重無
盡，圓融無礙也。說此者乃為方便示法界緣起之無疑相與無盡相
故。就無盡說圓滿（主伴具足），就無疑說圓融。圓融者只是緣起
性空（似有無性）一義之展轉引申耳。此是般若之融通。圓滿者則
是就毘盧遮那佛法身法界說，此須「如來藏恆沙佛法佛性」（即如
來藏莊嚴大樓閣）一觀念之加入，非只般若所能盡也。圓融與圓滿
合一方是「別教一乘圓教」中之法界緣起（大緣起陀羅尼法）。

Ⅲ　十玄緣起無礙法

　　既云法界緣起，必有緣起之法。法者因地中隨緣起現隨緣修行
以至成佛，這一長串過程中所顯之種種差別事也。這所經過之種種
差別事，到成佛後，皆倒映而重現于海印三昧中，因此便成為佛法
身之法界緣起而重重無盡圓融自在也。這所經過之差別事，賢首列
為十門：

　　㈠教義，即攝三乘一乘乃至五乘等一切教義。（案：教為能
詮，義為所詮。小始終頓圓五教所詮義理差別皆是義也。）

　　㈡理事、即攝一切理事。（案：如生空所顯是小乘教理。二空
所顯是始教理。真如不變隨緣是終教理。泯絕無寄是頓教理。總融
諸法無有障礙是圓教理。理者就真如空性而言也，隨教不同而有差

別。事者謂色心等事。六道四聖皆事門中攝。）

㈢解行，即攝一切解行。（案：五教各有解行，而有徹不徹，有普不普，有圓不圓。解與行間亦有即與不即。）

㈣因果，即攝一切因果。（案：解行不同，因果亦異。）

㈤人法，即攝一切人法。（案：隨教不同，各有人法，如聲聞、緣覺、菩薩、佛等。覺者為人，菩提為法。又如文殊當妙慧，普賢當周遍，此明人稱即法稱。分而言之，文殊、普賢是人，無量妙慧，周遍妙行是法。）

㈥分齊境位，即攝一切分齊境位。（案：境是指境智而言，位是指行位而言。境智者即五教所觀之境與能觀之智。總收不出二諦二智，分別言之，五教不同。如小乘四諦涅槃為境；無漏淨慧為智。始教亦通四諦二諦等為境，加行、根本、後得等為智。終教是無量四諦為境，本覺、始覺、究竟覺為智。頓教則無境為境，絕智為智。圓教則無盡之境，無盡之智。行位者即修行之位次。五教修行不同，得位差別。境智行位各有分齊，故曰分齊境位。一說分齊境位即攝五教中一切分齊境位也。）

㈦師弟法智，即攝一切師弟法智。（案：開發為師，相承為弟子。法是所開，智為能開。立教傳法各有其師弟法智。）

㈧主伴依正，即攝一切主伴依正。（案：舉一為主，餘即為伴。主以為正，伴即是依。此通言也。特指言之，依即國土，正即佛身。）

㈨隨其根欲示現，即攝一切隨其根欲示現。（案：隨眾生機感為緣而應現也。應即赴感，此指佛及菩薩等言。感即來感，此指眾生而言。此種隨眾生根欲而示現，五教俱有，而差別不同。）

㈩逆順體用自在等，即攝一切逆順體用自在等。（案：應化有逆有順。對逆行之人施以逆化，對順行之人施以順化。婆須、無厭等為逆行，文殊、普賢等為順行。法報為體，應化為用。此逆順體用自在等，五敎亦各有差別。）

以上十種法義即為十玄緣起所依之事。此等事在隨緣起修之過程中各有差別，因而各有停住，不免滯礙。但在佛海印三昧中顯現時，則無礙無盡，此即成佛法身之法界緣起。佛法身本是寂然無相，此即所謂「卷」，卷則退藏于密。但「從本已來色心不二」，是故在海印三昧中隨機感應現時，或普眼所觀時，則那些事即透映過來而為無礙無盡地顯現，此即所謂「舒」，舒則充周法界。卷舒自在即是佛之實德。就舒而言，即是法界緣起。故法界緣起亦曰實德緣起。此緣起中的種種形相非當初在緣修中各該形相之形相也，乃是佛之示現或觀現之形相。如示現為童男童女或天龍阿修羅，這並非童男之童男，阿修羅之阿修羅，乃是佛眼無礙無盡之阿修羅。阿修羅之阿修羅則只是一阿修羅，不能無礙無盡也。一形相如此，一切其他形相皆然。故云一微塵中現無量世界也。此是佛海印定中映現之微塵或佛普眼所觀之微塵，非微塵之微塵也。一切法界緣起皆如此。然此卻並非說佛即九法界而為佛，如天臺宗之所說，此乃只是說佛心之映現。這些事當初只是隨緣起現，故隨緣還滅成佛後，復透映過來而于佛海印定中映現而為法界緣起也。依上Ⅱ所說之即、入、攝、而說此法界緣起，即成十玄緣起。

賢首于《一乘敎義章》「義理分齊」第十中說此十玄云：

　　一者，同時具足相應門。此上十義同時相應，成一緣起，無

有前後始終差別，具足一切自在逆順，參而不雜，成緣起際。此依海印三昧，炳然同時顯現成矣。

二者，一多相容不同門。此上諸義，隨一門中，即具攝前因果理事一切法門。……然此一中雖具有多，仍一非即是其多耳。多中一等準上思之。餘一一門中，皆悉如是，重重無盡故。故此經偈云：「以一佛土滿十方，十方入一亦無餘。世界本相亦不壞，無比功德故能爾。」然此一多雖復互相含受，自在無礙，仍體不同也……此有體同體異，準上思之可解。

三者，諸法相即自在門。此上諸義，一即一切，一切即一，圓融自在，無礙成耳。若約同體中，即自具足攝一切法也。然此自一切復自相入，重重無盡故也。然此無盡皆悉在初門中也。故此經云：「初發心菩薩，一念之功德，深廣無邊際。如來分別說，窮劫不能盡。何況于無邊、無數無量劫，具足修諸度、諸地功德行？」……

四者，因陀羅網境界門。此但從喻異前耳。此上諸義體相自在，隱顯互現，重重無盡。故此經云：「于一微塵中，各示那由他、無數億諸佛，于中而說法。于一微塵中，現無量佛國。須彌金剛圍，世間不迫窄。于一微塵中，現有三惡道，天人阿修羅，各各受果報。」此三偈即三世間也。又云：「一切佛剎微塵等，爾所佛坐一毛孔。皆有無量菩薩眾，各為具說普賢行。無量剎海處一毛，悉坐菩提蓮華座。遍滿一切諸法界，一切毛孔自在現。」又云：「如一微塵所示現，一切微塵亦如是。」餘者云云無量，廣如經辨。此等並是實

義，非變化成。此是「如理智」中「如量境」也。其餘變化等者不入此例。何以故？此並是法性家實德，法爾如是也，非謂分別情識境界。此可去情思之。……

五者，微細相容安立門。此上諸義于一念中具足始終、同時、別時、前後、逆順等；一切法門于一念中炳然同時齊頭顯現，無不明了，猶如束箭，齊頭顯現耳。故此經云：「菩薩于一念中，從兜率天降神母胎，乃至流通舍利，法住久近，及所被益諸眾生等，于一念中皆悉顯現。」廣如經文。又云：「一毛孔中無量佛剎；莊嚴清淨，曠然安住。」又云：「于一塵內，微細國土，一切塵等，悉于中住。」宜可如理思之。問：此義與上因陀羅云何別耶？答：重重隱映互現，因陀羅攝。齊頭炳然顯著，微細攝。此等諸義並別不同，宜細思之。

六者，秘密隱顯俱成門。此上諸義隱覆顯了俱時成就也。故此經云：「于此方入正受，他方三昧起。眼根入正定，色塵三昧起」等云云。又云：「男子身中入正受，女子身中三昧起」等云云。「于一微塵入正受，一切微塵三昧起。一切微塵入正受，一毛端頭三昧起。」如是自在，此隱彼顯，正受及起定同時秘密成矣。又此經云：「十方世界有緣故，往返出入度眾生。或見菩薩入正受，或見菩薩從定起。」又云：「于彼十方世界中，念念示現成正覺。轉正法輪入涅槃，現分舍利度眾生。」如是無量，餘如經辨。又如：「佛為諸菩薩授記之時，或現前授記，或不現前秘密授記」等。〔案：此中云「正受」即「正定」，皆「三昧」義。能觀之心領所

緣法，專注一境，不令動亂；昏掉並離，止觀等持；能所相
應，定境現前；證見境界，有所領受；雖有領受，而無往來
之相：是名「正受」。〕

七者，諸藏純雜具德門。此上諸義或純或雜。如前「人法」
等，若以「人」門取者，即一切皆「人」，故名爲「純」。
又即此「人」門具含「理事」等一切差別法，故名爲
「雜」。又如菩薩入一三昧，唯行布施，無量無邊，更無餘
行，故名「純」。又入一三昧，即施戒度生等無量無邊諸餘
雜行俱時成就也。如是繁興法界，純雜自在，無不具足者
矣。宜準思之。〔案：此門、賢首于《華嚴探玄記》中復改
名爲「廣狹自在無礙門」。〕

八者，十世隔法異成門。此上諸義遍十世中，同時別異具足
顯現。以時與法不相離故。言十世者，過去未來現在三世各
有過去未來及現在，即爲九世也。然此九世迭相即入，故成
一總句，總別合成十世也。此十世具足別異，同時顯現，成
緣起故，得即入也。故此經云：「或以長劫入短劫，短劫入
長劫。或百千大劫爲一念，一念即百千大劫。或過去劫入未
來劫，未來劫入過去劫。」如是自在，時劫無礙，相即相
入，渾融成矣。又此經云：「于一微塵中普現三世一切佛
刹。」又云：「于一微塵中普現三世一切眾生」。又云：
「于一微塵中普現三世一切諸佛事。」又云：「于一微塵中
建立三世一切佛轉法輪。」如是云云無量，廣如經文。此普
攝上諸義門悉于十世中自在現耳。宜可思之。〔案：三世區
分名爲「隔法」，而具足相在，同時顯現，名爲「異

成」。〕

九者，唯心迴轉善成門。此上諸義唯是一如來藏自性清淨心轉也。但性起具德，故異三乘耳。然一心亦具足十種德，如〈性起品〉中説十心義等者，即其事也。所以説十者，欲顯無盡故。如是自在，具足無窮種種德耳。此上諸義門悉是此心自在作用，更無餘物，故名「唯心轉」等。宜思擇之。〔案：此門，《探玄記》改爲「主伴圓明具德門」。此改較好。蓋此十玄俱是説事事無礙義。澄觀《華嚴經疏鈔・卷五》于此十玄門文分爲二，一先正辨十玄，二明其所以。此「唯心迴轉」義是「明所以」中文也。又案〈性起品〉是經之晉譯。唐譯《八十華嚴》爲〈如來出現品〉。十心義即如來心十相，見卷五十一〈如來出現品第三十七之二〉。賢首所引經文大體據晉譯。〕

十者，託事顯法生解門。此上諸義，隨託之事以別顯別法，謂諸「理事」等一切法門。如此經中説十種「寶王雲」等事相者，此即諸法門也。顯上諸義可貴，故立「寶」以表之。顯上諸義自在，故標「王」以表之。顯上諸義潤益故，資澤故，斷齕故，以「雲」標之矣。如是等事，云云無量，如經思之。問：三乘中亦有此義，與此何別？答：三乘託異事相表顯異理。今此一乘所託之事相即是彼所顯之道理，更無異也。具足一切理事、教義、及上諸法門，無不攝盡者也。宜可如理思之。

此上十門等解釋，及上本文十義等，皆悉同時融會，成一法界緣起具德門普眼境界。諦觀察餘時〔華嚴時以外之餘時所

說三乘教義等〕，但在大解大行大見聞心中〔即在普賢解行見聞心中〕。然此十門，隨一門中即攝餘門無不皆盡。應以六相方便而會通之，可準。〔案：六相者即總別同異成壞也。見下。〕

案：此十玄門名義，據澄觀《華嚴經疏鈔‧卷五》所說，是賢首承自于至相寺智儼（雲華尊者）者。後作《華嚴探玄記》，則有兩點修改：㈠「諸藏純雜具德門」改爲「廣狹自在無礙門」；㈡「唯心迴轉善成門」改爲「主伴圓明具德門」。前者意義相同，只是改換詞語；後者是另立一義以代「唯心迴轉」。《探玄記》十門次序如下：

　　㈠同時具足相應門。

　　㈡廣狹自在無礙門。

　　㈢一多相容不同門。

　　㈣諸法相即自在門。

　　㈤秘密隱顯俱成門。

　　㈥微細相容安立門。

　　㈦因陀羅網境界門。

　　㈧託事顯法生解門。

　　㈨十世隔法異成門。

　　㈩主伴圓明具德門。

澄觀《華嚴疏鈔‧卷五》于此十門中說廣狹自在門云：「此門賢首新立，以替至相十玄諸藏純雜具德門。意云：一行爲純，萬行爲雜等，即事事無礙義。若一理爲純，萬行爲雜，即事理無礙。恐濫事

理無礙，所以改之。」十玄緣起皆是說事事無礙者。至相智儼說純雜即是就事事無礙說，故一行為純，萬行為雜，並不說一理為純萬事為雜也。通其意指，純雜亦可。改為「廣狹」亦不見得更為明顯。「事如理遍故廣，不壞事相故狹。」說布施，則天下皆布施，只此一布施，更無餘行，此即布施一事之「廣」，亦即「純」也。雖是一布施，而其他萬行事相不壞，而布施本相亦不壞，此即是狹（各有其自相），亦即雜也。澄觀《疏鈔‧卷五》正解「廣狹自在」云：「即彼華葉普周法界（如理之遍而遍），而不壞本位。以分即無分，無分即分。廣狹自在無障無礙。〈十定品〉云：『有一蓮華盡十方際，而不妨外有可見。』」（案：此是略引義引）。

其說主伴圓明具德門云：「主伴一門，至相所無，而有唯心迴轉善成門。今為玄門所以，故不立之。」意謂「唯心迴轉」是玄門之所以，故不立之，而改為主伴一門也。此改則佳。其正解此門云：「此圓教法理無孤起，必攝眷屬隨生。下云此華即有十世界微塵數華以為眷屬。（經十地受位處文）。又如一方為主，十方為伴。餘方亦爾。是故主主伴伴各不相見，主伴伴主圓明具德。」

十玄緣起是說事事無礙。其所依據之義理根據（原則）是攝、即、入。但此言十玄又進而明其所以（或所因、所由）。如澄觀《疏鈔‧卷五》明「德用所因」云：「問：有何因緣令此諸法得有如是混融無礙？答：因廣難陳，略提十類：一唯心所現故，二法無定性故，三緣起相由故，四法性融通故，五如幻夢故，六如影像故，七因無限故，八佛證窮故，九深定用故，十神通解脫故。」就攝、即、入、說原則，只內在于緣起而說之，此可謂為「內處原則」。但此十所因，則是就全如來藏系統而說的原則，此可謂為

「籠罩或綜涵原則」。如「唯心所現」是就如來藏自性清淨心說，此是提綱。「法無定性」與「緣起相由」同于內處原則。「法性融通」則是就理事無礙說。「如幻夢，如影像」，則是唯心所現之總喻解。「因無限，佛證窮」，則是就修行因果說。「深定用」是就海印三昧說。「神通解脫」是就十通、十解脫說。

澄觀《疏鈔・卷五》解十所因云：

初、唯心所現者，一切諸法真心所現，如大海水舉體成波。以一切法無非一心故。大小等相隨心迴轉，即入無礙。

二、法無定性者，既唯心現，從緣而生，無有定性，性相俱離。小非定小，故能容太虛而有餘，以同大之無外故。大非定大，故能入小塵而無間，以同小之無內故。是則等太虛之微塵，含如塵之廣剎，有何難哉？舊經〈十住品〉云：「金剛圍山數無量，悉能安置一毛端。欲知至大有小相，菩薩以是初發心。」一非定一，故能是一切。多非定多，故能是一。邊非定邊，故能即中。中非定中，故能即邊。延促靜亂等，一一皆然。〔案：攝、即、入，乃至總別同異成壞，皆非決定概念也。〕

三、緣起相由者，謂大法界中緣起法海義門無量。〔案：不出前Ⅰ因門六義以及Ⅱ攝即入等義。在此澄觀以十門釋之，略。〕

四、法性融通門者，謂若唯約事，則互相礙，不可即入。若唯約理，則唯一味，無可即入。今則理事融通，具斯無礙。謂不異理之一事具攝理性時，令彼不異理之多事隨所依理皆

于一中現。若一中攝理不盡，則「眞理有分限」失。若一中攝理盡，多事不隨理現，則「事在理外」失。今旣一事之中全攝理盡，多事豈不一中現？〈華藏品〉云：「華藏世界所有塵，一一塵中見法界。」法界即事法界矣。斯即總意，別亦其十玄門。〔案：由理事融通、故別而言之，有十玄門也。別言略。〕

五、如幻夢者，猶如幻師，能幻一物以爲種種，幻種種物以爲一物等。經云：「或現須臾作百年」等。一切諸法業幻所作，故一異無礙。言如夢者，如夢中所見廣大，未離枕上。歷時久遠，未經斯須。故《論》云：「處夢謂經年，覺仍須臾頃。」〔無性《攝論釋》引〕故時雖無量，攝在一刹那。

六、如影像者，一切萬法略有二義：一皆如明鏡含明了性，一心所成故；二分別所現，如影像故。由初義故，爲能現。由後義故，爲所現。故一切法互爲鏡像，如鏡互照而不壞本相。

七、因無限者，謂諸佛菩薩昔在因中，常修緣起無性等觀，大願迴向等稱法界修，及餘無量殊勝因故，今如所起果具斯無礙。

八、佛證窮者，由冥眞性，得如性用故。經云：「無比功德故能爾」。

九、深定用者，謂海印定等諸三昧力故。〈賢首品〉云：「入微塵數諸三昧，一一出生塵等定，而彼微塵亦不增」等。

十、神通解脫者，謂由十通及不思議等解脫故。〈不思議法

品〉十種解脫中云：「于一塵中建立三世一切佛法」等。

據此，則知此十所因乃十玄之籠罩性或綜涵性的原則也。十玄緣起無礙乃是就事事無礙說。事事無礙必以理事無礙爲根據。而理事無礙只是緣起性空一義之展轉引申。十玄緣起，賢首已云「應以六相而會通之」。茲再進而言「六相」。

Ⅳ 六相圓融義

六相者，總別、同異、成壞也。《華嚴一乘教義分齊章》「義理分齊」第十言六相云：

> 總相者，一含多德故。別相者，多德非一故；別依止總，滿彼總故。同相者，多義不相違故，同成一總故。異相者，多義相望，各各異故。成相者，由此諸義，緣起成故。壞相者，諸義各住自法，不移動故。

例如〈金獅子章〉云：「獅子是總相。五根差別爲別相。共一緣起是同相。眼耳各不相知是異相。諸緣共會是成相。諸緣各住自法是壞相。」但須知此六相皆由緣起說，故無一是決定概念（定相）也。「總」是由緣成而方便說總，故緣成之一緣即是總，此即「總而非總成其總」。故此總非作爲決定概念之「綜體」也。「別」是由緣成之總而回頭方便說別，故緣成之總即是別，此即「別而非別成其別」。故此別亦非一決定概念也。「別」先虛其別而望于總，此即「別而非別」。次復歸于總而爲別，此即虛其總而歸于別，此

即「成其別」。「總」亦復如此。緣成的總先虛其總而歸于別，此即「總而非總」。次復望于別而為總，故又虛其別而歸于總，此即「成其總」。此即來回相遮來回相即以成總別也。故總別非決定概念，由之以說十玄緣起之相亦非定相也。

同異亦然。此同是合同義，齊力義。諸緣合同齊力成一緣起，是即同相。此同非自同、同一之同，故亦非決定概念也。合同之同亦是虛就各緣之異而不相違而方便說。故先虛其同而歸于諸緣之異，此即「同而非同」。次復歸于異而為同，故又虛其異而由異之不相違以言同，此即「成其同」。此亦是「同而非同成其同」也。「異」者諸緣隨自形類相望而異也。異亦非定異，是緣成的異。故得相即而合同也。此即「異而非異成其異」。先虛其異，而由其不相違以歸于順即之同，此即「異而非異」（若定異有自性則不能非異）。次復由合同而歸于異，故又虛其同而為異（以形類相望各差別故），此即「成其異」。「同」是緣成的同，「異」是緣成的異，故緣起實相是「不一不異」，而此同異亦是方便假說耳。此亦是來回相遮來回相即以成同異而不違緣起實相也。

成壞亦復如此。諸緣共會成一緣起，此即是成相。「成」只是由諸緣共會而虛說。諸緣各住自法，並未捨己去作成某某事。然正因不捨己去作，故得有「成」。若捨己去作，即失本緣法。失本緣法即緣不成緣。緣不成緣即不得有緣起事也。故「成而非成成其成」。先由各住自法而虛其成，此即「成而非成」。次復由各住自法，不失本緣法，而歸于成，此即「成其成」。成亦非有自性之定成也。而亦正因此故，說壞相。「壞」者「各住自法本不作故」。此亦是「壞而非壞成其壞」。壞亦非有自性之定壞。先由「各住自

法不失本緣法」之成而虛其壞，此即「壞而非壞」。次復由「各住
自法本不去作」而歸于壞，此即「成其壞」。成即無壞，而即由無
壞說壞。壞即無成，而即由無成說成。是則說成說壞同時即歸于無
成無壞而爲緣起之實相如相也。

　　是故賢首于《一乘教義章》「義理分齊」第一中就一舍而以問
答釋六相云：

〔初、總相者〕

問：何者是總相？

答：舍是。

問：此但橡等諸緣，何者是舍耶？

答：橡即是舍。何以故？爲橡全自獨能作舍故。若離于橡，
　　舍即不成。若得橡時，即得舍矣。

問：若橡全自獨作舍者，未有瓦等，亦應作舍。

答：未有瓦等時，不是橡，故不作。非謂是橡而不能作舍。
　　今言能作者，但論橡能作，不說非橡作。何以故？橡是
　　因緣，由未成舍時無因緣故，非是橡故。若是橡者，其
　　畢全成。若不全成，不名爲橡。

問：若橡等諸緣，各出少力共作，不全作力者，有何過失？

答：有斷常過。若不全成，但少力作者，諸緣各少力，此但
　　多個少力，不成一全舍，故是斷也。諸緣並少力，皆無
　　全成，執有舍者，無因有故，是其常也。若不全成者，
　　去卻一橡時，舍應猶在。舍既全成，故知非少力並作
　　也。

問：無一椽時，豈非舍耶？

答：但是破舍，無好舍也。故知好舍全屬一椽。既屬一椽，故知椽即是舍也。

問：舍既是椽者，餘板瓦等應即是椽耶？

答：總並是椽。何以故？去卻椽即無舍故。所以然者，若無椽，即舍壞。舍壞故，不名板瓦等。是故板瓦等即是椽也。若不即椽者，舍即不成，椽瓦等並皆不成。今既並成，故知相即耳。一緣既爾，餘緣例然。是故一切緣起法不成則已，成則相即鎔融，無礙自在，圓極難思，出過情量。法性緣起通一切處，準知。

第二別相者，椽等諸緣別于總故。若不別者，總義不成。由無別時，即無總故。此義云何？本以別成總，由無別故，總不成也。是故別者即以總成別也。

問：若總即別者，應不成總耶？

答：由總即別故，是故得成總。如椽即是舍，故名總相。舍即是椽，故名別相。若不即舍，不是椽。若不即椽，不是舍。總別相即，此可思之。

問：若相即者，云何說別？

答：祇由相即，是故成別。若不相即者，總在別外，故非總也。別在總外，故非別也。思之可解。

問：若不別者，有何過耶？

答：有斷常過。若無別者，即無別椽瓦。無別椽瓦故，即不成總舍，故是斷也。若無別椽瓦等而有總舍者，無因有舍，是常過也。

第三同相者，椽等諸緣和同作舍，不相違故。皆名舍緣，非作餘物，故名同相也。

問：此與總相何別耶？

答：總相唯望一舍說。今此同相，約椽等諸緣雖體各別，成力義齊，故名同相也。

問：若不同者，有何過耶。

答：若不同者，有斷常過。何者？若不同者，椽等諸緣互相違背，不同作舍，舍不得有，故是斷也。若相違，不作舍，而執有舍者，無因有舍，故是常也。

第四異相者，椽等諸緣隨自形類，相望差別故。

問：若異者，應不同耶？

答：祇由異故，所以同耳。若不異者，椽既丈二，瓦亦應爾。壞本緣法故，失前齊同成舍義也。今既成舍，同名緣者，當知異也。

問：此與別相有何異耶？

答：前別相者，但椽等諸緣別于一舍，故說別相。今異相者，椽等諸緣迭互相望，各各異相也。

問：若不異者：有何過失耶？

答：有斷常過。何者？若不異者，瓦即同椽丈二，壞本緣法，不共成舍，故是斷。若壞緣不成舍，而執有舍者，無因有舍，故是常也。

第五成相者，由此諸緣，舍義成故。由成舍故，椽等名緣。

若不爾者，二俱不成。今現得成，故知成相互成之耳。

問：現見椽等諸緣各住自法，本不作舍，何因得有舍義成

耶？

答：祇由椽等諸緣不作，故舍義得成。所以然者，若椽作舍
　　去，即失本緣法，故舍義不得成。今由不作故，椽等諸
　　緣現前故，由此現前故，舍義得成矣。又若不作舍，椽
　　等不名緣。今既得緣名，明知定作舍。

問：若不成者，有何過失耶？

答：有斷常過。何者？舍本依椽等諸緣成，今既並不作，不
　　得有舍，故是斷也。本以緣成舍名爲椽，今既不作舍，
　　故即無椽，亦是斷。若不成者，舍無因有，故是常也。
　　又椽不作舍，得緣名者，亦是常也。

第六壞相者，椽等諸緣各住自法，本不作故。

問：現見椽等諸緣作舍成就，何故乃說本不作耶？

答：祇由不作，故舍法得成。若作舍去，不住自法者，舍義
　　即不成。何以故？作去，失本法，舍不成故。今既舍
　　成，明知不作也。

問：作去有何失？

答：有斷常二失。若言椽作舍去，即失椽法。失椽法故，舍
　　即無緣，不得有故，是斷也。若失椽法而有舍者，無緣
　　有舍，是常也。

又總即一舍，別即諸緣。同即互不相違，異即諸緣各別。成
即諸緣辦果，壞即各住自法。

案：此六相文，吾曾于《智的直覺與中國哲學》以及《現象與物自
身》兩書中錄之，隨文詳釋。今不重複，只作總釋如前。原文錄于

此，讀者依吾總釋，可玩索得之，知非如通常所謂決定概念也。決定概念是情執，成俗諦，此如康德之所說。今言六相「出過情量」，一在示緣起實相，二在示法界緣起圓融無礙，此乃「如理智中如量境」也。（實相般若是如理智。事相宛然是如量境。）

V 杜順之法界觀

以上 I II III IV 俱屬賢首《華嚴一乘教義分齊章》「義理分齊」第十中文。然綜此四門所表示之法界緣起又不出杜順之《法界觀》。

杜順法名法順，順其俗姓名曰杜順，他是華嚴宗之初祖，又號帝心尊者。（至相寺智儼雲華尊者為第二祖，法藏賢首為第三祖，清涼澄觀為第四祖，圭峰宗密為第五祖）。他的《法界觀》具云當該是《修大方廣佛華嚴法界觀門》。據澄觀意，此書是杜順和尚所說。但《大藏經》中于杜順作品只列《華嚴五教止觀》一書，不列此書。是則杜順本人是否真有此作品亦不無問題。（即《華嚴五教止觀》一書亦未見得真是杜順作品。蓋此書是順小始終頓圓五教說五種止觀法門。杜順是否有此整齊的五教判教很成問題。）然此《法界觀門》文字十分精練，澄觀作《華嚴法界玄鏡》以釋之。其中之「觀曰」云云即是《觀》文，為杜順說，「釋曰」云云則是澄觀之解釋。圭峰宗密復有《注華嚴法界觀門》，亦是順承澄觀意，對于杜順《觀》文逐句作注。吾人似不能說杜順一無所有。但亦不能說杜順即已有此文字。澄觀《華嚴法界玄鏡》開端列觀文書名及作者云：「觀曰：《修大方廣佛華嚴法界觀門》略有三重，終南山釋法順俗姓杜氏。」圭峰宗密《注華嚴法界觀門》，注書名後，復

注「京終南山釋杜順集」（加一「集」字）云：

> 姓杜，名法順。唐初時行化，神異極多，傳中有證。驗知是
> 文殊菩薩應現身也。是《華嚴》新舊二疏初之祖師。儼尊者
> 爲二祖。康藏國師爲三祖。此是創製，理應云作。今云
> 「集」者，以祖師約自智，見《華嚴》中一切諸佛，一切眾
> 生，若身心，若國土，一一是此法界體用。如是義境無量無
> 邊。遂于此無量境界，集其義類，束爲三重，直書于紙，生
> 人觀智。不同製述文字，故但云「集」。此則集義，非集文
> 也。

據此，則知杜順此書很可能是澄觀根據其前三代祖師之傳授，以及智儼與賢首所闡發之華嚴義境而總持地「束爲三重」，託名于初祖杜順耳。圭峰「集義，非集文」一語很可注意。「集義」者類集《華嚴》之義境也。「非集文」者，「不同製述文字」，即非製文也。可見就文字而言，很可能是澄觀所作。集《華嚴》義境亦即集各祖師所闡發之《華嚴》義境也。「義」非澄觀所自創，乃三代祖師之傳授，如此類集，託名杜順，亦無不可。

　　澄觀《華嚴法界玄鏡》有觀有釋，亦如其《華嚴經疏鈔》有疏有鈔，疏是正文，鈔是詳注，皆自作也。

　　《玄鏡》中之釋文多煩瑣，下所錄者爲觀之正文。觀之正文「略有三重」。澄觀釋曰：「法界之相要唯有三。然總具四種。一事法界，二理法界，三理事無礙法界，四事事無礙法界。今是後三。其事法界歷別難陳，一一事相皆可成觀，故略不明。總爲三觀

所依體。其事略有十對：一教義，二理事，三境智，四行位，五因果，六依正，七體用，八人法，九逆順，十感應。隨一一事皆爲三觀所依之正體。」是則「事法界」即賢首十玄緣起所依之十義也。此《法界觀門》目的在明三觀，不在正面解釋此十義，只託之以爲三觀所依之事體也。三觀者，相應理法界而有「眞空觀第一」，相應理事無礙法界而有「理事無礙觀第二」，相應事事無礙法界而有「周遍含容觀第三」。此第三觀雖就事事說，然必預設前二觀而始可能。前 I II III IV 所說之因門六義，即、入、攝，以及十玄緣起與六相圓融，雖亦皆就緣起事說，然亦必預設前二觀而可能。故吾人可說此三觀所觀之法界緣起之三觀相以及賢首《分齊章》I II III IV 所觀之法界緣起之十玄相皆不過是「緣起性空」一通義套于毘盧遮那佛法身法界上之展轉引申，此種引申皆是分析的（不是形式邏輯之分析的，而是緣起性空一義套于法身法界上之強度地詭譎地分析的）。于此說圓敎，此圓敎之爲圓亦只是分析的，即由佛法身法界抽引出而爲分析的：佛法身法界當然是圓滿無盡圓融無礙──圓滿無盡由主伴具足十十無盡明，圓融無礙由緣起性空一義之展轉引申明。此即所謂「別敎一乘圓敎」也。

《玄鏡》中載杜順說「眞空觀第一」云：

第一眞空觀法。于中略作四句十門。

一、會色歸空觀。

二、明空即色觀。

三、空色無礙觀。

四、泯絕無寄觀。

就初門中爲四：

㈠色不即空，以即空故。何以故？以色不即斷空故，不是空也。以色舉體是眞空也，故云「以即空故」。良由即是眞空故非斷空也。是故言「由是空故不是空也」。

㈡色不即空，以即空故。何以故？以青黃之相非是眞空之理，故云「不即空」。然青黃無體，莫不皆空，故云「即空」。良以青黃無體之空非即青黃，故云「不即空」也。

㈢色不即空，以即空故。何以故？以空中無色，故「不即空」。會色無體，故是「即空」。良由會色歸空，空中必無有色，是故由色空故，色非空也。

上三句以法揀情訖。

㈣色即是空。何以故？凡是色法必不異眞空。以諸色法必無性故，是故「色即是空」。如色空既爾，一切法亦然。思之。

第二明空即色觀。於中亦作四門。

㈠空不即色，以空即色故。何以故？斷空不即是色，故云「非色」。眞空必不異色，故云「即色」。要由眞空即色，故令斷空不即色也。

㈡空不即色，以空即色故。何以故？以空理非青黃故，云「空不即色」。然非青黃之眞空必不異青黃故，是故言「空即色」。要由不異青黃故，不即青黃故，言空即色不即色也。

㈢空不即色，以空即色故。何以故？空是所依非能依故，不即是色也。必與能依作所依故，即是色也。良由是所依，故

不即色；是所依，故即是色。是故言由不即色故即是色也。上三句亦以法揀情訖。

㈣空即是色。何以故？凡是眞空必不異色。以是法無我理非斷滅故，是故「空即是色」。如空色既爾，一切法皆然。思之。

第三色空無礙觀者，謂色舉體不異空，全是盡色之空，故即色不盡而空現。空舉體不異色，全是盡空之色，故即空即色而空不隱也。是故菩薩觀色無不見空，觀空莫非見色。無障無礙，爲一味法。思之可見。

第四泯絕無寄觀者，謂此所觀眞空不可言即色不即色，亦不可言即空不即空。一切法皆不可，不可亦不可，此語亦不受。迥絕無寄，非言所及，非解所到，是謂行境。何以故？以生心動念即乖法體，失正念故。

又前四句中，初二句八門皆揀情顯解，第三句一門解終趣行，此第四句一門正成行體。若不洞明前解，無以躡成此行。若不解此行法絕于前解，無以成其正解。若守解不捨，無以入茲正行。是故行由解成，行起解絕也。

理事無礙觀第二。

但理事鎔融，存亡逆順，通有十門。

㈠理遍于事門。謂能遍之理性無分限，所遍之事分位差別，一一事中理皆全遍，非是分遍。何以故？以彼眞理不可分故，是故一一纖塵皆攝無邊眞理，無不圓足。

㈡事遍于理門。謂能遍之事是有分限，所遍之理要無分限。此有分限之事于無分限之理全同非分同。何以故？以事無

體，還如理故，是故一塵不壞而遍法界也。如一塵，一切法亦然。思之。

此全遍門超情難見，非世喻能況。如全大海在一波中而海非小，如一小波匝于大海而波非大。同時全遍于諸波而海非異，俱時各匝于大海而波非一。又大海全遍一波時，不妨舉體全遍于諸波。一波全匝大海時，諸波亦各全匝，互不相礙。思之。

問：理既全體遍一塵，何故非小？既不同塵而小，何得說為全體遍于一塵？又一塵全匝於理性，何故非大？若不同理而廣大，何得全遍于理性？既成矛盾，義極相違。

答：理事相望各非一異，故得全收而不壞本位。先理望事有其四句。㈠真理與事非異故，真理全體在一事中。㈡真理與事非一故，理性恆無邊際。㈢以非一即是非異故，無邊理性全在一塵。㈣以非異即是非一故，一塵理性無有分限。次以事望理亦有四句者，㈠事法與理非異故，一塵全匝于理性。㈡事法與理非一故，不壞于一塵。㈢以非一即非異故，一小塵匝無邊真理。㈣以非異即非一故，匝無邊理而塵不大。思之。

問：無邊理性全遍一塵時，外諸事處為有理性，為無理性？若塵外有理，則非全體遍于一塵。若塵外無理，則非全體遍一切事。義甚相違。

答：以一理性融故，多事無礙故，故得全在內而全在外，無障無礙。是故各有四句。先就理四句者，㈠以理性全體在一切事中時，不礙全體在一塵處，是故在外即在內。

㈡全體在一塵中時，不礙全體在餘事處，是故在內即在外。㈢以無二之性各全在一切中故，是故亦在內亦在外。㈣以無二之性非一切故，是故非內非外。前三句明與一切法非異，此之一句明與一切法非一。良爲非一非異故，內外無礙。次就事四句者，㈠一事全匝于理時，不礙一切事法亦全匝，是故在內即在外。㈡一切事法各匝于理時，不礙一塵亦全匝，是故在外即在內。㈢以諸事法同時各匝故，是故全在內亦全在外，無有障礙。㈣以諸事法各不壞故，彼此相望，非內亦非外。思之。

〔案：以上爲理事相遍對，就理事鎔融說也。〕

㈢依理成事門。謂事無別體，要因眞理而得成立。以諸緣起皆無自性故，由無性理事方成故。如波攬水以成動，水望于波能成立故。依如來藏得有諸法，當知亦爾。思之。

㈣事能顯理門。謂由事攬理故，則事虛而理實。以事虛故，全事中之理挺然露現。如由波相虛，令水體露現。當知此中道理亦爾。思之。

〔案：以上爲理事相成對，就理事相順說也。〕

㈤以理奪事門。謂事既攬理成，遂令事相皆盡，唯一眞理平等顯現。以離眞理外，無片事可得故。如水奪波，波無不盡，此則水存已，壞波令盡。

㈥事能隱理門。謂眞理隨緣成諸事法，然此事法既違于理，遂令事顯、理不顯也。如水成波，動顯靜隱。經云：「法身流轉五道名曰眾生。」故眾生現時，法身不現也。

〔案：以上爲理事相害對，就理事相逆說也。相害亦曰相

奪。〕

(七)眞理即事門。謂凡是眞理必非事外。以是法無我理故，事必依理。理虛無體故，是故此理舉體皆事方爲眞理。如水即波，無動而非濕故，即水是波。思之。

(八)事法即理門。謂緣起事法必無自性，無自性故，舉體即眞。故說「眾生即如，不待滅也。」如波動相舉體即水，故無異相也。

〔案：以上爲理事相即對，就「亡」說也。廢己同他，各自泯故。〕

(九)眞理非事門。謂即事之理而非是事，以眞妄異故，實非虛故，所依非能依故。如即波之水非波，動濕異故。

(十)事法非理門。謂全理之事，事恆非理，性相異故，能依非所依故。是故舉體全理，而事相宛然。如全水之波，波恆非水，以動義非濕故。

〔案：以上爲相非對，就「存」而說也。〕

以上十義同一緣起。約理望事，則有成有壞，有即有離。事望于理，有顯有隱，有一有異。逆順自在，無障無礙。同時頓起，深思令觀明現。是謂理事圓融無礙觀。〔案：一三五七九爲理望于事。二四六八十爲事望于理。理望于事：有成者，第三依理成事門；有壞者，第五以理奪事門；有即者，第七眞理即事門；有離者，第九眞理非事門。事望于理：有顯者，第四事能顯理門；有隱者，第六事能隱理門；有一者，第八事法即理門，有異者，第十事法非理門。「相遍對」無會說者，以相遍是總相，通餘門故，無別異相故，同

于即攝故。〕

周遍含容觀第三。

事如理融，遍攝無礙，交參自在，略辯十門。

㈠理如事門。謂事法既虛，相無不盡；理性真實，體無不現。是則事無別事，即全理為事。是故菩薩雖復看事，即是觀理。然說此事為不即理。

㈡事如理門。謂諸事法與理非異故，事隨理而圓遍，遂令一塵普遍法界。法界全體遍諸法時，此一微塵亦如理性全在一切法中。如一微塵，一切事法亦爾。

㈢事含理事無礙門。謂諸事法與理非一故，存本一事而能廣容。如一微塵，其相不大，而能容攝無邊法界。由剎等諸法既不離法界，是故俱在一塵中現。如一塵，一切法亦爾。此事理融通非一非異故，總有四句：一、一中一；二、一切中一；三、一中一切；四、一切中一切。各有所由，思之。

㈣通局無礙門。謂諸事法與理非一即非異故，令此事法不離一處即全遍十方一切塵內。由非異即非一故，全遍十方而不動一位，即遠即近，即遍即住，無障無礙。

㈤廣狹無礙門。謂諸事法與理非一即非異故，不壞一塵而能廣容十方剎海。由非異即非一故，廣容十方法界而微塵不大。是則一塵之事即廣即狹，即大即小，無障無礙。

㈥遍容無礙門。謂此一塵望于一切，由普遍即是廣容故，遍在一切中時，即復還攝彼一切法全住自一中。又由廣容即是普遍故，令此一塵還即遍在自內一切差別法中。是故此一塵自遍他時，即他遍自。能容能入，同時遍攝無礙。思之。

(七)攝入無礙門。謂彼一切望于一法，以入他即是攝他故，一切全入一中之時，即令彼一還復在自一切之內，同時無礙。又由攝他即是入他故，一法在一切中時，還令一切恆在一內，同時無礙。思之。

(八)交涉無礙門，謂一法望一切，有攝有入，通有四句。謂一攝一切，一入一切；一切攝一，一切入一；一攝一法，一入一法；一切攝一切，一切入一切。同時交參無礙。

(九)相在無礙門，謂一切望一亦有入有攝，亦有四句。謂攝一入一，攝一切入一，攝一入一切，攝一切入一切。同時交參，無障無礙。

(十)普融無礙門。謂一切及一普皆同時更互相望，一一具前兩重四句，普融無礙，準前思之。

案：此上十門周遍含容觀乃相應「事事無礙法界」而言。十玄門亦自此出。故澄觀釋云：「第十門即同時具足相應門。九即因陀羅網境界門。由第八交涉互為能所，有隱顯門。其第七門相即相入門。五即廣狹門。四不離一處即遍有相即門。三事含理事故，有微細門。六具相即、廣狹、二門。前三總成諸門事理相如，故有純雜門。隨十為首，有主伴門。顯于時中，有十世門。故初心究竟，攝多劫于剎那；信滿道圓，一念該于佛地。以諸法皆爾故，有託事門。是故十玄亦自此出。」亦可說此是十玄之隱括。然不及十玄之整齊。故澄觀《華嚴經疏鈔・卷五》言義理分齊時，從杜順三觀說起，于此周遍含容觀，即直代之以智儼與賢首所說之十玄門，以示事事無礙也。

　　又此事事無礙雖就事言，然必預設理事無礙而後可能。是故澄
觀云：「若唯約事，則互相礙，不可即入。若唯約理，則唯一味，
無可即入」。（《華嚴疏鈔·卷第五》言十玄之十所因中第四法性
融通門文）。「若唯約事，則互相礙，不可即入」，此「事」是情
執之事也。今言事事無礙雖唯約事而言，然已是不執之事，故必預
設理事無礙法性融通而後可能也。是故此眞空觀、理事無礙觀，含
容周遍觀（事事無礙觀）之三觀實只是「緣起性空」一通義之展轉
引申。眞空觀四句十門只是發揮「色即是空空即是色」之實義。理
事無礙觀之鎔融、存亡、逆順亦只是緣起性空之無礙觀。事事無礙
觀必預設前兩觀而後可能，則亦是「緣起性空」之充分發揮。（法
藏賢首《十二門論宗致記》就緣起性空而言其開合、一異、有無，
亦是緣起性空之展轉引申。）

　　杜順三觀如此，則前Ⅰ Ⅱ Ⅲ Ⅳ，《華嚴一乘教義分齊章》中所
推演者，亦是緣起性空之展轉引申。由之以示「法界緣起」，則是
「緣起性空」一通義之套于毘盧遮那佛法身上說。這一展轉引申一
方面表示華嚴宗師對于「緣起性空」之實相般若學確有了解（消極
地說，若對此尚不徹，則根本不配談佛法）；另一方面表示此一通
義套于佛法身上說便成如來藏系統唯一眞心迴轉之法界緣起，此則
便與空有兩宗不同，而成爲「眞心即性」之性宗。從「緣起性空」
之展轉引申說，則那些妙談都是分析的。從套于佛法身上而說法界
緣起而成爲圓滿無盡圓融無礙之圓教，此圓教亦是分析的。從緣起
性空一義，無論如何開合，如何引申，如何妙談，那只是實相般若
之作用的圓，尚不是「眞心即性」之性宗之存有論的圓（別教一乘
圓教之圓），在這裡說多說少不能決定什麼，在這裡分辨同異，說

某言及，某未言及，因此，說某異于某或勝于某，這並無多大意趣，因為這裡不是問題之所在。要從實相般若之作用的圓進至「真心即性」之性宗之圓，這必須要進至如來藏系統之法界緣起而後可。這裡才是決定是否為圓教以及為如何樣的圓教諸問題之所在。

　　如吾所說，從佛法身之法界緣起說圓教，這圓教之圓只是分析的，此是「別教一乘圓教」，亦即「真心即性」之性宗之存有論的圓教。華嚴宗師于此圓教特別感興趣，因著緣起性空之無礙與海印三昧之印現而特別感興趣，感興趣于此法界緣起之種種奇詭的、圓融無礙的玄談。吾鈔這一玄談的系統儼若鈔一套套邏輯的推演系統。因此，這一圓教系統之基本前提可如下列：

　　　(1)緣起性空。
　　　(2)毘盧遮那佛法身。
　　　(3)海印三昧。

由此三前提，可以奇詭地引申出種種玄談，如十玄緣起之所示。華嚴宗師于此玄談之思理十分感興趣，又十分精緻，此其所以吸引人處。但既只是分析的，便不是問題之所在。吾不謂此種精緻的展轉引申無價值，但只有主觀的，印持上的價值，無決定問題之客觀的，批判的價值。此如羅素之真值函蘊系統，其套套邏輯的推演十分精緻而準確。然其基本觀念最重要者只有二，一曰否定，二曰析取。其基本定義最重要者為「函蘊」。再加上五個基本命題（原則）。如是，便可推演成一套套邏輯的推演系統。此一系統之特性決定于基本觀念與基本定義，此後只是套套邏輯地分析的。此種套

套邏輯之推演並非無價值，因為它能展示一個系統給你看。雖說此一系統已含在那基本定義中，然光只看那基本定義，你究不能知其所函者究竟是些什麼事。作出來，你便可對此系統有一主觀的，印持上的了知，真正知其為如此這般之系統。可是如只就此推演系統而讚嘆其如何精確，如何圓滿，那是無意義的，因為既是套套邏輯的推演，那當然精確而無疵病，圓滿而無滲漏。這裡不是問題之所在。如有問題，那問題只在「函蘊」之定義處。因此，路易士要想建立「嚴格函蘊系統」，與羅素起爭辯，那必在函蘊之定義處著眼。此即是批判的考察。在這裡討論問題才有「決定系統之特性乃至其圓滿不圓滿」之客觀的，批判的價值。華嚴圓教亦復如此。就佛法身之法界緣起而言圓教，只是分析的，此無問題。當然你把緣起性空之無礙展轉引申出來，把法界緣起之圓滿無盡圓融無礙充分展示出來，自有很大的價值，其思理之精緻亦甚值得讚嘆，因為它能使人確實了解所謂無礙無盡者乃實是如此這般之無礙無盡，不是籠統的一句話也。此即所謂在主觀印持上有很大的價值。但就此而言圓教既只是分析的，則客觀地言，這便不是問題之所在，因為這裡根本無問題故。而華嚴宗卻正于此無問題處建立其「別教一乘圓教」。吾人如考察此一圓教系統之特性以及其是否可真為圓教，不當就這展轉引申之分析處說，乃當就這一圓教系統之所因處說。此圓教系統之所因如下：

(1)唯一真心迴轉（空不空但中之理）。

(2)隨緣起現，隨緣還滅。

就此處著眼討論才是問題之所在，此即是批判的考察。此種考察決定其是否眞爲圓教，並決定眞正圓教如何建立。此即示不能于佛法身作分析的引申而說圓教也。于此處說圓教，只要一承認「如來藏恆沙佛法佛性」，這便都是無問題的。（小乘不及此，故不計。）可是對于「如來藏恆沙佛法佛性」卻有不同的解釋，因此，這才是問題之所在。決定圓不圓須在這裡決定，不在對于佛法身作分析的引申處決定也。如是，吾人須進而討論「別教一乘圓教」與「同教一乘圓教」之同異。

第四節
「別教一乘圓教」與「同教一乘圓教」

如上節所說，依《華嚴經》之旨趣，就佛法身而說的法界緣起之圓教系統，其基本前題有三：

(1)緣起性空。
(2)毘盧遮那佛法身。
(3)海印三昧。

此是系統內的展示前題——展示法界緣起之相而爲一圓滿無盡圓融無礙的系統之前題。

就此展示成的系統之「所因」說，則有二基本觀念：

(1)唯一眞心迴轉（空不空但中之理）。

⑵隨緣起現，隨緣還滅。

此是系統外的「所因」前題（所因之以爲前題者）。由此所因前題始有那展示前題以成那法界緣起之圓教系統。

由此所因前題與展示前題所成的圓教系統，賢首名曰「別教一乘圓教」。別教者專就佛法身而言之教義也。此亦曰「稱法本教，非逐機末教」。此不同于天台宗所說之「別教」之「旣不同于前之藏通二教亦不同于後之圓教」之唯就不共小乘之菩薩道而說者也。（但天台宗仍得就「別教一乘圓教」之所因處而說其仍是天台宗所說之「別教」，而非眞圓教，因爲天台宗並不就佛法身之圓滿無盡圓融無礙說圓教也。因爲就此說圓教，這只是分析的，這不是圓不圓問題之所在，因爲這裡無問題故。）「一乘」者即佛乘也。無二無三，最終只是一本佛。一切衆生皆可乘此佛乘而達至本佛。「圓教」者，圓滿無盡圓融無礙之謂也。圓滿以主伴具足十十無盡明之。圓融以緣起性空之輾轉引申所成之理事無礙事事無礙明之。

依華嚴宗之判教，則佛所說之一切教義可判爲五教：小、始、終、頓、圓。「小」者即小乘教，聲聞緣覺是。「始」者大乘始教，空有兩宗是。「終」者大乘終教，《起信論》以及凡言「如來藏自性清淨心」者是。「頓」者頓教，如絕相離言之禪宗是。「圓」者即《華嚴經》之「別教一乘圓教」是。此五教圖示如下：

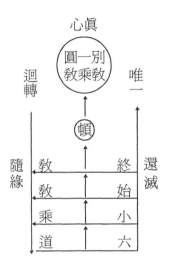

就圓教言，此乃是寶塔型的圓教。但依天台圓教而言，則當如下圖：

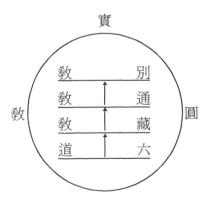

天台圓教，賢首名之曰「同教一乘圓教」。「同」者同于權教乃至

六道眾生，即權以顯圓實，即九法界而成佛也。與此相比對，則知
「別教一乘圓教」之「別」不但不共六道眾生，即一切逐機末教
（權教）亦皆不共也，此即唯是一高塔頂之佛界也。如是，則上兩
圖可總套於一起：

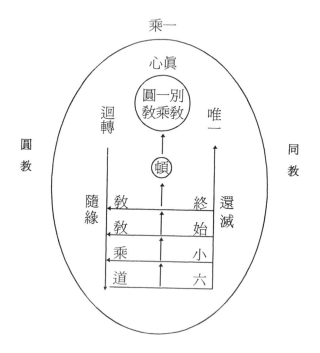

據此圖，則同教圓實教是把那高塔頂上的佛法身之圓亦使之即
于權而為圓，即于九法界而為佛，此方是真圓實教。佛法身自身固
是圓，但若只是高塔頂上之佛界，不即于九法界而為佛界，則此懸
隔亦是權，即本末不融亦是權。權即不實。故必須對此權融化了，
方是真圓實。此點，吾人不得以佛法身上之法界緣起無不具足，海

印定中之頓現萬象無所隔閡，來辯說，以爲這已圓滿無盡，圓融無礙了，何有餘權復須再來融化？蓋此種圓滿無盡圓融無礙只是佛法身的事，其頓現萬象（現童男童女乃至阿修羅等）只是「海印三昧威神力」隨衆生所樂見而映現，是本其因地久遠修行所經歷之事到還滅後重新映現出來，或一起倒映進來而成爲佛法身之無量功德、無量豐富的意義，寄法顯示，因而便成爲法界緣起之圓滿無盡圓融無礙。這並不是說佛是即于六道衆生乃至聲聞緣覺菩薩這九法界不隔而爲佛，即即于各該界之權境不隔而爲圓實佛。因爲那是塔頂上的佛法身自身之圓滿與圓融，並不預于九法界之權事，亦可以說其自身根本無此等權事，以稱法本教，不逐機故，因此，這正是隔絕了九法界之權境而爲佛。正因此一隔，又顯出另一層次之權。是故復須融化此一權境方眞爲圓實佛。然「別教一乘圓教」正要顯此隔以示其高，以示其爲「稱法本教，非逐機末教」。是故諦觀《天台四教儀》云：「如《華嚴》時，一權一實〔圓實別權〕，各不相即，大不納小故。小雖在座，如聾如啞。是故所說法門雖廣大圓滿，攝機不盡，不暢如來出世本懷。所以者何？初頓部有一粗〔別教〕一妙〔圓教〕。一妙則與《法華》無二無別。若是一粗須待《法華》開會廢了，方始稱妙。」因爲有一權一實，一粗一妙，故猶有一隔之權也。妙、圓是就《華嚴》之妙與圓說。諦觀說「妙則與《法華》無二無別」。此若就外延之相（如圓滿圓融等）說，固是「無二無別」，但若就內容的意義說，則亦不能說無二無別也。蓋《華嚴》之妙與圓是有「隔權」之妙與圓，而《法華》之妙與圓則是無那「隔權」之妙與圓，焉得無別？有隔權者爲「別教一乘圓教」，無隔權者爲「同教一乘圓教」。此後者方是眞圓實教。前者

亦正是智者大師所評之別教為「曲徑紆迴，所因處拙」也。因為有隔而為佛，即是「所因處拙」也。此是鑒定圓不圓之本質的關鍵。此種鑒定是就「所因」處而為批判的鑒定。從就佛法身而為分析的鋪陳，以此為圓教，無助于真圓否之決定也。此亦示天台宗並不以佛果之圓為圓教也。要在看其所因處耳。

此種隔不隔是兩圓教之主要的分水嶺。如果圓教只有一，無二無三（既圓矣，不能有二），則依天台判教，「別教一乘圓教」仍是別教，非真圓實教。蓋既有隔，則其為圓之「所因」處只是《起信論》之義理系統。依華嚴判教，《起信論》為終教。中間經過一頓教，而至法界緣起之圓教。頓教者，「一切法唯一真心，差別相盡，離言絕慮，不可說也。」（《一乘教義章》所詮差別第九心識差別處言頓教文）。可說之法盡在圓教中。而圓教中之法亦就普賢因門說，不就佛果分說，因為果分唯佛親證，不可說不可說也。而普賢因門可說藉以展示法界緣起者，其可說之義理根據唯在《起信論》。是則《起信論》其自身雖為終教（依天台為別教），其上還有一圓，而那佛法身之圓實無獨立的意義，盡吞沒于終教，故依天台，仍只是一別教也，即別教之佛、別教之圓也。依《起信論》而為圓，所以仍是別教，而非真圓教，即在「所因處拙」；而因處之所以為拙正因《起信論》是走分解的路（如來藏緣起是超越的分解），所謂「曲徑紆迴」也。故必然有那「別教一乘圓教」中之「一隔之權」。此則須待化掉者。化掉後，方是真圓教，故真圓教只有一，無二無三也。

華嚴判教其最後一教既只是就《華嚴》而說的「圓教」，而同時又別認天台圓教而不能化，因此，復又自名為「別教一乘圓

教」，而名天台圓教爲「同教一乘圓教」。對于此「同教一乘圓教」既不能化，而並列並存，成爲圓教中之兩態，是則五教之判（只就《華嚴》說圓）盡而未盡也；而「同教一乘圓教」只成其系統中之帶累。正因此故，吾人今日須有一重新之鑒定，以消化此帶累。華嚴判教既不能化，則只有依天台判教立一眞圓實教成立之標準，以決定眞圓實教只有一，無二無三，而此只有一之眞圓實教必不能再走分解的路也。因爲凡走分解的路皆必「曲徑紆迴所因處拙」故也。

賢首于《一乘教義分齊章》「所詮差別」第九中說五教所依心識差別云：

> 心識差別者，如小乘但有六識，義分心意識，如小乘論説。于阿賴耶識但得其名，如《增一經》説。
>
> 若依始教，于阿賴耶識但得一分生滅之義，以于眞理未能融通，但說凝然，不作諸法。故就緣起生滅事中，建立賴耶。從業等種辨體而生異熟報識爲諸法依。
>
> 若依終教，于此阿賴耶識得理事融通二分義，故《論》但云：「不生不滅與生滅和合，非一非異，名爲阿黎耶識。」以許眞如隨熏和合，成此本識，不同前教業等種生。故《楞伽》云：「如來藏爲無始惡習所熏，名爲藏識。」又云：「如來藏受苦樂與因俱，若生若滅。」又云：「如來藏名阿賴耶識，而與無明七識俱。」又《起信》云：「自性清淨心因無明風動」成染心等。如是非一。
>
> 若依頓教，即一切法唯一眞心，差別相盡，離言絕慮，不可

說也。如《維摩經》中三十二菩薩所說不二法門者，即是前
終教中染淨鎔融無二之義；淨名所顯離言不二，是此門也。
以其一切染淨相盡，無有二法可以融會，故「不可說」爲不
二也。

若依圓教，即約性海圓明，法界緣起無礙自在，一即一切，
一切即一，主伴圓融，故說十心以顯無盡。如〈離世間品〉
及第九地說。又唯一法界性起心亦具十德，如〈性起品〉
說。此等據別教言。〔案：《華嚴經・卷第五十六離世間品
第三十八》之四言「菩薩摩訶薩有十種心。何等爲十？所謂
如大地心，能持能長一切衆生諸善根故；如大海心，一切諸
佛無量無邊大智法水悉流入故；如須彌山王心，置一切衆生
于出世間最上善根處故；如摩尼寶王心，樂欲清淨無雜染
故；如金剛心、決定深入一切法故；如金剛圍山心，諸魔外
道不能動故；如蓮華心，一切世法不能染故；如優曇鉢華
心，一切劫中難值遇故；如淨日心，破闇障故；如虛空心，
不可量故。是爲十。若諸菩薩安住其中，則得如來無上大淸
淨心。」又案《經・卷第三十八十地品第二十六之五》言第
九地菩薩「如實知衆生心種種相，所謂雜起相，速轉相，壞
不壞相，無形質相，無邊際相，淸淨相，垢無垢相，縛不縛
相，幻所作相，隨諸趣生相，如是百千萬億乃至無量，皆如
實知。」又案〈性起品〉是晉譯名，唐譯則爲〈如來出現
品〉，見經卷第五十一。此品中言如來心有十相，文甚長，
不錄。此十相亦無專名標指也。〕

若約同教，即攝前諸教所說心識。何以故？是此方便故，從

此而流故，餘可準知。

案：此段文依五教言所依心識差別。小乘只言六識（第六意識依三世有三名，謂未來名心，過去名意，現在名識。）大乘始教言阿賴耶識。終教則言如來藏自性清淨心。頓教則泯絕無寄，唯一眞心呈現。至于說到圓教，則有別教一乘圓教與同教一乘圓教兩類。別教圓教所依心識實當說爲「唯一眞心迴轉善成」。若如賢首所舉〈離世間品〉之十心，〈性起品〉之如來心十相，及第九地菩薩之知眾生心種種相，則不類也。至於說到同教圓教，則說「即攝前諸教所說心識。何以故？是此方便故，從此而流故。」此既籠統，又不知此「攝前諸教」是攝前四，抑攝前五。如攝前四，只攝小、始、終、頓四教，不攝及別教圓教，則是攝法不盡，不得名圓。如攝前五，則能說別教圓教是此同教圓教之「方便」乎？能說其從此同教圓教而流出乎？賢首于此顯模稜矣。有謂：「同教一乘者，要一乘三乘和會不異。若唯三乘，名三乘教。若唯一乘，即別教。具三一，名同教。今章第五圓教中，先釋別教，後釋同教中云『攝前諸教』，故知通攝第五圓教也。」（見近僧靄亭《華嚴一乘教義分齊章集解》關此之注語）。若如此，則別教一乘圓教亦是「方便」，方便即權；亦是從此同教一乘圓教而流出，既爲所流出而被攝，則不是終極的。按理，當該實是如此。但此恐非華嚴宗師所樂欲。蓋既如此，則華嚴宗之判教必有不盡，未能得一終極之會判，以能攝能流之同教圓教從其五教中只就《華嚴》說的圓教中溢出故，而且彼對於其別教圓教之權相（方便相）亦未曾有說明故。是即模稜而含混也，其判教欲盡而未盡也。（既攝前五，則亦攝頓。可是若說

頓教亦是方便，亦有問題。賢首立頓教，據澄觀說，大體是相應禪宗而說，至少亦可如此應用。若說禪宗亦是方便，大成問題。賢首弟子慧苑即不以其立頓教爲然。是故賢首五敎之判實有不妥不盡處也。天台五時八敎之判實較爲順適。在此，禪宗當另有安排。對於華嚴圓敎亦能吸攝。是即較能終極而盡也。）

攝及別敎圓敎，旣非華嚴宗師所樂欲，故又有解「攝前諸敎」之語爲只攝前四，不攝第五（別敎圓敎），以第五別敎圓敎旣是圓敎，即是能攝故。所謂「是此方便，從此而流」，即謂前四是此同敎圓敎之方便，從此同敎圓敎而流出。若如此，則兩圓並存，而其關係不明。同敎圓敎不攝別敎圓敎，則攝法不盡，圓即非圓。別敎圓敎不攝同敎圓敎，而令其溢出並存，則五敎之判不盡，而別敎圓敎之圓亦不圓矣。若謂賢首立圓敎，本是兩圓並存，依《華嚴》說別敎圓敎，依《法華》說同敎圓敎。未曾單指《華嚴》爲圓也。若如此，則兩圓非一，而其關係又不明，即無終極的圓，如是，則兩圓皆復圓而不圓矣。

有謂「攝四者，依分相門說，顯別敎一乘之最高。攝五者，依該攝門說，顯同敎一乘之最普。合此二義爲一圓敎。」（此是靄亭之注語）。如是，則高者不普，普者不高，皆非眞圓也。此種說法只是表面漂亮之話頭，未得實義。如是，眞圓實敎必有所在矣。吾意，以攝前五爲是。高者未必普，別敎圓敎即但高而不普也。普者固亦未必高，但同敎圓敎卻已高寓于普矣。在此，普即高，高即普，高之「但高」之權隔相泯矣，故爲終極的眞圓實敎也。

又旣言心識差別，而于此同敎圓敎卻只籠統地說「即攝前諸敎所說心識」，卻未具體地指明此同敎圓敎所依之心識究竟是何種心

識，如何能攝前諸教所說心識。此即示于天台圓教未能明徹也。

　　以上就賢首所說「心識差別」文指出此中之問題。以下再就圭峰宗密文以明之。

　　圭峰宗密《禪源諸詮集都序》以三宗說禪宗，一息妄修心宗，二泯絕無寄宗，三直顯心性宗。于教方面，亦以三教說之，一密意依性說相教，二密意破相顯性教，三顯示真心即性教。以此三教配彼三宗，達成禪教合一之說。

　　于直顯心性宗，圭峰說云：

　　　直顯心性宗者，說一切諸法若有若空皆唯真性。真性無相無為，體非一切，謂非凡非聖，非因非果，非善非惡等。然即體之用而能造作種種，謂能凡能聖，現色現相等。〔案：「即體之用」似當改為「即用之體」。〕于中指示心性，復有二類：
　　　一云：即今能語言動作，貪嗔慈忍，造善惡，受苦樂等，即汝佛性，即此本來是佛，除此無別佛也。了此天真自然，故不可起心修道。道即是心，不可將心還修于心。惡亦是心，不可將心還斷于心。不斷不修，任運自在，方名解脫。性如虛空，不增不減，何假添補？但隨時隨處息業養神，聖胎增長，顯發自然神妙，此即是為真悟真修真證也。
　　　二云：諸法如夢，諸聖同說，故妄念本寂，塵境本空。空寂之心靈知不昧。即此空寂之知是汝真性。任迷任悟，心本自知。不藉緣生，不因境起。知之一字眾妙之門。由無始迷之故，妄執身心為我，起貪嗔等念。若得善友開示，頓悟空寂

之知，知且無念無形，誰爲我相人相？覺諸相空，心自無
念。念起即覺，覺之即無。修行妙門，唯在此也。故雖備修
萬行，唯以無念爲宗。但得無念知見，則愛惡自然淡泊，悲
智自然增明，罪業自然斷除，功行自然增進。既了諸相非
相，自然無修之修〔一作「修而無修」〕。煩惱盡時，生死
即絕。生滅滅已，寂照現前。應用無窮，名之爲佛。

然此兩家皆會相歸性，故同一宗。

案：此第二類即荷澤神會之說也。「神會和尙破清淨禪，立如來
禪；立知見；立言說爲戒定慧，不破言說。」（《歷代法寶
記》）。于無住心之空寂之體上立「昭昭靈靈自知自證自見這空寂
之體」之「本智之用」。故圭峰宗密此處述其意云：「空寂之心靈
知不昧，即此空寂之知是汝眞性。」「知之一字衆妙之門」。此明
示神會和尙有一超越的分解以顯無住心空寂之體上的本智之用，圭
峰宗密就此「本智之用」而言「靈知不昧」，「空寂之知是汝眞
性」。「直顯心性」者即顯此「心性」也。頓悟者亦頓悟此「心
性」也。圭峰宗密所以特喜此類者，以彼本是華嚴宗師也。但此類
之精神不見得能恰合六祖惠能之精神。故馬祖門下譏神會「立知
見」爲「知解宗徒」，譏「知之一字衆妙之門」爲衆禍之門。此非
言此分解地說的「靈知之心——眞常心」爲非是，此只言此非宗風
之究竟了義耳。

　　至于直顯心性宗之第一類，如圭峰宗密之所描寫，則大體是指
惠能後之正宗禪宗而說。此大體是把表現般若精神之「泯絕無寄」
義會通于佛性（心性）上說，而佛性不必是唯眞心（靈知不昧之眞

心）也。「道即是心，不可將心還修于心。惡亦是心，不可將心還
斷于心。不斷不修，任運自在，方名解脫。」此則更爲圓實。以無
或已化掉超越的分解故也。

　　于禪方面是如此，則教方面亦必有相應者。但圭峰宗密于教方
面之「顯示眞心即性教」卻並無兩類。彼云：

> 三、顯示眞心即性教。此教説一切眾生皆有空寂眞心，無始
> 本來性自清淨，明明不昧，了了常知，盡未來際，常住不
> 滅，名爲佛性，亦名如來藏，亦名心地。從無始際，妄想翳
> 之，不自證得，耽著生死。大覺愍之，出現于世，爲説生死
> 等法一切皆空，開示此心全同諸佛。……如是開示靈知之心
> 即是眞性，與佛無異，故顯示眞心即性教也。

如此所說之「顯示眞心即性教」只可與「直顯心性宗」之第二類相
應。至于第一類，則圭峰宗密于教方面並未列有一類以與之相應。
然則教方面有與彼第一類之「直顯心性宗」相應者否？曰有，即
「同教一乘圓教」是也。只圭峰宗密未注意及之耳，亦可以說未了
達也。當然你可說禪方面之兩類只以此「顯示眞心即性教」概括之
亦無不可。然若能深入一步看，知禪方面第一類之「直顯心性宗」
其精神若眞有不同于第二類者，則教方面亦必有另一類性宗圓教以
應之。而若華嚴宗師不能以別教圓教吸攝同教圓教而必兩存之，則
同教圓教必有其獨特處。如是，則以同教圓教相應第一類之「直顯
心性宗」乃極爲順適而必然者，而不能以此「顯示眞心即性教」
（別教圓教）之一教該括禪方面「直顯心性宗」之兩類也。圭峰宗

密于此同教圓教隱而不提，即示其于此未有以善處也，同于賢首雖
兩存之，而終模稜耳。

　　抑不但模稜而已也，且亦有誤解。圭峰以十異辨空宗（密意破
相顯性教）與性宗（顯示真心即性教）之不同。其中第八異是二諦
三諦之異。圭峰說此異云：

> 八、二諦三諦異者，空宗所說世間出世間一切諸法不出二
> 諦，學者皆知，不必引釋。性宗則攝一切性相及自體總為三
> 諦。以緣起色等諸法為俗諦；緣無自性，諸法即空，為真
> 諦。（原注云：此與空宗相宗二諦，義無別也。）一真心體
> 非空非色，能空能色，為中道第一義諦。其猶明鏡，亦具三
> 義。鏡中影像不得呼青為黃，妍媸各別，如俗諦；影無自
> 性，一一全空，如真諦；其體常明，非空非青黃，能空能青
> 黃，如第一義諦。故天台宗依此三諦，修三止觀，成就三德
> 也。

案：天台宗所說三諦三觀不如此講，焉得謂「天台宗依此三諦修三
止觀」耶？天台宗所說三諦仍是就「緣生無性」之空假中而說。此
雖與《中論》偈語（「因緣所生法，我說即是空，亦為是假名，亦
是中道義」）語勢相違，亦與彼旨在說二諦表面相違，而于義無
違，說二諦，說三諦，皆無不可也。此已見第一部〈中論觀法〉
章。是故天台宗並不以「一真心體非空非色能空能色為中道第一義
諦」也。圭峰所說之「真心體」即靈知之真心也，亦即「真心即
性」之性體也。此「真心即性」之性體（真心體），它不是空，亦

不是色。不是空者即具無漏功德之不空如來藏也。不是色者，即不變之自性清淨也。它復能空能色。「能空」者，自性清淨，能空卻一切煩惱一切差別相也。「能色」者，隨緣起現也。此自是眞常心宗之說法。但天台宗並不「唯眞心」，亦不于此眞心上說中道。因爲它不是此眞心「不變隨緣隨緣不變」之性起系統。依天台宗觀之，此種「非空非色能空能色」之靈知眞心之爲中道只是「但中」之理。因爲它並不性具一切諸法（能色），它能色而有諸法是由於隨緣起現故，此靈知之心但中之理由於隨緣而有諸法，因此遂說一切法趣此但中之理，此依天台宗觀之，仍是天台所說之別敎，而非其所說之圓敎。因此，「一切法趣」表示「不但中」。但此表示「不但中」之趣有是隨緣起現的趣，有是性具的趣。前者是別敎，後者是圓敎。性具的趣之「不但中」不是就那由於超越分解而顯的靈知之心但中之理套上一些法而爲「不但中」，而是並那但中之理而亦化之，而另起爐竈，即根本不就此靈知之心但中之理說「不但中」也。是故說中道第一義諦（中諦）亦不就此而說。天台說中諦仍是就「緣生無性」之緣生法之「即空即假即中」之中而說。說三諦，即是這空假中之三諦。將一切「緣生無性」之法套于性具系統上而說三諦以及其中之中諦亦仍如此。性具之性亦不是「眞心即性」之性，即，不是靈知之心但中之理之性，而乃是「無明即法性，法性即無明」之性，「一念無明法性心」之性。此非「唯眞心」系統，而乃是唯「妄心」系統，唯「煩惱心、刹那心」之系統（但卻不是阿賴耶系統，此須注意）。此「一念無明法性心」即具三千世間法，（此是圓說），非靈知之心但中之理隨緣起現一切法（此是別敎說）。此三千世間法，緩辭言之，就其爲幻有而言是假

（俗諦），就其無性而言是空（眞諦），就此空有不二而言是中諦，亦即圓實諦；若急辭言之，則三千世間法同時即空即假即中也。如此言三諦仍不違實相般若之精神，但卻不止於空宗，因言性具系統故。此具有三諦性的法，若套于性具系統上，而以二諦說之，便是：「幻有，幻有即空，皆名爲俗；一切法趣有，趣空，趣不有不空，爲眞。」此「眞」即中諦，或圓實中諦，蓋必中始可眞爲眞也。此即天台所謂圓教二諦。「幻有」與「幻有即空」所以皆名爲俗者，以是分解的方便說故也。「一切法趣有（說幻有統統是幻有），趣空（說空統統是空），趣不有不空（說不有不空統統是不有不空）」，這旣不只是就一緣生法之空假不二爲中道，復亦不是就靈知之心但中之理套上一切法爲「不但中」，而是就那任一緣生法之「即空即假即中」而「一切法趣此即空，趣此即假，趣此即中」之不但中（圓中）也。圓中即圓空，即圓假。故「一切法趣有，趣空，趣不有不空」，這一完整的圓空圓假圓中，或一整一的圓實，爲眞也。如說色，即「一切法趣色，是趣不過。」如就此色法而說空假中（有、空、不有不空），即「一切法趣有、趣空、趣不有不空，是趣不過。」此是天台所說之圓中（不但中）。「不但中」者，不只是一法之中道，而是一切法趣之之中道。這是一切法趣色法之中道（中道色），不是一切法隨緣起現地趣那靈知之心但中之理也。夫圓二諦中之眞諦以及觀法上空假中三諦中之中諦旣如此，則圭峰謂天台宗依彼眞常心系統中之三諦「修三止觀，成就三德」，豈不謬哉？

　　圭峰旣謬于前，而後來天台宗衰微時，修天台教者亦多不能了解自家祖師所立之教義，因此，遂有山外一派之歧出。而山外之歧

出正同于圭峰之誤解，故山外諸家亦喜以圭峰義說天台。知禮嚴加駁斥，斥其為「墜陷本宗」，豈無故哉？是以知禮中興天台，號為正宗，非徒為爭門戶也。亦將決定究何者為真圓教耳。

　　以上所說端在明賢首與圭峰對於「同教一乘圓教」未能明其實義，故亦未能有一妥善之安排，或只旁存之而模稜不決，或誤解之而吸于真常心之系統。此即示華嚴判教有不盡也。夫判教開宗必能概括佛所說之一切教義而義理系統又足以極成之，始能算數。今賢首既開宗矣，其判教自是想至概括之盡，然而其宗旨既定在《華嚴》，而其義理系統之支持點又只是《起信論》，則是未能極成其所欲至之概括之盡，是則欲盡而未盡也。蓋宗旨既定在《華嚴》，則必就佛法身而說圓（此只是分析的）；而義理系統之支持點又只是《起信論》，則必以真心之「不變隨緣隨緣不變」說明一切法（所因處拙）：是則圓而又未圓也。正因此故，其判教遂顯出盡而未盡相。因有同教一乘圓教溢出故也。此即示真圓實教之經典宗旨不能定在《華嚴》，而極成圓實教之義理的支持點亦不能在《起信論》（此只足以說明《華嚴經》），而必別有說法始可。

　　本節只消極地言天台圓教（同教一乘圓教）之獨特精神，藉之顯「別教一乘圓教」之性格與限制。于此後者作積極的展示，于前者則只消極地說。正說天台見下部。

《牟宗三先生全集》總目